Die Schenkung auf den Todesfall in der Rechtsvergleichung und im europäischen IPR

Forschungen zum deutschen und internationalen Erb- und Familienrecht

Herausgegeben von Christina Eberl-Borges und Rudolf Meyer-Pritzl

17

PETER LANG

Malte Weismüller

Die Schenkung auf den Todesfall in der Rechtsvergleichung und im europäischen IPR

PETER LANG

Bibliografische Information der Deutschen Nationalbibliothek
Die Deutsche Nationalbibliothek verzeichnet diese Publikation in der Deutschen Nationalbibliografie; detaillierte bibliografische Daten sind im Internet über http://dnb.d-nb.de abrufbar.

Zugl.: Dissertation, Christian-Albrechts-Universität zu Kiel, 2020

D 8
ISSN 1868-694X
ISBN 978-3-631-81468-0 (Print)
E-ISBN 978-3-631-88478-2 (E-PDF)
E-ISBN 978-3-631-88479-9 (EPUB)
DOI 10.3726/b20018

Peter Lang – Berlin · Bruxelles · Lausanne · New York · Oxford

Diese Publikation wurde begutachtet.

www.peterlang.com

Vorwort

Die vorliegende Arbeit wurde im Wintersemester 2019/2020 von der Rechtswissenschaftlichen Fakultät der Christian-Albrechts-Universität zu Kiel als Dissertation angenommen.

Soweit mir dies möglich war, habe ich Literatur bis einschließlich Januar 2022 berücksichtigt. Leider konnte ich aufgrund der Corona-Pandemie und eingeschränkter Verfügbarkeit nicht stets die aktuelle Auflage der ausländischen Literatur heranziehen. Die Entscheidung des EuGH vom 9.9.2021 zur Schenkung auf den Todesfall habe ich noch einbeziehen können.

Besonders herzlich danken möchte ich Herrn Prof. Dr. Rudolf Meyer-Pritzl für die Betreuung und die zahlreichen wie wertvollen Anregungen während der Anfertigung der Arbeit sowie für die Erstellung des Erstgutachtens. Frau Prof. Dr. Saskia Lettmaier danke ich herzlich für die Erstellung des Zweitgutachtens.

Für die Aufnahme in die Schriftenreihe möchte ich mich wiederum bei Herrn Prof. Dr. Rudolf Meyer-Pritzl und bei Frau Prof. Dr. Christina Eberl-Borges bedanken.

Danken möchte ich weiter den MitarbeiterInnen des Instituts für Europäisches und Internationales Privat- und Verfahrensrecht der Christian-Albrechts-Universität zu Kiel für die freundliche Aufnahme und Unterstützung in der dortigen Fachbibliothek.

Herrn Dr. Matthias Lodemann danke ich herzlich für seine gründliche und kritische Durchsicht des Manuskripts sowie die zahlreichen konstruktiven Anmerkungen.

Dank gebührt auch der Kanzlei WEISSLEDER EWER in Kiel, insbesondere Herrn Dr. Gunnar Postel und Herrn Dr. Bernd Hoefer.

Herzlichst danken möchte ich meinen Eltern. Zusätzlicher Dank gebührt meiner Mutter für die Korrektur von Rechtschreibung und Grammatik.

Zu guter Letzt danke ich meiner Frau Marlis von ganzem Herzen für ihren bedingungslosen Beistand und ihre Großherzigkeit trotz der ein oder anderen Entbehrung. Ihr ist diese Arbeit gewidmet.

Kiel, im Mai 2022

Inhaltsübersicht

Inhaltsverzeichnis

Abkürzungsverzeichnis

a.A.	andere Ansicht
a.F.	alter Fassung
ABGB	Allgemeines bürgerliches Gesetzbuch (Österreich)
ABl.	Amtsblatt (EU)
abl.	ablehnend
Abs.	Absatz
AcP	Archiv für die civilistische Praxis (Zeitschrift, Deutschland)
AEUV	Vertrag über die Arbeitsweise der Europäischen Union
AJP	Aktuelle Juristische Praxis (Zeitschrift, Schweiz)
All ER	All England Law Reports (Entscheidungssammlung)
ALR	Allgemeines Landrecht für die Preußischen Staaten von 1794
Alt.	Alternative
AnfG	Anfechtungsgesetz (Deutschland)
AnfO	Anfechtungsordnung (Österreich)
Anh.	Anhang
arg. e	argumentum e = Argument aus
arg. e contrario	argumentum e contrario = Umkehrschluss
Art.	Artikel
Aufl.	Auflage
Bd.	Band
Beschl.	Beschluss
betr.	betreffend
BGBl.	Bundesgesetzblatt (Deutschland)
BGE	Entscheidungen des Schweizerischen Bundesgerichts (Amtliche Sammlung)
BGer	Schweizerisches Bundesgericht mit Hauptsitz in Lausanne (Oberste Instanz im schweizerischen Bundesstaat und zwar grundsätzlich für sämtliche Rechtsgebiete)
BGH	Bundesgerichtshof der Bundesrepublik Deutschland
BGHZ	Entscheidungen des Bundesgerichtshofs in Zivilsachen (Amtliche Sammlung)
BlgNR	Beilage Nummer
BVerfG	Bundesverfassungsgericht (Deutschland)
BVerfGE	Entscheidungen des Bundesverfassungsgerichts (Amtliche Sammlung)
bzgl.	bezüglich
bzw.	beziehungsweise
C.	Codex Iustinianus
CA	Court of Appeal (England)
Ch	Entscheidungssammlung der Chancery Division (England)

Celex	Communitatis Europeae Lex; die Celex-Nummer ist die eindeutige Kennung eines jeden Dokuments in EUR-Lex, dem Onlineportal zum EU-Recht, abrufbar unter <https://eur-lex.europa.eu>
Conv	The Conveyancer and Property Lawyer (Zeitschrift, England)
d.h.	das heißt
DCFR	Draft Common Frame of Reference
ders.	derselbe
dies.	dieselbe, dieselben
Diss.	Dissertation
DStR	Deutsches Steuerrecht (Zeitschrift)
E.	Erwägungen (bezogen auf Urteile des Bundesgerichts)
EGBGB	Einführungsgesetz zum Bürgerlichen Gesetzbuch (Deutschland)
Einl.	Einleitung
ER	English Reports (Zusammenfassung privater Entscheidungssammlungen)
ErlRV	Erläuterungen zur Regierungsvorlage (Österreich, Gesetzgebungsmaterialien)
Erwgr.	Erwägungsgrund
et al.	et alii, et aliae, et alia = und andere
etc.	et cetera, und so weiter
EU	Europäische Union
EuErbVO	EU-Erbrechtsverordnung
EuGH	Gerichtshof der Europäischen Union
EuInsVO	EG-Verordnung über Insolvenzverfahren
EWCA Civ	sog. *neutral citation* (seit 2001): EW steht für England Wales, CA für Court of Appeal, Civ steht für civil case, gefolgt von der Nummer der Entscheidung im genannten Jahr (fortlaufende Nummerierung)
EWHC	sog. *neutral citation* (seit 2001): EW steht für England Wales, HC für High Court
f., ff.	folgende
FamRZ	Zeitschrift für das gesamte Familienrecht (Deutschland)
Fn.	Fußnote
FS	Festschrift
gem.	gemäß
ggf.	gegebenenfalls
GP	Gesetzgebungsperiode
GS	Gedächtnisschrift
h.M.	herrschende Meinung
Hereditare	Jahrbuch für Erbrecht und Schenkungsrecht (Deutschland)
Hrsg.	Herausgeber
HTestformÜ	Haager Übereinkommen über das auf die Form letztwilliger Verfügungen anzuwendende Recht
i.d.F.	in der Fassung

i.Erg.	im Ergebnis
Inst.	Institutiones Iustiniani
i.S.v.	im Sinne von
i.V.m.	in Verbindung mit
InsO	Insolvenzordnung (Deutschland)
IO	Insolvenzordnung (Österreich)
IPR	Internationales Privatrecht
IPRax	Praxis des Internationalen Privat- und Verfahrensrechts (Zeitschrift, Deutschland)
IPRG	Bundesgesetz über das Internationale Privatrecht (Schweiz)
IZVR	Internationales Zivilverfahrensrecht
JA	Juristische Arbeitsblätter (Zeitschrift, Deutschland)
JBl.	Juristische Blätter (Zeitschrift, Österreich)
Jura	Juristische Ausbildung (Zeitschrift, Deutschland)
JZ	Juristenzeitung (Deutschland)
Kap.	Kapitel
krit.	kritisch
lit.	litera, Buchstabe
LpartG	Gesetz über die Eingetragene Lebenspartnerschaft (Deutschland)
LR P & D	Law Reports, Probate and Divorce Cases (Entscheidungssammlung, England)
LQR	Law Quarterly Review (Zeitschrift, England)
m.	mit
m. Anm.	mit Anmerkung
m.E.	meines Erachtens
m.w.N.	mit weiteren Nachweisen
MDR	Monatsschrift für Deutsches Recht
MittBayNot	Mitteilungen des Bayerischen Notarvereins, der Notarkasse und der Landesnotarkammer Bayern (Zeitschrift, Deutschland)
n.F.	neuer Fassung
NIPR	Nederlands Internationaal Privaatrecht (Zeitschrift, Niederlande)
NJW	Neue Juristische Wochenschrift (Zeitschrift, Deutschland)
NotAktsG	Notariatsaktsgesetz (Österreich)
Nov.	Novellae Iustiniani
Nr.	Nummer
NZ	Österreichische Notariatszeitung – Monatsschrift für Notariat und Freiwillige Gerichtsbarkeit
OG	Obergericht (Schweiz)
OGH	Oberster Gerichtshof der Republik Österreich mit Hauptsitz in Wien (höchste Instanz für Zivil- und Strafsachen)
ÖJZ	Österreichische Juristen-Zeitung
OLG	Oberlandesgericht (Deutschland)
OR	Obligationenrecht: Bundesgesetz betreffend die Ergänzung des Schweizerischen Zivilgesetzbuches

para.	paragraph (für die Nummerierung nach Absätzen in neueren englischen Gerichtsentscheidungen)
Pra.	Die Praxis – Entscheidungen des Schweizerischen Bundesgerichts (Entscheidungssammlung)
Prec Ch	Precedents in Chancery (Entscheidungssammlung, England)
QB	Entscheidungssammlung der Queen's Bench Division des High Court, eines der englischen Obergerichte
RabelsZ	Zeitschrift für ausländisches und internationales Privatrecht, begründet von Ernst Rabel
RGZ	Entscheidungen des Reichsgerichts in Zivilsachen (Amtliche Sammlung)
Rn.	Randnummer
Rom I-VO	EU-Verordnung über das auf vertragliche Schuldverhältnisse anzuwendende Recht
Rspr.	Rechtsprechung
S.	Seite
SchKG	Bundesgesetz über Schuldbetreibung und Konkurs (Schweiz)
Sec.	Section in englischen Statutes
Sim	Simons' Vice Chancellor's Reports (Entscheidungssammlung, England)
SJZ	Schweizerische Juristenzeitung
sog.	so genannt
StAZ	Das Standesamt: Zeitschrift für Standesamtswesen, Familienrecht, Staatsangehörigkeitsrecht, Personenstandsrecht, internationales Privatrecht des In- und Auslands (Deutschland)
Syst.	Systematischer Teil
SZ	Entscheidungen des österreichischen Obersten Gerichtshofes in Zivilsachen (Amtliche Sammlung)
u.a.	unter anderem
Urt.	Urteil
usw.	und so weiter
v, vs.	versus [= against, steht zwischen den Namen der streitenden Parteien in Zitaten englischer Gerichtsentscheidungen (gesprochen in *civil cases* jedoch: *and*)]
v.	von, vom
Ves Sen	Vesey Senior's Chancery Reports (Entscheidungssammlung, England)
vgl.	vergleiche
Vorbem.	Vorbemerkung
WLR	Weekly Law Reports (Entscheidungssammlung, England)
WM	Wertpapier-Mitteilungen – Zeitschrift für Wirtschafts- und Bankrecht (Deutschland)
ZBJV	Zeitschrift des bernischen Juristenvereins (Schweiz)
ZEuP	Zeitschrift für Europäisches Privatrecht
ZEV	Zeitschrift für Erbrecht und Vermögensnachfolge (Deutschland)

ZfRV	Zeitschrift für Europarecht, internationales Privatrecht und Rechtsvergleichung
ZGB	Schweizerisches Zivilgesetzbuch
zit. n.	zitiert nach
ZMR	Zeitschrift für Miet- und Raumrecht (Deutschland)
zust.	zustimmend
ZVglRWiss	Zeitschrift für vergleichende Rechtswissenschaft

§ 1 Einleitung

A. Einführung in das Thema

Der katholische Pfarrer K, schwer krank und dem Tod geweiht, hegt noch einen letzten Wunsch, bevor er stirbt: Er möchte dem Bonifatiusverein seine Wertpapiere zuwenden.[1] Nun hätte er beispielsweise ein Testament errichten und darin die Wertpapiere dem Bonifatiusverein vermachen können, wie es eben zu tun pflegt, wer seinen Nachlass regeln möchte. So hielt der Pfarrer es bezüglich seiner Schwester; diese setzte er in einem Testament zur Alleinerbin ein. Was die Wertpapiere anlangt, nimmt der Pfarrer jedoch einen anderen Weg: Als sein früherer Vikar den Pfarrer an dessen Sterbebett besucht, bittet der Pfarrer ihn, dem Verein die Papiere zu überbringen; er wolle sie dem Verein schenken. „Es ist Geld von der Kirche und soll auch wieder für die Kirche verwendet werden. Ich übergebe es Ihnen, damit Sie es dem Weihbischof gelegentlich übergeben[.] […] Es ist das [sic!] eine Schenkung unter Lebenden, es steht nichts im Wege; ich kann es Ihnen aber heute nicht geben. Wenn ich wohl genug bin, werde ich sie zusammenlegen; kommen Sie sobald als möglich."[2] Beim nächsten Besuch wenige Tage später übergibt der Pfarrer dem Vikar die Wertpapiere, die er zwischenzeitlich zusammengeklaubt hat, und erklärt erleichtert, von diesem Augenblick an habe er mit den Papieren nichts mehr zu tun; sie würden nicht mehr ihm gehören. Ihm falle ein Stein vom Herzen, jetzt wolle er gerne sterben, alles sei in Ordnung.[3] Auf die Frage des Vikars, was mit den Papieren geschehen solle, wenn der Pfarrer wieder gesund würde, entgegnet dieser, er werde nicht mehr gesund. Wenige Tage später stirbt der Pfarrer; erst danach übergibt der Vikar die Wertpapiere dem Bonifatiusverein. Die Schwester des Pfarrers – wer will es ihr verdenken? – ist nicht gerade begeistert über die Schenkung, schmälert sie doch ihr Erbe, sie verlangt die Wertpapiere daher vom Bonifatiusverein heraus und verklagt diesen, als er sich weigert.

Diesen Fall – es handelt sich um den deutschen Juristen bekannten Bonifatiusfall – hatte das Reichsgericht vor mehr als hundert Jahren zu entscheiden,[4] zu einer Zeit, als das BGB noch jung war und die Richter wenig vertraut mit dem neuen Gesetzeswerk waren. Fälle wie dieser sind knifflig, in tatsächlicher wie in rechtlicher Hinsicht, selbst das Reichsgericht geriet ins Straucheln.[5] Denn der

---

1 Dargestellt wird der Bonifatiusfall: RG, Urt. v. 28.10.1913 – Rep. VII. 271/13 –, RGZ 83, 223.

2 RG, Urt. v. 28.10.1913 – Rep. VII. 271/13 –, RGZ 83, 223 (224).

3 RG, Urt. v. 28.10.1913 – Rep. VII. 271/13 –, RGZ 83, 223 (225).

4 RG, Urt. v. 28.10.1913 – Rep. VII. 271/13 –, RGZ 83, 223.

5 Siehe dazu etwa *Otte*, Der Bonifatiusfall, Jura 1993, 643, der dem Reichsgericht „schwerste Fehler" vorwirft, u.a. die Verkennung des Abstraktionsprinzips; die erbrechtliche Problematik wird auf S. 647 f. behandelt.

Erblasser wird seinen Willen womöglich nicht klar äußern, zumal wenn er dieses bloß mündlich tut und rechtlich nicht bewandert ist, so dass es zu Beweis- und Auslegungsschwierigkeiten kommen wird. Aber auch im Rechtlichen geben solche Rechtsgeschäfte Anlass zu so mancher Kontroverse, sie bereiten Juristen weiterhin Kopfzerbrechen – nicht nur im Inland, sondern auch im Ausland, im materiellen wie im Internationalen Privatrecht. Daran vermag auch der Umstand nichts zu ändern, dass die Bibliotheken um unzählige Abhandlungen angewachsen sind, im Gegenteil: Kontroversen werden eher befeuert. Warum? Worum geht es? Um die mitunter schwierige Frage, wie Rechtsgeschäfte unter Lebenden von Rechtsgeschäften von Todes wegen abzugrenzen sind, und zwar in einem besonderen Fall: der Schenkung auf den Todesfall – einer Schenkung, deren Wirkungen der Schenker bewusst mit dem eigenen Tod verknüpft.

Von solchen Schenkungen soll diese Arbeit handeln, und zwar konkret von deren Beurteilung in verschiedenen Rechtsordnungen sowie im Internationalen Privatrecht der EU. Ziel ist es also nicht, eine weitere Abhandlung zum nationalen Recht vorzulegen, die eine Lösung für das eine oder andere Problem im Zusammenhang mit der Schenkung auf den Todesfall anbietet. Vielmehr sollen mehrere nationale Rechte miteinander verglichen werden, um so das Verständnis zu fördern und dieser Rechtserscheinung Konturen zu verleihen.

Betrachtet werden sollen neben dem deutschen das österreichische und schweizerische sowie das englische[6] Recht. Zu erwarten ist, dass das deutsche, österreichische und schweizerische Recht sich im Wesentlichen näher sind und mehr Gemeinsamkeiten aufweisen, als das zwischen dem englischem Recht und einer der drei erstgenannten Rechtsordnungen der Fall sein dürfte. In Nuancen sind aber ebenso zwischen deutschem, österreichischem und schweizerischen Recht Unterschiede zu gewärtigen, was den Blick auf das Rechtsproblem zu schärfen und das Verständnis zu fördern vermag. Der Vergleich mit dem englischen Recht lohnt vor allem deshalb, weil sich das *common law* hinsichtlich Methodik, Regelungsmechanismen und seiner spezifischen Institute oft gravierend vom kontinentaleuropäischen Recht unterscheidet, andererseits jedoch bezüglich der Regelungsziele und Wertungen vielfach Überschneidungen zu erkennen sind.

Die Beschränkung der Betrachtung auf vier Rechtsordnungen bringt den Nachteil mit sich, dass nicht sämtliche Erscheinungen der Schenkung auf den Todesfall ergründet werden können, die Betrachtung also unvollständig bleiben muss. Der Vorteil besteht jedoch darin, dass eine intensivere Auseinandersetzung auch in Bezug auf Systematik und Wertungen möglich wird und im Idealfall Erkenntnisse gefördert werden, die bei globaler und damit zwangsläufig oberflächlicherer Betrachtung außen vor blieben, zumal die Schenkung auf den Todesfall ganz generell die Frage der Abgrenzung von Rechtsgeschäften unter Lebenden und solchen

---

6 Genau genommen ist es das Recht von England und Wales; der Einfachheit halber wird in dieser Arbeit lediglich vom englischen Recht die Rede sein.

von Todes wegen aufwirft, so dass die Beschränkung auf wenige Rechtsordnungen sinnvoll erscheint, um systematischen und teleologischen Fragen nachgehen zu können.

Die rechtsvergleichende Betrachtung ist nicht bloß Selbstzweck, vielmehr dient sie als Vorarbeit für das zweite wesentliche Anliegen, nämlich herauszuarbeiten, wie die Schenkung auf den Todesfall im unionsrechtlichen IPR zu behandeln, sprich: zu qualifizieren, ist. Mag das Problem der Qualifikation der Schenkung auf den Todesfall im vormaligen nationalen IPR noch als gelöst angesehen worden sein,[7] so ist es spätestens mit Inkrafttreten der europäischen Erbrechtsverordnung[8] wieder aktuell und harrt seiner Bewältigung.

Aber kann es für die Bewältigung der Qualifikation im europäischen IPR ausreichen, lediglich vier Rechtsordnungen in den Blick zu nehmen, zumal sich darunter mit der Schweiz und nach dem Brexit nunmehr auch mit dem Vereinigten Königreich zwei Nichtmitglieder finden? Man mag also einwenden, dass die rechtsvergleichende Betrachtung keine verbindliche Aussage für das Verständnis der Schenkung auf den Todesfall im europäischen Kollisionsrecht bringen kann. Die Beschränkung auf einige wenige Rechtsordnungen könne nur einen Ausschnitt des Problems abbilden und sei damit nicht repräsentativ, wenn es darum geht, den gemeinsamen Kern des Rechts der Mitgliedstaaten herauszuarbeiten. Dem ist entgegenzuhalten, dass Prinzipien und Wertungen zu Tage treten werden, die nicht allein in den betrachteten Rechtsordnungen eine Rolle spielen dürften, sondern die zentrale Punkte des Erbrechts betreffen, insbesondere dessen verschiedene Schutzregime, so dass Verallgemeinerungen möglich sind. Das Vereinigte Königreich war zudem am Entstehungsprozess der EuErbVO noch beteiligt und zahlreiche Rechtsinstitute des *common law* werden in der Verordnung in Bezug genommen, sie prägen somit das Verständnis mit.

Es existieren in der Literatur bereits einige Ansätze zur Qualifikation der Schenkung auf den Todesfall im unionsrechtlichen IPR; diese sind kritisch zu würdigen und im Gesamtkontext zu bewerten. Eine umfassendere monographische Abhandlung der Schenkung auf den Todesfall im europäischen IPR, die die Zusammenhänge darstellt, scheint bisher zu fehlen. Diese Lücke zu füllen, ist das Hauptanliegen dieser Arbeit. Ziel muss es sein, das Spannungsverhältnis zwischen Privatautonomie und zwingendem Erbrecht auch auf Ebene des IPR in einen angemessenen

7 So noch zum nationalen IPR *Abel*, Die Qualifikation der Schenkung, S. 143.

8 Verordnung (EU) Nr. 650/2012 des europäischen Parlaments und des Rates vom 4.7.2012 über die Zuständigkeit, das anzuwendende Recht, die Anerkennung und Vollstreckung von Entscheidungen und die Annahme und Vollstreckung öffentlicher Urkunden in Erbsachen sowie zur Einführung eines Europäischen Nachlasszeugnisses [im Folgenden als EuErbVO bezeichnet, teilweise auch als Erbrechtsverordnung], ABl. EU 2012 L 201, S. 107; die EuErbVO ist am 16.8.2012 in Kraft getreten und gilt im Wesentlichen seit dem 17.8.2015.

Ausgleich zu bringen. Verfolgt werden soll daher ein interessenorientierter Ansatz, der in der vorliegenden Arbeit den einen oder anderen Denkanstoß liefern und die Diskussion zur Qualifikation der Schenkung auf den Todesfall befruchten soll.

B. Ausgangsüberlegungen und Konkretisierungen

Unerlässlich für jede rechtsvergleichende Arbeit ist es, Arbeitshypothesen aufzustellen, die die Rechtsvergleichung leiten.

I. Zur Methodik der Rechtsvergleichung

Als Methode in der Rechtsvergleichung hat es sich etabliert, im Ausgangspunkt als Arbeitshypothese das sozio-ökonomische Problem herauszustellen anstatt auf rechtlich geprägte Systembegriffe abzustellen.[9] Im Zentrum steht dabei eine funktionale Betrachtung,[10] wenngleich dieser Ansatz nicht unangefochten ist.[11] Der funktionale Ansatz basiert auf der Annahme, dass die verschiedenen Rechtsordnungen im Wesentlichen dieselben gesellschaftlichen Herausforderungen und Probleme zu bewältigen haben, diese aber in unterschiedlicher Weise lösen, und zwar mit den ihr jeweils eigenen Rechtsinstrumentarien, Instituten und systematischen Eigenheiten.[12] Zu fragen ist demnach, wie eine Rechtsordnung ein bestimmtes Problem angeht und löst. Dieser Ansatz erscheint im Ausgangspunkt sinnvoll, weil funktionale Aspekte im Rahmen der Qualifikation ebenso eine Schlüsselrolle spielen und die rechtsvergleichende Analyse auf Basis einer funktionalen Betrachtung somit ertragreich für die kollisionsrechtliche Betrachtung sein sollte.

Sofern mit diesem Ansatz indes impliziert werden sollte, das zu betrachtende Problem sei in Gänze seines rechtlichen Rahmens zu entledigen, bedarf es einer Modifikation: Wer Schenkungen auf den Todesfall durch die Brille des Rechts betrachten will, kommt nicht umhin, von bestimmten rechtlichen Prämissen auszugehen, nämlich erstens, dass zwischen Rechtsgeschäften unter Lebenden und solchen von Todes wegen unterschieden wird, und zweitens, dass es ein Erbrecht mit spezifischen Wertungen gibt. Ohne diese rechtlichen Prämissen dürfte es kaum gelingen, das Kernproblem für die vergleichende Betrachtung zuzuspitzen. Zu achten ist aber darauf, dass nicht in zu engen Kategorien gedacht wird, die zu stark durch das bekannte eigene Recht vorgeprägt sind. Essentiell ist es, sich für den Ausgangspunkt von dem deutschen Begriffsverständnis der Schenkung von Todes wegen und den damit verknüpften Voraussetzungen zu lösen. Sonst könnten

9 *Siems*, Comparative Law, S. 14.

10 Dazu etwa *Zweigert/Kötz*, Rechtsvergleichung, S. 33 ff.

11 Zur Kritik des funktionalen Ansatzes siehe etwa *Siems*, Comparative Law, S. 33 ff.

12 *Zweigert/Kötz*, Rechtsvergleichung, S. 33.

Konstellationen aus dem Blickfeld geraten, die in anderen Rechtsordnungen als Schenkungen auf den Todesfall aufgefasst werden.

II. Ausgangsfragen für die rechtsvergleichende Betrachtung

Ausgegangen werden soll von der Prämisse, dass es in den einzelnen Rechtsordnungen ein Bedürfnis der Bürger für postmortale Zuwendungen außerhalb des formalen Erbrechts gibt, auch wenn dieses nicht so stark ausgeprägt ist wie in archaischen Rechtsordnungen, die überhaupt keine Verfügungen von Todes wegen kennen.[13] Kommerzielle Dienstleister wie Versicherungen und Banken sehen für viele ihrer Produkte in Formularen Felder vor, in denen der Kunde einen Begünstigten für den Todesfall eintragen kann, was die Bedeutung solcher Geschäfte zeigt.

Verschiedene Motive sind denkbar für postmortale Zuwendungen unter Lebenden: Psychologisch mag es für den Erblasser angenehmer sein zu schenken, weil die Hemmschwelle für Verfügungen von Todes wegen typischerweise höher ist; die meisten Menschen scheuen die Konfrontation mit dem eigenen Tod.[14] Denkbar ist weiter, dass die formalen Anforderungen für Verfügungen von Todes wegen zu hoch sind, weswegen sie an Attraktivität und Praktikabilität einbüßen.[15] Im Einzelfall kann das Rechtsgeschäft unter Lebenden auf den Todesfall Aufgaben erfüllen, denen eine Verfügung von Todes wegen nicht gerecht werden könnte.[16] Es bietet sich an, wenn das Geschäft gewisse Vorwirkungen bereits zu Lebzeiten zeitigen soll, also noch zu Lebzeiten Rechte und Pflichten begründet werden sollen, etwa die Pflicht des Schenkers Schadensersatz zu leisten bei Veräußerung an einen Dritten. Eine wichtige Funktion kann weiter in der schnellen Versorgung Dritter unmittelbar nach dem Tod des Erblassers ohne langwierige Nachlassabwicklung bestehen.[17] Weiter können solche Geschäfte gewählt werden, um rechtliche Beschränkungen im Zusammenhang mit Verfügungen von Todes wegen zu überwinden, etwa Beschränkungen der Testierfreiheit oder eine Begrenzung des Personenkreises beim Erbvertrag.[18] Auch können steuerrechtliche Gründe den Ausschlag geben, wenn etwa Schenkungen steuerrechtlich privilegiert werden. Obwohl steuerrechtliche Erwägungen für die Vertragsgestaltung essentiell und von dem beratenden Rechtsanwalt zu berücksichtigen sind, wird das Steuerrecht in dieser Arbeit ausgeklammert, würde dessen Betrachtung doch den Rahmen der Arbeit sprengen.

---

13 Vgl. *Winkler*, Die Schenkung auf den Todesfall im IPR, S. 56.

14 *Lange/Kuchinke*, Erbrecht, S. 743.

15 *Winkler*, Die Schenkung auf den Todesfall im IPR, S. 57; *Olzen*, Lebzeitige und letztwillige Rechtsgeschäfte, Jura 1987, 16 (18).

16 *Winkler*, Die Schenkung auf den Todesfall im IPR, S. 57.

17 Dazu *Wall*, Valutaverhältnis, Rn. 1172 ff.

18 *Winkler*, Die Schenkung auf den Todesfall im IPR, S. 57 ff.

Weiter ist zu unterstellen, dass zumindest in der Theorie Gestaltungsmittel existieren, damit ein Geschäft unter Lebenden hinsichtlich bestimmter Wirkungen mit dem Tod des Versprechenden verknüpft werden kann. Als Gestaltungsmittel kommen in Betracht aufschiebende bzw. auflösende Bedingungen sowie Befristungen, aber auch der bloße Aufschub der Erfüllung. In funktionaler Hinsicht kann der Erblasser ein ähnliches Ergebnis erreichen wie mit einer Verfügung von Todes wegen,[19] beispielsweise indem er die Wirksamkeit des Geschäfts durch das eigene Vorversterben bedingt. Damit soll indes noch nicht behauptet werden, dass eine solche Gestaltung per se zulässig ist oder diese als Rechtsgeschäft unter Lebenden behandelt wird. Ob und inwieweit sie zulässig ist, ist vielmehr die Ausgangsfrage der rechtsvergleichenden Analyse, die es zu beantworten gilt.

Es ist keineswegs selbstverständlich, dass eine Rechtsordnung postmortale Zuwendungen unter Lebenden anerkennt. Denn sieht eine Rechtsordnung für postmortale Zuwendungen mit der Verfügung von Todes wegen einen speziellen Geschäftstypus vor, so besteht bei Gestattung alternativer Gestaltungen die Gefahr, dass die spezifischen Anforderungen der Verfügung von Todes wegen unterlaufen werden, es drohen Konflikte mit dem Erbrecht.[20] Das gilt umso mehr, als im Erbrecht vielfach schützenswerte Interessen Dritter in Rede stehen, etwa von nahen Angehörigen oder Gläubigern.[21] Fraglich ist, wie die jeweilige Rechtsordnung die widerstreitenden Interessen in Ausgleich bringt. In welchem Umfang gestattet das jeweilige Recht Rechtsgeschäfte unter Lebenden auf den Todesfall und stärkt damit die Privatautonomie? Zu wessen Gunsten erfolgen Beschränkungen? Wie werden diese umgesetzt? Das sind die leitenden Fragen für die rechtsvergleichende Betrachtung.

Die Betrachtung soll im Wesentlichen auf Schenkungen auf den Todesfall beschränkt werden. Ausgeklammert bleiben grundsätzlich entgeltliche Geschäfte auf den Todesfall und die sonstigen unentgeltlichen Geschäfte auf den Todesfall. Schenkungen sind von besonderem Interesse, weil sie den Nachlass ohne oder zumindest ohne hinreichende Kompensation schmälern und damit potentiell gefährlicher sind. Für die Rechtsvergleichung ist zu beachten, dass der Begriff der Schenkung in den einzelnen Rechtsordnungen unterschiedlich verstanden werden kann; auch über die Kriterien der Unentgeltlichkeit wird nicht zwingend Konsens herrschen. Gleiches gilt für den Begriff „Schenkung auf den Todesfall“.[22] Der Terminus „Schenkung von Todes wegen“ soll bewusst vermieden werden, da er in § 2301 BGB anklingt und damit durch das spezifisch deutsche Verständnis vorgeprägt ist. Sofern er teilweise gleichwohl verwendet wird, sind das Geschäft

19 *Meyer-Pritzl*, in: Staudinger/Eckpfeiler (2020), Erbrecht (W.), Rn. W 80.

20 Vgl. *Reinicke*, Schenkungen von Todes wegen, S. 148 ff.

21 Siehe zum skizzierten Spannungsverhältnis auch *Meyer-Pritzl*, in: Staudinger/Eckpfeiler (2020), Erbrecht (W.), Rn. W 80.

22 Vgl. *Kegel*, Schenkung von Todes wegen, FS Zepos, 313 (329 f.).

und seine Anforderungen im jeweiligen nationalen Kontext zu sehen. Rechtsvergleichend ist von einem weiten und zudem funktionalen Verständnis der Schenkung auf den Todesfall auszugehen: Schenkungen auf den Todesfall sind danach Rechtsgeschäfte unter Lebenden, die auf eine postmortale Vermögensverteilung zielen, wobei ihre Wirkungen ganz oder teilweise erst mit dem Tod des Schenkers eintreten sollen. Einbezogen werden müssen zudem solche Geschäfte, bei denen es aufgrund der besonderen Situation zumindest als möglich erscheint, dass die Wirkungen erst mit dem Tod eintreten sollen, etwa bei einer Vergabung auf dem Totenbett. Als Beispiel kann der eingangs geschilderte Bonifatiusfall genannt werden.

III. Zwitternatur als Herausforderung

Der Bonifatiusfall soll das zwittrige Wesen der Schenkung auf den Todesfall illustrieren: Ihrer äußeren Gestalt nach ist sie ein Rechtsgeschäft unter Lebenden, ihrem inneren Wesen nach jedoch einer Verfügung von Todes wegen zumindest stark angenähert – je nach Einzelfall mal mehr, mal weniger stark. Von einer gewöhnlichen Schenkung unter Lebenden unterscheidet sich die „Schenkung“ im Bonifatiusfall vordergründig dadurch, dass der Pfarrer sie im Angesicht des Todes vornahm und selbst nicht mehr davon ausging, gesund zu werden, er das eigentliche Vermögensopfer ebenso wie bei einer Verfügung von Todes wegen mithin gar nicht mehr spüren würde. Funktional zielte die Schenkung auf die Vorsorge für das Vermögen nach dem Tod, die Nähe zum Erbrecht ist damit unverkennbar.

Andererseits offenbart der Sachverhalt auch starke Indizien für ein Rechtsgeschäft unter Lebenden: So sprach K selbst von einer Schenkung unter Lebenden und gab damit zu erkennen, dass er die Vornahme eines Rechtsgeschäftes unter Lebenden beabsichtigte. Zudem gab K noch zu Lebzeiten den unmittelbaren Besitz auf, wenngleich die Übereignung der Wertpapiere erst nach dem Tod des K erfolgte. Womöglich wäre er auch mit einer Übereignung noch zu Lebzeiten einverstanden gewesen, weil er schließlich selbst von einer Schenkung unter Lebenden sprach.

Zudem kündet der Bonifatiusfall von dem potentiellen Konflikt, der mit solchen Geschäften einhergeht, nämlich dem Konflikt mit den Nachlassbeteiligten, die eine Schmälerung des Nachlasses nicht hinnehmen wollen.

Was die Schenkung auf den Todesfall im Einzelnen letztlich ausmacht, wird in einzelnen Rechtsordnungen unterschiedlich beurteilt, die maßgeblichen Kriterien variieren. Auch die rechtliche Behandlung ist nicht einheitlich. Teils wird sie als eigenständiges Rechtsinstitut behandelt, teils wird sie – je nach Variante – entweder den Rechtsgeschäften unter Lebenden oder den Verfügungen von Todes wegen zugeordnet.

Das zwittrige Wesen solcher Geschäfte zu bändigen, ist die große Herausforderung des Rechts – das gilt für das materielle Recht ebenso wie für das IPR.

C. Gang der Untersuchung

Die Arbeit ist in zwei Hauptteile gegliedert, einen rechtsvergleichenden und einen kollisionsrechtlichen. Im ersten Hauptteil, dem rechtsvergleichenden, werden zunächst die spezifischen Regelungen zur Schenkung auf den Todesfall in den einzelnen Rechtsordnungen vorgestellt. Sodann werden einige wenige Sonderkonstellationen behandelt, bei denen der Erblasser einen Mittler zwischenschaltet, zu nennen ist etwa der Vertrag zugunsten Dritter auf den Todesfall. Darauf folgt die eigentliche Rechtsvergleichung: Eingangs wird ein rechtsgeschichtlicher Überblick gegeben, wobei die *donatio mortis causa* des römischen Rechts im Zentrum stehen wird; es wird um ihren Einfluss auf die jeweiligen Regelungen im nationalen Recht gehen. Es folgt eine systematische und teleologische Analyse der Schenkung auf den Todesfall, die den Kern des ersten Hauptteils ausmacht. In systematischer Hinsicht wird untersucht, wie Rechtsgeschäfte unter Lebenden und Verfügungen von Todes wegen sich in den betrachteten Rechtsordnungen unterscheiden, was für sie die jeweils prägenden Merkmale sind. Daran anknüpfend wird der Versuch unternommen, die Schenkung auf den Todesfall in das jeweilige System einzuordnen. Konkret: Ist die Schenkung auf den Todesfall nun Rechtsgeschäft unter Lebenden oder ein solches von Todes wegen, oder ist sie gar beides oder womöglich weder das eine noch das andere? In teleologischer Hinsicht ist nach dem Sinn und Zweck der speziellen Regelungen zu fragen, dabei wird es vor allem darum gehen zu klären, warum einige Varianten der Schenkung auf den Todesfall dem Erbrecht unterstellt werden, andere wiederum nicht. Von Relevanz ist es insofern, zum einen diejenigen Kriterien herauszuarbeiten, die die fragliche Schenkung so nah an die Verfügungen von Todes wegen rücken lassen, dass der jeweilige nationale Gesetzgeber sich gezwungen sah, Erbrecht anzuordnen. Zum anderen ist zu erörtern, welche erbrechtlichen Interessen den Ausschlag geben für die erbrechtliche Zuordnung. Behandelt werden die erbrechtliche Formenstrenge, der Angehörigen- und Gläubigerschutz sowie der Schutz der Erben, allen voran der Vertragserben.

Im zweiten Hauptteil, dem kollisionsrechtlichen Teil, wird zunächst eine kurze Einführung zu Begriff und Methode der Qualifikation gegeben; erörtert werden auch Besonderheiten im Rahmen des europäischen IPR. Es folgt ein Überblick zur Qualifikation der Schenkung auf den Todesfall im jeweiligen nationalen IPR. Danach wird der Fokus auf den eigentlichen Kern gerichtet, der Behandlung der Schenkung auf den Todesfall im unionsrechtlichen IPR. Im Ausgangspunkt wird erörtert, welche Verordnungen in Betracht kommen – das sind vorrangig Rom I-VO[23] und EuErbVO. Sodann werden Gemeinsamkeiten und Unterschiede beider Verordnungen herausgearbeitet, und zwar, was Anknüpfungskriterien und

---

23 Verordnung (EG) Nr. 593/2008 des Europäischen Parlaments und des Rates vom 17.6.2008 über das auf vertragliche Schuldverhältnisse anzuwendende Recht („Rom I"), ABl. EU L 177, S. 6.

Prinzipien anbelangt. Darauf aufbauend werden die wesentlichen Wertungen und Interessen, die bei der Schenkung auf den Todesfall von Belang sind, freigelegt und bewertet, um einen Abgleich mit dem materiellrechtlichen Befund zu ermöglichen. Im Zentrum stehen die Rechtswahlfreiheit und ihre Grenzen sowie der Angehörigenschutz. Anschließend werden die jeweiligen Anwendungsbereiche der beiden Verordnungen näher bestimmt und erörtert, wie die Abgrenzung zwischen Rechtsgeschäften unter Lebenden und solchen von Todes wegen im europäischen IPR zu erfolgen hat, wobei das Augenmerk im Wesentlichen auf die EuErbVO gerichtet wird, weil die Schenkung auf den Todesfall aus erbrechtlicher Warte problematisch ist. Zur Klärung werden einzelne, explizit in der EuErbVO benannte Institute näher beleuchtet, die eine postmortale Zuwendung ermöglichen, dabei aber keine Verfügungen von Todes wegen im eigentlichen Sinne sind und vom Anwendungsbereich ausgenommen bleiben. Danach ist es an der Zeit, die verschiedenen Ansichten zur Qualifikation der Schenkung auf den Todesfall im unionalen IPR vorzustellen und zu bewerten. Abschließend soll ein eigener Lösungsvorschlag unterbreitet werden.

§ 2 Die Schenkung auf den Todesfall im materiellen Recht von Deutschland, Österreich, der Schweiz und England

Schenkungen auf den Todesfall sind aus erbrechtlicher Warte heikel. Der Gesetzgeber muss sich die Frage stellen, ob und inwieweit er solche Geschäfte zulassen möchte, will er das Erbrecht mit all seinen Differenzierungen und Spezifizierungen nicht preisgeben. Zumindest besteht diese Gefahr, würde er sie uneingeschränkt zulassen. Die Schenkung auf den Todesfall bewegt sich schließlich im Spannungsverhältnis von Privatautonomie und zwingendem Erbrecht. Sie wirft eine der Kernfragen des Erbrechts auf, nämlich: Was kennzeichnet Verfügungen von Todes wegen und wie sind diese materiell von Rechtsgeschäften unter Lebenden abzugrenzen? Es geht also um die Grundfesten des Erbrechts. Demgemäß muss es das Ziel sein, die Schenkung auf den Todesfall und die sie betreffenden Regelungen systematisch einzuordnen und die sie jeweils tragenden Wertungen zu ergründen. Das sind die Hauptanliegen dieses Kapitels und der Kern der rechtsvergleichenden Betrachtung.

A. Grundlagen

Bevor die eigentliche Rechtsvergleichung beginnen kann, ist in das Recht der einzelnen Länder zur Schenkung auf den Todesfall einzuführen. Dabei sollen die einschlägigen Regelungen jeweils nach Ländern gesondert vorgestellt werden. Zudem sind einige wenige, aber wichtige Sonderkonstellationen in den Blick zu nehmen.

I. Die gewöhnliche Schenkung im Überblick

Zunächst soll ein knapper Überblick zum Schenkungsrecht in den betrachteten Rechtsordnungen gegeben werden. Das ist deswegen von Bedeutung, weil Schenkungen auf den Todesfall teilweise wie gewöhnliche Schenkungen behandelt werden. Insoweit sie anders klassifiziert werden, muss man das Schenkungsrecht in groben Zügen kennen, um die Unterschiede zu verstehen.

1. Zum Schenkungsbegriff

Die Schenkung zeichnet sich dadurch aus, dass der Schenker dem Beschenkten einen Gegenstand endgültig und unentgeltlich zuwendet; zusätzlich muss auch ein entsprechendes subjektives Moment gegeben sein.[24] Im Einzelnen gibt es

---

24 *Magnus*, in: Dutta/Weber, Internationales Erbrecht, IntSchenkungsR Rn. 2.

ungeachtet dieses gemeinsamen Kerns erhebliche Unterschiede in den Rechtsordnungen.[25] Während im deutschen, österreichischen und schweizerischen Recht eine Einigung der Parteien über die Unentgeltlichkeit des Geschäfts erforderlich ist,[26] reicht im englischen Recht der bloße Schenkungswille des Schenkers aus.[27] Nicht einheitlich beurteilt wird ferner, wann die die Schenkung prägende Unentgeltlichkeit vorliegt.[28] Im englischen Recht liegt ein unentgeltliches Geschäft immer dann vor, wenn eine ausreichende *consideration*, das Versprechen einer Gegenleistung, fehlt.[29] Die Anforderungen an die *consideration* sind allerdings niedrig, sie muss nicht angemessen sein, ausreichend ist bereits eine sogenannte *nominal consideration*, eine symbolische Gegenleistung wie etwa die Gabe eines Pfefferkorns.[30] Dementsprechend sieht das englische Recht Geschäfte als entgeltlich an, die im kontinentaleuropäischen Recht als reine oder gemischte Schenkungen einzustufen wären.[31] Eine gemischte Schenkung liegt im kontinentaleuropäischen Recht vor, wenn Leistung und Gegenleistung in einem einheitlichen Vertrag sich wertmäßig nicht die Waage halten und die Parteien zusätzlich darüber einig sind, dass der überschießende Wert der unteilbaren Leistung unentgeltlich zugewandt sein soll.[32] Problematisch ist die Unentgeltlichkeit darüber hinaus etwa bei Abfindungsklauseln[33] in Gesellschaftsverträgen und bei unbenannten Zuwendungen[34] zwischen Ehegatten.

---

25 *Schmidt-Kessel*, Schenkung, in: Basedow/Hopt/Zimmermann, Handwörterbuch II, S. 1349; ausführliche rechtsvergleichende Studie zu den einzelnen Merkmalen der Schenkung bei *Hyland*, Gifts, S. 127 ff., Nr. 208 ff.

26 Deutschland: siehe bereits den Wortlaut von § 516 Abs. 1 BGB; *Weidenkaff*, in: Grüneberg, § 516 Rn. 11; Österreich: OGH 28.3.1972, 5 Ob 16/72 – SZ 45/35, 153 (156); Schweiz: *Vogt*, in: Basler Kommentar OR I, Art. 239 Rn. 1.

27 *Dewar v Dewar* [1975] 1 WLR 1532 (1538 f.), zit. n. Westlaw UK; *Bridge*, Property Law, S. 171 f.

28 *Hyland*, Gifts, S. 135 ff., Nr. 228 ff.

29 *Hyland*, Gifts, S. 136, Nr. 230.

30 *Peel*, The Law of Contract, Rn. 3-014; *Bridge*, Property Law, S. 171.

31 *Hyland*, Gifts, S. 137, Nr. 230.

32 Deutschland: *Weidenkaff*, in: Grüneberg, § 516 Rn. 13; Österreich: *Koziol/Welser*, Bürgerliches Recht II, S. 194; Schweiz: *Vogt*, in: Basler Kommentar OR I, Art. 239 Rn. 5.

33 Im deutschen Recht werden Klauseln, nach der die überlebenden Gesellschafter den Anteil des verstorbenen Gesellschafters erhalten sollen, zumeist als entgeltlich eingestuft, siehe etwa *Weidenkaff*, in: Grüneberg, § 516 Rn. 9a m.w.N.; im schweizerischen Recht dagegen soll ein unentgeltliches Geschäft vorliegen, da die Zuweisung an den einen oder anderen Gesellschafter vom Zufall abhänge und bei Vertragsschluss noch nicht feststehe, so BGer v. 5.8.1987 – BGE 113 II 270 (272).

34 *Magnus*, in: Dutta/Weber, Internationales Erbrecht, IntSchenkungsR Rn. 9.

2. *Rechtsnatur der Schenkung*

Die rechtliche Klassifizierung der Schenkung variiert. Im deutschen, österreichischen und schweizerischen Recht ist sie ein Vertrag,[35] so dass es zwei übereinstimmender Willenserklärungen bedarf. Gänzlich anders ist demgegenüber die Konzeption im englischen Recht: Die Schenkung wird im englischen Recht nicht als Vertrag eingeordnet, was wiederum mit der *doctrine of consideration* zusammenhängt, auf der das englische Vertragsrecht aufbaut.[36] Die *doctrine of consideration* beruht auf dem Prinzip der Gegenseitigkeit, d.h. ein Versprechen ist grundsätzlich nur dann durchsetzbar, wenn der Versprechende seinerseits eine Gegenleistung erhält.[37] Das englische Recht verlangt, dass die Parteien ein Geschäft (*bargain*) miteinander gemacht haben; einem Versprechen aus Freigiebigkeit begegnet es mit Misstrauen.[38] Das bedeutet indes nicht, dass es keine Möglichkeit gibt, ein durchsetzbares Schenkungsversprechen abzugeben: Soll das Schenkungsversprechen gerichtlich durchsetzbar sein, so muss es in der besonderen Form des *deed* abgegeben werden.[39] Mangels Vertragsnatur kann das Schenkungsversprechen sogar dann bindend sein, wenn der Begünstigte hiervon gar nichts weiß, vorausgesetzt die Form des *deed* ist gewahrt.[40] Insofern besteht eine Ähnlichkeit zum Testament. Die Schenkung wird in englischen Lehrbüchern im Sachenrecht (*Property Law*) behandelt.[41] Die systematische Zuordnung zum Sachenrecht war zunächst auch im kontinentaleuropäischen Recht üblich, beispielsweise im preußischen ALR; den Schuldverträgen zugeordnet wurde die Schenkung erst in den späteren großen europäischen Kodifikationen.[42]

3. *Hauptarten der Schenkung*

Es lassen sich im deutschen, österreichischen und schweizerischen Recht zwei Hauptarten der Schenkung unterscheiden: zum einen die Versprechensschenkung

35 Deutschland: Wortlaut des § 518 Abs. 1 Satz 1 BGB; Österreich: Wortlaut des § 938 ABGB; Schweiz: Systematische Stellung im Obligationenrecht, Art. 239 ff. OR, siehe auch BGer v. 20.1.1988 – BGE 114 II 36 (38).

36 *Bridge*, Property Law, S. 171; *Henrich/Huber*, Englisches Privatrecht, S. 73; *Schmidt-Kessel*, Schenkung, in: Basedow/Hopt/Zimmermann, Handwörterbuch II, S. 1351.

37 *Peel*, The Law of Contract, Rn. 3-002.

38 *Kötz*, Europäisches Vertragsrecht, S. 78 f; siehe auch *Re Cole* [1964] Ch 175 (185), zit. n. Westlaw UK.

39 *Bridge*, Property Law, S. 171.

40 *Peel*, The Law of Contract, Rn. 3–172 zu *promises in deeds*; zu den Anforderungen siehe im Einzelnen sogleich unter 4.

41 Siehe etwa bei *Smith*, Property Law, S. 138 ff.

42 *Pfeifer*, in: HKK-BGB III/1, §§ 516–534 Rn. 24, unter Verweis auf u.a. I, 11, §§ 1037 ff. ALR.

und zum anderen die Handschenkung oder – genauer gesagt – die Realschenkung[43]. Wie der Begriff „Versprechensschenkung" andeutet, verspricht bzw. verpflichtet sich der Schenker vertraglich, einem anderen einen Gegenstand unentgeltlich zuzuwenden. Die Realschenkung zeichnet sich demgegenüber gerade dadurch aus, dass der Schenker den auserkorenen Gegenstand sogleich auf den Beschenkten überträgt.[44] Bei der Realschenkung fallen Rechtsgrund (*causa*) und dinglicher Vollzug zusammen.[45] Im englischen Recht findet sich eine solche Differenzierung in der Theorie nicht, weil die Schenkung dem Sachenrecht zugeordnet wird und somit von vornherein nicht zwischen Kausalgeschäft und Vollzugsgeschäft unterschieden wird. Ohnehin ist im englischen Recht eine strikte rechtliche und gedankliche Trennung zwischen schuldrechtlichem Kausalgeschäft und dinglichem Vollzugsgeschäft nicht auszumachen, was auf die weitgehend fehlende Rezeption des römischen Rechts zurückgeführt wird.[46]

4. Formale Anforderungen

Da der Schenker bei der Versprechensschenkung eine Leistung verspricht, ohne seinerseits eine Gegenleistung zu erhalten, kann zweifelhaft sein, ob der Schenker sein Versprechen wohl überlegt hat und es ernstlich will. Um solche Zweifel auszuräumen, ist die Versprechensschenkung im deutschen, österreichischen und schweizerischen Recht formbedürftig; allerdings sind die formalen Anforderungen unterschiedlich streng ausgeprägt. Während das schweizerische Recht für das Schenkungsversprechen die schriftliche Form grundsätzlich genügen lässt,[47] muss das Schenkungsversprechen im deutschen Recht notariell beurkundet werden.[48] Gemeinsam ist dem deutschen und dem schweizerischen Recht, dass ausschließlich das Versprechen des Schenkers formbedürftig ist, nicht dagegen die Erklärung des Beschenkten. Dagegen bedarf im österreichischen Recht – geht man vom Wortlaut des § 1 Abs. 1 lit. d NotAktsG aus – bei der Versprechensschenkung der gesamte Vertrag der Form des Notariatsaktes. Jedoch soll sich die Notariatsaktpflicht nach umstrittener Ansicht entsprechend ihrem Sinn und Zweck im Wege

---

43 So *Maissen*, Schenkungsvertrag, Rn. 34, die zutreffend darauf hinweist, dass der Begriff der Handschenkung zu eng ist, da er nur bei beweglichen Sachen passt, Gegenstand der Schenkung jedoch auch andere Vermögensgegenstände sein können.

44 Deutschland: *Weidenkaff*, in: Grüneberg, § 518 Rn. 4; Österreich: *Koziol/Welser*, Bürgerliches Recht II, S. 191; Schweiz: *Maissen*, Schenkungsvertrag, Rn. 36.

45 So jedenfalls in Deutschland: *Weidenkaff*, in: Grüneberg, § 518 Rn. 4; ebenso in der Schweiz: *Vogt*, in: Basler Kommentar OR I, Art. 243 Rn. 1.

46 *Bucher*, England und der Kontinent, ZVglRWiss 105 (2006), 164 (177 f.).

47 Art. 243 Abs. 1 OR.

48 § 518 Abs. 1 Satz 1 BGB.

der teleologischen Reduktion ausschließlich auf das Schenkungsversprechen beziehen.[49]

Die Realschenkung ist im deutschen, österreichischen und schweizerischen Recht im Gegensatz zur Versprechensschenkung nicht formbedürftig,[50] weil der Schenker durch den sofortigen Vollzug hinreichend über Bedeutung und Tragweite des Geschäftes gewarnt ist.

Das Schenkungsversprechen bedarf im englischen Recht – wie bereits dargelegt – der Form des *deed*. Der *deed* ist eine schriftliche Erklärung des Versprechenden, aus der deutlich hervorgehen muss, dass die Schenkung als *deed* gewollt ist. Der Versprechende muss die Erklärung in Anwesenheit eines Zeugen unterschreiben; der Zeuge muss die Unterschrift des Versprechenden beglaubigen. Unterschreibt der Versprechende nicht selbst, sondern weist er einen anderen entsprechend an – was zulässig ist –, so müssen zwei Zeugen die Unterschrift beglaubigen. Der *deed* erfordert des Weiteren eine *delivery*. Allerdings setzt die *delivery* keine Besitzübergabe voraus; entscheidend ist vielmehr, dass das Verhalten des Versprechenden dessen Bindungswillen erkennen lässt. Die Siegelung der Erklärung – als zusätzliches Erfordernis – ist heute weitgehend nicht mehr geboten; soweit es der Siegelung noch bedarf, werden keine hohen Anforderungen an sie gestellt, so dass dieses Erfordernis heute faktisch gegenstandslos ist.[51] Demgegenüber ist die vollzogene Schenkung (*perfected gift*) auch dann rechtsbeständig, wenn die Form des *deed* nicht gewahrt ist. Denn die *doctrine of consideration* betrifft nur Leistungsversprechen (*promises*).[52]

Ist die Form nicht gewahrt, so führt das im österreichischen Recht nicht etwa zur Nichtigkeit des Schenkungsvertrages, sondern die Verpflichtung des Schenkers ist lediglich nicht einklagbar (Naturalobligation).[53] Leistet der Schenker später, so kann er den verschenkten Gegenstand nicht kondizieren.[54] Vergleichbar ist die Situation im englischen Recht: Fehlt die *consideration* und ist die Form des *deed* nicht gewahrt, so ist das Versprechen nicht einklagbar (*not enforceable*), aber nicht unwirksam. Im deutschen und schweizerischen Recht wäre der Schenkungsvertrag dagegen schwebend unwirksam. Der formnichtige Schenkungsvertrag würde

---

49 So beispielsweise *Parapatits*, in: Schwimann/Kodek, ABGB, Bd. 4, § 943 Rn. 9 m.w.N.; a.A. etwa *Koziol/Welser*, Bürgerliches Recht II, S. 191.

50 Deutschland: arg. e contrario aus § 518 BGB; Österreich: arg. e contrario aus § 943 ABGB, § 1 Abs. 1 lit. d NotAktsG; Schweiz: Art. 242 Abs. 1 OR.

51 Zu den formalen Anforderungen des *deed* siehe *Peel*, The Law of Contract, Rn. 3–172 ff.

52 *Kötz*, Europäisches Vertragsrecht, S. 79.

53 So der Wortlaut von § 943 Satz 1 ABGB; daran soll auch der insofern strengere Wortlaut von § 1 Abs. 1 lit. d NotAktsG („Gültigkeit") nichts ändern, vgl. dazu *Parapatits*, in: Schwimann/Kodek, ABGB, Bd. 4, § 943 Rn. 2.

54 § 1432 ABGB.

jedoch durch den nachträglichen Vollzug geheilt.[55] Damit nähert sich die später vollzogene und ursprünglich formnichtige Versprechensschenkung der Realschenkung an. Das wird im schweizerischen Recht daran deutlich, dass die Schenkung dann gemäß Art. 243 Abs. 3 OR wie eine „Schenkung von Hand zu Hand“ (Realschenkung) beurteilt wird.

5. Widerrufs- und Rückforderungsrecht

In bestimmten Ausnahmesituationen darf der Schenker im deutschen, österreichischen und schweizerischen Recht die Schenkung widerrufen und das Geschenk kondizieren, sofern er bereits erfüllt hat. Teilweise steht dem Schenker „lediglich“ ein Rückforderungsrecht zu. Zu solchen Ausnahmesituationen zählt zum einen die Verarmung des Schenkers, so dass er seinen Lebensunterhalt nicht bestreiten oder seinen Unterhaltspflichten nicht nachkommen kann.[56] Zum anderen ist der Fall zu nennen, dass sich der Beschenkte durch eine schwere Verfehlung gegen den Schenker groben Undanks schuldig macht.[57] Die vertragliche Bindung ist lockerer als bei entgeltlichen Verträgen: Der Beschenkte, der ja selbst keine Gegenleistung erbracht hat, ist eben nicht in gleichem Maße schutzwürdig, zumal dann nicht, wenn er sich selbst etwas zu Schulden hat kommen lassen. Das englische Recht sieht dagegen kein Widerrufs- bzw. Rückforderungsrecht des Schenkers vor.[58]

II. Die Schenkung auf den Todesfall

Nach Betrachtung der gewöhnlichen Schenkung kann nun die Schenkung auf den Todesfall in den Blick genommen werden: Zunächst sollen die einzelnen spezifischen Regelungen einschließlich der wesentlichen Merkmale betrachtet sowie bedeutsame Streitpunkte skizziert werden. Anschließend sind Fälle zu behandeln, in denen sich der Erblasser bewusst eines Mittlers bedient, um Gegenstände einem anderen durch Rechtsgeschäft unter Lebenden nach dem Tod zuwenden zu können. Abgerundet werden soll die Darstellung durch einen Blick in den Draft Common Frame of Reference (DCFR), der für die Vereinheitlichung des

---

55 Deutschland: § 518 Abs. 2 BGB; Schweiz: Art. 243 Abs. 3 OR i.V.m. Art. 242 OR; *Vogt*, in: Basler Kommentar OR I, Art. 243 Rn. 6.

56 Deutschland: §§ 528 BGB (Rückforderungsrecht); Österreich: § 947 ABGB (Rückforderungsrecht); Schweiz: Art. 250 Abs. 1 Nr. 2 und 3 OR (Widerrufsrecht bei nicht vollzogenem Schenkungsversprechen); bemerkenswert ist Art. 250 Abs. 2 OR, wonach die Ausstellung eines Verlustscheins oder die Eröffnung des Konkurses gegen den Schenker die automatische Aufhebung des Schenkungsversprechens bewirkt.

57 Deutschland: § 530 BGB (Widerrufsrecht); Österreich: Art. 948 ABGB (Widerrufsrecht); Schweiz: Art. 249 OR (Rückforderungsrecht bei Realschenkung); Art. 250 Abs. 1 Nr. 1 OR (Widerrufsrecht bei nicht vollzogenem Schenkungsversprechen).

58 *Hyland*, Gifts, S. 511 f., Nr. 1107, 1109.

europäischen Privatrechts eine Schlüsselrolle spielen könnte. Der DCFR enthält eine Regelung zur Schenkung auf den Todesfall.

1. *Die speziellen Regelungen zur Schenkung auf den Todesfall*

Strukturell ähneln sich die Regelungen zur Schenkung auf den Todesfall in Deutschland, Österreich und der Schweiz, materiell bestehen indes wesentliche Unterschiede. Demgegenüber sind die Unterschiede im englischen Recht nicht nur inhaltlicher, sondern auch konzeptioneller Art.

a) Deutschland

Die Schenkung auf den Todesfall ist im deutschen Recht in § 2301 BGB geregelt. Erfasst wird gemäß § 2301 Abs. 1 Satz 1 BGB ein Schenkungsversprechen, das unter der Bedingung erteilt wird, dass der Beschenkte den Schenker überlebt. Ein solches Schenkungsversprechen wird in der amtlichen Überschrift als „Schenkungsversprechen von Todes wegen" bezeichnet – allgemeiner spricht man in Anlehnung an die amtliche Überschrift auch von „Schenkung von Todes wegen". Ist das Schenkungsversprechen nicht durch das Überleben des Empfängers bedingt, so ist § 2301 BGB nicht anwendbar.[59] Unterschieden werden muss weiter zwischen vollzogenen und nicht vollzogenen Schenkungen unter Überlebensbedingung (§ 2301 Abs. 2 BGB).

aa) Art der Bedingung und Rechtsfolgen

Umstritten ist, ob § 2301 BGB nur die aufschiebende oder aber auch die auflösende Bedingung erfasst. Nach wohl überwiegender Meinung kann es sich sowohl um eine aufschiebende als auch um die auflösende Bedingung, dass der Beschenkte vorverstirbt oder gleichzeitig verstirbt, handeln.[60] Nach der Gegenansicht ist § 2301 BGB indes ausschließlich bei der Vereinbarung einer aufschiebenden Bedingung anwendbar.[61] Als Hauptargument wird angeführt, dass bei einer auflösend bedingten Schenkung (Kausalgeschäft) die Schenkung zu Lebzeiten des Schenkers jedenfalls vorübergehend wirksam wäre und der Bedingungseintritt nur zur Unwirksamkeit *ex nunc* führt, die lebzeitige Wirksamkeit also auch nicht mehr nachträglich beseitigt würde.[62] Ob die Verpflichtung nach dem Parteiwillen überhaupt durch das Überleben des Bedachten bedingt sein soll, ist eine Frage

---

59 *Brox/Walker*, Erbrecht, § 43 Rn. 3.

60 *Weidlich*, in: Grüneberg, § 2301 Rn. 3; *Kanzleiter*, in: Staudinger (Juli 2018), § 2301 Rn. 10b; *Brox/Walker*, Erbrecht, § 43 Rn. 2; *Lange*, Erbrecht, § 18 Rn. 186.

61 *Muscheler*, Erbrecht II, Rn. 2838; *Musielak*, in: Münchener Kommentar BGB, Bd. 11, § 2301 Rn. 9; *Langen*, § 2301 I 1 BGB, S. 122 ff.; *Langen*, Leihversprechen von Todes wegen, ZMR 1986, 150 (154).

62 *Muscheler*, Erbrecht II, Rn. 2838.

der Auslegung.[63] Will der Erblasser das Geschenk nach seinem Tod einer ganz bestimmten Person zuwenden, so soll das typischerweise für eine Überlebensbedingung sprechen.[64]

§ 2301 Abs. 1 BGB bestimmt, dass auf das Schenkungsversprechen von Todes wegen die „Vorschriften über Verfügungen von Todes wegen Anwendung" finden. Umstritten ist, welche Bestimmungen damit konkret gemeint sind, nämlich, ob ausschließlich die Vorschriften des Erbvertrages in Bezug genommen werden, was die systematische Stellung und die Vertragsnatur nahelegen, oder ob auch auf die Vorschriften des Testaments verwiesen wird, was wiederum der allgemeiner gefasste Wortlaut nahelegt.[65] In der praktischen Anwendung ist der Streit letztlich von untergeordneter Bedeutung, weil auch nach der strengeren Ansicht überwiegend eine Umdeutung in ein Testament für möglich gehalten wird.[66]

bb) Vollzug

Vollzieht der Erblasser die Schenkung von Todes wegen noch zu Lebzeiten, so sind doch wieder – und zwar insgesamt – die Vorschriften über Schenkungen unter Lebenden anzuwenden (§ 2301 Abs. 2 BGB). Vollzogen ist die Schenkung jedenfalls dann, wenn der Schenker selbst den versprochenen Gegenstand ohne Vorbehalte überträgt. Der Begriff des Vollzuges im Sinne von § 2301 Abs. 2 BGB geht jedoch darüber hinaus, er ist erheblich weiter zu verstehen.[67] Schwierig zu beurteilen ist, welche Voraussetzungen konkret erfüllt sein müssen, damit Vollzug im Sinne der Vorschrift angenommen werden kann. Der historische Gesetzgeber erblickte das Charakteristikum des Vollzuges darin, dass der Zuwendende sein Vermögen „sofort und unmittelbar mindert"; der Zuwendende muss noch zu Lebzeiten ein Vermögensopfer bringen.[68] Was ein hinreichendes Vermögensopfer ausmacht, bleibt indes unklar und ist in erster Linie Wertungsfrage. Vollzug ist nach verbreiteter Ansicht zu bejahen, wenn der Begünstigte ein Anwartschaftsrecht erlangt hat, so dass der Schenker den Erwerb grundsätzlich nicht mehr einseitig verhindern kann und er

63 *Brox/Walker*, Erbrecht, § 43 Rn. 2.

64 BGH, Urt. v. 12.11.1986 – IVa ZR 77/85 –, BGHZ 99, 97 (101).

65 Für Anwendbarkeit erbvertraglicher Regeln etwa: *Weidlich*, in: Grüneberg, § 2301 Rn. 6; *Kanzleiter*, in: Staudinger (Juli 2018), § 2301 Rn. 3; *Burandt*, in: Burandt/Rojahn, Erbrecht, § 2301 BGB Rn. 15; für Anwendbarkeit auch der testamentsrechtlichen Regeln etwa: *Musielak*, in: Münchener Kommentar BGB, Bd. 11, § 2301 Rn. 13; *Brox/Walker*, Erbrecht, § 43 Rn. 19.

66 So *Kanzleiter*, in: Staudinger (2018), § 2301 Rn. 3, 9; a.A. wohl *Muscheler*, Erbrecht II, Rn. 2848, vgl. auch Rn. 2834.

67 *Brox/Walker*, Erbrecht, § 43 Rn. 5.

68 Motive zu dem Entwurfe eines Bürgerlichen Gesetzbuches für das deutsche Reich (im Folgenden: Motive zum BGB), Bd. V Erbrecht, 2. unveränderte Aufl., Berlin 1896, S. 352.

zu Lebzeiten alles seinerseits Erforderliche getan hat, um den Erwerb zu ermöglichen;[69] bloß vorbereitende oder sichernde Handlungen wie etwa die Erteilung einer Vollmacht reichen nicht aus.[70] Vollzogen ist die Schenkung von Todes wegen demnach, wenn der Erblasser den versprochenen Gegenstand unter der aufschiebenden oder auflösenden Bedingung des Überlebens überträgt, erst recht dann, wenn die Übertragung aufschiebend befristet erfolgt.[71] In diesen Fällen kommt es beim Tod des Erblassers automatisch zu einer dinglichen Rechtsänderung, ohne dass es der Mitwirkung der Erben bedürfte. Der Begünstigte erwirbt bereits zu Lebzeiten des Schenkers ein Anwartschaftsrecht. Als problematisch erweisen sich dagegen die Fälle, in denen nur ein Teil des dinglichen Übertragungstatbestandes zu Lebzeiten des Schenkers verwirklicht ist, entweder weil lediglich die Übergabe bzw. ein sonstiger Publizitätsakt erfolgt ist oder umgekehrt, weil nur die dingliche Einigung vorliegt, nicht aber der Publizitätsakt.[72] Problematisch sind zudem vor allem diejenigen Fälle, in denen eine Mittelsperson auf Seiten des Schenkers oder auf Seiten des Beschenkten zum Einsatz kommt.[73]

b) Österreich

Die Regelung über die Schenkung auf den Todesfall ist in Österreich im Zuge der Erbrechtsreform aus dem Jahr 2015 konzeptionell und inhaltlich geändert worden.[74] Die Schenkung auf den Todesfall ist nunmehr in § 603 ABGB statt in § 956 ABGB geregelt; § 956 ABGB a.F. wurde aufgehoben. Die Neuregelung soll einige Streitstände zur Schenkung auf den Todesfall verbindlich klären.[75] Daher ist es

---

69 BGH, Urt. v. 14.7.1971 – III ZR 91/70 –, WM 1971, 1338 (1339); *Musielak*, in: Münchener Kommentar BGB, Bd. 11, § 2301 Rn. 19; *Weidlich*, in: Grüneberg, § 2301 Rn. 10; *Lange*, § 18 Rn. 194; *Brox/Walker*, Erbrecht, § 43 Rn. 5; *Burandt*, in: Burandt/Rojahn, Erbrecht, § 2301 BGB Rn. 23; zwar variieren die Formulierungen teilweise in Nuancen, allerdings dürfte sich das – jedenfalls im Gros der Fälle – nicht auf das Ergebnis auswirken.

70 BGH, Urt. v. 23.2.1983 – IVa ZR 186/81 –, BGHZ 87, 19 (26); BGH, Urt. v. 16.4.1986 – IVa ZR 198/84 –, NJW-RR 1986, 1133 (1134).

71 *Brox/Walker*, Erbrecht, § 43 Rn. 7; *Kanzleiter*, in: Staudinger (Juli 2018), § 2301 Rn. 22; *Musielak*, in: Münchener Kommentar BGB, Bd. 11, § 2301 Rn. 21.

72 Näher dazu *Muscheler*, Erbrecht II, Rn. 2874 ff.

73 Siehe dazu im Einzelnen: *Brox/Walker*, Erbrecht, § 43 Rn. 8 ff.

74 Erbrechts-Änderungsgesetz 2015 – ErbRÄG 2015 (NR: GP XXV RV 688 AB 718 S. 83. BR: AB 9419 S. 844), abrufbar unter: <www.parlament.gv.at/PAKT/VHG/XXV/I/I_00688/fname_423847.pdf>, zuletzt aufgerufen am: 24.1.2022.

75 Siehe dazu *Ferrari*, in: Rabl/Zöchling-Jud, Das neue Erbrecht, S. 65 ff.; *Mondel*, in: Deixler-Hübner/Schauer, Erbrecht NEU, S. 51 f.

für das Verständnis unabdingbar, die vormalige Regelung und die dazugehörigen Streitstände zu kennen.

aa) § 956 ABGB a.F.

§ 956 ABGB a.F. regelte zwei Fälle der Schenkung auf den Todesfall. Beiden Fällen gemeinsam war, dass die Schenkung nach dem Willen der Parteien erst mit dem Tod des Schenkers erfüllt werden sollte, der Tatbestand war also weiter gefasst als in Deutschland. Die beiden Fälle des § 956 ABGB a.F. unterschieden sich hinsichtlich der Verbindlichkeit der Schenkung: Während die Schenkung auf den Todesfall nach § 956 Satz 1 ABGB a.F. zu Lebzeiten frei widerruflich war und nur als Vermächtnis wirksam sein konnte, war sie im Fall des § 956 Satz 2 ABGB a.F. als echter Vertrag zu behandeln und als solcher unwiderruflich.

Wegen der Vertragsnatur wurde die zweite Variante auch als „echte" Schenkung auf den Todesfall bezeichnet.[76] Als Vertrag bedurfte sie der Annahme durch den Beschenkten,[77] wobei der Beschenkte das Schenkungsversprechen zwingend zu Lebzeiten des Schenkers annehmen musste.[78]

Damit die Schenkung auf den Todesfall als Vertrag angesehen werden konnte, musste der Schenker zudem ausdrücklich auf den Widerruf verzichten,[79] der Widerrufsverzicht war das zentrale Merkmal von § 956 ABGB a.F., er stellte die Weiche, ob die Schenkung auf den Todesfall, um wirksam zu sein, sich an den erbrechtlichen oder den schenkungsrechtlichen Vorschriften messen lassen musste. Fehlte es am ausdrücklichen Widerrufsverzicht, so konnte die Schenkung auf den Todesfall nur als Vermächtnis wirksam sein. Unzulässig waren dementsprechend erst recht die Vereinbarung eines Widerrufsvorbehaltes sowie Gestaltungen, die einem förmlichen Widerrufsvorbehalt nahekommen und daher das Erfordernis des Widerrufsverzichts auszuhöhlen vermochten, etwa die Vereinbarung einer im Belieben des Erblassers stehenden Potestativbedingung.[80] Unberührt von diesem Erfordernis blieben jedoch die besonderen Widerrufsgründe in §§ 947 ff. ABGB; der Schenker durfte also die „echte" Schenkung auf den Todesfall wie eine gewöhnliche Schenkung widerrufen.[81]

Was die Rechtsfolgen anbelangt, so wurde die „echte" Schenkung auf den Todesfall jedenfalls zu Lebzeiten des Schenkers wie jede gewöhnliche Schenkung unter Lebenden behandelt.[82] Uneinheitlich wurde demgegenüber die Frage

---

76 *Fischer-Czermak*, in: Gruber et al., Erbrecht, § 20 Rn. 3.

77 *Koziol/Welser*, Bürgerliches Recht II, S. 541.

78 *Fischer-Czermak*, in: Gruber et al., Erbrecht, § 20 Rn. 5.

79 Ausführlich zum Widerrufsverzicht *Binder*, Widerrufsverzicht, FS Welser 77 (77 ff.).

80 *Weiß*, in: Ferrari/Likar-Peer, Erbrecht, S. 314; *Fischer-Czermak*, in: Gruber et al., Erbrecht, § 20 Rn. 24.

81 *Parapatits*, in: Schwimann/Kodek, ABGB, Bd. 4, § 956 Rn. 9.

82 Siehe *Weiß*, in: Ferrari/Likar-Peer, Erbrecht, S. 318, 320.

beantwortet, welche Rechtsfolgen nach dem Tod des Schenkers greifen.[83] Nach einer Ansicht sollten auch nach dem Tod des Schenkers dieselben Vorschriften wie für gewöhnliche Schenkungen maßgebend sein; diese Ansicht wird daher als „Vertragslösung" bezeichnet.[84] Nach der Gegenauffassung, der sogenannten „Vermächtnislösung", wurde die „echte" Schenkung auf den Todesfall entweder ganz oder zumindest teilweise wie eine Verfügung von Todes wegen behandelt.[85] Das Hauptanliegen der Befürworter der „Vermächtnislösung" war der effektive Schutz von Pflichtteilsberechtigten.[86]

bb) § 603 ABGB n.F.

§ 603 ABGB n.F. bestimmt, dass eine Schenkung auf den Todesfall auch nach dem Tod des Geschenkgebers als Vertrag anzusehen ist, wenn er sich kein Widerrufsrecht vertraglich vorbehalten hat und der Vertrag als Notariatsakt aufgenommen wurde. Folglich ist die Vertragslösung nunmehr geltendes Recht, so dass sich der vormalige Streit erledigt hat.[87] Angesichts der vertraglichen Einordnung verwundert es allerdings, dass die Schenkung auf den Todesfall nicht mehr wie zuvor im Schenkungsrecht verortet wird, sondern nunmehr im Erbrecht.[88] Zentrales Kriterium bleibt die Verbindlichkeit bzw. Unwiderruflichkeit des Schenkungsversprechens auf den Todesfall. Ein ausdrücklicher Widerrufsverzicht ist nach der

---

83 Ausführlich dazu *Keinert*, Schenkung auf den Todesfall, S. 55 ff.; *Oberhumer*, Schenkung auf den Todesfall, NZ 2008, 129 (130 ff.).

84 *Rabl*, Schenkung auf den Todesfall, NZ 2005, 129 (133 ff.); *Oberhumer*, Schenkung auf den Todesfall, NZ 2008, 129 (135 ff.); *Kralik*, Erbrecht, S. 168; *Fischer-Czermak*, in: Gruber et al., Erbrecht, § 20 Rn. 19 ff.; *Parapatits*, in: Schwimann/Kodek, ABGB, Bd. 4, § 956 Rn. 24; *Keinert*, Schenkung auf den Todesfall, S. 92 ff.; so auch noch die ältere Rspr., etwa OGH 16.9.1971, 1 Ob 198/71 – SZ 44/137, 492 (495).

85 So die neuere Rspr., siehe OGH 26.6.1980, 7 Ob 615/80 – JBl. 1981, 593 (594), der OGH tendierte eher zur abgeschwächten Vermächtnislösung und behandelte die „echte" Schenkung auf den Todesfall zugunsten der Pflichtteilsberechtigten erbrechtlich, im Übrigen wie eine lebzeitige Schenkung; OGH 15.1.1986, 1 Ob 726/85 – SZ 59/9, 39 (41); OGH 30.4.1996, 4 Ob 2029/96b – SZ 69/108, 649 (653); OGH 28.9.1999, 4 Ob 246/99 a – OGH NZ 2000, 170 (171); ebenso *Koziol/Welser*, Bürgerliches Recht II, S. 542 (weitschweifende Vermächtnislösung); *Weiß*, in: Ferrari/Likar-Peer, Erbrecht, S. 317.

86 Vgl. etwa OGH 26.6.1980, 7 Ob 615/80 – JBl. 1981, 593 (594); OGH 15.1.1986, 1 Ob 726/85 – SZ 59/9, 39 (41).

87 *Ferrari*, in: Rabl/Zöchling-Jud, Das neue Erbrecht, S. 68; *Mondel*, in: Deixler-Hübner/Schauer, Erbrecht NEU, S. 51 f.

88 *Ferrari*, in: Rabl/Zöchling-Jud, Das neue Erbrecht, S. 66 f.; *Mondel*, in: Deixler-Hübner/Schauer, Erbrecht NEU, S. 51.

Neuregelung indes nicht mehr erforderlich.[89] Das wird deutlich anhand der negativen Formulierung: „wenn [der Schenker] sich kein Widerrufsrecht vertraglich vorbehalten hat".[90] Künftig ist also in Zweifelsfällen im Wege der Auslegung zu ermitteln, ob sich der Schenker den Widerruf vorbehalten wollte, was zu größerer Rechtsunsicherheit führen könnte. Dem beugte das Erfordernis des ausdrücklichen Widerrufsverzichtes nach altem Recht vor. Allerdings ist zu erwarten, dass der Notar die gewollte Unwiderruflichkeit in der Urkunde niederlegen wird. Bleiben Zweifel bestehen, so wird man von einer bindenden und damit wirksamen Schenkung auf den Todesfall auszugehen haben.[91]

Die Neuregelung schafft allerdings auch neue Schwierigkeiten: So bestimmt § 603 ABGB n.F. nicht ausdrücklich, welche Rechtsfolge greift, wenn der Schenker sich den Widerruf vorbehält. Aus den Erläuterungen zu § 603 ABGB n.F. ergibt sich, dass die Schenkung auf den Todesfall in einem solchen Fall ungültig sein soll.[92] Warum der Gesetzgeber das nicht ausdrücklich normiert hat, wird sein Geheimnis bleiben. Möglich bleibt eine Umdeutung in ein Vermächtnis, sofern die Voraussetzungen vorliegen.[93] Gestaltungen, die einem Widerrufsvorbehalt gleichkommen, dürften demgemäß weiterhin unzulässig sein.[94] Leider wird in der Neufassung nicht definiert, was unter einer Schenkung auf den Todesfall konkret zu verstehen ist. Vermutlich wollte der Gesetzgeber an dem bisherigen Begriffsverständnis nicht rütteln, so dass weiterhin bereits durch den Tod betagte Schenkungen erfasst werden. Andernfalls wäre eine Definition wohl zwingend gewesen. Allerdings stiftet die Erläuterung zu § 603 ABGB n.F. Verwirrung: Dort heißt es, die Besonderheit der Schenkung auf den Todesfall bestehe darin, dass sie erst mit dem Tod des Schenkers wirksam werde.[95] Das legt nun aber nahe, dass lediglich durch den Tod aufschiebend befristete oder bedingte Schenkungsversprechen gemeint sind; schließlich ist die betagte Schenkung auf den Todesfall bereits zu Lebzeiten wirksam, wenngleich Erfüllung erst mit dem Tod verlangt werden kann. Die vormalige Fassung bezog sich allein auf den Aufschub der Erfüllung und erfasste dem Wortlaut nach auch betagte Geschäfte. Allerdings wurde die Schenkung auf den Todesfall im Sinne des § 956 ABGB a.F. ohnehin vielfach als aufschiebend

---

89 *Fischer-Czermak*, in: Gruber et al., Erbrecht (2. Aufl.), § 20 Rn. 12; *Ferrari*, in: Rabl/Zöchling-Jud, Das neue Erbrecht, S. 67; *Keinert*, Schenkung auf den Todesfall, S. 285; a.A. offenbar *Mondel*, in: Deixler-Hübner/Schauer, Erbrecht NEU, S. 51, Fn. 10.

90 Vgl. *Keinert*, Schenkung auf den Todesfall, S. 286.

91 *Keinert*, Schenkung auf den Todesfall, S. 285 f.

92 ErlRV 688 BlgNR XXV. GP (Fn. 74) zu § 603, 12.

93 *Ferrari*, in: Rabl/Zöchling-Jud, Das neue Erbrecht, S. 67; *Fischer-Czermak*, in: Gruber et al., Erbrecht (2. Aufl.), § 20 Rn. 12.

94 *Fischer-Czermak*, in: Gruber et al., Erbrecht (2. Aufl.), § 20 Rn. 27.

95 ErlRV 688 BlgNR XXV. GP (Fn. 74) zu § 603, 12.

befristetes Geschäft aufgefasst.[96] Demnach würde die Gesetzesbegründung sogar Klarheit bringen.

c) Schweiz

Die Schenkung auf den Todesfall ist in der Schweiz im Obligationenrecht geregelt; behandelt werden zwei unterschiedliche Konstellationen: nämlich einerseits eine Schenkung, deren Vollziehbarkeit auf den Tod des Schenkers gestellt ist, und andererseits die zu Lebzeiten vollzogene Schenkung, die unter der auflösenden Bedingung des Vorversterbens des Beschenkten steht. Diese beiden Konstellationen werden unterschiedlich behandelt.

aa) Art. 245 Abs. 2 OR

Eine Schenkung, deren Vollziehbarkeit auf den Tod des Schenkers gestellt ist, steht nach Art. 245 Abs. 2 OR unter den Vorschriften über die Verfügung von Todes wegen. Entgegen dem ungenauen Wortlaut („Schenkung") betrifft Art. 245 Abs. 2 OR allein die Versprechensschenkung.[97] Der Wortlaut („Vollziehbarkeit") legt bei unbefangener Betrachtung nahe, dass ein Schenkungsversprechen bereits dann Art. 245 Abs. 2 OR unterfällt, wenn dessen Erfüllung auf den Zeitpunkt des Todes des Schenkers hinausgeschoben ist, im Übrigen jedoch bereits zu Lebzeiten wirksam ist. Teilweise wird der Anwendungsbereich von Art. 245 Abs. 2 OR auch entsprechend weit gezogen.[98] Zumeist wird gleichwohl ein deutlich engeres Verständnis für maßgebend erachtet: Nach wohl herrschender Meinung soll die Schenkung auf den Todesfall nur dann dem Erbrecht unterstehen, wenn das Geschäft seine Wirkungen erst nach dem Tod des Schenkers entfalten soll und nicht bereits zu Lebzeiten.[99] Soll das Schenkungsversprechen zwar auch nach dem Tod gültig sein, seine Wirkungen jedoch unverzüglich entfalten, so liegt demgemäß insgesamt eine lebzeitige Schenkung vor.[100] Eine Schenkung in Lebensgefahr indiziert demgegenüber eine den erbrechtlichen Vorschriften unterstehende

96 Siehe etwa *Weiß*, in: Ferrari/Likar-Peer, Erbrecht, S. 310; *Keinert*, Schenkung auf den Todesfall, S. 52, 262.

97 *Wolf/Genna*, Erbrecht, IV/1, S. 145; *Schönenberger*, in: Müller-Chen et al., Handkommentar, Art. 245 OR Rn. 3.

98 So etwa *Weimar*, in: Berner Kommentar ZGB III/1/1/1, Einl. 14. Titel Rn. 118 ff.; *v. Tuhr*, Schenkungslehre, SJZ 18 (1921/22), 201 (205).

99 So BGer v. 15.5.1984 – Pra. 1984 Nr. 243, 661 (662); BGer v. 22.5.1958 – BGE 84 II 247 (252); *Vogt*, in: Basler Kommentar OR I, Art. 245 Rn. 9; *Koller*, in: Guhl, OR, § 43 Rn. 24; *Huguenin*, OR, Rn. 2863; *Wolf/Hrubesch-Millauer*, Erbrecht, § 12 Rn. 267.

100 BGer v. 15.5.1984 – Pra. 1984 Nr. 243, 661 (662).

Schenkung auf den Todesfall.[101] Nach wieder anderer Auffassung muss zum Aufschub der Erfüllung auf den Tod – ebenso wie im deutschen Recht – als weiteres Kriterium hinzukommen, dass die Schenkung durch das Vorversterben des Schenkers aufschiebend bedingt ist.[102] Maßgebend für das Vorliegen einer Überlebensbedingung ist der Wille der Vertragsparteien, der durch Auslegung zu ermitteln ist.[103]

Wegen der vertraglichen Natur der Schenkung unterliegt die Schenkung auf den Todesfall grundsätzlich den für den Erbvertrag geltenden Formvorschriften.[104] Die Verweisung soll sich darüber hinaus auf sämtliche Rechtswirkungen der Verfügungen von Todes wegen beziehen, insbesondere also sollen auch die Schranken hinsichtlich der Verfügungsfähigkeit des Erblassers zu beachten sein.[105] Die Umdeutung einer danach formnichtigen Schenkung auf den Todesfall in eine testamentarische Verfügung von Todes wegen wird für möglich gehalten.[106] Ein Formmangel führt anders als bei Schenkungen unter Lebenden nicht zur Nichtigkeit, sondern nur zur Anfechtbarkeit gemäß Art. 520 ZGB.[107]

bb) Art. 247 Abs. 1 OR

Art. 247 Abs. 1 OR regelt eine weitere Konstellation der Schenkung auf den Todesfall: Danach kann der Schenker sich den Rückfall der geschenkten Sache an sich selbst vorbehalten für den Fall, dass der Beschenkte vor ihm sterben sollte. Rechtlich handelt es sich um eine durch das Vorversterben des Beschenkten auflösend bedingte Schenkung.[108] Da die Schenkung bereits zu Lebzeiten des Schenkers erfüllt wird und sogleich vollwirksam ist, wird sie als gewöhnliche Schenkung unter Lebenden behandelt und dementsprechend nicht dem Erbrecht unterstellt.[109]

---

101 BGer v. 3.11.1932 – BGE 58 II 423 (427); krit. *Maissen*, Schenkungsrecht, Rn. 552, da der Tod in einem solchen Fall lediglich das Motiv für den Abschluss des Schenkungsvertrages sei.

102 *Maissen*, Schenkungsvertrag, Rn. 539, 555; *Weimar*, in: Berner Kommentar ZGB III/1/1/1, Einl. 14. Titel Rn. 126; für Bedingung des Vorversterbens des Schenkers aber offenbar: BGer v. 11.3.1919 – BGE 45, 142 (145).

103 *Maissen*, Schenkungsrecht, Rn. 556.

104 BGer v. 26.10.1950, BGE 76 II 273 (276).

105 *Huguenin*, OR, Rn. 2862; *Breitschmid*, in: Baseler Kommentar ZGB II, Vor Art. 467–536 Rn. 33, *Maissen*, Schenkungsrecht, Rn. 568.

106 BGer v. 26.10.1950, BGE 76 II 273 (279); in Ermangelung einer ausdrücklichen Regelung im schweizerischen Recht wird angenommen, dass der in § 140 BGB niedergelegte Grundsatz als allgemeine Rechtsanwendungsnorm auch im schweizerischen Recht gelte, so BGer v. 26.10.1950, BGE 76 II 8 (13 f.).

107 *Vogt*, in: Baseler Kommentar OR I, Art. 245 Rn. 7.

108 *Vogt*, in: Baseler Kommentar OR I, Art. 247 Rn. 1.

109 *Maissen*, Schenkungsrecht, Rn. 485.

d) England

Die *donatio mortis causa* des englischen Rechts ist ein Mischinstitut, das sowohl Merkmale der Rechtsgeschäfte unter Lebenden als auch Merkmale der Rechtsgeschäfte von Todes wegen in sich vereint, sich aber weder in die eine noch in die andere Kategorie nahtlos einfügt.[110] Aus diesem Grund wird sie auch als „anomalous“[111] oder „amphibious“[112] bezeichnet.

aa) Voraussetzungen

Drei Voraussetzungen müssen erfüllt sein, damit die *donatio mortis causa* wirksam ist: Sie muss erstens im Angesicht des Todes erfolgen, zweitens bereits zu Lebzeiten vollzogen werden und drittens durch das Vorversterben des Schenkers bedingt sein.[113]

„Im Angesicht des Todes“ ist eng zu verstehen und bedeutet, dass der Schenker den Tod wegen eines konkreten Grundes herannahen sieht; es reicht nicht aus, dass er bei der Schenkung ganz allgemein an den eigenen Tod irgendwann in der Zukunft denkt.[114] Allerdings muss der Schenker den Tod nicht sicher erwarten,[115] vielmehr genügt es, wenn er aufgrund einer bevorstehenden Situation, die er als gefährlich einstuft, den eigenen Tod in der näheren Zukunft für möglich hält.[116] Maßgeblich für die Einstufung einer Situation als lebensgefährlich soll allein die Vorstellung des Schenkers sein und nicht die objektive Bewertung.[117] Der als gefährlich eingestufte Umstand muss nicht kausal für den Tod geworden sein, solange dieser Umstand in der Vorstellung des Schenkers bis zu seinem Tod fortwirkte.[118]

---

110 *Cumber*, Donationes mortis causa, [2016] Conv 56 (56), zit. n. Westlaw UK; *Kerridge*, Law of Succession, Rn. 6–42, 6–59.

111 *Sen v Headley* [1991] 2 All ER 636 (638), CA.

112 *In Re Beaumont* [1902] 1 Ch 889 (892), zit. n. Westlaw UK.

113 Für einen guten Überblick über die einzelnen Voraussetzungen, die maßgeblichen Gerichtsentscheidungen und die Entwicklung des Instituts siehe die jüngere Entscheidung *King v Dubrey and others* [2015] EWCA Civ 581 para. 34 ff., [2016] Ch 221 (230 ff.), zit. n. Westlaw UK; siehe auch *Vallee v Birchwood* [2013] EWHC 1449 (Ch) para. 12 ff., [2014] Ch 271 (277 ff.), zit. n. Westlaw UK; zum Reformbedarf siehe *Law Commission*, Making a will, S. 226 ff.

114 *In Re Craven's Estate (No. 1)* [1937] Ch 423 (426), zit. n. Westlaw UK.

115 *Cain v Moon* [1896] 2 QB 283 (286), zit. n. Westlaw UK.

116 *Borkowski*, Deathbed Gifts, S. 46.

117 *Borkowski*, Deathbed Gifts, S. 47 f.; *Kerridge*, Law of Succession, Rn. 6–46; *Margrave-Jones*, Law of Succession, Nr. 34.10.

118 *Borkowski*, Deathbed Gifts, S. 52; *Kerridge*, Law of Succession, Rn. 6–46; *Margrave-Jones*, Law of Succession, Nr. 34.6.

Die Schenkung darf nach dem Willen des Schenkers erst mit dessen Tod endgültig wirksam werden, um als *donatio mortis causa* gelten zu können.[119] Dieser Wille muss eindeutig zum Ausdruck kommen, wobei es ausreicht, wenn er sich aus den Umständen ergibt.[120] Die *donatio mortis causa* ist durch das Vorversterben des Schenkers bedingt, wobei nicht verbindlich geklärt ist, ob es sich um eine aufschiebende oder auflösende Bedingung handelt.[121] Überlebt der Schenker die als lebensgefährlich eingestufte Situation, so fällt die *donatio mortis causa* dahin und der Schenker darf den Gegenstand vom Beschenkten zurückfordern.[122] Fraglich ist, ob eine Überlebensbedingung auch dann angenommen werden kann, wenn der Tod des Schenkers mit ziemlicher Sicherheit unmittelbar bevorsteht; in diesem Fall ist schließlich nicht damit zu rechnen, dass der Schenker sich noch einmal erholen wird, eine Überlebensbedingung erscheint daher sinnlos.[123] Die Rechtsprechung ist uneinheitlich. In *Re Lillingston* wurde eine Überlebensbedingung deswegen bejaht, weil bei objektiver Betrachtung nicht gewiss war, dass der Tod unmittelbar bevorstand, auch wenn die Schenkerin subjektiv davon ausging.[124] In späteren Entscheidungen wurde die Überlebensbedingung indes bejaht, obwohl der bevorstehende Tod objektiv gesehen unausweichlich erschien.[125]

Die *donatio mortis causa* muss zu Lebzeiten des Schenkers vollzogen werden. Der Vollzug setzt zweierlei voraus: Zum einen muss der Schenker die Sachherrschaft über den Gegenstand noch zu Lebzeiten aufgeben (*parting with dominion*) und dem Begünstigten übertragen (*delivery*); zum anderen muss dieser Akt von einem entsprechenden Willen des Schenkers getragen sein.[126] *Dominion* bedeutet mehr als faktischer Besitz, es handelt sich vielmehr um eine Art dingliches Recht (*legal possession*);[127] *dominion* beschreibt eine Herrschaftsbeziehung zu einem Gegenstand, die stark von rechtlichen Wertungen geprägt ist.[128] Der Schenker gibt die Sachherrschaft noch nicht auf, wenn er sich das Recht vorbehält, die Sache in regelmäßigen Abständen zurückzuerlangen, er also gewissermaßen noch eine Hand auf der Sache hält.[129] In der Regel behält der Schenker die Sachherrschaft

119 *In Re Craven's Estate (No. 1)* [1937] Ch 423 (426), zit. n. Westlaw UK; *Cain v Moon* [1896] 2 QB 283 (286), zit. n. Westlaw UK.

120 *In Re Lillingston* [1952] 2 All ER 184 (187 ff.); *Kerridge*, Law of Succession, Rn. 6–44.

121 *Borkowski*, Deathbed Gifts, S. 61 f.; die Frage wird in *Cain v Moon* [1896] 2 QB 283 (286), zit. n. Westlaw UK, angedeutet, letztlich aber als eher unerheblich abgetan.

122 *In Re Craven's Estate (No. 1)* [1937] Ch 423 (426), zit. n. Westlaw UK.

123 *Margrave-Jones*, Law of Succession, Nr. 34.23.

124 [1952] 2 All ER 184 (189 f.).

125 *Borkowski*, Deathbed Gifts, S. 58, unter Verweis auf *Sen v Headley* [1991] 2 All ER 636 und *Woodard v Woodard* [1995] 3 All ER 980.

126 *Kerridge*, Law of Succession, Rn. 6–47.

127 *Borkowski*, Deathbed Gifts, S. 76, 79.

128 Siehe dazu *Borkowski*, Deathbed Gifts, S. 73 ff.

129 *Reddel v Dobree* (1839) 10 Sim 244 (251), 59 ER 607 (610), zit. n. Westlaw UK.

auch dann, wenn er einen von mehreren Schlüsseln für die Sache behält.[130] Vor allem will der Schenker in diesen Fällen offenkundig die Sachherrscht überhaupt noch nicht aufgeben.[131] Es reicht aus, wenn der Schenker die Sache einem Vertreter oder Boten des Beschenkten übergibt; unzureichend ist dagegen die Übergabe an eine Person in der Sphäre des Schenkers.[132] Der Schenker muss nicht zwingend die Sache selbst übergeben, vielmehr genügt es, wenn er dem Begünstigten die exklusive Möglichkeit verschafft, die Sachherrschaft auszuüben (*constructive delivery*), etwa durch Übergabe des einzigen Schlüssels für den Safe, in dem das Geschenk verwahrt wird;[133] eine bloß symbolische Übergabe ist jedoch unzureichend, so beispielsweise die Übergabe von Quittungen.[134] Unerheblich ist, ob der Vollzug der Schenkungserklärung vorausgeht oder nachfolgt.[135] Eine wirksame *donatio mortis causa* liegt etwa vor, wenn der Erblasser dem Begünstigten den Gegenstand zunächst bloß in Verwahrung gibt und erst später auf den Todesfall schenkt.[136]

bb) Wirkungen

Die *donatio mortis causa* ist zu Lebzeiten frei widerruflich.[137] Das wird aus der Bedingtheit der *donatio mortis causa* gefolgert. Ein Widerruf per Testament soll dagegen nach überwiegender Ansicht ausgeschlossen sein, da der Erwerb des verschenkten Gegenstands bereits mit dem Tod des Schenkers vollendet ist, wohingegen das Testament erst nach gerichtlicher Überprüfung wirksam wird,[138] was mit den Besonderheiten des englischen Nachlassverfahrens zusammenhängt.[139] Vereinzelt wird aber auch ein Widerruf per Testament für möglich gehalten.[140] Die spätere testamentarische Verfügung über denselben Gegenstand sei ein eindeutiges Indiz dafür, dass der Erblasser die *donatio mortis causa* habe widerrufen wollen.[141]

---

130 *Borkowski*, Deathbed Gifts, S. 78.

131 *Borkowski*, Deathbed Gifts, S. 78; *Kerridge*, Law of Succession, Rn. 6–48.

132 *Kerridge*, Law of Succession, Rn. 6–50.

133 *Borkowski*, Deathbed Gifts, S. 71 f.

134 *Ward v Turner* (1752) 2 Ves Sen 431 (443), 28 ER 275 (282), zit. n. Westlaw UK.

135 *Kerridge*, Law of Succession, Rn. 6–49.

136 *Cain v Moon* [1896] 2 QB 283 (288 f.), zit. n. Westlaw UK.

137 *Jones v Selby* (1710) Prec Ch 300 (303) zit. n. Westlaw UK.

138 *Borkowski*, Deathbed Gifts, S. 60; *Kerridge*, Law of Succession, Rn. 6–57; *Martin*, Modern Equity, Rn. 4-032; verwiesen wird gerne auf *Jones v Selby* (1710) Prec Ch 300 (303), wobei das dort m.E. nicht klar zum Ausdruck kommt.

139 Siehe zum Nachlassverfahren *Solomon*, in: Burandt/Rojahn, Erbrecht, Länderbericht England und Wales, Rn. 174 f.

140 *Cumber*, Donationes mortis causa, [2016] Conv 56 (60 f.), zit. n. Westlaw UK; für möglich gehalten, letztlich aber offen gelassen von *Margrave-Jones*, Law of Succession, Nr. 34.43.

141 *Cumber*, Donationes mortis causa, [2016] Conv 56 (60 f.), zit. n. Westlaw UK.

Zu Lebzeiten erlangt der Beschenkte wegen der Bedingtheit des Geschäfts noch kein Volleigentum (*full title*).[142] Erst mit dem Tod des Schenkers wird die *donatio mortis causa* endgültig wirksam, vorausgesetzt, sie ist nicht zuvor widerrufen worden;[143] je nach Vermögensgegenstand geht das Eigentum entweder mit dem Tod des Schenkers automatisch auf den Beschenkten über oder es bedarf der Mitwirkung des *personal representative*.[144] In jedem Fall vollzieht sich der Erwerb außerhalb des Erbrechts.[145] Der Bedingungseintritt soll auf den Zeitpunkt der Vornahme des Geschäfts zurückwirken.[146]

2. *Sonderkonstellationen: Die Zwischenschaltung eines Mittlers*

In den Blick zu nehmen sind weiter Konstellationen, in denen der Schenker einen Dritten als Mittelsperson einschaltet, um dem Begünstigten Vermögenswerte schenkweise auf den Todesfall zuzuwenden. Zu nennen ist einmal der Fall, dass der Erblasser einen Dritten beauftragt, als Bote oder Bevollmächtigter dem Begünstigten Vermögenswerte unentgeltlich auf den Todesfall zuzuwenden („Auftrag auf den Todesfall"). Als weiterer wichtiger Anwendungsfall ist der Vertrag zugunsten Dritter auf den Todesfall zu nennen, wobei es sich um einen Unterfall des Auftrages auf den Todesfall handeln dürfte. Im englischen Recht bietet sich insbesondere der *trust* als Instrument an, um Vermögenwerte durch Zwischenschaltung eines Mittlers dem Begünstigten postmortal zuzuwenden.

Solche Konstrukte sind problematisch, weil der Erblasser auf diese Weise formlos Vermögenswerte postmortal zuwenden und dabei zugleich die lebzeitigen Bindungswirkungen auf ein Minimum reduzieren kann.

a) Auftrag auf den Todesfall

Der Erblasser könnte eine Mittelsperson beauftragen, die die Schenkung nach dem Tod ausführt – ähnlich wie im eingangs dargestellten Bonifatius-Fall.

> *Beispiel:* Erblasserin E bittet ihren treuen und zuverlässigen Bekannten B, nach ihrem Tod eine wertvolle Kette schenkweise an ihre langjährige Freundin F zu übergeben und zu übereignen. Die Kette habe der F immer schon gut gefallen und ihr sei es ein Anliegen, dass gerade F die Kette trage. Zu Lebzeiten wolle sie die Kette aber noch selbst behalten und die F solle von dem beabsichtigten Geschäft bis zu ihrem Tod nichts erfahren, damit sie „keine schlafenden Hunde wecke". Die Kette befinde sich

---

142 *Borkowski*, Deathbed Gifts, S. 105 f.

143 *Kerridge*, Law of Succession, Rn. 6–43, 6–58.

144 Einzelheiten bei *Borkowski*, Deathbed Gifts, S. 107 ff.; *Kerridge*, Law of Succession, Rn. 6–58.

145 *Solomon*, in: Burandt/Rojahn, Erbrecht, Länderbericht England und Wales, Rn. 110.

146 *In Re Korvine's Trust* [1921] 1 Ch 343 (348).

im Schließfach ihrer Bank. E instruiert ihre Bank entsprechend über die Vereinbarung mit B und erteilt dem B Vollmacht zur Durchführung der erforderlichen Rechtsakte. Nach dem Tod der E tut der B wie ihm geheißen war.[147]

Der Vollmachtserteilung liegt ein Auftrag zugrunde.[148] In Österreich werden Sachverhalte wie der vorstehende unter dem prägnanten Stichwort „Auftrag auf den Todesfall" diskutiert, da er erst nach dem Tod des Erblassers auszuführen ist, wenngleich er unter Lebenden erteilt wird.[149] Der Begriff wird dabei weit verstanden und bezieht sich auf sämtliche Geschäfte, die erforderlich sind, um den vom Erblasser gewünschten Erfolg herbeizuführen. Während der Auftrag im engeren Sinne die Befugnisse für das Innenverhältnis festlegt, mithin das rechtliche Dürfen, betrifft die Vollmacht das rechtliche Können im Außenverhältnis. Zu unterscheiden sind die transmortale Vollmacht, die über den Tod hinaus wirksam bleibt, und die postmortale Vollmacht, die erst mit dem Tod wirksam wird.[150]

Im Beispielsfall liegt es nahe, von einer postmortalen Vollmacht auszugehen, da sie erst nach dem Tod der E benötigt wird und somit auch erst in diesem Zeitpunkt Wirkungen zeitigen muss. Die postmortale Vollmacht wird im deutschen, österreichischen und schweizerischen Recht weitestgehend für zulässig erachtet.[151] Folglich kann der Bevollmächtigte prinzipiell die Erben im Namen des Erblassers noch nach dessen Tod berechtigen und verpflichten – hierfür kann ein praktisches Bedürfnis bestehen, beispielsweise um die Zeit bis zur Erteilung des Erbscheins zu überbrücken oder um eine schnelle Versorgung des Begünstigten zu gewährleisten.

Kann B also nach dem Tod der E durch Gebrauch der Vollmacht noch wirksam einen Schenkungsvertrag mit F im Namen der E schließen? Vordergründig handelt es sich bei dem Vertretergeschäft um eine gewöhnliche Schenkung unter Lebenden, weil die Schenkung insgesamt erst nach dem Tod, zudem unbedingt

---

147 Ähnliches Beispiel zum deutschen Recht bei *Muscheler*, Erbrecht II, Rn. 2883; ausführliche Lösung zum deutschen Recht dort unter Rn. 2888.

148 Den Rechtsbindungswillen wird man trotz der freundschaftlichen Verbundenheit von E und B wegen der Bedeutung des Geschäftes bejahen müssen, jedenfalls im deutschen Recht.

149 Siehe *Apathy*, Der Auftrag auf den Todesfall, JBl. 1976, 393.

150 Deutschland: *Lange*, Erbrecht, § 19 Rn. 223 ff.; Österreich: *Weiß/Ferrari*, in: Ferrari/Likar-Peer, Erbrecht, S. 20 f.; Schweiz: *Wolf/Hrubesch-Millauer*, Erbrecht, § 12 Rn. 271 f.

151 Deutschland: BGH, Urt. v. 12.11.1986 – IVa ZR 77/85 –, JZ 1987, 361 (362) m. Anm. *Leipold*; *Lange*, Erbrecht, § 19 Rn. 224; Österreich: *Apathy*, in: Schwimann/Kodek, ABGB, Bd. 4, § 1022 Rn. 4; *Weiß/Ferrari*, in: Ferrari/Likar-Peer, Erbrecht, S. 20 f.; abl. wohl *Kralik*, Erbrecht, S. 170; Schweiz: *Zobl*, Probleme im Spannungsfeld, AJP 2001, 1007 (1009) m.w.N.; abl. *Wolf/Genna*, Erbrecht, IV/1, S. 167, da die postmortale Vollmacht als Verfügung von Todes wegen zu qualifizieren sei und als solche gegen den erbrechtlichen *numerus clausus* verstoße.

und unbefristet geschlossen wird. Die Schenkung wird sofort vollzogen, so dass es sich um eine formfreie Handschenkung handelt. Für die begünstigte F ist nicht ohne weiteres der Bezug zu einem Geschäft auf den Todesfall erkennbar. Gleichwohl ist eine Einordnung als lebzeitige Schenkung nicht unproblematisch, weil die avisierte Schenkung funktional einer Schenkung auf den Todesfall entspricht. Es liegt auf der Hand, dass die gewählte Konstruktion die besonderen Vorschriften über die Schenkung auf den Todesfall allzu leicht zu unterlaufen vermag, wenn sie zugelassen wird.

Daher wird im deutschen Recht in solchen Fällen teilweise für eine analoge Anwendung von § 2301 BGB plädiert, um der Umgehungsgefahr entgegenzuwirken.[152] Folgt man dieser Ansicht, so liegt eine Schenkung von Todes wegen vor, da es insbesondere auch an einem lebzeitigen Vollzug im Sinne von § 2301 Abs. 2 BGB fehlt.[153] Vollzug wäre übrigens auch dann nicht anzunehmen, wenn die E die Kette noch zu Lebzeiten an die Mittelsperson B übergeben hätte. Denn solange der betreffende Gegenstand nicht endgültig – also unwiderruflich – aus dem Vermögen des Schenkers ausgeschieden ist, kann von Vollzug keine Rede sein.[154] Die Erteilung der Vollmacht als solche führt ebenfalls nicht zum Vollzug, da sie nicht unmittelbar die Rechtsänderung herbeizuführen vermag.[155] Eine parallele Problematik ergibt sich, wenn B nicht Stellvertreter, sondern Erklärungsbote wäre. Soll eine Willenserklärung gezielt erst nach dem Tod des Erklärenden übermittelt werden, so ist strittig, ob die Willenserklärung wirksam bleibt und ein Vertrag noch geschlossen werden kann.[156]

Ob ein „Auftrag auf den Todesfall" in Österreich der Vorschrift des § 956 ABGB a.F. bzw. nun § 603 ABGB n.F. untersteht, war lange Zeit umstritten,[157] kann mittlerweile aber als höchstrichterlich geklärt gelten:[158] Während vor allem früher vertreten wurde, der formlose „Auftrag auf den Todesfall" als solcher genüge bereits als Erwerbstitel für die eigentliche Zuwendung, weil ein anderes Ergebnis angeblich dem „Rechtsempfinden" widerspreche,[159] wird dies heute zumeist entgegengesetzt beurteilt. Der Auftrag auf den Todesfall selbst liefere keinen Rechtsgrund und keinen Titel für den Rechtserwerb der durch den Mittler zugewandten Sache; die

---

152 *Brox/Walker*, Erbrecht, § 43 Rn. 12 m.w.N.; abl. *Muscheler*, Erbrecht II, Rn. 2888.

153 A.A. *Muscheler*, Erbrecht II, Rn. 2888.

154 *Kanzleiter*, in: Staudinger (Juli 2018), § 2301 Rn. 26.

155 BGH, Urt. v. 23.2.1983 – IVa ZR 186/81 –, BGHZ 87, 19 (25), das gilt auch für die unwiderrufliche Vollmacht.

156 Ausführlich dazu *Muscheler*, Erbrecht II, Rn. 2887 m.w.N.

157 Ausführlich zur Problematik: *Apathy*, Der Auftrag auf den Todesfall, JBl. 1976, 393 ff.; siehe auch *Zankl*, Vertrag und Treuhand zugunsten Dritter auf den Todesfall, NZ 1998, 225 (226 f.).

158 OGH 29.10.1980, 6 Ob 594/80 – SZ 53/135, 593 (596 ff.).

159 So beispielsweise *Gschnitzer*, in: Klang/Gschnitzer ABGB 4/1, § 881 Nr. 12 (S. 233).

Formbedürftigkeit eines Rechtsgeschäftes dürfe nicht dadurch unterlaufen werden, dass ein Dritter als Mittler eingeschaltet werde.[160] Beabsichtigt der Erblasser eine Zuwendung auf den Todesfall und soll der Auftrag dabei frei widerruflich sein, so müssen die Voraussetzungen einer letztwilligen Verfügung erfüllt sein.[161] Folglich wird eine funktionale Betrachtung zugrunde gelegt, die das gesamte Konstrukt in den Blick nimmt und nicht isoliert die eigentliche Zuwendung in Ausführung des Auftrags. Im Beispielsfall dürfte von einem frei widerruflichen Auftrag auszugehen sein, so dass das Vertretergeschäft als Vermächtnis zu behandeln ist. Selbst wenn der Erblasser die Sache bereits zu Lebzeiten an die Mittelsperson übergeben haben sollte, so ist dies nicht anders zu beurteilen, weil die Sache wegen der Widerrufsmöglichkeit noch nicht aus dem Vermögen des Erblassers ausgeschieden ist.[162]

Auch im schweizerischen Recht wird der Auftrag auf den Todesfall kritisch gesehen und zur Verhinderung von Umgehungsgeschäften dem Erbrecht unterstellt,[163] sofern er überhaupt als zulässig angesehen wird.[164] Soll der Beauftragte erst nach dem Tod des Erblassers eine Schenkung ausrichten, so unterfällt diese Art. 245 Abs. 2 OR.[165] Denn das Geschäft wird erst nach dem Tod des Schenkers wirksam.

Im englischen Recht ermöglicht vor allem der *trust* Gestaltungen, die sich der Kategorie „Auftrag auf den Todesfall" zuordnen ließen. Wegen seiner Besonderheiten wird dem *trust* ein eigener Gliederungspunkt gewidmet (unter e).

b) Vertrag zugunsten Dritter auf den Todesfall

Als Gestaltungsmittel kommt zudem ein echter Vertrag zugunsten Dritter[166] auf den Todesfall in Betracht. Der Erblasser kann mit dem Leistungsmittler vereinbaren, dass dieser den betreffenden Vermögenswert erst nach dem Tod dem Dritten zuwenden soll und der begünstigte Dritte einen eigenen Erfüllungsanspruch gegen den Mittler erwerben soll, jedoch erst mit Ableben des Erblassers. Fraglich ist dann, wie das Geschäft rechtlich zu behandeln ist. Die jeweiligen Rechtsbeziehungen zwischen den einzelnen beteiligten Personen sind strikt auseinanderzuhalten. Die problematische Frage, ob eine gewöhnliche Schenkung unter Lebenden

---

160 OGH 29.10.1980, 6 Ob 594/80 – SZ 53/135, 593 (597).

161 So wohl die überwiegende Meinung, etwa OGH 29.10.1980, 6 Ob 594/80 – SZ 53/135, 593 (597); *Apathy*, Der Auftrag auf den Todesfall, JBl. 1976, 393 (397); zum Meinungsstand siehe *Sauer*, Schenkung auf den Todesfall, S. 172 ff.

162 OGH 12.9.1951, 1 Ob 251/51 – SZ 24/213, 493 (496).

163 BGer v. 3.11.1932 – BGE 58 II 423 (427); BGer v. 19.3.1963 – Pra. 1963 Nr. 111, 329 (332).

164 *Wolf/Genna*, Erbrecht, IV/1, S. 169 f.

165 BGer v. 3.11.1932 – BGE 58 II 423 (427); siehe auch BGer v. 29.1.1970 – BGE 96 II 79 (90).

166 Deutschland: § 328 BGB; Österreich: § 881 ABGB; Schweiz: Art. 112 OR.

oder aber eine solche auf den Todesfall vorliegt, betrifft allein das Valutaverhältnis, also das Rechtsverhältnis zwischen Erblasser und begünstigtem Dritten; das Valutaverhältnis liefert den Rechtsgrund dafür, dass der Dritte die Zuwendung dauerhaft behalten darf. Im Deckungsverhältnis liegt dagegen typischerweise ein Rechtsgeschäft unter Lebenden vor, so dass dieses Verhältnis im Folgenden nicht näher beleuchtet werden soll.

Im Wesentlichen lassen sich zwei Ansätze unterscheiden: Nach einem wird die unentgeltliche Zuwendung im Valutaverhältnis privilegiert, indem sie stets als gewöhnliche Schenkung unter Lebenden zu behandeln ist, die speziellen Regelungen über die Schenkung auf den Todesfall mithin nicht gelten. Nach dem gegenläufigen Ansatz scheidet eine solche Privilegierung aus, so dass die unentgeltliche Zuwendung sich im Valutaverhältnis wie sonst auch an den besonderen Regelungen über die Schenkung auf den Todesfall messen lassen muss.

In Deutschland wird die Zuwendung nach gefestigter höchstrichterlicher Rechtsprechung[167] und nach wohl herrschender Lehre[168] privilegiert, so dass im Valutaverhältnis stets eine Schenkung unter Lebenden anzunehmen ist. Der BGH folgert das aus §§ 330, 331 BGB, die davon ausgingen, dass Zuwendungen unter Lebenden auf den Todesfall durch einen Vertrag zugunsten Dritter möglich seien.[169] Es sei nicht gerechtfertigt – so der BGH weiter –, derartige Zuwendungen von vornherein als „nicht formgerecht und daher wirkungslos" anzusehen oder „ihre Rechtsbeständigkeit daran scheitern zu lassen, dass nach dem Tode des Versprechensempfängers ein die Zuwendung rechtfertigendes Valutaverhältnis zwischen diesem und dem Dritten nicht mehr begründet werden könne".[170] Dieser Begründungsansatz verwässert letztlich die eigentlich gebotene Trennung zwischen Deckungs- und Valutaverhältnis. Kam ein Schenkungsvertrag zu Lebzeiten des Erblassers noch nicht zustande – etwa weil der Begünstigte hiervon nichts wusste –, so kann der Vertrag gleichwohl noch wirksam geschlossen werden, indem der Mittler die Schenkungsofferte als Bote oder Stellvertreter gegenüber dem Begünstigten abgibt; die Schenkung ist formlos möglich, da sie entweder als Handschenkung zu qualifizieren ist oder aber Heilung wegen Vollzuges eingetreten ist.[171]

Im schweizerischen und im österreichischen Recht dominiert der gegenläufige Ansatz. Nach überwiegender Ansicht in der Schweiz wird eine nach dem Tod des

---

167 BGH, Urt. v. 29.1.1964 – V ZR 209/61 –, BGHZ 41, 95 (96); Urt. v. 9.11.1966 – VIII ZR 73/64 –, BGHZ 46, 198 (201 f.); Urt. v. 26.11.1975 – IV ZR 138/74 –, BGHZ 66, 8 (12 f.); Urt. v. 26.11.2003 – IV ZR 438/02 –, BGHZ 157, 79 (82 f.).

168 Nachweise bei *Muscheler*, Erbrecht I, Rn. 883 i.V.m. Fn. 253; *Kanzleiter*, in: Staudinger (Juli 2018), § 2301 Rn. 42.

169 BGH, Urt. v. 26.11.1975 – IV ZR 138/74 –, BGHZ 66, 8 (12).

170 BGH, Urt. v. 26.11.1975 – IV ZR 138/74 –, BGHZ 66, 8 (12).

171 Siehe dazu im Detail *Muscheler*, Erbrecht I, Rn. 887.

Erblassers zu vollziehende unentgeltliche Zuwendung im Valutaverhältnis auch dann Art. 245 Abs. 2 OR unterstellt, wenn diese Zuwendung im Rahmen eines Vertrages zugunsten Dritter erfolgt, weil andernfalls eine Umgehung des Erbrechts droht.[172] Eine gewöhnliche Schenkung soll aber vorliegen, wenn diese zu Lebzeiten bereits vollzogen worden ist, weil ein solches Geschäft bereits Wirkungen zeitigt.[173] Am lebzeitigen Vollzug fehlt es nach der Rechtsprechung des Bundesgerichts, wenn der Erblasser sich das volle Verfügungsrecht zu Lebzeiten ausdrücklich vorbehalten hat; ohne einen solchen Vorbehalt soll dagegen Vollzug vorliegen.[174] Auf den rechtlichen Gesichtspunkt des Vollzuges stellt in jüngerer Zeit auch der BGH ab, um so die Unanwendbarkeit von § 2301 Abs. 1 BGB auch im Valutaverhältnis zu begründen: In dem „Von-Selbst-Erwerb" der Forderung mit dem Ableben des „Erblassers" sei die Vollziehung im Sinne von § 2301 Abs. 2 BGB zu erblicken.[175] Freilich ist die Anforderung an den Vollzug damit – anders als in der Schweiz – auf ein Minimum reduziert.

Im österreichischen Recht wird ebenso wie in der Schweiz überwiegend eine Privilegierung der Schenkung auf den Todesfall im Valutaverhältnis abgelehnt, so dass sie sich an § 603 ABGB n.F. messen lassen muss. Der Vertrag zugunsten Dritter auf den Todesfall wird in Österreich als Unterfall des Auftrages auf den Todesfall behandelt, da der Begünstigte nach Ausgestaltung des Auftrags häufig einen eigenständigen Anspruch gegen den Auftragnehmer (Mittelsperson) erlangen soll.[176] Folglich ist die Frage der Zulässigkeit des Vertrages zugunsten Dritter auf den Todesfall an denselben Maßstäben zu messen, die bereits oben im Hinblick auf den Auftrag auf den Todesfall dargelegt wurden: Durch die Einschaltung einer Mittelsperson darf also die Formbedürftigkeit eines Rechtsgeschäftes nicht umgangen werden, zumal sonst Beweisschwierigkeiten hinsichtlich der Ermittlung des „erblasserischen Willens" entstünden.[177] Diese Argumentation speist auch die Kritik, die in der deutschen Literatur vereinzelt an der BGH-Rechtsprechung geübt

172 BGer v. 19.3.1963 – Pra. 1963 Nr. 111, 329 (332); BGer v. 30.5.1941 – BGE 67 II 88 (94 f.); *Piotet*, Erbrecht, IV/1, S. 196 f.; *Zobl*, Probleme im Spannungsfeld, AJP 2001, 1007 (1012); *Emmenegger*, in: Gauch/Schluep, OR II, Rn. 3903; *Gonzenbach*, in: Basler Kommentar OR I, Art. 112 Rn. 8.

173 *Zobl*, Probleme im Spannungsfeld, AJP 2001, 1007 (1013).

174 BGer v. 19.3.1963 – Pra. 1963 Nr. 111, 329 (329 f., 332); BGer v. 4.8.1995 – Pra. 1996 Nr. 150, 516 (517).

175 BGH, Urt. v. 26.11.2003 – IV ZR 438/02 –, BGHZ 157, 79 (82 f.); es ist jedoch nicht erkennbar, dass der BGH damit eine Kehrtwende hinsichtlich dogmatischem Ansatz und Begründung vollziehen wollte.

176 *Apathy*, Der Auftrag auf den Todesfall, JBl. 1976, 393 (397 f.); vgl. auch *Parapatits*, Der Vertrag zugunsten Dritter, S. 83.

177 OGH 29.10.1980, 6 Ob 594/80 – SZ 53/135, 593 (597 f.).

wird.[178] Darüber hinaus wird in der deutschen Literatur auch die – zumindest potentielle – Benachteiligung der Nachlassgläubiger moniert.[179]

c) Lebensversicherungsverträge

Abschließend soll noch ein Sonderfall erwähnt werden – die Lebensversicherung. Bei der Lebensversicherung verspricht die Versicherung, beim Tod des Versicherungsnehmers an den von diesem benannten Bezugsberechtigten eine bestimmte Geldsumme auszubezahlen; häufig soll der Bezugsberechtigte mit dem Ableben des Versicherungsnehmers einen selbständigen Anspruch erlangen, so dass ein echter Vertrag zugunsten Dritter gegeben ist. Die Lebensversicherung ist ein gebräuchliches Instrument zur Versorgung der Hinterbliebenen nach dem Tod des Versicherungsnehmers,[180] stellt mithin eine Alternative zur Verfügung von Todes wegen dar. Das gilt umso mehr, als Lebensversicherungen auch im österreichischen und schweizerischen Recht eine Sonderbehandlung erfahren: Die schenkweise Zuwendung auf den Todesfall ist auch im Valutaverhältnis formlos möglich, ohne dass es auf die speziellen Regelungen über die Schenkung auf den Todesfall ankäme – der (rechtsbeständige) Erwerb der Bezugsberechtigung erfolgt also insgesamt außerhalb des Erbrechts.[181]

d) Nominations im englischen Recht

Im englischen Recht stellen sogenannte *nominations* ein Instrument dar, mit dem bestimmte Vermögenswerte nach dem Tod des Erblassers durch Einschaltung einer Mittelsperson am Nachlass vorbei einem Dritten übertragen werden können. Gegenstand der *nomination* („Benennungsbefugnis“)[182] sind solche Vermögenswerte, die eine Person im Namen des Inhabers der betreffenden Vermögenswerte verwaltet. Der Vermögensinhaber (*nominator*) weist den Vermögensverwalter schriftlich an, die verwalteten Vermögenswerte im Todesfall an die benannte dritte Person (*nominee*) auszukehren – daher die Bezeichnung *nomination*.[183] Der Vermögensinhaber kann die *nomination* frei widerrufen und stattdessen auch eine andere

---

178 So etwa *Medicus/Petersen*, Bürgerliches Recht, Rn. 396; *Olzen*, Lebzeitige und letztwillige Rechtsgeschäfte, Jura 1987, 16 (24 f.).

179 *Medicus/Petersen*, Bürgerliches Recht, Rn. 397.

180 *Schauer*, in: Gruber et al., Erbrecht, § 22 Rn. 6.

181 Österreich: vgl. OGH 17.7.1996, 7 Ob 622, 623/95 – SZ 69/165, 69 (73) = JBl. 1997, 46 (47) mit krit. Anm. *Eccher*; krit. auch *Weiß*, in: Ferrari/Likar-Peer, Erbrecht, S. 331 f.; Schweiz: *Druey*, Erbrecht, § 8 Rn. 49; *Wolf/Genna*, Erbrecht, IV/1, S. 162 f.; *Weimar*, in: Berner Kommentar ZGB III/1/1/1, Einl. 14. Titel Rn. 112; vergleichbar ist es in England: *Probert/Harding*, Family and Succession Law, Nr. 589.

182 So die treffende Übersetzung von *Vogt*, Verträge zu Rechten Dritter, S. 98.

183 *Margrave-Jones*, Law of Succession, Nr. 2.14, 25.6.

Person benennen;[184] jedoch kann der Widerruf nicht testamentarisch erfolgen.[185] Zu Lebzeiten erwirbt der *nominee* keine Rechte, auch keine Anwartschaft.[186] Erst mit dem Tod des *nominator* erwirbt der *nominee* die betreffenden Vermögenswerte und zwar direkt vom Verwalter; die betreffenden Vermögenswerte fallen zu keinem Zeitpunkt in den Nachlass.[187] Zu unterscheiden sind gesetzlich geregelte *statutory nominations* und nicht geregelte *non-statutory nominations*;[188] zu letzteren zählen insbesondere *pension schemes* (Rentenpläne).[189] Im Regelfall sehen die *pension schemes* vor, dass der Arbeitnehmer jemanden als Bezugsberechtigten hinsichtlich der eingezahlten Rentenbeiträge benennen darf, falls er vor Eintritt des Rentenalters verstirbt.[190]

e) Der Trust im englischen Recht

Eine weitere Möglichkeit des *estate planning* im englischen Recht besteht darin, einen *trust* zu errichten, ein „treuhänderisches Rechtsverhältnis"[191]. Beim *trust* überträgt der *settlor* (Begründer des *trust*, Treugeber) einen bestimmten Vermögensgegenstand auf einen Treuhänder (*trustee*), damit dieser eine Vermögensmasse entsprechend den Anordnungen des *settlor* zugunsten des *beneficiary* (Begünstigter) verwaltet und verwendet.[192] Die Zuwendung an den *beneficiary* erfolgt beim *trust* im Regelfall unentgeltlich, so dass der *trust* auch als „equitable equivalent of a common law gift" bezeichnet werden kann.[193]

Charakteristisch für den *trust* ist die Eigentumsspaltung, die den kontinentaleuropäischen Juristen verwundern dürfte: Der *trustee* ist *owner at law* und als solcher allein zur aktiven und passiven Vertretung befugt.[194] Der *beneficiary* dagegen ist *owner in equity*. Diese Stellung zeichnet sich insbesondere dadurch aus, dass das *trust*-gebundene Vermögen in der Insolvenz des *trustee* nicht in die Masse fällt und der *beneficiary* vor pflichtwidrigen Veräußerungen des *trustee* durch ein

---

184 *Margrave-Jones*, Law of Succession, Nr. 25.6.

185 *Kerridge*, Law of Succession, Rn. 1-08.

186 *Kerridge*, Law of Succession, Rn. 1-07.

187 *Margrave-Jones*, Law of Succession, Nr. 2.14; nicht eindeutig ist die Rechtslage indes bezüglich *non-statuory nominations*, die teilweise als testamentary dispositions angesehen werden, siehe dazu *Kerridge*, Law of Succession, Rn. 1-05.

188 *Margrave-Jones*, Law of Succession, Nr. 2.14, 25.6 ff.; *Vogt*, Verträge zu Rechten Dritter, S. 99.

189 *Margrave-Jones*, Law of Succession, Nr. 2.14.

190 *Kerridge*, Law of Succession, Rn. 1-05.

191 *Solomon*, in: Burandt/Rojahn, Erbrecht, Länderbericht England und Wales, Rn. 111.

192 *Zweigert/Kötz*, Rechtsvergleichung, S. 465; *Solomon*, in: Burandt/Rojahn, Erbrecht, Länderbericht England und Wales, Rn. 111.

193 So *Moffat*, Trusts Law, S. 171.

194 *Dörner*, in: Staudinger (März 2007), Art. 25 EGBGB Rn. 424.

Verfolgungsrecht (*tracing* oder genauer *a right to follow the trust-property*) dinglich abgesichert ist.[195] Der *trust* kann entweder durch einseitiges[196] Rechtsgeschäft begründet werden oder er entsteht von Rechts wegen.[197] Der *trust* ist ein flexibles Rechtsinstitut, das zu diversen Zwecken eingesetzt werden kann, inhaltlich keinem Typenzwang unterliegt und damit dem *settlor* weitreichende Gestaltungsfreiheit gewährt, auch zur „privatautonomen Ausgestaltung der Rechtsnachfolge von Todes wegen".[198] Der rechtsgeschäftliche *trust* kann entweder durch Verfügung von Todes wegen (*testamentary trust*) oder durch Rechtsgeschäft unter Lebenden (*inter vivos trust*) errichtet werden.

Für eine postmortale Vermögensverteilung bietet sich nicht nur der *testamentary trust* an, sondern auch der *inter vivos trust*. Dieser kann nämlich einer Verfügung von Todes wegen dadurch angenähert werden, dass der Erblasser bereits zu Lebzeiten Vermögenswerte dem *trustee* überträgt, wobei er selbst *owner in equity* bleibt und ein sogenanntes *life interest* an dem *trust*-gebundenen Vermögen behält und erst nach seinem Tod ein Dritter die verbleibenden *trust*-gebundenen Vermögenswerte (*remainder*) zu vollem Eigentum erhalten soll. Dabei kann der Erblasser sich auch ein Widerrufsrecht vorbehalten.[199] Der Drittbegünstigte erlangt bereits zu Lebzeiten des Erblassers das *interest in remainder*, woraus folgt, dass dieses *interest* – sofern der Erblasser nicht widerruft – in den Nachlass des Dritten fällt, sollte er vorversterben.[200] Der Erwerb vollzieht sich mithin außerhalb des Erbrechts.

f) Fazit

Es existieren in den jeweiligen Ländern zahlreiche Gestaltungsmöglichkeiten, um Vermögenswerte außerhalb des formalen Erbrechts zu übertragen – insbesondere durch Einschaltung von Mittlern. Gerade das deutsche und das englische Recht lassen solche Gestaltungen in großzügiger Weise zu. Das deutsche Recht erkennt den Vertrag zugunsten Dritter auf den Todesfall als Rechtsgeschäft unter Lebenden an und räumt diesem im Vergleich zur allgemeinen Regelung der Schenkung auf den Todesfall eine privilegierte Stellung ein. Im englischen Recht ist es der *trust*, der zahlreiche Gestaltungen ermöglicht, um Vermögenswerte außerhalb des formalen Erbrechts zu übertragen. Das österreichische und das schweizerische Recht sind etwas strikter, gerade den Vertrag zugunsten Dritter auf den Todesfall priviligieren

---

195 *Graf v. Bernstorff*, Englisches Recht, S. 142.

196 *Wolf/Genna*, Erbrecht, IV/1, S. 74.

197 Für einen ersten Überblick siehe *Graf v. Bernstorff*, Englisches Recht, S. 148 f.

198 *Solomon*, in: Burandt/Rojahn, Erbrecht, Länderbericht England und Wales, Rn. 112; guter Überblick zu den Einsatzmöglichkeiten des *trust* mit Beispielen der praktischen Anwendung bei *Moffat*, Trusts Law, S. 4 ff.

199 Vgl. *Ross Martyn et al.*, Theobald on Wills, Rn. 1-003.

200 *Margrave-Jones*, Law of Succession, Nr. 2.12.

sie anders als das deutsche Recht grundsätzlich nicht. Letztlich sind aber auch diese beiden Rechtsordnungen großzügig, was insbesondere damit zusammenhängt, dass sie den Kreis der Schenkungen auf den Todesfall, die dem Erbrecht unterstehen, eng ziehen.

3. Exkurs: Die Schenkung auf den Todesfall und der DCFR

Es existieren mittlerweile einige akademische, auf umfassenden rechtsvergleichenden Studien basierende Regelwerke, vornehmlich auf dem Gebiet des Vertragsrechts, welche die Rechtsvereinheitlichung in Europa weiter vorantreiben können. Zu solchen Regelwerken zählt neben den Principles of European Contract Law (PECL) und den UNIDROIT-Principles of International Commercial Contracts der Draft Common Frame of Reference (DCFR)[201]. Der DCFR besteht aus mit Kommentierungen und rechtsvergleichenden Anmerkungen (*notes*) versehenen Modellregeln (*model rules*), die zum Großteil aus den Rechtsordnungen der Mitgliedstaaten und dem überwölbenden (*over-arching*) Gemeinschaftsrecht hergeleitet sein sollen – so jedenfalls das Selbstverständnis des Regelwerkes.[202] Der DCFR soll unter anderem als Vorlage für einen politischen gemeinsamen Referenzrahmen (CFR) dienen;[203] letzterem wiederum wird die Funktion einer „toolbox" zugeschrieben, aus der sich nicht nur der Gemeinschaftsgesetzgeber bedienen solle, sondern auch der nationale Gesetzgeber.[204] Der DCFR geht, was seinen Regelungsbereich betrifft, über das eigentliche Vertragsrecht deutlich hinaus, indem er auch außervertragliche Schuldverhältnisse, das Mobiliarsachenrecht und sogar den *trust* regelt.[205] Er kann als „Meilenstein auf dem Weg zu einer Angleichung des Privatrechts in Europa" angesehen werden.[206]

In Buch IV, Teil H regelt der DCFR Schenkungen und stuft diese als Verträge ein, was bei rechtsvergleichender Betrachtung keine Selbstverständlichkeit ist. Bemerkenswert ist, dass der DCFR in IV.H. – 1:105 sogar eine Regelung über die Schenkung auf den Todesfall enthält, wenngleich er diese nicht positiv, sondern negativ regelt: nämlich um Schenkungen von nicht erfassten erbrechtlichen Geschäften abzugrenzen. Bestimmte Varianten der Schenkung auf den Todesfall sind nicht als Schenkungen einzustufen und unterstehen damit nicht dem DCFR; den Kreis

---

201 Der eigentliche Haupttitel des Werkes lautet: Principles, Definitions and Model Rules of European Private Law; Draft Common Frame of Reference ist lediglich der Untertitel; die Bezeichnung als Draft Common Frame of Reference hat sich jedoch etabliert und soll daher auch hier verwandt werden.

202 DCFR, Bd. 1, Introduction Nr. 1, vgl. auch Nr. 7 und 8.

203 DCFR, Bd. 1, Introduction Nr. 6.

204 Dazu *v. Bar*, Funktionen des CFR, in: Schmidt-Kessel, CFR, 23 (29 ff.); krit. *Meyer-Pritzl*, Formalismus und Finalismus, FS Behrends, 391 (417 f.).

205 Siehe auch *Jansen/Zimmermann*, DCFR, NJW 2009, 3401 (3402).

206 So *Meyer-Pritzl*, Formalismus und Finalismus, FS Behrends, 391.

der nicht erfassten Varianten zieht der DCFR dabei weit: Ausgenommen ist die Schenkung auf den Todesfall bereits dann, wenn die Erfüllung nach dem Willen der Parteien auf den Tod des Schenkers aufgeschoben sein soll.[207] Folgerichtig wird auch das unter der aufschiebenden oder auflösenden Überlebensbedingung stehende Schenkungsversprechen vom Anwendungsbereich ausgenommen,[208] es reicht aber sogar aus, wenn lediglich das Vollzugsgeschäft durch den Tod bzw. das Überleben bedingt wird.[209] Eine Schenkung im Angesicht des Todes wie die *donatio mortis causa* soll dagegen als gewöhnliche Schenkung unter Lebenden zu behandeln sein.[210]

Eine Rückausnahme enthält der DCFR für den Fall, dass der Schenker die Schenkung auf den Todesfall noch zu Lebzeiten erfüllt oder zu Lebzeiten von der Bedingung Abstand nimmt; in diesen beiden Fällen wird die Schenkung auf den Todesfall doch als Schenkung unter Lebenden behandelt und unterfällt damit dem DCFR.[211]

B. Rechtsvergleichende Analyse

Schenkungen auf den Todesfall sind älter als Verfügungen von Todes wegen – letztere haben sich aus den Zuwendungen unter Lebenden entwickelt.[212] Besteht daher heute überhaupt noch ein Bedürfnis für Schenkungen auf den Todesfall? Sind sie nichts weiter als ein Relikt archaischer Zeit? Der rechtsvergleichende Überblick spricht gegen eine solche Annahme. So werden nur einige wenige Varianten der Schenkung auf den Todesfall ganz oder teilweise dem Erbrecht unterstellt. Es zeigt sich: Der jeweilige nationale Gesetzgeber räumt den Parteien offenbar ganz bewusst einen weiten Gestaltungsspielraum für postmortale Zuwendungen ein und stärkt damit die Privatautonomie.[213] Warum aber werden einige Varianten dem Erbrecht unterstellt, andere wiederum nicht? Wie erklären sich Unterschiede

207 IV.H. – 1:105 Abs. 1 lit. a DCFR.

208 IV.H. – 1:105 Abs. 1 lit. b Alt. 2 DCFR (aufschiebende Bedingung hinsichtlich der Verpflichtung); IV.H. – 1:105 Abs. 1 lit. c Alt. 2 DCFR (auflösende Bedingung hinsichtlich der Verpflichtung).

209 IV.H. – 1:105 Abs. 1 lit. b Alt. 1 DCFR (aufschiebende Bedingung hinsichtlich des Vollzugsgeschäfts); IV.H. – 1:105 Abs. 1 lit. c Alt. 2 DCFR (auflösende Bedingung hinsichtlich des Vollzugsgeschäfts).

210 DCFR, Bd. 3, Kommentierung zu IV.H. – 1:105, unter „donation in contemplation on death“, S. 2815.

211 IV.H. – 1:105 Abs. 2 DCFR.

212 *Wieacker*, Zuwendung auf den Todesfall, FS Lehmann, 271.

213 Abl. bzgl. des deutschen Rechts *Windel*, Modi der Vermögensnachfolge, S. 334, er bezeichnet das Festhalten an solchen Rechtsgeschäften als „Anachronismus“ bzw. „Atavismus“ und versagt ihnen die Legitimität.

in den einzelnen Rechtsordnungen, in formaler wie materialer Hinsicht? Welche Interessen gilt es zu schützen? Das soll im Folgenden beleuchtet werden.

Zunächst soll der rechtsgeschichtliche Hintergrund der speziellen Regeln betrachtet werden. Im Anschluss daran soll eine systematische Betrachtung erfolgen, dabei wird es im Kern darum gehen, wie Rechtsgeschäfte unter Lebenden sich von Verfügungen von Todes wegen unterscheiden. Anhand der jeweils maßgebenden Kriterien ist zu prüfen, wie die Sonderregeln zur Schenkung auf den Todesfall systematisch einzuordnen sind. Abschließend wird der Versuch unternommen, die jeweiligen Regelungsziele der Sonderbestimmungen in den einzelnen Rechtsordnungen herauszuarbeiten und diese in den Kontext der relevanten erbrechtlichen Schutzregime zu stellen.

I. Der rechtsgeschichtliche Hintergrund

Die Spurensuche für die rechtsgeschichtliche Betrachtung beginnt im römischen Recht. So weist die Bezeichnung *donatio mortis causa* im englischen Recht auf den römisch-rechtlichen Ursprung des Instituts hin,[214] aber auch im kontinentaleuropäischen Recht hat das römisch-rechtliche Institut die Konzeption der Schenkung auf den Todesfall maßgeblich beeinflusst – allerdings in gegensätzlicher Richtung: Während die *donatio mortis causa* das englische Recht inspirierte, wandten sich das deutsche und das österreichische Recht von ihr ab, gerade ihrer Zwitternatur wegen; für das schweizerische Recht dürfte Ähnliches gelten. Aber auch im englischen Recht ist dieses Institut nicht über jeden Zweifel erhaben;[215] das mag erklären, warum nur eine Erscheinungsform der *donatio mortis causa* römisch-rechtlicher Prägung im *common law* aufgegriffen und integriert werden konnte und nicht sämtliche. Bisher triumphierte in England jedoch der Pragmatismus über grundlegende Zweifel.

Wer die heutigen Regelungen zur Schenkung auf den Todesfall verstehen will, muss zunächst ins römische Recht blicken:[216]

1. *Die donatio mortis causa im römischen Recht*

Im klassischen[217] römischen Recht gab es jedenfalls zwei und spätestens im nachklassischen römischen Recht sogar drei Erscheinungsformen der *donatio mortis*

---

214 *Baker*, Land as a Donatio Mortis Causa, (1993) 109 LQR 19 (19).

215 Das verdeutlichen die Ausführungen der *Law Commission*, Making a will, S. 226 ff.

216 So auch *Muscheler*, Universalsukzession und Vonselbsterwerb, S. 116, zum deutschen Recht.

217 Die Periode der Klassik des römischen Rechts bezieht sich auf die ersten zweieinhalb Jahrhunderte nach Christi Geburt, in denen die römischen Juristen das Recht zu „höchster Vollkommenheit" führten, so *Kaser/Knütel/Lohsse*, Römisches Privatrecht, § 1 Rn. 13.

causa. Bei der am häufigsten genannten Gestaltungsvariante wandte der Schenker dem Beschenkten in einer akuten bzw. konkreten Lebensgefahr (*donatio mortis causa periculo imminente*) einen Gegenstand sofort zu, wobei der Schenker den Gegenstand wegen Zweckverfehlung beim Beschenkten kondizieren durfte, wenn er die Lebensgefahr überstand oder den Beschenkten überlebte.[218] Die *donatio mortis causa* konnte zudem auch unter der Bedingung abgeschlossen werden, dass der Rechtserwerb des Beschenkten bis zum Tod des Schenkers aufgeschoben wurde, vorausgesetzt, der Beschenkte überlebte den Schenker.[219] Ob es darüber hinaus als dritte Erscheinungsform bereits im klassischen römischen Recht eine *donatio mortis causa sola cogitatione mortalitatis*, d.h. eine sofort vollzogene Schenkung ohne Lebensgefahr in bloßer Reflexion der eigenen Sterblichkeit, gab, ist nicht gesichert.[220]

Gemeinsam ist allen überlieferten Typen der *donatio mortis causa*, dass sie bereits zu Lebzeiten abgeschlossen und sogar im Regelfall[221] zu Lebzeiten des Schenkers vollzogen wurden, sie ihre endgültige und volle Wirksamkeit jedoch erst mit dem Tod des Schenkers zeitigten, zudem nur dann, wenn der Beschenkte in diesem Zeitpunkt noch lebte.[222] Gerade im Hinblick auf den verfolgten Zweck, nämlich das Vermögen im Zeitpunkt des Todes zu verteilen, unterschied sich die *donatio mortis causa* von der *donatio inter vivos* und glich einer Verfügung von Todes wegen.[223]

Die *donatio mortis causa* des römischen Rechts nahm eine Zwischenstellung zwischen Rechtsgeschäften unter Lebenden und solchen von Todes wegen ein, sie wies gewissermaßen eine Doppelnatur auf, indem sie gleichzeitig Rechtsgeschäft unter Lebenden und Verfügung von Todes wegen war.[224] Sie war im klassischen Recht wie jede Schenkung bloße *causa* für die Zuwendung,[225] die einen schuldrechtlichen oder sachenrechtlichen Zuwendungsakt rechtfertigte und ihm rechtlichen Bestand verlieh.[226] Eine besondere Form war ebenso wie bei einer gewöhnlichen Schenkung ursprünglich nicht einzuhalten.[227] Im Gegensatz zur

218 *Kaser*, Das Römische Privatrecht I, § 191, S. 764; *Kaser/Knütel/Lohsse*, Römisches Privatrecht, § 90 Rn. 1.
219 *Kaser/Knütel/Lohsse*, Römisches Privatrecht, § 90 Rn. 1.
220 Dazu *Simonius*, Donatio Mortis Causa, S. 79 ff.
221 *Simonius*, Donatio Mortis Causa, S. 91; *Borkowski/du Plessis*, Roman Law, S. 206.
222 *Kaser*, Das Römische Privatrecht I, S. 763 f.
223 *Simonius*, Donatio Mortis Causa, S. 8.
224 Vgl. *Borkowski/du Plessis*, Roman Law, S. 206 ("hybrid in character"); *Simonius*, Donatio Mortis Causa, S. 8.
225 *Kaser*, Das Römische Privatrecht II, § 300, S. 564.
226 *Jung*, Rückforderungsrecht, FS Huwiler, 325 (332 f.).
227 *Borkowski*, Deathbed Gifts, S. 6; vgl. *Jung*, Rückforderungsrecht, FS Huwiler, 325 (332).

gewöhnlichen *donatio inter vivos* war die *donatio mortis causa* – jedenfalls im nachklassischen Recht – jederzeit frei widerruflich und somit den Legaten (Vermächtnissen) angenähert.[228] Auch galten bestimmte Regelungen, die gewöhnliche Schenkungen wertmäßig und personenbezogen einschränkten, für die *donatio mortis causa* nicht, so etwa Beschränkungen für unentgeltliche Zuwendungen zwischen Ehegatten oder Eltern und Kindern.[229] Im Laufe der Zeit wurde die *donatio mortis causa* immer stärker den Legaten angenähert, um eine Umgehung des Erbrechts durch diese Art der Schenkung zu verhindern.[230] So wurden etwa die Legatsbeschränkungen auf die *donatio mortis causa* erstreckt.[231] Zu nennen ist insbesondere die *lex Falcidia*, nach welcher der Erblasser nur über drei Viertel der Erbschaft durch Aussetzung von Legaten verfügen durfte, um so dem Erben mindestens ein Viertel des Nachlasses (sog. „Falzidisches Quart") zu erhalten.[232] Justinian stellte die *donationes mortis causa* schließlich den Legaten vollständig gleich, also auch im Hinblick auf die Form, so dass sie vor mindestens fünf Zeugen vorgenommen werden mussten.[233]

2. *Die nationalen Regelungen und das römische Recht*

Das deutsche, österreichische und schweizerische Recht wandten sich vom römisch-rechtlichen Institut, wie erwähnt, ab, nicht dagegen das englische Recht.

a) Die Rezeption im englischen Recht

Ins englische Recht übernommen wurde aber lediglich die *donatio mortis causa periculo imminente*, nicht dagegen die *donatio mortis causa sola cogitatione mortalitatis*. Ebenso wie das römischrechtliche Vorbild ist die *donatio mortis causa* im englischen Recht jederzeit frei widerruflich und steht unter der Bedingung, dass der Schenker vor dem Beschenkten stirbt und die Gefahr nicht übersteht. Vollzog der Schenker in Rom die *donatio mortis causa* im Regelfall bereits zu Lebzeiten, so muss der Schenker in England die *donatio mortis causa* zwingend zu Lebzeiten vollziehen (*parting with dominion*), soll sie als solche wirksam sein. Die rechtliche Notwendigkeit des Vollzugs und die konkreten Anforderungen an den Vollzug sind

228 *Kaser/Knütel/Lohsse*, Römisches Privatrecht, § 90 Rn. 3 f.; *Jung*, Rückforderungsrecht, FS Huwiler, S. 337 f.; ob die freie Widerruflichkeit bereits im klassischen römischen Recht galt, ist umstritten, siehe dazu *Simonius*, Donatio Mortis Causa, S. 117 ff.

229 *Borkowski/du Plessis*, Roman Law, S. 206.

230 *Kaser*, Das Römische Privatrecht I, § 191, S. 764.

231 *Kaser*, Das Römische Privatrecht I, § 191, S. 764.

232 *Kaser/Knütel/Lohsse*, Römisches Privatrecht, § 90 Rn. 3 i.V.m. § 87 Rn. 24.

233 *Harke*, Römisches Recht, § 20 Rn. 21; *Borkowski*, Deathbed Gifts, S. 6, sieht die testamentarische Form demgegenüber bloß als alternative Gestaltungsmöglichkeit an.

englische Eigenheiten.[234] Auch im englischen Recht ist die *donatio mortis causa* ein eigenständiges Rechtsinstitut und gleichermaßen ein juridischer Zwitter. Die Zwitternatur bedingt, dass teilweise die Vorschriften über Rechtsgeschäfte unter Lebenden und teilweise diejenigen über Verfügungen von Todes wegen Anwendung finden. Eine vollständige Angleichung an das Recht der Legate wie im römischen Recht unter Justinian ist im englischen Recht jedoch nicht erfolgt.[235]

Auch wenn sich erste Spuren der *donatio mortis causa* in England bereits im frühen Mittelalter finden lassen,[236] so erlangte sie praktische Bedeutung erst ab 1677, und zwar nachdem das Statute of Frauds in Kraft getreten war, das eine massive Verschärfung der formellen Anforderungen an Testamente mit sich brachte.[237] Die *donatio mortis causa* konnte sich nun etablieren und reifte zum heutigen Verständnis heran, weil sie eine informelle postmortale Zuwendung ermöglichte und die mit dem Statute of Frauds einhergehende formale Starre lockerte.[238] Auf den Aspekt der Formerleichterung wird später noch näher einzugehen sein.

b) Die Abkehr in Deutschland, Österreich und der Schweiz

Während das englische Recht die *donatio mortis causa* römischrechtlicher Prägung mit gewissen Modifikationen teilweise übernommen hat, sind das deutsche, österreichische und ebenso wohl das schweizerische Recht bewusst auf Distanz zu diesem Rechtsinstitut gegangen.

aa) Die Entwicklung

Im gemeinen Recht war die Schenkung auf den Todesfall noch wesentlich durch das römisch-rechtliche Institut der *donatio mortis causa* geprägt.[239] Wesentlich für die Schenkung auf den Todesfall im gemeinen Recht waren die Überlebensbedingung und die freie Widerruflichkeit zu Lebzeiten – gleichgültig, ob die Schenkung in einer Todesgefahr erfolgte oder bloß im Hinblick auf die menschliche Sterblichkeit.[240] Zwar war ihre Rechtsnatur strittig, überwiegend wurde sie jedoch ebenso wie im römischen Recht als Mischinstitut angesehen, so dass teilweise Schenkungsrecht und teilweise erbrechtliche Vorschriften angewendet wurden, wobei die Einzelheiten wiederum strittig waren.[241] In den deutschen Partikularrechten zeichnete sich schließlich eine Tendenz zur Abkehr vom römischen Recht ab. Der

---

234 *Sen v Headley* [1991] 2 All ER 636 (640), CA.

235 *Borkowski*, Deathbed Gifts, S. 23.

236 *Borkowski*, Deathbed Gifts, S. 7 f.

237 *Borkowski*, Deathbed Gifts, S. 9 f.

238 *Borkowski*, Deathbed Gifts, S. 9 f.

239 *Langen*, § 2301 I 1 BGB, S. 4.

240 *Harder*, Zuwendungen, S. 68 f.

241 *Harder*, Zuwendungen, S. 69 f.

Codex Maximilianeus Bavaricus Civilis von 1756 beurteilte die Schenkung auf den Todesfall als testamentarisches Vermächtnis.[242] Das Preußische Allgemeine Landrecht vom Jahre 1794 behandelte sie hinsichtlich der Rechtswirkungen dann als Vermächtnis, wenn der Schenker sich ausdrücklich ein Widerrufsrecht vorbehielt oder die Schenkung in Lebensgefahr vornahm unter der Bedingung, dass der Schenker die Gefahr nicht überlebte; im Übrigen erachtete es sie als Rechtsgeschäft unter Lebenden.[243] Das Sächsische BGB sah die zu Lebzeiten vollzogene Schenkung stets als Geschäft unter Lebenden an, die nicht vollzogene Versprechensschenkung auf den Todesfall dagegen als Verfügung von Todes wegen.[244] Die Regelung im Sächsischen BGB diente dem BGB-Gesetzgeber als Vorbild, zumal der Gesetzgeber des Sächsischen BGB bewusst von der Doppelnatur der *donatio mortis causa* und den mit ihr einhergehenden Schwierigkeiten abrücken wollte.[245]

Die „echte" Schenkung auf den Todesfall im österreichischen Recht soll – so eine Lesart – der *donatio post obitum* des älteren deutschen Rechts nachgebildet sein.[246] Die *donatio post obitum* war eine zu Lebzeiten vollzogene Realschenkung, zumeist zugunsten der Kirche; sie hing nicht vom Eintritt einer Bedingung ab, sondern war lediglich durch den Tod des Schenkers befristet, in der Regel aufschiebend, zudem war sie bereits zu Lebzeiten des Schenkers unwiderruflich.[247] Gerade in der Unwiderruflichkeit zeigt sich die Parallele zum österreichischen Recht, darüber hinaus auch auf Rechtsfolgenseite. So wurde die *donatio post obitum* ebenso wie die „echte" Schenkung auf den Todesfall im österreichischen Recht wie eine gewöhnliche Schenkung behandelt und nicht den erbrechtlichen Vorschriften unterstellt, zumal es im älteren deutschen Recht noch keine gewillkürte Erbfolge gab und die *donatio post obitum* die vorhandene Lücke füllte.[248]

bb) Konzeption und Gründe für die Abkehr vom römischen Recht

Die Abkehr von der *donatio mortis causa* hängt wesentlich mit der Zwitternatur dieses Rechtsinstituts zusammen. Die Zwitternatur wirft die schwierige Frage auf, inwiefern die Regeln für lebzeitige Schenkungen und inwiefern die Regeln für

242 *Harder*, Zuwendungen, S. 78; Motive zum BGB, Bd. V (Fn. 68), S. 350, mit Verweis auf III, 8 §§ 2, 3 des Codex Maximilianeus Bavaricus Civilis, wobei das Gesetzeswerk dort als bayerisches Landrecht bezeichnet wird.

243 *Harder*, Zuwendungen, S. 79; siehe auch Motive zum BGB, Bd. V (Fn. 68), S. 350, mit Verweis auf I, 11 §§ 1134 ff., 1, 12 §§ 335, 607, 620 ALR.

244 *Harder*, Zuwendungen, S. 88 f.; Motive zum BGB, Bd. V (Fn. 68), S. 350, mit Verweis auf §§ 2500, 2502, 2542 Sächsisches BGB.

245 *Harder*, Zuwendungen, S. 89.

246 *Faistenberger*, Erbrecht, S. 99; *Keinert*, Schenkung auf den Todesfall, S. 29 f., zur historischen Entwicklung in Österreich siehe ebenda, S. 38 ff.

247 *Harder*, Zuwendungen, S. 66 f.

248 *Harder*, Zuwendungen, S. 66 f.

Verfügungen von Todes wegen gelten sollen, führt also leicht zu Kontroversen. So wird in mehreren Erlassen Justinians für das klassische römische Recht ein Gelehrtenstreit über die Rechtsnatur und die rechtliche Behandlung der *donatio mortis causa* erwähnt.[249]

Um die Kontroverse hinsichtlich Rechtsnatur und Rechtswirkungen solcher Schenkungen, die zwischen Rechtsgeschäften unter Lebenden und solchen von Todes wegen angesiedelt sind, zu vermeiden bzw. zumindest zu entschärfen, wurden im deutschen Recht feste Abgrenzungskriterien mit dem Ziel eingeführt, eine solche Schenkung eindeutig entweder den Rechtsgeschäften unter Lebenden oder den Rechtsgeschäften von Todes wegen zuzuordnen.[250] Die Schenkung auf den Todesfall wurde dementsprechend nicht als eigenständiges Rechtsinstitut ausgestaltet, wie das bei der *donatio mortis causa* römischrechtlicher und auch englischer Prägung der Fall ist. Nicht ganz so eindeutig war der Befund lange Zeit in Österreich. Im schweizerischen Recht kann die Abkehr vom römischen Recht weiterhin nicht als gesichert erachtet werden, wenngleich die Konzeption der Sondervorschriften eher dafür als dagegen spricht.

Bis zur Erbrechtsreform im Jahr 2015 war im österreichischen Recht unklar, ob die „echte" Schenkung auf den Todesfall ein eigenständiges Institut darstellt. Die Reform bringt nun endgültig die gebotene Klarheit: Die „echte" Schenkung auf den Todesfall ist als Vertrag anzusehen, für die Annahme eines Mischinstituts bleibt kein Raum mehr. Einzig der Verweis auf die erbvertragliche Vorschrift des § 1253 ABGB passt nicht recht ins Bild;[251] nach dieser Bestimmung muss ein reines Viertel zur freien letztwilligen Verfügung stehen.

Dass ein Mischinstitut in Österreich abgeschafft werden sollte, wurde indes eigentlich bereits nach alter Rechtslage anhand der Formulierung in § 603 ABGB a.F. deutlich:

> „Inwiefern eine Schenkung auf den Todesfall als ein Vertrag, [sic!] oder als ein letzter Wille zu betrachten sei, wird in dem Hauptstücke von den Schenkungen bestimmt."

Ein drittes Institut, das eine Mittelstellung zwischen Vertrag und Verfügung von Todes wegen einnimmt, war nach dieser Formulierung nicht vorgesehen.[252] Auch

---

249 Siehe dazu *Simonius*, Donatio Mortis Causa, S. 1 ff., unter Verweis auf C. 8.56.4, Inst. 2.7.1, Nov. 87, wobei die Existenz eines solchen Gelehrtenstreits nicht gesichert ist.

250 *Sauer*, Schenkung auf den Todesfall, S. 19 f.; Vergleich zwischen deutschem und schweizerischem Recht bei *Beck*, Erbrecht, S. 83.

251 Krit. daher *Fischer-Czermak*, in: Gruber et al., Erbrecht (2. Aufl.), § 20 Rn. 34 ff.; krit. auch *Schauer*, Das neue Erbrecht, ÖJZ 2017, 53 (60), weil die Schenkung auf den Todesfall an Bestandskraft verlöre und Attraktivität einbüße.

252 Vgl. *Oberhumer*, Schenkung auf den Todesfall, NZ 2008, 129 (135); *Keinert*, Schenkung auf den Todesfall, S. 104.

die Entstehungsgeschichte von § 956 ABGB spricht ebenso wie in Deutschland für die Abschaffung eines Mischinstituts.[253] Gleichwohl war das Verständnis der „echten“ Schenkung auf den Todesfall im Sinne des § 956 Satz 2 ABGB als Zwittergebilde in Praxis und Lehre in Österreich bis zur jüngsten Reform weiterhin präsent, nämlich in Gestalt der „Vermächtnislösung“, wonach das Geschäft nach dem Tod wie ein Vermächtnis zu behandeln war.[254] Betrachtet man die „Vermächtnislösung“, so ist eine Annäherung der „echten“ Schenkung auf den Todesfall an die *donatio mortis causa* in struktureller Hinsicht unverkennbar – materiell bleibt der Unterschied indes gravierend, was insbesondere daran deutlich wird, dass der Schenker die „echte“ Schenkung auf den Todesfall nicht frei widerrufen darf. Schließlich stieß gerade der Umstand, dass die *donatio mortis causa* römischrechtlicher Prägung zwar Vertrag war, gleichwohl aber jederzeit widerruflich sein sollte, auf Ablehnung bei der österreichischen Gesetzgebungskommission, widerspricht die Widerruflichkeit doch der Verbindlichkeit eines Vertrages.[255] Die Möglichkeit des freien Widerrufs trotz Vertragsnatur ist auch der Grund, warum im französischen und italienischen Recht die *donatio mortis causa* als unzulässig angesehen wird.[256]

Im schweizerischen Recht ist dagegen weiterhin umstritten, ob es sich bei der Schenkung auf den Todesfall um ein selbständiges Rechtsinstitut handelt oder ob Art. 245 Abs. 2 OR eine bloße Verweisungsnorm ist, die insgesamt die erbrechtlichen Vorschriften für anwendbar erklärt;[257] das Bundesgericht hat die Frage bisher offen gelassen.[258] Der Streit wirkt sich auf die Frage aus, ob der Beschenkte einem Vermächtnisnehmer gleichzustellen ist oder einem gewöhnlichen Nachlassgläubiger, ob der Beschenkte bereits zu Lebzeiten eine gesicherte Anwartschaft erlangt und der Schenker damit nicht über das Geschenk durch Rechtsgeschäft unter Lebenden disponieren darf.[259]

---

253 So *Unger*, Erbrecht, S. 323 f.; *Kralik*, Erbrecht, S. 165 f.; *Eccher*, Erbrecht, Rn. 4/5; *Jud*, Die Schenkung auf den Todesfall, NZ 2004, 321 (325); *Rabl*, Schenkung auf den Todesfall, NZ 2005, 129 (133 ff.); *Oberhumer*, Schenkung auf den Todesfall, NZ 2008, 129 (135); *Fischer-Czermak*, in: Gruber et al., Erbrecht, § 20 Rn. 19.

254 Siehe dazu bereits oben § 2A.II.1.b)aa).

255 *Jud*, Schenkung auf den Todesfall, NZ 2004, 321 (325).

256 *Henrich*, Schenkung von Todes wegen, FS Firsching, 111 (112).

257 Für umfassende Verweisung ins Erbrecht und damit gegen ein eigenständiges Institut: *Vogt*, in: Basler Kommentar OR I, Art. 245 Rn. 8; *Piotet*, Erbrecht, IV/1, S. 195; *Weimar*, in: Berner Kommentar ZGB III/1/1/1, Einl. 14. Titel Rn. 118; *v. Tuhr*, Schenkungslehre, SJZ 18 (1921/22), 201 (205); *Jung*, Rückforderungsrecht, FS Huwiler, 325 (355); für eigenständiges Institut: wohl *Koller*, in: Guhl, OR, § 43 Rn. 23, da lebzeitige Bindung bejaht wird; nicht eindeutig *Wolf/Genna*, Erbrecht, IV/1, S. 146.

258 So *Wolf/Hrubesch-Millauer*, Erbrecht, § 12 Rn. 266.

259 *Winistörfer*, Die unentgeltliche Zuwendung, S. 85 f.

Die Konzeption deutet auf eine Verweisungsnorm hin und damit auf die Abschaffung eines selbständigen Rechtsinstituts, vergleichbar der *donatio mortis causa*; die Parallele zum deutschen und österreichischen Recht in konzeptioneller bzw. struktureller Hinsicht ist unverkennbar.[260] So verweist Art. 245 Abs. 2 OR einzig und allein auf erbrechtliche Vorschriften, was schwerlich in Einklang zu bringen ist mit der Annahme eines Mischinstituts. Wäre der Gesetzgeber von einem Mischinstitut ausgegangen, so hätte er festlegen müssen, inwieweit Erbrecht anzuwenden ist und inwieweit Obligationenrecht – das Gesetz enthält jedoch keinerlei Hinweise.[261] Die Verweisung ins Erbrecht sollte ebenso wie im deutschen und österreichischen Recht die Schwierigkeiten der *donatio mortis causa* beseitigen, weswegen es nicht sachgerecht erscheint, diese über die Hintertür wieder einzuführen.[262]

Zudem soll dem Bundesgesetzgeber beim Erlass des alten Obligationenrechts die Kompetenz zur Gesetzgebung im Erbrecht gefehlt haben, so dass er gar kein Mischinstitut hätte schaffen können, selbst wenn er gewollt hätte.[263] Fraglich ist dann aber, wie der Gesetzgeber eine Verweisung ins Erbrecht aussprechen konnte. Ging er davon aus, materiell liege ohnehin eine Verfügung von Todes wegen vor, so dass der Verweis lediglich deklaratorischer Natur ist? Womöglich wollte der Gesetzgeber sich in vorauseilendem Gehorsam bewusst zurücknehmen, um dem Erbrecht nicht vorzugreifen. Art. 245 Abs. 2 OR käme dann die Funktion zu, den Anwendungsbereich des Schenkungsrechts zugunsten des Erbrechts zu begrenzen.

Im Wesentlichen lassen sich zwei Gründe für die Beseitigung des Rechtsinstituts der *donatio mortis causa* anführen:[264] Zum einen hielt der Gesetzgeber die Gestaltungsmöglichkeiten, die das Gesetz mit den Verfügungen von Todes wegen und Schenkungen zur Verfügung stellt, für ausreichend, damit die Beteiligten ihrem Willen Rechnung tragen können;[265] zum anderen sollten – wie bereits dargelegt – die Streitfragen, die sich an der *donatio mortis causa* aufgrund der zwittrigen Rechtsnatur entzündeten, vermieden werden.[266]

In dieser gesetzgeberischen Zielsetzung offenbart sich zunächst der „Versuch der effektiven Verwirklichung eines legislativen Ordnungsplans, der bestrebt ist,

---

260 Vgl. *Beck*, Erbrecht, S. 83.

261 *Piotet*, Erbrecht, IV/1, S. 195.

262 *Piotet*, Erbrecht, IV/1, S. 195; vgl. auch *Beck*, Erbrecht, S. 83, mit rechtsgeschichtlichem Abriss.

263 *Weimar*, in: Berner Kommentar ZGB III/1/1/1, Einl. 14. Titel Rn. 120.

264 *Muscheler*, Ebrecht II, Rn. 2828.

265 So jedenfalls im Hinblick auf das deutsche Recht, siehe dazu Motive zum BGB, Bd. V (Fn. 68), S. 350; siehe auch: *Schmidt-Kessel*, Befristete Schenkung auf den Todesfall, FS Schippel, 317 (318).

266 Deutschland: Motive zum BGB, Band V (Fn. 68), S. 350 f.; Österreich: *Jud*, Schenkung auf den Todesfall, NZ 2004, 321 (325); Schweiz: *Beck*, Erbrecht, S. 83.

die in diesem schwierigen und fließenden Grenzbereich nötige Transparenz und Rechtssicherheit herbeizuführen".[267] Ob sich das Regelungsanliegen des Gesetzgebers in diesem Ordnungsziel erschöpft oder ob es darüber hinaus auch – womöglich vorrangig – um die Durchsetzung erbrechtlicher Interessen geht, wird noch zu erörtern sein. Ungeachtet dessen muss indes bezweifelt werden, dass das legislative Ansinnen, eine klare Abgrenzung herbeizuführen, erreicht wurde; die zahlreichen Kontroversen scheinen das jedenfalls zu widerlegen. Das dürfte auch damit zusammenhängen, dass der Lebenssachverhalt als solcher bereits kompliziert ist und sich einer stringenten rechtlichen Handhabung zu entziehen scheint.

II. Systematische Analyse

Um den Ordnungsplan des Gesetzgebers und Schenkungen auf den Todesfall besser verstehen zu können, ist es wichtig, letztere in das jeweilige System einzuordnen. Dabei sind Verfügungen von Todes wegen gegenüber Rechtsgeschäften unter Lebenden abzugrenzen, es sind die jeweils charakteristischen Merkmale herauszuarbeiten, um anschließend die Schenkung auf den Todesfall verorten zu können. Eine Schlüsselrolle kommt den unterschiedlichen Bindungswirkungen zu.

1. Bindende Verfügungen von Todes wegen und vergleichbare Geschäfte

Vor dem Hintergrund der Bindungswirkungen sollen zunächst bindende Verfügungen von Todes wegen, dabei hauptsächlich der Erbvertrag, und funktional vergleichbare Geschäfte unter die Lupe genommen werden. Inwieweit wird der Erblasser jeweils gebunden? Die Schenkung auf den Todesfall wird häufig funktional dem Erbvertrag nahestehen. Das wird auch daran deutlich, dass im schweizerischen und deutschen Recht im Rahmen von Art. 245 Abs. 2 OR und § 2301 Abs. 1 Satz. 1 BGB die erbvertraglichen Vorschriften herangezogen werden.

a) Erbvertrag

Sowohl das deutsche als auch das schweizerische Recht sehen als Alternative zum Testament den Erbvertrag vor,[268] der Erbvertrag ist dort nicht auf einen bestimmten Personenkreis beschränkt. Anders ist das in Österreich: Zwar kennt das österreichische Recht den Erbvertrag ebenfalls, beschränkt dieses Institut jedoch auf Ehegatten, eingetragene Lebenspartner und Verlobte.[269] Verortet wird der Erbvertrag im ABGB daher nicht im Erbrecht, sondern im Abschnitt über die Ehepakte.

---

267 *Reischl*, Schenkung von Todes wegen, S. 24.

268 Deutschland: §§ 2274 ff. BGB; Schweiz: Art. 494–497, 512–515 ZGB.

269 § 602 ABGB n.F.

aa) Wesen des Erbvertrages

Charakteristisch für den Erbvertrag ist die bindende Wirkung; diesbezüglich unterscheidet er sich am deutlichsten vom (Einzel-)Testament, das frei widerruflich ist. Aufgrund seiner bindenden Wirkung ist der Erbvertrag nicht nur Verfügung von Todes wegen, sondern zugleich echter Vertrag, ihm ist also eine Doppelnatur zu eigen, was aber nicht darüber hinwegtäuschen darf, dass der Erbvertrag im deutschen und schweizerischen Recht den erbrechtlichen Regelungen unterstellt ist – so zumindest im Grundsatz.[270] Der Erbvertrag weist auch nach österreichischem Verständnis eine Doppelnatur auf.[271] Aus dieser Doppelnatur wird in Österreich indes weitergehend gefolgert, dass zur Gültigkeit eines Erbvertrages grundsätzlich die Voraussetzungen beider Geschäftskategorien einzuhalten sind,[272] also beispielsweise kumulativ Geschäftsfähigkeit und Testierfähigkeit gegeben sein müssen.[273]

bb) Zulässigkeit des Erbvertrages

Es ist keineswegs selbstverständlich, dass der Erblasser sich erbrechtlich binden kann – das zeigt das österreichische Recht. Die Beschränkung auf Ehegatten ist historisch bedingt: Die Verfasser des ABGB standen bindenden Verfügungen von Todes wegen skeptisch gegenüber, wogegen andererseits Erbverträge unter Eheleuten der Landbevölkerung weit verbreitet gewesen sein sollen; die Entscheidung, Erbverträge unter Eheleuten zuzulassen, ist somit als Kompromiss zu deuten.[274] Die Vorbehalte der Verfasser des ABGB zeigen sich zudem in § 1253 ABGB:[275] Ein Ehegatte kann sich durch den Abschluss eines Erbvertrages nicht gänzlich seiner Testierfreiheit begeben, vielmehr muss der Erbvertrag dem Erblasser mindestens ein reines Viertel zur freien Verfügung von Todes wegen belassen; eine weiterreichende Bindung ist kraft Gesetzes unwirksam (§ 1253 Satz 2 ABGB). Selbst wenn der Erblasser bis zu seinem Tod über das freie Viertel nicht anderweitig letztwillig verfügt haben sollte, fällt es nicht etwa dem Vertragserben zu, sondern den gesetzlichen Erben (§ 1253 Satz 2 ABGB). § 1253 ABGB schützt die Testierfreiheit zudem vor übereilter Bindung.[276] Die Erbrechtsreform hat den restriktiven Ansatz beibehalten, auch wenn es im Vorfeld Stimmen für eine Ausweitung gab, allerdings auch solche für seine gänzliche Streichung.[277]

---

270 Deutschland: *Meyer-Pritzl*, in: Staudinger/Eckpfeiler (2020), Erbrecht (W.), Rn. W 63; *Lange*, Erbrecht, § 17 Rn. 143; Schweiz: *Druey*, Erbrecht, § 10 Rn. 5 ff.

271 *Fischer-Czermak*, in: Gruber et al., Erbrecht (2. Aufl.), § 20 Rn. 54.

272 *Koziol/Welser*, Bürgerliches Recht II, S. 522.

273 *Fischer-Czermak*, in: Gruber et al., Erbrecht (2. Aufl.), § 20 Rn. 58.

274 *Fischer-Czermak*, in: Gruber et al., Erbrecht (2. Aufl.), § 20 Rn. 55.

275 *Fischer-Czermak*, in: Gruber et al., Erbrecht (2. Aufl.), § 20 Rn. 65.

276 *Fischer-Czermak*, in: Gruber et al., Erbrecht (2. Aufl.), § 20 Rn. 65.

277 Dazu *Fischer-Czermak*, in: Gruber et al., Erbrecht (2. Aufl.), § 20 Rn. 56.

Die kritische Haltung gegenüber dem Erbvertrag geht auf das römische Recht zurück, das den Erbvertrag als sittenwidrig ansah, weil mit dem künftigen Nachlass keine Geschäfte gemacht werden sollten.[278] So ließ das römische Recht vertragliche Bindungen in Bezug auf den Nachlass insgesamt nicht zu.[279]

Aber auch das deutsche Recht will eine zu starke Beschränkung der Testierfreiheit durch Selbstbindung des Erblassers verhindern, wie § 2302 BGB nahelegt.[280] § 2302 BGB erklärt Testierverträge für nichtig, der Erblasser darf sich nicht durch schuldrechtliche Verträge erbrechtlich binden.[281] Allerdings mag man dem deutschen Gesetzgeber, sofern er sich tatsächlich maßgeblich von dieser Erwägung leiten ließ, Inkonsequenz vorwerfen, da er schließlich mit dem Erbvertrag dem Erblasser eine Möglichkeit eröffnet hat, sich seiner Testierfreiheit zu begeben.[282] § 2302 BGB soll womöglich auch oder gar vor allem verhindern, dass die Vorschriften des Erbvertrages durch eine alternative nachlassbezogene Gestaltung unterlaufen und ausgehöhlt werden.[283] Überhaupt lässt sich nicht behaupten, dass sich der strikte Ansatz des römischen Rechts, Bindungen des Erblassers überhaupt nicht zuzulassen, im europäischen Recht durchgesetzt hätte, auch wenn der Einfluss des römisch-rechtlichen Ansatzes nicht zu verkennen ist.[284] Selbst die als besonders streng geltenden romanischen Rechtsordnungen halten ein striktes Verbot nicht durch und lassen Ausnahmen gerade im familiären Bereich zu; Reformen in jüngster Zeit auf diesem Gebiet zeigen sogar eine weitere Öffnung.[285] Vielmehr ist in den europäischen Rechtsordnungen ein wirtschaftliches Bedürfnis erkennbar, wie die Anerkennung solcher Bindungen – freilich in unterschiedlicher Ausgestaltung und Reichweite – verdeutlicht.[286]

---

278 *Kaser*, Das Römische Privatrecht I, S. 677 f.; *Kaser/Knütel/Lohsse*, Römisches Privatrecht, § 76 Rn. 23; *Druey*, Erbrecht, § 10 Rn. 9.

279 Vgl. *Battes*, Der erbrechtliche Verpflichtungsvertrag, AcP 178 (1978), 337 (340).

280 Zumindest soll die Vorschrift nach verbreiteter Ansicht die Testierfreiheit schützen, siehe etwa: BGH, Urt. v. 19.12.1958 – IV ZR 136/58 –, BGHZ 29, 129 (133); *Kanzleiter*, in: Staudinger (Juli 2018), § 2302 Rn. 3; *Musielak*, in: Münchener Kommentar BGB, Bd. 11, § 2302 Rn. 1; *Muscheler*, Erbrecht I, Rn. 634; *Burandt*, in: Burandt/Rojahn, Erbrecht, § 2302 BGB Rn. 1.

281 So etwa *Burandt*, in: Burandt/Rojahn, Erbrecht, § 2302 BGB Rn. 1; a.A. *van Venrooy*, § 2302 BGB, JZ 1985, 609 (611).

282 Vgl. *Battes*, Der erbrechtliche Verpflichtungsvertrag, AcP 178 (1978), 337 (344 f.).

283 *Van Venrooy*, § 2302 BGB, JZ 1985, 609 (611); vgl. auch *Battes*, Der erbrechtliche Verpflichtungsvertrag, AcP 178 (1978), 337 (346 f.), der allerdings zu bedenken gibt, dass die auf Rechtsfolgenseite angeordnete Nichtigkeit im Hinblick auf diesen Zweck über das Ziel hinausschießt.

284 *Battes*, Der erbrechtliche Verpflichtungsvertrag, AcP 178 (1978), 337 (340 f.).

285 Dazu *Braun*, Autonomy for Testators and Heirs, ZEuP 2012, 461.

286 *Battes*, Der erbrechtliche Verpflichtungsvertrag, AcP 178 (1978), 337 (341).

cc) Bindungswirkung beim Erbvertrag

Von besonderem Interesse für den Vergleich ist die Reichweite der Bindungswirkungen beim Erbvertrag.

(1) Allgemeines

Der Erblasser ist durch den Erbvertrag in Deutschland und der Schweiz insoweit gebunden, als er keine Verfügungen von Todes wegen treffen kann bzw. darf, die dem Erbvertrag widersprechen. Die Rechtsfolgen, die die jeweiligen Rechtsordnungen an dem Erbvertrag widersprechende Verfügungen von Todes wegen knüpfen, sind unterschiedlich: Während eine nachträgliche Verfügung von Todes wegen nach deutschem Recht unwirksam ist, ist sie nach schweizerischem Recht lediglich anfechtbar.[287] Der Erblasser kann sich von der Bindung nur in eng begrenzten Ausnahmefällen lösen. Zwar kann der Erblasser auch im österreichischen Recht den Erbanspruch des Vertragserben nicht mehr nachträglich durch eine letztwillige Verfügung schmälern;[288] allerdings erstreckt sich die erbrechtliche Bindung von vornherein maximal auf drei Viertel des Nachlasses, über das restliche Viertel darf der Erblasser weiterhin von Todes wegen verfügen.[289] Das österreichische Recht führt somit zu einer weniger starken erbrechtlichen Bindung.

Die Bindung an den Erbvertrag ist lediglich erbrechtlicher Natur, der Vertragserbe erhält grundsätzlich nur das, was im Zeitpunkt des Todes an Vermögen beim Erblasser noch vorhanden ist.[290] Dementsprechend steht es dem Erblasser prinzipiell frei, zu Lebzeiten weiter über sein Vermögen durch Rechtsgeschäfte unter Lebenden zu disponieren;[291] durch den Erbvertrag wird grundsätzlich allein die Testierfreiheit eingeschränkt. Der erbvertraglich gebundene Erblasser kann also zu Lebzeiten mit seinem Vermögen weiter nach Belieben umgehen, er darf es sogar verprassen.[292] Der Vertragserbe hat zu Lebzeiten des Erblassers keinen Anspruch und somit keine rechtlich gesicherte Anwartschaft, sondern lediglich eine vage Erwerbsaussicht.[293]

---

287 Deutschland: § 2289 Abs. 1 Satz 2 BGB; Schweiz: Art. 494 Abs. 3 Alt. 1 ZGB.

288 Arg. e § 1254 Satz 1 ABGB, siehe *Fischer-Czermak*, in: Gruber et al., Erbrecht, § 20 Rn. 68.

289 § 1253 ABGB.

290 Deutschland: *Burandt*, in: Burandt/Rojahn, Erbrecht, Vor §§ 2274–2302 BGB Rn. 3; Österreich: *Koziol/Welser*, Bürgerliches Recht II, S. 524; Schweiz: *Breitschmid*, in: Basler Kommentar ZGB II, Art. 494 Rn. 3.

291 Deutschland: § 2286 BGB; Österreich: § 1252 Satz 1 ABGB; Schweiz: Art. 494 Abs. 2 ZGB.

292 Vgl. BGer v. 16.11.1949 – BGE 70 II 255 (265).

293 Deutschland: BGH, Beschl. v. 19.1.1954 – V ZB 28/53 –, BGHZ 12, 115 (118); *Musielak*, in: Münchener Kommentar BGB, Bd. 11, § 2286 Rn. 3; Österreich: § 1252 Sätze 2 und 3; Schweiz: *Wolf/Genna*, Erbrecht IV/1, S. 377.

(2) Beeinträchtigende Schenkungen im Besonderen

Eine uneingeschränkte lebzeitige Verfügungsfreiheit gefährdet jedoch die Position des Vertragserben. Gerade lebzeitige Schenkungen sind für den Vertragserben gefährlich, schmälern sie doch das Vermögen des Erblassers und sind damit geeignet, die vertragsmäßige Erbeinsetzung zu vereiteln.[294] Der Vertragserbe ist diesbezüglich besonders schutzwürdig. Während Deutschland und die Schweiz daher bestimmte Schenkungen von der lebzeitigen Verfügungsfreiheit ausnehmen, hält das österreichische Recht strikt an dieser fest. Das ist eine weitere Facette des österreichischen Rechts, an welcher die generelle Skepsis gegenüber dem Erbvertrag durchschimmert. Die Bindungswirkung auf ein Minimum zu reduzieren, erscheint konsequent vor dem Hintergrund des frei verfügbaren Viertels und des begrenzten Personenkreises. Es erfolgt eine klare Grenzziehung zwischen lebzeitigen Geschäften und Verfügungen von Todes wegen. Eine Ausnahme von dem Grundsatz der lebzeitigen Verfügungsfreiheit wurde bis zur Erbrechtsreform gleichwohl diskutiert: Nach umstrittener Ansicht sollte die „echte" Schenkung" auf den Todesfall im Sinne von § 956 Satz 2 ABGB a.F. unzulässig sein.[295] Argumentiert wurde, das Widerrufsverbot in § 1254 ABGB würde ad absurdum geführt, wenn diese Schenkung auf den Todesfall nach § 1252 ABGB zulässig wäre; wie eine Verfügung von Todes wegen betreffe sie erst den Nachlass, der Erblasser spüre das Vermögensopfer nicht mehr selbst.[296] Mit der Erbrechtsreform dürfte dieser Ansicht indes der Boden entzogen sein.[297] Das Gesetz bringt unmissverständlich zum Ausdruck, dass die „echte" Schenkung auf den Todesfall als Rechtsgeschäft unter Lebenden zu behandeln ist. Demnach wird man sie wie jede gewöhnliche Schenkung behandeln müssen.

Strikter bezüglich lebzeitiger Schenkungen handhaben es das schweizerische und das deutsche Erbrecht. Zwar darf der erbvertraglich gebundene Erblasser auch dort Gegenstände grundsätzlich verschenken,[298] allerdings nicht beliebig. Die Ausnahmen zugunsten des Vertragserben reichen in den beiden Rechtsordnungen unterschiedlich weit:

Nach deutschem Recht kann der Vertragserbe das Geschenk vom Beschenkten nach Bereicherungsrecht herausverlangen, wenn der Erblasser in der Absicht handelte, den Vertragserben zu beeinträchtigen.[299] An die Beeinträchtigungsabsicht

294 Deutschland: *Burandt*, in: Burandt/Rojahn, Erbrecht, § 2287 BGB Rn. 1; Schweiz: *Breitschmid*, in: Basler Kommentar ZGB II, Art. 494 Rn. 11.

295 *Fischer-Czermak*, in: Gruber et al., Erbrecht, § 20 Rn. 70.

296 *Fischer-Czermak*, in: Gruber et al., Erbrecht, § 20 Rn. 70.

297 A.A. *Fischer-Czermak*, in: Gruber et al., Erbrecht (2. Aufl.), § 20 Rn. 80.

298 Für die Schweiz siehe BGer v. 16.11.1944 – BGE 70 II 255 (263 f.).

299 § 2287 BGB; der erbvertraglich begünstigte Vermächtnisnehmer wird durch § 2288 vor Beeinträchtigungen geschützt, namentlich Zerstörung, Beschädigung, Beiseiteschaffen.

werden geringere Anforderungen gestellt, als der Wortlaut nahelegt. Die Beeinträchtigung des Vertragserben muss nicht das leitende Motiv des Erblassers gewesen sein, sondern vielmehr reicht es aus, dass der Erblasser einen Gegenstand ohne anerkennenswertes lebzeitiges Eigeninteresse verschenkt hat.[300] Ein solches Eigeninteresse ist in der Regel zu bejahen bei Anstandsschenkungen, Schenkungen zu ideellen Zwecken oder aus persönlicher Rücksicht sowie Schenkungen zur Versorgung einer nahestehenden Person.[301] Der Anspruch auf Herausgabe entsteht erst mit dem Tod des Erblassers. Vor dem Erbfall hat der Vertragserbe keine Möglichkeit, seinen Anspruch sichern zu lassen, etwa durch Arrest oder einstweilige Verfügung.[302]

Früher vertrat der BGH darüber hinaus die Lehre von der Aushöhlungsnichtigkeit[303], um einen effektiveren Schutz des Vertragserben zu gewährleisten – der gesetzliche Schutz wurde als unzureichend angesehen: Die Nichtigkeit eines Rechtsgeschäftes unter Lebenden konnte in besonders gelagerten Ausnahmefällen daraus hergeleitet werden, dass der Erblasser in der Sache eine mit seiner erbvertraglichen Bindung nicht vereinbare erbrechtliche Regelung vorgenommen und dadurch den Erbvertrag ausgehöhlt hat.[304] Der BGH wandte sich mit dieser Rechtsprechung gegen solche Geschäfte, die seiner Ansicht nach nur der äußeren Form nach Rechtsgeschäfte unter Lebenden waren, der Sache nach jedoch als Verfügung von Todes wegen zu behandeln waren.[305] Die Einzelheiten waren in der Rechtsprechung nicht einheitlich und die Entscheidung hing letztlich von den jeweiligen Besonderheiten des Einzelfalles ab, was zu erheblicher Rechtsunsicherheit führte.[306] Diese Rechtsprechung, die in der Literatur überwiegend kritisiert wurde,[307] hat der BGH später aufgegeben.[308] Der BGH betonte, „angesichts der klaren Abgrenzung des Gesetzes, das lebzeitige Verfügungen zulässt und nur

300 BGH, Urt. v. 5.7.1972 – IV ZR 125/70 –, BGHZ 59, 343 (349 f.); restriktiver, nämlich für Absicht im Sinne des direkten Vorsatzes, noch BGH, Urt. v. 30.9.1959 – V ZR 66/58 –, BGHZ 31, 13 (23).

301 *Musielak*, in: Münchener Kommentar BGB, Bd. 11, § 2287 Rn. 15 ff.

302 *Burandt*, in: Burandt/Rojahn, Erbrecht, § 2287 BGB Rn. 17.

303 Siehe etwa BGH, Urt. v. 26.2.1958 – V ZR 127/56 –, DNotZ 1958, 654 (655); BGH, Urt. v. 17.11.1959 – V ZR 18/59 –, NJW 1960, 524 (524 f.); BGH, Urt. v. 22.2.1961 – V ZR 175/59 –, NJW 1961, 1111.

304 *Kanzleiter*, in: Staudinger (Juli 2018), § 2286 Rn. 13.

305 Etwa die Begründung in BGH, Urt. v. 26.2.1958 – V ZR 127/56 –, DNotZ 1958, 654 (655 f.).

306 Überblick zu dieser Rechtsprechung bei *Mattern*, Die Aushöhlung von Testamenten und Erbverträgen, MDR 1960, 1.

307 Überblick und Nachweise zu der Kritik in der Literatur bei *Burandt*, in: Burandt/Rojahn, Erbrecht, § 2286 BGB Rn. 13.

308 BGH, Urt. v. 5.7.1972 – IV ZR 125/70 –, BGHZ 59, 343.

Verfügungen von Todes wegen die Wirkung versagt, ist daher der Gesichtspunkt der Umgehung nicht geeignet, solche Geschäfte unter Anwendung des § 134 BGB als nichtig zu erklären".[309] Sonst würden die besonderen Anforderungen in §§ 2287 f. BGB aufgeweicht und deren Wertungen unterlaufen, zumal danach die betreffenden Rechtsgeschäfte gerade nicht unwirksam sind. Die Lehre zur Aushöhlungsnichtigkeit ist vor dem Hintergrund zu sehen, dass der BGH ursprünglich an die Beeinträchtigungsabsicht strengere Maßstäbe stellte.[310]

Im schweizerischen Recht kann der Vertragserbe solche Schenkungen gemäß Art. 494 ZGB mittels der Herabsetzungsklage anfechten, die dem Erbvertrag zuwiderlaufen.[311] Art. 494 Abs. 3 ZGB nennt Schenkungen ohne Einschränkungen in einem Atemzug mit Testamenten, so dass sich folgern ließe, sie seien stets anfechtbar, sofern sie nur die erbvertraglichen Bindungen unterlaufen. Dementsprechend wird vereinzelt vertreten, dass der Vertragserbe grundsätzlich jede Schenkung anfechten könne, die der Erblasser nach Abschluss des Erbvertrages „ausgerichtet" habe; ausgenommen von der Anfechtung sollen aber Anstandsschenkungen und Gelegenheitsgeschenke sein.[312] Neben dem Wortlaut wird für das extensive Verständnis angeführt, es entspreche den Vorstellungen der Erbvertragsparteien, dass Schenkungen ohne Vereinbarung eines entsprechenden Vorbehalts den Nachlass nicht schmälern sollten.[313] Das Bundesgericht verfolgt jedoch mittlerweile einen restriktiven Ansatz: Art. 494 Abs. 3 ZGB komme Ausnahmecharakter zu, zumal der Erbvertrag den Erblasser nicht dazu verpflichte, dem Vertragserben überhaupt ein Vermögen zu hinterlassen; dementsprechend müsse eine Verpflichtung des Erblassers, irgendwelche oder bestimmte Schenkungen unter Lebenden zu unterlassen, grundsätzlich im Erbvertrag gesondert geregelt werden.[314] Eine Anfechtung ist ohne gesonderte Regelung möglich, wenn der Erblasser mit seinen Schenkungen offensichtlich beabsichtigt hat, seine Verpflichtungen aus dem Erbvertrag auszuhöhlen oder den Erbvertragspartner zu schädigen, wobei die Anforderungen an den Nachweis hoch sind.[315] Maßgeblich sind die konkreten Umstände, als Indizien

309 BGH, Urt. v. 5.7.1972 – IV ZR 125/70 –, BGHZ 59, 343 (348).

310 Dazu *Burandt*, in: Burandt/Rojahn, Erbrecht, § 2287 BGB Rn. 9 f.

311 *Wolf/Genna*, Erbrecht, IV/1, S. 378.

312 So *Weimar*, in: Berner Kommentar ZGB III/1/1/1, Art. 494 ZGB Rn. 17; *Wolf/Hrubesch-Millauer*, Erbrecht, § 15 Rn. 892; so auch noch BGer v. 13.07.1936 – BGE 62 II 132 (134).

313 *Weimar*, in: Berner Kommentar ZGB III/1/1/1, Art. 494 ZGB Rn. 17.

314 BGer v. 16.11.1944 – BGE 70 II 255 (263), in Abkehr von BGE 62 II 132 (134).

315 BGer v. 30.4.2014, 5A_651/2013 – BGE 140 III 193 (196 f.); angedeutet bereits in BGer v. 16.11.1944 – BGE 70 II 255 (264 f.): das Bundesgericht nimmt im Rahmen einer historischen Argumentation u.a. Bezug auf die Regelung im BGB und kommt zu dem Schluss, dass das ZGB in Ermangelung gegenteiliger Anhaltspunkte kein weiterreichendes Verbot lebzeitiger Schenkungen statuieren wollte.

für eine Unvereinbarkeit mit dem Erbvertrag kommen in Betracht etwa die Erheblichkeit der Schenkung sowie die Vereinbarung einer Gegenleistung.[316] Tendenziell erscheint das schweizerische Recht also liberaler als das deutsche bezüglich Schenkungen im Kontext des Erbvertrages, auch wenn der gesetzliche Wortlaut das Gegenteil vermuten lässt.

Eine Anfechtung der unentgeltlichen Zuwendung wird zudem ohne weiteres dann für möglich gehalten, wenn diese mit einem erbvertraglichen Speziesvermächtnis nicht vereinbar ist. In diesem Fall soll eine aus Treu und Glauben abgeleitete Verpflichtung des Erblassers bestehen, nicht über den vermachten Gegenstand zu verfügen.[317] Ein ähnliches Ergebnis kann sich übrigens auch im deutschen Recht einstellen. So ist nach deutschem Recht im Falle eines Vermächtnisvertrages genauer hinzuschauen und zu prüfen, ob die Parteien nicht zusätzlich eine schuldrechtliche Vereinbarung getroffen haben, durch die sich der Erblasser verpflichtet hat, über den betreffenden Gegenstand nicht unter Lebenden zu verfügen; allerdings besteht keine rechtliche oder tatsächliche Vermutung zugunsten einer solchen schuldrechtlichen Zusatzvereinbarung.[318]

b) *Bindende gemeinschaftliche Testamente*

Das deutsche Recht räumt Ehegatten und eingetragenen Lebenspartnern zudem die Möglichkeit ein, ein gemeinschaftliches Testament zu errichten und in diesem Rahmen bindende Verfügungen zu treffen.[319] Das gemeinschaftliche Testament bindet den Erblasser jedoch weniger stark als der Erbvertrag, soweit die Ehegatten bindende Verfügungen vorgesehen haben. Während der Erbvertrag bereits mit Vertragsschluss eine erbrechtliche Bindung erzeugt, tritt diese beim gemeinschaftlichen Testament allenfalls mit dem Tod des kürzer lebenden Ehegatten ein.[320] Zu Lebzeiten beider Ehegatten ist das gemeinschaftliche Testament in jedem Fall frei widerruflich.[321] Allerdings muss der Widerruf gegenüber dem anderen Ehegatten erklärt werden und bedarf anders als die Errichtung der notariellen Beurkundung.[322] Diese Anhebung der formalen Anforderungen gegenüber der Errichtung erschwert wiederum den Widerruf, zumal diese Hürde den Ehegatten oftmals

---

316 BGer v. 30.4.2014, 5A_651/2013 – BGE 140 III 193 (197); siehe auch *Wolf/Genna*, Erbrecht, IV/1, S. 381.

317 So *Wolf/Genna*, Erbrecht, IV/1, S. 382.

318 BGH, Urt. v. 30.9.1959 – V ZR 66/58 –, BGHZ 31, 13 (19); BGH, Urt. v. 2.10.1963 – V ZR 140/61 –, DNotZ 1964, 234 (237).

319 Möglichkeit des gemeinschaftlichen Testaments ist geregelt in § 2265 BGB sowie für Lebenspartner in § 10 Abs. 4 LPartG; die Möglichkeit bindender Verfügungen im Rahmen des gemeinschaftlichen Testaments ergibt sich aus §§ 2270, 2271 BGB.

320 *Lange*, Erbrecht, § 17 Rn. 150.

321 § 2271 Abs. 1 Satz 1 BGB.

322 § 2271 Abs. 1 Satz 1 BGB i.V.m. § 2296 Abs. 2 Sätze 1 und 2 BGB.

nicht bekannt sein wird. Aber selbst nach dem Tod des einen Ehegatten kann der überlebende Ehegatte sein Widerrufsrecht erhalten und damit seine Testierfreiheit wahren, indem er die Erbschaft ausschlägt.[323] In seiner Befugnis, Rechtsgeschäfte unter Lebenden abzuschließen, wird der überlebende Ehegatte grundsätzlich ohnehin nicht beschränkt;[324] insoweit stimmen Erbvertrag und das bindende gemeinschaftliche Testament überein. Schenkungen unter Lebenden darf der überlebende Ehegatte mit Eintritt der Bindungswirkung jedoch nur in den Grenzen der §§ 2287, 2288 BGB vornehmen.[325]

Das österreichische[326] wie das schweizerische[327] Recht erkennen demgegenüber verbindliche gemeinschaftliche Testamente nicht an. Das englische Recht wiederum lässt wechselseitig bindende Testamente zu (*mutual wills*), und zwar ohne Einschränkung des Personenkreises.[328] Maßgeblich ist die Vereinbarung der Parteien, gebunden zu sein, was durch Auslegung zu ermitteln ist.[329] Zu welchem Zeitpunkt das gegenseitige Testament bindend wird, ist nicht abschließend geklärt; die Rechtsprechung tendiert wohl dazu, den Widerruf zu Lebzeiten sämtlicher Parteien zuzulassen, so dass das Testament erst bindend wird, sobald eine Partei stirbt.[330] Allerdings soll der Widerruf den Erblasser zu Schadensersatz verpflichten.[331] Faktisch tritt damit bereits zu Lebzeiten eine Bindung ein. Verfügungen unter Lebenden sollen grundsätzlich weiter zulässig sein, lediglich für missbräuchliche Schenkungen gilt das nicht ohne weiteres.[332]

c) Testierverträge als funktionales Äquivalent zum Erbvertrag

Das englische Recht kennt den Erbvertrag zwar nicht, allerdings gestattet es im Gegensatz zum deutschen Recht Testierverträge. Der Erblasser kann sich durch

---

323 § 2271 Abs. 2 Satz 1 BGB.

324 *Lange*, Erbrecht, § 33 Rn. 42.

325 Nach h.M. sind diese erbvertraglichen Bestimmungen wegen der identischen Interessenlage analog heranzuziehen, siehe *Braun*, in: Burandt/Rojahn, Erbrecht, § 2271 BGB Rn. 63.

326 Zwar kennt auch das österreichische Recht das gemeinschaftliche Testament (§ 586 ABGB), allerdings sind die darin enthaltenen Verfügungen gemäß § 586 Abs. 2 Satz 2 ABGB stets frei widerruflich.

327 Das schweizerische Recht sieht überhaupt keine Regelung zu gemeinschaftlichen Testamenten vor, entsprechend restriktiv ist die Rspr., siehe BGer v. 16.11.1944 – BGE 70 II 255 (259 f.); jedenfalls bindende und auch bloß wechselbezügliche Verfügungen sollen unzulässig sein.

328 *Kerridge*, Law of Succession, Rn. 6–32 ff.

329 *Kerridge*, Law of Succession, Rn. 6–34.

330 *Kerridge*, Law of Succession, Rn. 6–36, Verweis auf *Re Dale* [1994] Ch 31.

331 *Solomon*, in: Burandt/Rojahn, Erbrecht, Länderbericht England und Wales, Rn. 105.

332 *Solomon*, in: Burandt/Rojahn, Erbrecht, Länderbericht England und Wales, Rn. 106.

den Testiervertrag verpflichten, entweder ein Testament mit bestimmtem Inhalt zugunsten einer bestimmten Person zu errichten (*contract to make a will*) oder ein bereits bestehendes Testament nicht zu widerrufen (*contract not to revoke a will*).[333] Funktional kommt der Testiervertrag damit dem Erbvertrag gleich.[334] Hinsichtlich seiner Bindungswirkungen unterscheidet sich der Testiervertrag jedoch erheblich vom Erbvertrag: Der Erblasser kann zwar weiterhin abweichend von Todes wegen verfügen, darf es aber nicht mehr. Eine vereinbarungswidrige Verfügung von Todes wegen ist ein *breach of contract* und berechtigt den Begünstigten zu Schadensersatz gegenüber dem Nachlass.[335] Anders als bei einem Erbvertrag wird der Erblasser durch einen Testiervertrag somit nicht unmittelbar in seiner Testierfreiheit eingeschränkt, sondern bloß mittelbar wegen der drohenden Schadensersatzforderung, die er jedoch nicht mehr selbst zu fürchten hat. Inwieweit der Begünstigte weiterhin Rechtsgeschäfte unter Lebenden abschließen darf, hängt vom konkreten Inhalt der Vereinbarung ab. Hat der Erblasser sich verpflichtet, dem Begünstigten einen bestimmten Gegenstand zukommen zu lassen, so darf er über diesen Gegenstand zu Lebzeiten nicht mehr verfügen. Tut er dies trotzdem, so kann der Begünstigte sogleich vom Erblasser – also noch zu dessen Lebzeiten – Schadensersatz verlangen.[336] Hat der Erblasser sich dagegen verpflichtet, dem Begünstigten den gesamten Nachlass oder einen Teil des Nachlasses zukommen zu lassen, so darf er weiterhin durch Rechtsgeschäfte unter Lebenden über sein Vermögen verfügen, es sei denn der Vertrag bestimmt etwas anderes.[337] Zu beachten ist allerdings, dass der Erblasser keine lebzeitigen Dispositionen treffen darf, die der Sache nach einem Testament gleichkommen.[338]

Nach alledem ist festzuhalten, dass der Testiervertrag weitergehende Bindungen ermöglicht als der Erbvertrag: So kann durch eine Vereinbarung im Rahmen des Testiervertrages sichergestellt werden, dass zumindest der wirtschaftliche Wert eines bestimmten Gegenstandes in jedem Fall dem Begünstigten zufließt und dessen Stellung nicht durch lebzeitige Rechtsgeschäfte zunichte gemacht wird. Die gesicherte Erbenstellung, die der Erbvertrag verschafft, begründet demgegenüber eine eher formale Position mit bloßen Erwerbsaussichten. Ein entscheidender Unterschied zum Erbvertrag besteht weiter darin, dass der Testiervertrag selbst keinen erbrechtlichen Berufungsgrund darstellt, sondern den Erblasser bloß verpflichtet, von der Testierfreiheit in bestimmter Weise Gebrauch zu machen.[339]

---

333 *Kerridge*, Law of Succession, Rn. 6-01.

334 *Solomon*, in: Burandt/Rojahn, Erbrecht, Länderbericht England und Wales, Rn. 107; die Nähe zum Erbvertrag bezeugt die systematische Stellung des Verbots von Testierverträgen im deutschen Recht im Abschnitt über Erbverträge.

335 *Solomon*, in: Burandt/Rojahn, Erbrecht, Länderbericht England und Wales, Rn. 107.

336 *Kerridge*, Law of Succession, Rn. 6-03.

337 *Kerridge*, Law of Succession, Rn. 6-03.

338 *Kerridge*, Law of Succession, Rn. 6-03.

339 *Van Venrooy*, § 2302 BGB, JZ 1985, 609 (612).

2. Zum Vergleich: Bindungswirkung lebzeitiger Rechtsgeschäfte

Die Bindungswirkung eines lebzeitigen Rechtsgeschäftes unterscheidet sich wesentlich von der Bindungswirkung eines Erbvertrages oder auch derjenigen einer wechselbezüglichen Verfügung beim gemeinschaftlichen Testament des deutschen Rechts. Selbst aufschiebend befristete oder bedingte Rechtsgeschäfte unter Lebenden begründen vor dem maßgeblichen Zeitpunkt oder Ereignis Rechtswirkungen. Zur Beurteilung der Schenkung auf den Todesfall soll geprüft werden, wie sie zu behandeln wäre, wenn sie als Rechtsgeschäft unter Lebenden einzustufen wäre.[340] Wie wäre der Begünstigte zu Lebzeiten vor vertragswidrigen Verfügungen des Erblassers geschützt? Von besonderem Interesse wird dabei das in seiner Wirksamkeit bis zum Tod aufgeschobene Rechtsgeschäft sein, weil es den Verfügungen von Todes wegen besonders stark angenähert ist. Bei der Betrachtung wird zunächst gedanklich unterstellt, dass solche Rechtsgeschäfte zulässig sind und auch als Rechtsgeschäfte unter Lebenden behandelt werden.

Auch wenn der aufschiebend bedingte Vertrag erst mit Eintritt der Bedingung wirksam wird und der Gläubiger erst in diesem Zeitpunkt Erfüllung verlangen kann, so sind die Parteien gleichwohl im Grundsatz bereits an ihre Erklärungen gebunden, können sich also nicht mehr einseitig von der Vereinbarung lösen.[341] Zudem erzeugen aufschiebend bedingte Rechtsgeschäfte während der Schwebezeit – also vor Bedingungseintritt – bestimmte Vorwirkungen zum Schutze des Begünstigten. Das deutsche, schweizerische und österreichische Recht sind sich hinsichtlich der Vorwirkungen sehr ähnlich. Die bedingte Forderung kann bereits vor Bedingungseintritt abgetreten werden und beispielsweise durch Bürgschaft, Pfandrecht oder Grundbuchvormerkung bei Grundstücken gesichert werden;[342] auch ist die bedingte Forderung vererblich.[343] Der Schuldner ist während der Schwebezeit verpflichtet, die erforderlichen Vorbereitungen zu treffen, um vertragsgemäß leisten zu können, und darf nichts tun, was die Leistung gefährdet, beeinträchtigt oder vereitelt.[344]

Insbesondere darf der Schuldner den versprochenen Gegenstand nicht ohne weiteres an einen Dritten veräußern. Allerdings wird der Schuldner durch

---

340 Dieses Vorgehen empfiehlt *Harder*, Zuwendungen, S. 97, für das deutsche Recht um die „rechtliche Struktur“ von § 2301 BGB zu ergründen; vgl. auch *Wall*, Valutaverhältnis, Rn. 1171.

341 Deutschland: *Neuner*, BGB AT, § 52 Rn. 44; Österreich: OGH 19.4.1972, 1 Ob 66/72 – JBl. 1974, 525 (525 f.); Schweiz: *Huguenin*, OR, Rn. 1303.

342 Deutschland: *Bork*, in: Staudinger (2020), § 158 Rn. 1; Österreich: vgl. *Fischer-Czermak*, in: Gruber et al., Erbrecht, § 20 Rn. 36 f.; Schweiz: *Maissen*, Schenkungsvertrag, Rn. 472 mit Fn. 726; *Koller*, in: Guhl, OR, S. 59.

343 So im österreichischen Recht ausdrücklich § 900 ABGB.

344 Deutschland: *Neuner*, BGB AT, § 52 Rn. 46; Österreich: OGH 9.11.1978, 6 Ob 729/78 – SZ 51/155, 679 (681); Schweiz: *Ehrat*, in: Basler Kommentar OR I, Art. 152 Rn. 4.

Abschluss des Verpflichtungsgeschäfts grundsätzlich nicht in seiner Verfügungsmacht eingeschränkt, er kann also weiterhin über den betreffenden Gegenstand wirksam verfügen;[345] etwas anderes kann gelten, wenn der betreffende Gegenstand dem Gläubiger bereits aufschiebend bedingt übertragen wurde.[346] Veräußert der Schuldner in der Schwebezeit den Gegenstand oder beeinträchtigt er das Leistungsinteresse des Gläubigers in dieser Zeit anderweitig, so muss er diesem Schadensersatz leisten.[347] Im deutschen Recht kann der Gläubiger Schadensersatz wegen einer solchen Pflichtverletzung jedoch erst und nur verlangen, wenn die Bedingung eintritt, weil dem Gläubiger andernfalls die Leistung nicht zusteht und somit die Pflichtverletzung nicht kausal für den Schaden geworden sein kann.[348] Im schweizerischen Recht ergibt sich in der Rechtsprechung kein einheitliches Bild darüber, zu welchem Zeitpunkt der Gläubiger im Falle einer Beeinträchtigung seines Forderungsrechts Schadensersatz verlangen kann: Das Bundesgericht deutet in einer Entscheidung an, dass bei einem aufschiebend bedingten Rechtsgeschäft Schadensersatz erst mit Eintritt der Bedingung verlangt werden kann.[349] Dagegen ging das Luzernische Obergericht in einer Entscheidung davon aus, dass Schadensersatz auch schon vorher verlangt werden kann.[350] Nach Ansicht des Luzernischen Obergerichts bedeutet der Verlust des Anspruchs auf eine bedingte Forderung einen gegenwärtigen Schaden und keinen künftigen. Auch nach österreichischem Recht kann der Gläubiger bereits vor Bedingungseintritt Schadensersatz verlangen;

345 Deutschland: § 160 Abs. 1, arg. e contrario § 161 Abs. 1 BGB; Österreich: OGH 9.11.1978, 6 Ob 729/78 – SZ 51/155, 679 (682); *Kurschel*, Schenkung auf den Todesfall, NZ 1986, 97 (98); Schweiz: *Huguenin*, OR, Rn. 1308.

346 Deutschland: § 161 Abs. 1 BGB; Österreich: ähnlicher Schutz des Erwerbers wohl auch nach österreichischem Recht, vgl. *Riedler*, in: Schwimann/Kodek, ABGB, § 897 Rn. 15; Schweiz: Art. 152 Abs. 3 OR, entgegen dem weitgefassten Wortlaut bezieht sich die Bestimmung ausschließlich auf bedingte Verfügungsgeschäfte, dazu: *Ehrat*, in: Basler Kommentar OR I, Art. 152 Rn. 5; § 161 BGB soll als Vorbild gedient haben; *Huguenin*, OR, Rn. 1308; *Roth Pellanda/Dubs*, in: Furrer/Schnyder, Handkommentar, Art. 152 OR Rn. 9.

347 Deutschland: § 160 Abs. 1 BGB; Schweiz: *Huguenin*, OR, Rn. 1304.

348 *Bork*, in: Staudinger (2020), § 160 Rn. 4; *Neuner*, BGB AT, § 52 Rn. 46.

349 BGer v. 8.10.1924 – BGE 50 II 370 (373): in der Entscheidung, in der es um ein bis zum Tode des Verkäufers aufgeschobenes Kaufsrecht – das BGer ließ offen, ob es sich um eine Bedingung oder Befristung handelte – ging, stellte das BGer heraus, dass eine etwaige Schadensersatzpflicht wegen einer Beeinträchtigung des Kaufrechts durch den Verkäufer zu dessen Lebzeiten erst die Erben treffen würde; so auch: *Weimar*, in: Berner Kommentar ZGB III/1/1/1, Einl. 14. Titel Rn. 97; *Wolf/Genna*, Erbrecht, IV/1, S. 141.

350 OG Luzern vom 18.9.1957 – ZBJV 94 (1958), 34 (35); zust. wohl *Koller*, in: Guhl, OR, § 9 Rn. 20.

der OGH begründet das damit, dass die Vertragsparteien vor Bedingungseintritt vertraglich gebunden seien.[351] Allerdings scheitert ein Schadensersatzanspruch wegen fehlender Kausalität auch im österreichischen Recht, wenn die Bedingung überhaupt nicht (mehr) eintreten kann.[352]

Der Gläubiger kann zudem bei einer Gefährdung seines Rechts auf Unterlassung klagen, gegebenenfalls kann er sein Recht auch im Wege des einstweiligen Rechtsschutzes sichern.[353] Geschützt ist er zudem für den Fall, dass der Schuldner den Gegenstand einem Dritten vermacht – zumindest nach deutschem Recht. Das Vermächtnis ist nämlich gemäß § 2169 Abs. 1 BGB grundsätzlich unwirksam, soweit der Gegenstand zur Zeit des Erbfalls nicht zur Erbschaft gehört. § 2169 Abs. 4 BGB wiederum ordnet an, dass ein Gegenstand dann nicht zur Erbschaft gehört, wenn der Erblasser zu dessen Veräußerung verpflichtet ist.

Auch im englischen Recht können aufschiebend bedingte Rechtsgeschäfte grundsätzlich bereits vor Eintritt der aufschiebenden Bedingung (*condition*[354] *precedent*) bestimmte Vorwirkungen zeitigen. Ob und in welchem Umfang Vorwirkungen eintreten, hängt von der konkret getroffenen Vereinbarung ab und ist gegebenenfalls durch Auslegung zu ermitteln.[355] So hängt es etwa vom Willen der Parteien ab, ob die Vereinbarung bereits vor Eintritt der Bedingung bindend ist oder ob die Parteien die Vereinbarung in der Schwebezeit noch frei widerrufen dürfen. Von dem Parteiwillen hängt auch ab, ob und inwieweit die Parteien Handlungen unterlassen müssen, die den Eintritt der Bedingung vereiteln, oder welche Anstrengungen sie unternehmen müssen, damit die Bedingung eintritt.[356] Vereitelt oder beeinträchtigt der Schuldner das von der Bedingung abhängige Recht, so ist zweifelhaft, welche Rechtsfolge dies auslöst, wenn Vorwirkungen gewollt waren: Nach einer Ansicht muss der Schuldner sich so behandeln lassen, als wäre

---

351 OGH 10.11.1965, 8 Ob 297, 298/65 – JBl. 374 (374); abl. *Steiner*, Grundverkehrsbehördliche Genehmigung und Bedingungslehre, JBl. 1974, 506 (511); i.Erg. ebenso abl. *Kurschel*, Schenkung auf den Todesfall, NZ 1986, 97 (98 f.).

352 OGH 15.1.1987, 7 Ob 672/86 – JBl. 1987, 513 (514).

353 Deutschland: *Bork*, in: Staudinger (2020), § 160 Rn. 5; Österreich: OGH 1.6.1976, 5 Ob 588/76 – SZ 49/75, 360 (367); zust. *Kurschel*, Schenkung auf den Todesfall, NZ 1986, 97 (99 f.); siehe auch *Weiß*, in: Ferrari/Likar-Peer, Erbrecht, S. 319 m.w.N.; Schweiz: *Ehrat*, in: Basler Kommentar OR 1, Art. 152 Rn. 4, 8.

354 Der Begriff der *condition* ist mehrdeutig: er bezieht sich nicht nur auf ein ungewisses Ereignis, von dem die Wirksamkeit des Rechtsgeschäfts abhängt, sondern wird in einem anderen Kontext auch im Sinne von Vertragsbestimmung verstanden, so wie wir im deutschen Recht ja auch manchmal von „Vertragsbedingungen" sprechen. Zudem bezieht sich der Begriff *condition* in der zuletzt genannten Bedeutung oftmals nur auf die Hauptpflichten im Gegensatz zu *warranties*.

355 *Peel*, Law of Contract, Rn. 2–106.

356 Zu den einzelnen Möglichkeiten siehe *Peel*, Law of Contract, Rn. 2–107 ff.

die Bedingung eingetreten; nach anderer Ansicht, die dem englischen Vertragsrecht besser entspricht, ist der Schuldner zu Schadensersatz verpflichtet.[357]

Als Fazit kann festgehalten werden: Was die Wirkungen der Bindung anbelangt, unterscheiden sich Verfügungen von Todes wegen und Rechtsgeschäfte unter Lebenden gravierend. Erbvertrag und bindende Verfügungen in einem gemeinschaftlichen Testament sind zu Lebzeiten des Erblassers wirkungslos, wohingegen ein befristetes oder bedingtes Rechtsgeschäft unter Lebenden Vorwirkungen zeitigt. Der Schuldner kann zwar zu Lebzeiten weiterhin über den verschenkten Gegenstand verfügen, darf es aber nicht mehr. Der Gläubiger kann im Falle einer Beeinträchtigung seiner Rechtsposition Schadensersatz verlangen oder Unterlassung – er hat also bereits eine hinreichend gesicherte Position zu Lebzeiten des Versprechenden. Demgegenüber kann und darf der erbvertraglich gebundene Erblasser grundsätzlich frei über sein Vermögen durch Rechtsgeschäft unter Lebenden verfügen. Der Vertragserbe hat zu Lebzeiten des Erblassers keinerlei Ansprüche. Das gilt auch im Hinblick auf beeinträchtigende Schenkungen: Zurückfordern oder anfechten kann der Vertragserbe die Schenkung erst mit dem Erbfall, zu Lebzeiten des Erblassers kann er das potentielle Recht nicht sichern.

Die lebzeitige Bindungswirkung, die beim Erbvertrag und auch bei sonstigen bindenden Verfügungen stets fehlt, wirkt sich vor allem günstig für den Beschenkten aus.[358] Dieser darf auf den Bestand der Schenkung vertrauen und ist durch einen Schadensersatzanspruch insofern abgesichert, als er zumindest den wirtschaftlichen Wert einfordern kann – ein Vorteil gegenüber dem Erbvertrag. Dieser Befund zeigt: Es besteht ein Bedürfnis nach lebzeitiger Verbindlichkeit und diesem würde am besten eine großzügige Anerkennung von Rechtsgeschäften unter Lebenden auf den Todesfall gerecht, zumal vor dem Hintergrund der weitreichenden Vertragsfreiheit im Schuldrecht.[359]

Was die Bindungswirkungen anbelangt, steht der Testiervertrag den lebzeitigen Rechtsgeschäften wesentlich näher als den Verfügungen von Todes wegen: Testierverträge begründen Vorwirkungen und vereinbarungswidrige Handlungen lösen Schadensersatzansprüche aus.[360]

3. *Abgrenzung zwischen lebzeitigen Rechtsgeschäften und Verfügungen von Todes wegen im Allgemeinen*

Dass sich verbindliche Verfügungen von Todes wegen und verbindliche Rechtsgeschäfte unter Lebenden hinsichtlich ihrer jeweiligen Bindungswirkungen deutlich unterscheiden, indiziert, dass die Wirkungen eines Rechtsgeschäftes für die

357 *Peel*, Law of Contract, Rn. 2–112.

358 So auch zum österreichischen Recht *Keinert*, Schenkung auf den Todesfall, S. 128.

359 Vgl. BGH, Beschl. v. 12.11.1952 – IV ZB 93/52 –, BGHZ 8, 23 (31).

360 Siehe auch *Nordmeier*, Erbverträge, ZEV 2013, 117 (123).

Zuordnung zu dem einen oder dem anderen Regelungsbereich eine wichtige Rolle spielen. Fraglich ist, wie die materielle Abgrenzung zwischen Rechtsgeschäften unter Lebenden und solchen von Todes wegen im Allgemeinen erfolgt. Was ist essentiell für die Einordnung eines Geschäfts entweder als Rechtsgeschäft unter Lebenden oder als Verfügung von Todes wegen? „Als essentiell sind diejenigen Tatbestandsteile eines Rechtsgeschäfts zu bezeichnen, die notwendig vorhanden sein müssen und die nicht fehlen dürfen, ohne dass das Geschäft von vornherein unvollständig sein würde und seine Abwicklung demgemäß überhaupt nicht erzwungen werden könnte."[361]

Die Frage, welches Kriterium oder welche Kriterien essentiell für die Einordnung als Rechtsgeschäft unter Lebenden oder als solches von Todes wegen sind – welche Kriterien also den Unterschied ausmachen –, wird nicht einheitlich beantwortet. Es werden verschiedene materiale Abgrenzungskriterien angeboten, die teilweise auch kombiniert werden, nämlich: der intendierte Zeitpunkt der Wirkungen, die Nachlassbezogenheit, die Form des Rechtsgeschäftes, die Überlebensbedingung oder der Zeitpunkt des Vollzugs.

a) Rechtsfolgenbetrachtung: Zeitpunkt der Wirkungen nach dem Parteiwillen

Der BGH und das Schweizerische Bundesgericht orientieren sich hinsichtlich der Abgrenzung im Kern danach, wann nach dem Willen der Parteien Bindungswirkungen eintreten sollen.

Der BGH erblickt den entscheidenden Unterschied zwischen Rechtsgeschäften unter Lebenden und solchen von Todes wegen darin, dass letztere zu Lebzeiten des Verfügenden Rechte oder Pflichten zwischen den Beteiligten nicht begründen, sondern vielmehr erst mit dem Ableben des von Todes wegen Verfügenden rechtswirksam werden.[362] Der BGH verweist auf den Erbvertrag, der die lebzeitige Verfügungsfreiheit grundsätzlich nicht einschränke.[363] Rechtsgeschäfte unter Lebenden liegen nach dem BGH grundsätzlich auch dann vor, wenn das fragliche Geschäft aufgrund einer entsprechenden Bedingung oder Befristung zwar erst mit dem Eintritt oder Nichteintritt des Todes voll wirksam werden, aber bereits eine lebzeitige Bindung herbeiführen soll, indem zu Lebzeiten wirksame Verpflichtungen und Rechte begründet werden sollen.[364] Diesen Befund leitet der BGH aus den §§ 331 und 2301 Abs. 1 BGB ab.[365] Das bedeutet zugleich: Rechtsgeschäfte unter Lebenden auf den Todesfall sind im deutschen Recht grundsätzlich zulässig, der

361 *Harder*, Zuwendungen, S. 29 f.

362 BGH, Beschl. v. 12.11.1952 – IV ZB 93/52 –, BGHZ 8, 23 (30); BGH, Urt. v. 30.9.1959 – V ZR 66/58 –, BGHZ 31, 13 (20).

363 BGH, Beschl. v. 12.11.1952 – IV ZB 93/52 –, BGHZ 8, 23 (30).

364 BGH, Beschl. v. 12.11.1952 – IV ZB 93/52 –, BGHZ 8, 23 (31).

365 BGH, Beschl. v. 12.11.1952 – IV ZB 93/52 –, BGHZ 8, 23 (31).

Gestaltungsspielraum des Erblassers wird somit erheblich erweitert. Ob im Einzelfall ein Rechtsgeschäft unter Lebenden oder aber ein Rechtsgeschäft von Todes wegen vorliegt, ist durch Auslegung zu ermitteln.[366] Maßgebend ist der wirkliche Wille der Parteien.

Auf dieser Linie liegt auch die höchstrichterliche Rechtsprechung in der Schweiz. Maßgeblich für die Abgrenzung zwischen Rechtsgeschäften unter Lebenden und solchen von Todes wegen ist nach den Leitentscheidungen des Bundesgerichts, zu welchem Zeitpunkt das Rechtsgeschäft nach dem Willen der Parteien seine Wirkungen entfalten soll.[367] Rechtsgeschäfte unter Lebenden begründeten schon vor dem Tod des Verpflichteten rechtliche Bindungen, wohingegen bei Verfügungen von Todes wegen die Verpflichtung grundsätzlich erst mit dem Tod des Erblassers entstünde.[368] Ob das Geschäft bereits zu Lebzeiten Wirkungen erzeugen soll bzw. das Vermögen des Verpflichteten belasten soll oder nicht, bemisst sich nach den Umständen des Einzelfalles und kann nach Auffassung des Bundesgerichts nicht schematisch aufgrund eines abstrakten Kriteriums gelöst werden.[369] Entscheidende Bedeutung kommt dem Willen der Vertragschließenden zu.[370] Die im Grundbuch eingetragene Vormerkung eines Kaufsrechts wertete das Bundesgericht als Indiz dafür, dass ein Rechtsgeschäft unter Lebenden gewollt ist.[371] Auch die Form des Rechtsgeschäftes kann nach Ansicht des Bundesgerichts als Indiz herangezogen werden, im Zweifel sei nach dem Grundsatz des *favor negotii* ein Rechtsgeschäft unter Lebenden anzunehmen, sofern beide Arten von Rechtsgeschäften möglich sind.[372] Weitere Kriterien für das Vorliegen eines Rechtsgeschäftes unter Lebenden sind: die Vereinbarung einer Gegenleistung unter Lebenden, das Fehlen erbrechtlicher Begriffe in der Erklärung oder die synallagmatische Verknüpfung der jeweiligen Verpflichtungen.[373]

366 BGH, Urt. v. 30.9.1959 – V ZR 66/58 –, BGHZ 31, 13 (19 f.).

367 BGer v. 12.6.1967 – BGE 93 II 223; BGer v. 1.11.1973 – BGE 99 II 268; BGer v. 5.8.1987 – BGE 113 II 270; zur Entwicklung der Rechtsprechung des BGer siehe auch *Rothenfluh*, Abgrenzung, S. 6 ff.

368 BGer v. 5.8.1987 – BGE 113 II 270 (273).

369 BGer v. 1.11.1973 – BGE 99 II 268 (272), zust. *Weimar*, in: Berner Kommentar ZGB III/1/1/1, Einl. 14. Titel Rn. 99.

370 BGer v. 1.11.1973 – BGE 99 II 268 (272).

371 BGer v. 8.10.1924 – BGE 50 II 370 (373 f.); zur Wirkung der Vormerkung siehe Art. 959 ZGB; BGer v. 1.11.1973 – BGE 99 II 268 (273).

372 BGer v. 1.11.1973 – BGE 99 II 268 (274); krit. *Hausheer*, Abgrenzung, in: Breitschmid, Testament und Erbvertrag, S. 92.

373 So *Breitschmid*, in: Baseler Kommentar ZGB II, Vor Art. 467–536 Rn. 30; weitere Kriterien hat *Rothenfluh*, Abgrenzung, S. 84 ff., herausgearbeitet.

Die vom Bundesgericht vorgenommene Abgrenzung findet in der schweizerischen Literatur breite Zustimmung.[374] Es gibt aber auch kritische Stimmen. So beanstandet etwa *Maissen*, dass das Bundesgericht zu sehr auf die Wirkungen eines Rechtsgeschäftes abhebt und das Wesen des Rechtsgeschäftes nicht hinreichend würdige, insbesondere die Bedeutung der Überlebensbedingung unberücksichtigt lasse.[375]

Auch der OGH stellt für das österreichische Recht maßgeblich auf den Zeitpunkt ab, in dem das Rechtsgeschäft wirksam werden soll, orientiert sich dabei aber an der Regelung in § 956 ABGB a.F. Der OGH stellt heraus, der Zweck von § 956 ABGB a.F. liege darin, das notwendige Abgrenzungskriterium zwischen Rechtsgeschäften unter Lebenden und Rechtsgeschäften von Todes wegen zu schaffen.[376] § 956 Satz 1 ABGB a.F. enthalte die Regel, dass ein Vertrag, durch den eine Sache jemandem unentgeltlich überlassen wird, schon dadurch ungültig werde, dass die Erfüllung erst nach dem Tod des Schenkenden erfolgen soll. Maßgebliches Abgrenzungskriterium scheint demnach die Aufschiebung der Erfüllung auf den Tod des Schenkers zu sein. Das greift indes zu kurz, weil ein Rechtsgeschäft unter Lebenden auch bei aufgeschobener Erfüllung vorliegen kann, nämlich dann, wenn der Erblasser auf den Widerruf verzichtet. Verzichtet er auf den Widerruf, erzeugt das Rechtsgeschäft bereits zu Lebzeiten Bindungswirkungen und ist als Rechtsgeschäft unter Lebenden zu qualifizieren; behält der Erblasser zu Lebzeiten mangels Bindung die Verfügungsfreiheit, liegt dagegen eine Verfügung von Todes wegen vor.[377] Im Widerspruch zu dem Befund des OGH steht zudem, dass die widerrufliche Schenkung auf den Todesfall im Sinne von § 956 Satz 1 ABGB a.F. nach Ansicht des OGH im „Wege der Konversion als Vermächtnis Wirksamkeit“ erlange.[378] Bedarf es aber der Umdeutung, kann es sich bei der widerruflichen Schenkung qualitativ nicht um ein Vermächtnis handeln. Denn würde dieses Geschäft bloß das Gewand eines lebzeitigen Geschäftes tragen, im Übrigen aber sämtliche Merkmale der Verfügung von Todes wegen erfüllen, so gäbe es nichts umzudeuten.[379] Im Wesentlichen gilt aber auch für Österreich: Rechtsgeschäfte unter Lebenden werden erst mit dem Tod des Erblassers wirksam und zeitigen zu Lebzeiten keinerlei Wirkungen, der Erblasser behält die „volle Verfügungsfreiheit“.[380]

---

374 *Weimar*, in: Berner Kommentar ZGB III/1/1/1, Einl. 14. Titel Rn. 99; *Breitschmid*, in: Baseler Kommentar ZGB, Vor. Art. 467–536 ZGB Rn. 29; *Wolf/Genna*, Erbrecht, IV/1, S. 138; *Druey*, Erbrecht, § 8 Rn. 34 ff.

375 *Maissen*, Schenkungsvertrag, Rn. 557.

376 So etwa OGH 10.5.1984, 8 Ob 569, 570/83 – SZ 57/91, 440 (445); so auch *Kralik*, Erbrecht, S. 165 f. unter Verweis auf § 603 ABGB a.F.

377 *Eccher*, Erbrecht, Rn. 4/1.

378 OGH 10.5.1984, 8 Ob 569, 570/83 – SZ 57/91, 440 (445).

379 Vgl. *Muscheler*, Universalsukzession und Vonselbsterwerb, S. 119.

380 *Weiß/Likar-Peer*, in: Ferrari/Likar-Peer, Erbrecht, S. 106; *Keinert*, Schenkung auf den Todesfall, S. 51.

Kennzeichnend für eine Verfügung von Todes wegen ist auch im englischen Recht, dass die Wirkungen nach dem Willen des Erblassers erst mit seinem Tod eintreten sollen, so dass der Begünstigte zu Lebzeiten des Erblassers keinerlei Rechte hat, sondern bloß eine vage Erwerbsaussicht.[381] Der Erblasser wird zu Lebzeiten nicht in seiner Verfügungsfreiheit beschränkt.[382] Das Rechtsgeschäft unter Lebenden zeitigt demgegenüber noch zu Lebzeiten des Versprechenden Wirkungen.[383] Soll das Geschäft erst nach dem Tod des Versprechenden erfüllt werden, kann ein Rechtsgeschäft unter Lebenden vorliegen.[384] Ist das Rechtsgeschäft jedoch durch den Tod des Versprechenden bedingt, so ist es nicht als lebzeitiges, sondern als solches von Todes wegen zu behandeln, da es erst mit dem Tod wirksam werden soll;[385] offen bleibt, ob das auch dann gilt, wenn die Parteien Vorwirkungen gewollt haben. Im Kern ist somit auch im englischen Recht für die Abgrenzung maßgebend, wann das Rechtsgeschäft nach dem Parteiwillen Wirkungen zeitigen soll.

b) Nachlassbezogenheit

Alternativ formuliert das Schweizerische Bundesgericht, dass Rechtsgeschäfte unter Lebenden bereits das Vermögen des Verpflichteten belasten sollen, Verfügungen von Todes wegen dagegen erst den Nachlass.[386] Ein Unterschied in der Sache soll sich aus dieser alternativen Formulierung jedoch nicht ergeben.[387] Auch der BGH wählt diese alternative Formulierung, ohne damit im Kern etwas Abweichendes zu meinen.[388] Das Kriterium der Nachlassbezogenheit bringt indes keine zusätzliche Klarheit – im Gegenteil: Es vernebelt eher eine trennscharfe Abgrenzung, weil es ungenauer ist und potentiell auch solche Geschäfte als Verfügungen von Todes wegen einstuft, die nach Maßgabe des Kriteriums der Bindungswirkungen zweifelsfrei als lebzeitige Rechtsgeschäfte einzustufen wären. So hebt *Weimar* hervor, dass fast alle Rechtsgeschäfte unter Lebenden das Vermögen des Erblassers beeinflussten und sich mithin auch auf dessen Nachlass auswirkten.[389] Geschäfte, die erst durch die Erben zu erfüllen sind, weil etwa der Erfüllungszeitpunkt auf den Tod hinausgeschoben ist, belasten – zumindest endgültig – erst den Nachlass, selbst wenn damit Vorwirkungen zu Lebzeiten einhergehen sollen.

---

381 *Margrave-Jones*, Law of Succession, Nr. 2.7.
382 *Sherrin et al.*, Williams on Wills I, S. 8.
383 *Kerridge*, Law of Succession, Rn. 3-05.
384 *Kerridge*, Law of Succession, Rn. 3-05.
385 *Kerridge*, Law of Succession, Rn. 3-05.
386 BGer v. 1.11.1973 – BGE 99 II 268 (272).
387 Vgl. BGer v. 5.8.1987 – BGE 113 II 270 (273).
388 BGH, Beschl. v. 12.11.1952 – IV ZB 93/52 –, BGHZ 8, 23 (33 f.).
389 *Weimar*, in: Berner Kommentar ZGB III/1/1/1, Einl. 14. Titel Rn. 99.

c) *Äußere Gestalt bzw. Form*

Vereinzelt wird auf die äußere Gestalt des Rechtsgeschäfts abgestellt. So definiert *Leipold* für das deutsche Recht eine Verfügung von Todes wegen als rechtsgeschäftliche Anordnung des Erblassers, die erst mit dessen Tod Wirkung erlangen soll und zudem in spezifisch erbrechtlichen Formen erfolgt. Die Verfügung von Todes wegen könne nicht allein vom „sachlichen Inhalt her" definiert werden, weil auch durch Rechtsgeschäfte unter Lebenden Rechtsfolgen gesetzt werden könnten, die erst mit dem Tod eines Beteiligten einträten.[390] Folgt man dieser Ansicht, so ergibt sich, dass ein Rechtsgeschäft, das bereits zu Lebzeiten Wirkungen zeitigt, und seien es bloß Vorwirkungen wie bei einem aufschiebend bedingten Rechtsgeschäft, niemals Verfügung von Todes wegen sein kann. Umgekehrt kann danach aber ein Rechtsgeschäft, das zu Lebzeiten nicht einmal Vorwirkungen erzeugt, sehr wohl ein Rechtsgeschäft unter Lebenden sein, so dass eine inhaltliche Überschneidung der Rechtsgeschäfte unter Lebenden und solcher von Todes wegen möglich ist.

Auch das Schweizerische Bundesgericht deutet an, dass es eine derartige Überschneidung lebzeitiger Rechtsgeschäfte und solcher von Todes wegen geben kann, indem es im Rahmen der Abgrenzung auf die Form als Indiz für den Parteiwillen rekurriert. Nach dem Grundsatz des *favor negotii* sei eher ein gültiges Rechtsgeschäft unter Lebenden als ein ungültiges Rechtsgeschäft von Todes wegen anzunehmen, sofern beide Arten von Rechtsgeschäften möglich seien.[391] In der schweizerischen Literatur findet die Berücksichtigung der Form im Zusammenhang mit der Abgrenzung Zustimmung,[392] ruft aber auch Bedenken hervor. Die Heranziehung des Grundsatzes des *favor negotii* dürfe nämlich nicht zur Prämierung von Umgehungsgeschäften führen.[393] Eingewandt wird zudem, bei der Abgrenzung gehe es gerade um die Frage, ob die Parteien ihrem rechtsgeschäftlichen Willen die „richtige" Form verliehen haben, so dass es auf die von den Parteien gewählte Form oder verwendete Terminologie nicht ankommen könne.[394] Ein triftiger Einwand.

d) *Überlebensbedingung*

Im deutschen Recht wird teilweise die Überlebensbedingung als maßgebliches Abgrenzungskriterium angesehen.[395] Das verwundert angesichts § 2301 Abs. 1 BGB nicht. Dagegen spricht jedoch § 2301 Abs. 2 BGB: Diese Norm stellt klar, dass

390 *Leipold*, in: Münchener Kommentar BGB, Bd. 11, § 1937 Rn. 4.

391 BGer v. 1.11.1973 – BGE 99 II 268 (274); BGer v. 11.02.2010, 4A_575/2009, E. 2.2.

392 So etwa *Druey*, Erbrecht, § 8 Rn. 42.

393 So etwa *Breitschmid*, in: Baseler Kommentar ZGB II, Vor Art. 467–536 ZGB Rn. 30, der aber im Grundsatz die Heranziehung des *favor negotii* ebenfalls begrüßt.

394 So etwa *Wolf/Genna*, Erbrecht, IV/1, S. 142.

395 Siehe dazu *Muscheler*, Universalsukzession und Vonselbsterwerb, S. 119 f. m.w.N.

es sich bei der vollzogenen Schenkung mit Überlebensbedingung um ein echtes Geschäft unter Lebenden handelt und nicht bloß um die Umdeutung einer Verfügung von Todes wegen in ein Rechtsgeschäft unter Lebenden.[396]

e) Zeitpunkt des Vollzugs

Andere wiederum erblicken im deutschen Recht wegen § 2301 Abs. 2 BGB den Zeitpunkt des Vollzugs als ausschlaggebendes Kriterium; Charakteristikum der Verfügung von Todes wegen sei demgemäß, dass der Erblasser zu Lebzeiten kein Vermögensopfer bringe.[397] Auch in der schweizerischen Literatur wird in Anlehnung an Art. 245 Abs. 2 OR vertreten, Hauptmerkmal der Verfügung von Todes wegen sei der aufgeschobene Vollzug.[398] Aus erbrechtlicher Perspektive leuchtet das ein, nicht jedoch aus schuldrechtlicher: So führt nämlich der fehlende Vollzug zu Lebzeiten umgekehrt nicht zwangsläufig zu der Annahme einer Verfügung von Todes wegen. Daher wird der Vollzug als untauglich angesehen für die Abgrenzung.[399] Zu denken ist etwa an den Fall, dass der Schenker zufällig vor Erfüllung des zuvor wirksam begründeten Schenkungsversprechens stirbt. Erst die Erben können und müssen das Geschäft vollziehen. Nichts anderes gilt aber auch bei einem wirksamen schuldrechtlichen Vermächtnis (Damnationslegat). Der Vollzug erfolgt in beiden Fällen erst nach dem Tod des Erblassers, jeweils durch Rechtsgeschäft unter Lebenden.[400]

f) Fazit

Abschließend wird man für das deutsche, österreichische und schweizerische Recht festhalten können: Wollen die Parteien mit dem Geschäft bereits zu Lebzeiten des Erblassers Wirkungen erzielen, kann keine Verfügung von Todes wegen vorliegen. Die drei Rechtsordnungen sehen nur zwei Typen der Verfügung von Todes wegen vor, nämlich Testament und Erbvertrag,[401] und beide zeitigen keine Vorwirkungen. Im Erbrecht gilt Typenzwang[402], die Parteien können nicht nach

---

396 *Harder*, Zuwendungen, S. 28; *Olzen*, Die vorweggenommene Erbfolge, S. 51.

397 So etwa *Olzen*, Lebzeitige und letztwillige Rechtsgeschäfte, Jura 1987, 16 (20).

398 So etwa *Maissen*, Schenkungsvertrag, Rn. 544.

399 *Langen*, § 2301 I 1 BGB, S. 59.

400 *Harder*, Zuwendungen, S. 120.

401 Deutschland: *Lange*, Erbrecht, § 13 Rn. 2; siehe auch *Meyer-Pritzl*, in: Staudinger/Eckpfeiler (2020), Erbrecht (W.), Rn. W 45; Österreich: *Solomon*, in: Burandt/Rojahn, Erbrecht, Länderbericht Österreich, Rn. 28; Schweiz: *Wolf/Genna*, Erbrecht, IV/1, S. 134.

402 Zum erbrechtlichen Typenzwang siehe für Deutschland: *Lange*, Erbrecht, § 14 Rn. 9 ff.; Windel, Modi der Vermögensnachfolge, S. 396 ff.; Schweiz: *Wolf/Genna*, Erbrecht, IV/1, S. 234 ff; in Österreich dürfte es ähnlich sein.

Belieben Rechtsfolgen setzen, weswegen Vorwirkungen für die Verfügung von Todes wegen selbst nicht angeordnet werden können.[403] Umgekehrt kann aus diesem Befund indes nicht zwingend gefolgert werden, dass stets eine Verfügung von Todes wegen gegeben ist, wenn die Parteien keine lebzeitigen Vorwirkungen erstreben. Das Schuldrecht mit der ihm eigenen Privatautonomie ist wesentlich flexibler und ermöglicht prinzipiell solche Gestaltungen.

Eine andere Frage ist, ob und inwieweit das striktere Erbrecht Zuwendungen unter Lebenden auf den Todesfall duldet. Nicht alles, was nach Vertragsrecht gestaltungstechnisch möglich ist, ist aus der Warte des Erbrechts zulässig oder als Rechtsgeschäft unter Lebenden zu qualifizieren. Die Differenzen in den einzelnen Rechtsordnungen über das maßgebliche Kriterium zur Abgrenzung von Rechtsgeschäften unter Lebenden und Verfügungen von Todes wegen dürften folglich damit zu erklären sein, dass Überschneidungen beider Bereiche deswegen möglich sind, weil das Schuldrecht gebietsübergreifend ist, indem es Gestaltungen ermöglicht, die in die Sphäre des Erbrechts hineinwirken und dessen Wertungen zu durchbrechen vermögen – umgekehrt gilt das indes nicht.[404] Leicht zu bestimmen ist somit, was nicht Verfügung von Todes wegen ist. Im Kern ist die Abgrenzung jedoch eindeutig; maßgeblich ist der intendierte Zeitpunkt der Wirkungen. Das gilt prinzipiell auch für das englische Recht.

4. Systematische Einordnung der Schenkung auf den Todesfall

Zu erörtern ist noch, wie sich die vom Gesetz erfassten Schenkungen auf den Todesfall bzw. die sie betreffenden Sonderregelungen in das jeweilige System einfügen.

a) Donatio mortis causa

Für das englische Recht kann die Frage relativ leicht beantwortet werden, auch wenn das Institut als solches schwer zu greifen ist. Ihrer Zwitternatur wegen ist die *donatio mortis causa* weder Rechtsgeschäft unter Lebenden noch Verfügung von Todes wegen, sie steht als eigenständiges Institut zwischen beiden und ist paradoxerweise doch beides zugleich.[405] Dementsprechend sind teilweise die Vorschriften über Rechtsgeschäfte unter Lebenden anzuwenden, teilweise die erbrechtlichen[406],

403 Vgl. *Harder*, Zuwendungen, S. 96 f.

404 Zwar setzt auch das Erbrecht Rechtsfolgen für schuldrechtliche Geschäfte – man denke etwa an das Pflichtteilsergänzungsrecht oder an die Beschränkugen im Rahmen des Erbvertrages bezüglich Schenkungen –, allerdings sind das defensive Mechanismen, die das Erbrecht vor Beeinträchtigungen schützen sollen.

405 Zweifel an dieser Einschätzung nährt die Entscheidung *In Re Korvine's Trust* [1921] 1 Ch 343 (348), weil dort das Institut als Rechtsgeschäft unter Lebenden eingestuft wird trotz seines zwittrigen Wesens.

406 Vgl. aber wiederum *In Re Korvine's Trust* [1921] 1 Ch 343 (348).

zum Teil unterliegt die *donatio mortis causa* aber gänzlich eigenen Bestimmungen, so etwa im Hinblick auf den Vollzug.[407] Was ihre Wirkungen angeht, entfernt sie sich jedoch deutlich vom Testament. Denn sie wird noch zu Lebzeiten vollzogen und erzeugt damit bereits Wirkungen, wenngleich das Vollrecht erst mit dem Tod des Schenkers übergeht.[408] Da lebzeitige Vorwirkungen jedoch Eigenheiten von Rechtsgeschäften unter Lebenden sind, zudem das maßgebliche Abgrenzungskriterium zu Verfügungen von Todes wegen, dürfte sie letztlich diesen näherstehen. Im Interesse von Gläubigern und Angehörigen wird sie dagegen wie eine testamentarische Forderung behandelt.[409]

b) Die Sonderregelungen im deutschen, österreichischen und schweizerischen Recht

Das deutsche, das österreichischen und wohl ebenso – wenngleich umstritten – das schweizerische Recht kennen ein eigenständiges Institut der Schenkung auf den Todesfall nicht. Die speziellen Regelungen in § 2301 BGB, § 603 ABGB und Art. 245 Abs. 2 OR sollen eine eindeutige Zuordnung einer solchen Schenkung entweder zum Schuldrecht oder zum Erbrecht bewirken. Einige wenige Varianten der Schenkung auf den Todesfall werden dabei dem Erbrecht unterstellt; für die Zuordnung zum Erbrecht kommen dogmatisch im Wesentlichen zwei Erklärungen in Betracht:[410] Entweder enthalten die speziellen Regelungen die materiellen Kriterien, die für die Einordnung als Verfügung von Todes wegen ausschlaggebend sind; dann wären die Regelungen bloß deklaratorischer Natur, sie sprächen aus, was ohnehin gelten würde.[411] Oder aber die fragliche Schenkung auf den Todesfall wäre ohne gesonderte Regelung Rechtsgeschäft unter Lebenden, so dass die Vorschriften für die Anwendung des Erbrechts konstitutiv wären. Die Sonderregelungen würden diejenigen Fälle erfassen, in denen der Zuwendende dem Begünstigten zumindest in einem Punkt etwas verschaffen wollte, was er ihm im Wege einer Verfügung von Todes wegen nicht hätte verschaffen können.[412] Dogmatisch erklären ließen sich die Verweise ins Erbrecht entweder mit einer Umdeutung oder mit einem bloßen Rechtsfolgenverweis.[413] Während die Umdeutung das Wesen des Geschäfts verändert, lässt der Rechtsfolgenverweis den „materielle[n] Charakter" des Geschäfts unberührt.[414] Letzteres wäre indes nicht vereinbar mit der Intention

---

407 Ausführlich dazu *Borkowski*, Deathbed Gifts, S. 25 ff.

408 *Borkowski*, Deathbed Gifts, S. 27 f.

409 *Kerridge*, Law of Succession, Rn. 6–59; krit. bzgl. der Haftung gegenüber Nachlassgläubigern *Borkowski*, Deathbed Gifts, S. 32 f.

410 Vgl. *Reinicke*, Schenkungen von Todes wegen, S. 138 f.

411 Siehe auch *Langen*, § 2301 I 1 BGB, S. 25.

412 *Muscheler*, Erbrecht II, Rn. 2846.

413 *Reischl*, Schenkung von Todes wegen, S. 146.

414 *Reischl*, Schenkung von Todes wegen, S. 146; das gilt zumindest für das deutsche Recht.

des Gesetzgebers, das Institut der *donatio mortis causa* abzuschaffen, weil sonst doch ein unerwünschtes Mischinstitut eigener Art geschaffen worden wäre.[415]

Nachfolgend soll analysiert werden, welche Erklärung für die jeweilige nationale Regelung plausibler erscheint.

aa) Deklaratorische Natur der Sonderregeln?

Ist die jeweilige Regelung bloß deklaratorischer Natur, so muss sie hinweggedacht werden können, ohne dass sich an der Einordnung der „Schenkung auf den Todesfall" als Verfügung von Todes wegen etwas ändern würde.[416] Anders gewendet: Erbrecht wäre selbst dann anzuwenden, wenn es die Sonderregelung nicht gäbe! Zu fragen wäre allein, ob die Errichtungsvoraussetzungen einer Verfügung von Todes wegen eingehalten sind.[417] Unbeachtlich wäre, dass das Geschäft im Gewand einer lebzeitigen Schenkung daherkäme. Auch wenn der Erblasser von einer lebzeitigen Schenkung spricht oder sich der Form lebzeitiger Rechtsgeschäfte bedient, so wäre dessen wahrer Wille doch auf eine Verfügung von Todes wegen gerichtet; der Erblasser würde lediglich über die rechtliche Qualifikation des Geschäfts irren.[418] Maßgeblich für die richtige rechtliche Einordnung ist in der Regel nicht die äußere Gestalt des Rechtsgeschäftes, sondern welchem gesetzlich typisierten Geschäft die von den Parteien erstrebte Rechtsfolge entspricht; die für diesen Geschäftstyp geltenden Rechtsnormen sind grundsätzlich ohne Umschweife anzuwenden.[419] Die Falschbezeichnung schadet nicht! Die Sondervorschrift würde das klarstellen.

Im österreichischen Recht sahen manche den Hinweis auf das Vermächtnis in § 956 Satz 1 ABGB a.F. als reinen Verweis auf die erbrechtlichen Vorschriften ohne eigenständigen Regelungscharakter.[420] Nach dieser Lesart wäre die Regelung bloß deklaratorischer Natur. Dagegen spricht indes, dass nach überwiegender Meinung ein Vermächtnis gemäß § 956 Satz 1 ABGB a.F. auch dann vorliegen sollte, wenn die Parteien die Widerruflichkeit nicht vereinbart hatten, der Schenker jedoch auf den Widerruf nicht explizit verzichtet hatte.[421] Folglich erfasste § 956 Satz 1 ABGB a.F. auch solche „Schenkungen", die nach dem Willen der Parteien bereits zu Lebzeiten Bindungswirkungen erzeugen sollten und demgemäß als Rechtsgeschäft unter

415 So *Reischl*, Schenkung von Todes wegen, S. 147.

416 Vgl. *Harder*, Zuwendungen, S. 94 f.; *Reischl*, Schenkung von Todes wegen, S. 146 f.

417 So zutreffend *Muscheler*, Universalsukzession und Vonselbsterwerb, S. 119; *Harder*, Zuwendungen, S. 101.

418 *Windel*, Modi der Vermögensnachfolge, S. 401 f.

419 *Windel*, Modi der Vermögensnachfolge, S. 401 f.

420 So etwa *Parapatits*, in: Schwimann/Kodek, ABGB, Bd. 4, § 956 Rn. 2, wobei die Rede von Umdeutung in diesem Kontext wiederum verwirrend ist und die Argumentation entkräftet.

421 Zur Bedeutung des expliziten Widerrufsverzichts siehe *Fischer-Czermak*, in: Gruber et al., Erbrecht, § 20 Rn. 6.

Lebenden zu qualifizieren gewesen wären. Die Parteien erstrebten also Rechtsfolgen, die sie mit einer Verfügung von Todes wegen gar nicht hätten erreichen können; somit war der wahre Wille nicht auf eine Verfügung von Todes wegen gerichtet.

§ 603 ABGB n.F. regelt demgegenüber explizit nur noch die bindende Schenkung auf den Todesfall; aus einem Umkehrschluss sowie der gesetzlichen Begründung ergibt sich aber, dass die frei widerrufliche Schenkung weiterhin dem Erbrecht unterstehen soll. Die Zuordnung der frei widerruflichen Schenkung auf den Todesfall ist auch nach neuer Rechtslage trotz fehlender ausdrücklicher Regelung nicht bloß deklaratorischer Natur. Zwar wurde der Anwendungsbereich der „echten" Schenkung auf den Todesfall erweitert, weil die Parteien den Widerrufsverzicht nicht mehr ausdrücklich erklären müssen, der bloße Bindungswille also ausreicht. Aber selbst bei der unverbindlichen Schenkung auf den Todesfall streben die Parteien womöglich zu Lebzeiten Vorwirkungen an, mögen diese auch eher schwach ausgeprägt sein. Wird beispielsweise lediglich die Erfüllung aufgeschoben, so müsste ohne Sonderregelung der Beschenkte bereits zu Lebzeiten einen Anspruch erwerben, auch wenn der Erwerb noch nicht rechtsbeständig wäre, ein wesentlicher Unterschied also zur Verfügung von Todes wegen. Ein solcher Anspruch wäre zu Lebzeiten prinzipiell sicherbar. Stirbt der Schenker, ohne widerrufen zu haben, so würde der lebzeitige Rechtserwerb des Anspruchs perpetuiert. Diese Gestaltungsmöglichkeit nimmt § 603 ABGB n.F. den Parteien indes.

Auch § 2301 Abs. 1 BGB ist nicht lediglich deklaratorischer Natur.[422] Denn ohne diese Regelung würde die nicht vollzogene Schenkung von Todes wegen die oben unter Ziffer 2. beschriebenen Vorwirkungen haben; dieses Ergebnis war bereits durch die dortigen Überlegungen vorgezeichnet und braucht daher nicht weiter erläutert zu werden.

Nicht ganz so eindeutig ist die Lage in der Schweiz. Der Wortlaut von Art. 245 Abs. 2 OR scheint nahezulegen, dass bereits die betagte Schenkung auf den Todesfall dem Erbrecht untersteht.[423] Ebenso wie im österreichischen Recht könnte dann von einem deklaratorischen Verweis ins Erbrecht keine Rede sein. Gleiches gilt, wenn die Bestimmung ebenso wie im deutschen Recht ausgelegt wird.[424] Allerdings soll, wie gesehen, nach verbreiteter Meinung für die Abgrenzung zwischen der Schenkung unter Lebenden und der Verfügung von Todes wegen auch im Rahmen von Art. 245 Abs. 2 OR der Zeitpunkt maßgebend sein, in dem das streitige Geschäft seine Wirkung entfalten soll – entsprechend der allgemeinen

422 So etwa *Muscheler*, Erbrecht II, Rn. 2845 f.; a.A. *Reinicke*, Schenkungen von Todes wegen, S. 150a.

423 So *Weimar*, in: Berner Kommentar ZGB III/1/1/1, Art. 457–516 ZGB, Einl. 14. Titel Rn. 118 ff.

424 Eine Parallele zum deutschen Recht zieht *Maissen*, Schenkungsvertrag, Rn. 540.

Abgrenzung.[425] Demnach würde der Aufschub der Vollziehbarkeit zunächst nur die Schenkung auf den Todesfall charakterisieren, aber noch keine Aussage darüber treffen, dass diese Schenkung stets dem Erbrecht zu unterstellen ist. Maßgebend für die erbrechtliche Behandlung bliebe, wann die Wirkungen eintreten sollen. So ließe sich prinzipiell eine stringente Abgrenzung beider Bereiche durchhalten und einiges spräche dafür, dass die Regelung dann bloß deklaratorischer Natur ist. Allenfalls würde die Regelung eine widerlegliche Vermutung statuieren zugunsten einer Verfügung von Todes wegen, die durch den Nachweis erstrebter Bindungswirkungen zu Lebzeiten umgestoßen werden könnte.[426] Da das Bundesgericht indes Überschneidungen beider Bereiche für möglich hält und den Grundsatz des *favor negotii* heranzieht, bleibt insoweit Raum für eine eigenständige Bedeutung, als die Parteien zwar keine lebzeitigen Wirkungen wünschen, aber dennoch die Form des Geschäftes unter Lebenden wählen. Nach der umstrittenen Ansicht des Bundesgerichts dürfte dann nach allgemeinen Maßstäben von einem Rechtsgeschäft unter Lebenden auszugehen sein. Art. 245 Abs. 2 OR dürfte für diesen Fall nun aber anordnen, dass das Geschäft entgegen dem Parteiwillen nur als Verfügung von Todes wegen Gültigkeit beanspruchen kann. Denn ist der Anwendungsbereich von Art. 245 Abs. 2 OR eröffnet, besteht keine Wahlmöglichkeit mehr hinsichtlich der Form des Geschäfts, schließlich ordnet die Vorschrift die erbrechtliche Form an. Insofern wäre der Verweis ins Erbrecht nicht bloß deklaratorischer Natur. Gleichwohl: Die eigenständige Bedeutung der Sondervorschrift bliebe wohl marginal.

bb) Umdeutung in eine Verfügung von Todes wegen

Sind die Sondervorschriften also nicht bloß deklaratorischer Natur, so bleibt vorrangig die Umdeutung als Erklärung für die Anwendung der erbrechtlichen Vorschriften. So liegt es im deutschen Recht,[427] gleichermaßen wohl weiterhin im österreichischen Recht für die widerrufliche Schenkung auf den Todesfall, auch wenn diese Schenkung nicht mehr explizit erwähnt wird.[428] Der österreichischen Regelung lässt sich entnehmen, dass eine solche Schenkung auf den Todesfall als Vertrag weiterhin unwirksam sein soll; es kann nicht angenommen werden, dass der Gesetzgeber insofern an der vormaligen Regelung rütteln wollte. Im schweizerischen Recht ist dagegen nicht geklärt, ob Art. 245 Abs. 2 OR eine Umdeutung bewirkt. Die Schenkung auf den Todesfall wird in der Schweiz im Ausgangspunkt

425 So wohl *Vogt*, in: Basler Kommentar OR I, Art. 245 Rn. 9; *Koller*, in: Guhl, OR, § 43, Rn. 24; *Huguenin*, OR, Rn. 2863.

426 Vgl. *Hausheer*, Abgrenzung, in: Breitschmid, Testament und Erbvertrag, S. 90.

427 *Harder*, Zuwendungen, S. 100 ff.; *Muscheler*, Erbrecht II, Rn. 2845 ff.; *Reischl*, Schenkung von Todes wegen, S. 148 ff.; *Musielak*, in: Münchener Kommentar BGB, Bd. 11, § 2301 Rn. 10; *Burandt*, in: Burandt/Rojahn, Erbrecht, § 2301 BGB Rn. 16.

428 Für das alte Recht explizit OGH 10.5.1984, 8 Ob 569, 570/83 – SZ 57/91, 440 (445).

überwiegend als echte Schenkung angesehen,[429] sie ist also nicht bloß Verfügung von Todes wegen im falschen Gewande. Dafür spricht auch die systematische Stellung der Regelung im Obligationenrecht.[430]

Aus dem Verweis ins Erbrecht werden indes gegensätzliche Schlussfolgerungen gezogen. Das hängt mit der strittigen Frage zusammen, ob es sich bei der Schenkung auf den Todesfall um ein eigenständiges Institut handelt. Nach einer Ansicht soll das Geschäft trotz des Verweises Rechtsgeschäft unter Lebenden bleiben und damit den Schenker bereits zu Lebzeiten binden, wenngleich die erbrechtlichen Regeln über Form und Inhalt anzuwenden seien.[431] Danach kann von einer Umdeutung keine Rede sein, weil das Geschäft zwar im Wesentlichen den erbrechtlichen Vorschriften unterworfen wird, nicht aber vollends. Diese Auffassung läuft auf die Anerkennung eines Mischinstituts hinaus. Nach anderer Ansicht soll die Anwendbarkeit der erbrechtlichen Vorschriften dazu führen, dass es sich bei der Schenkung auf den Todesfall dann auch um eine Verfügung von Todes wegen handele und nicht mehr um eine Schenkung.[432] Das weist auf eine Umdeutung hin, ebenso Formulierungen wie „Umqualifizierung“[433] oder „gesetzliche Umwandlung“[434]. Da wohl auch das schweizerische Recht das Institut der *donatio mortis causa* nicht anerkennen wollte, ist es plausibler, von einer Umdeutung auszugehen – wenngleich, wie dargelegt, mit kleinem Anwendungsbereich.

Die Umdeutung hat folgende Konsequenzen: Sämtliche Schenkungen auf den Todesfall sind im Ausgangspunkt ihrer Rechtsnatur nach Rechtsgeschäfte unter Lebenden. Andernfalls könnte von einer Umdeutung in eine Verfügung von Todes wegen schließlich keine Rede sein.[435] Das wird bereits durch den Begriff „Schenkung auf den Todesfall“ impliziert, noch deutlicher durch den Oberbegriff „Rechtsgeschäfte unter Lebenden auf den Todesfall“. Diese Begriffe sind nicht bloß

---

429 BGer v. 11.3.1919 – BGE 45 II 142 (145); *Druey*, Erbrecht, § 8, Rn. 44 f.; *Wolf/Genna*, Erbrecht, IV/1, S. 146; *Koller*, in: Guhl, OR, § 43, Rn. 23; so wohl auch *Weimar*, in: Berner Kommentar ZG III/1/1/1, Art. 457–516 ZGB, Einl. 14. Titel Rn. 118 ff.

430 BGer v. 11.3.1919 – BGE 45 II 142 (145).

431 So etwa *Koller*, in: Guhl, OR, § 43, Rn. 23; nicht ganz eindeutig *Wolf/Genna*, Erbrecht, IV/1, S. 146, nach dem Willen der Parteien liege ein Rechtsgeschäft unter Lebenden vor, materiell aber ein vertragliches Vermächtnis, das kraft der gesetzlichen Bestimmung dem Erbrecht unterstellt werde; damit könnte auch eine Umdeutung gemeint sein; ähnlich *Druey*, Erbrecht, § 8, Rn. 44, wobei Rn. 45 nahelegt, dass von einer Umdeutung ausgegangen wird.

432 So etwa *Weimar*, in: Berner Kommentar ZGB III/1/1/1, Art. 457–516 ZGB, Einl. 14. Titel Rn. 123.

433 *Druey*, Erbrecht, § 8 Rn. 45.

434 *Piotet*, Erbrecht, IV/1, S. 195.

435 *Muscheler*, Erbrecht II, Rn. 2846.

dahin zu deuten, dass das fragliche Geschäft nur seiner äußeren Erscheinung nach Rechtsgeschäft unter Lebenden ist, substantiell aber Verfügung von Todes wegen.

Als Rechtsgeschäft unter Lebenden darf das Geschäft nach dem Willen des Gesetzgebers jedoch nicht wirksam sein. Auf erster Stufe ordnen die gesetzlichen Regelungen implizit[436] an, dass die dort genannten Schenkungen nicht wirksam als Rechtsgeschäft unter Lebenden vorgenommen werden können und mithin als solche nichtig sind; auf zweiter Stufe bestimmen die Regelungen sodann aber, dass das beabsichtigte Geschäft im Wege der gesetzlichen Umdeutung als Verfügung von Todes wegen gleichwohl Gültigkeit erlangen kann.[437] Im Gegensatz zur „gewöhnlichen" Umdeutung erfordert die gesetzliche Umdeutung keinen entsprechenden hypothetischen Parteiwillen.[438] In Österreich mag das nach der Reform anders sein, weil die widerrufliche Schenkung nicht mehr explizit dem Erbrecht zugewiesen wird, so dass es dort nun auf den hypothetischen Willen ankommen könnte; es bleibt abzuwarten, wie Rechtsprechung und Lehre damit künftig umgehen werden.

Die jeweiligen nationalen Gesetzgeber sahen also einerseits eine Notwendigkeit, bestimmte lebzeitige Rechtsgeschäfte, die einer Verfügung von Todes wegen aus ihrer Sicht besonders stark angenähert waren, für nichtig zu erklären. Andererseits wollte sich der Gesetzgeber nicht per se gegen den wirtschaftlichen Erfolg des Geschäftes wenden, sondern nur gegen das gewählte Mittel zum Erfolg, nämlich das des lebzeitigen Rechtsgeschäftes.[439] *Muscheler* bringt das für das deutsche Recht auf den Punkt: „§ 2301 Abs. 1 Satz 1 BGB setzt ein echtes lebzeitiges Rechtsgeschäft mit einer Bedingung voraus. Aber indem er es voraussetzt, verwandelt er das Geschäft zugleich mit Haut und Haaren in eine Verfügung von Todes wegen. Es ist genauso falsch zu sagen, die Schenkung unter Überlebensbedingung sei nie Schenkung gewesen, wie es falsch wäre zu sagen, die Schenkung unter Überlebensbedingung bleibe in irgendeiner Hinsicht und zu irgendeinem Zeitpunkt Schenkung."[440]

c) Fazit

Die Schenkung auf den Todesfall ist Rechtsgeschäft unter Lebenden, nur eben auf den Tod des Schenkers bezogen, und als solches in der Regel zulässig – nicht jedoch stets. Die Sonderregeln deuten einige wenige Varianten der Schenkung auf den Todesfall in eine Verfügung von Todes wegen um oder verbieten sie schlicht. Aber warum eigentlich? Darum soll es im folgenden Abschnitt gehen. Das englische

436 So *Muscheler*, Erbrecht II, Rn. 2845.

437 OGH 10.5.1984, 8 Ob 569, 570/83 – SZ 57/91, 440 (445).

438 *Harder*, Zuwendungen, S. 100.

439 *Reischl*, Schenkung von Todes wegen, S. 149.

440 *Muscheler*, Erbrecht II, Rn. 2847.

Institut der *donatio mortis causa* nimmt demgegenüber wegen seiner Zwitternatur eine Sonderstellung ein.

III. Teleologische Analyse

Gleichgültig, ob in der Schweiz, in Deutschland oder in Österreich: Der entscheidende Zweck der jeweiligen Bestimmungen über die Schenkung auf den Todesfall wird darin erblickt, Umgehungsgeschäfte zu verhindern.[441] Diese Erwägung liegt auch dem Ausschlusstatbestand des DCFR in IV.H. – 1:105 zugrunde.[442] Würden Schenkungen auf den Todesfall nämlich ausnahmslos als Rechtsgeschäfte unter Lebenden behandelt, so könnten sie dazu missbraucht werden, die für Verfügungen von Todes wegen geltenden Vorschriften zu umgehen.

Der BGH stellt in einer Entscheidung heraus, zwar ließen sich Rechtsgeschäfte unter Lebenden und solche von Todes wegen begrifflich klar trennen, weil sie zu unterschiedlichen Zeitpunkten ihre Wirkungen entfalteten; jedoch ließen sich lebzeitige Geschäfte „im wirtschaftlichen Effekt weitgehend der Wirkungsweise der Rechtsgeschäfte von Todes wegen annähern“, so dass diese dazu verwendet werden könnten, unliebsame, vom Erbrecht angeordnete „Sanktionen“ zu „verhüten“.[443] Bezugspunkt der Umgehung ist ein missbilligenswertes Motiv des Erblassers. Der Erblasser sucht gezielt nach einer alternativen Gestaltung, mit der er denselben oder zumindest einen vergleichbaren Erfolg erzielt, dabei aber das Regime des Erbrechts zu vermeiden trachtet.

Die Rechtsfigur der Gesetzesumgehung wird als „Argumentationshilfe“[444] auch im Rahmen der Gesetzesanwendung herangezogen, und zwar dort, wo ein gesetzlich geregeltes, aber für erforderlich gehaltenes Umgehungsverbot fehlt. Nicht abschließend geklärt ist die Frage, ob die Gesetzesumgehung ein Problem der Auslegung ist, die umgangene Vorschrift also extensiv anzuwenden ist, oder

441 Schweiz: *Maissen*, Schenkungsvertrag, Rn. 542; *Druey*, Erbrecht, § 8 Rn. 44 f.; *Weimar*, in: Berner Kommentar ZGB III/1/1/1, Einl. 14. Titel Rn. 120; Deutschland: *Burandt*, in: Burandt/Rojahn, Erbrecht, § 2301 BGB Rn. 1; ausführlich zum Zweck von § 2301 BGB *Langen*, § 2301 I 1 BGB, S. 11 ff.; Österreich: OGH 14.4.1954, 3 Ob 244/54 – SZ 27/105, 246 (247); *Kralik*, Erbrecht, S. 165.

442 Siehe DCFR, Bd. 3, Kommentierung zu IV.H. – 1:105, unter „separation from the law of succession“, S. 2814.

443 So BGH, Urt. v. 2.10.1963 – V ZR 140/61 –, DNotZ 1964, 234 (235), zur Lehre von der Aushöhlungsnichtigkeit; der BGH betonte, dogmatisch könnte die mit einer solchen Absicht „vollzogenen lebzeitigen Zuwendungen auf den Todesfall“ als Geschäfte zur Umgehung der genannten gesetzlichen Sanktion mit der Folge ihrer Nichtigkeit nach § 134 BGB aufgefasst werden.

444 *Kegel*, Gesetzesumgehung, ÖJZ 1958, 15 (15).

ob es der Sache nach eher um eine Analogiebildung geht.[445] Unabhängig davon, welche der beiden Methoden bevorzugt werden, stets müssen Sinn und Zweck der umgangenen Vorschrift ausgeleuchtet werden, um entscheiden zu können, ob das Umgehungsgeschäft ihr zu unterstellen ist.[446] Diese Überlegung lässt sich für die Analyse der Schenkung auf den Todesfall fruchtbar machen: Will man die Intention des Gesetzgebers besser verstehen, so ist es hilfreich, sich vorzustellen, wie sich der Rechtsanwender dem Problem nähern würde, wenn es eine gesetzliche Vorschrift nicht gäbe. In diesem Fall müsste er sich fragen, welche zwingenden erbrechtlichen Vorschriften potentiell unterlaufen werden und ob deren jeweiliger Sinn und Zweck es gebieten, auf die Schenkung auf den Todesfall angewendet zu werden. Aufschlussreich ist es, sich daran zu orientieren, ob eine vergleichbare Interessenlage zwischen dem nicht geregelten und dem geregelten Fall besteht – wie es eine Analogiebildung voraussetzt. Zu fragen wäre dann: Wie stark muss die Schenkung auf den Todesfall an eine Verfügung von Todes wegen angenähert sein, damit die Anwendung erbrechtlicher Vorschriften geboten erscheint?[447] Welche spezifischen Interessen sollen durch das Erbrecht gewahrt werden? Ist es zwingend erforderlich, die erbrechtlichen Bestimmungen greifen zu lassen, oder müssen diese Interessen anderen schützenswerten Interessen weichen, weil diese im Rahmen einer Abwägung als gewichtiger einzustufen sind? Zu prüfen ist auch, wie erbrechtliche Interessen vor gewöhnlichen Schenkungen geschützt werden. Das sind die Kriterien, die die Analyse der Funktion der gesetzlichen Sonderregeln leiten sollen.

Dem englischen Recht soll demgegenüber die Lehre von der Gesetzesumgehung fremd sein; vielmehr sei das englische Recht prinzipiell „tolerant“ gegenüber Umgehungen, da dem „*free will*“ eine herausragende Bedeutung zukomme.[448] Das wird auch im englischen Erbrecht deutlich, das dem Erblasser tendenziell Testierfreiheit in (noch) großzügigerem Maße zubilligt, als es die kontinentaleuropäischen Rechtsordnungen tun. Gleichwohl lässt sich auch die *donatio mortis causa* an den vorstehenden Kriterien messen. Zwar sind die Unterschiede zwischen der englischen *donatio mortis causa* und den speziellen Regeln in den hier betrachteten kontinentaleuropäischen Regelungen gewaltig. Das schließt indes noch nicht zwingend aus, dass es auch dem englischen Recht um den Schutz des Erbrechts geht. Denn immerhin finden teilweise die erbrechtlichen Bestimmungen Anwendung. Fraglich ist, ob die erbrechtlichen Vorschriften angewendet werden, weil sie schlicht als sachnäher angesehen werden, oder doch deswegen, weil spezifisch

---

445 *Benecke*, Gesetzesumgehung, S. 80; für Österreich siehe auch *Koziol/Welser*, Bürgerliches Recht I, S. 178; für die Schweiz siehe BGer v. 24.6.1999 – BGE 125 III 257 (262); *Honsell*, in: Basler Kommentar ZGB I, Art. 2 Rn. 31.

446 Vgl. *Honsell*, in: Basler Kommentar ZGB I, Art. 2 Rn. 31.

447 Vgl. *Langen*, § 2301 I 1 BGB, S. 323.

448 So *Benecke*, Gesetzesumgehung, S. 31.

erbrechtliche Interessen geschützt werden sollen. Selbst wenn es nicht oder zumindest nicht primär um den Schutz erbrechtlicher Interessen gehen sollte, so lohnt der Vergleich dennoch; entscheidend ist dann die Frage, warum das englische Erbrecht es sich eher leisten kann, Schenkungen auf den Todesfall zuzulassen.

1. Schützenswerte erbrechtliche Interessen

Potentiell herausgefordert durch Schenkungen auf den Todesfall werden insbesondere die erbrechtliche Formenstrenge, das Pflichtteilsrecht, der Schutz von Nachlassgläubigern und die Stellung der Erben.[449] Diese Aspekte sind daher näher zu beleuchten. Zu erörtern ist, wie die jeweiligen Prinzipien oder Interessen durch das Erbrecht geschützt werden. Wie werden gewöhnliche Schenkungen dabei im Vergleich zu Verfügungen von Todes wegen behandelt? Bietet eine Umdeutung in eine Verfügung von Todes wegen überhaupt einen effektiveren Schutz?

a) Formale Aspekte

Als einer der wesentlichen Gründe für die Sonderbehandlung der Schenkung auf den Todesfall wird für das deutsche Recht angeführt, es solle verhindert werden, dass die erbrechtlichen Formvorschriften durch solche unentgeltlichen Zuwendungen, die ähnliche Wirkungen wie Verfügungen von Todes wegen erzeugen, umgangen und mithin ausgehebelt werden können.[450] Das gilt gleichermaßen in Österreich und der Schweiz.[451] Im englischen Recht soll das Institut der *donatio mortis causa* dagegen eine Formerleichterung gegenüber dem Testament bringen.

aa) Deutschland, Österreich und Schweiz

Zu prüfen ist, ob zur Wahrung der erbrechtlichen Formenstrenge zwingend die erbrechtliche Behandlung der Schenkung auf den Todesfall geboten ist, weil eine vergleichbare Interessenlage und ein Regelungsbedürfnis bestehen.

(1) Vergleichbare Interessenlage

Um ermessen zu können, ob eine vergleichbare Interessenlage besteht, sind zunächst die formalen Anforderungen an die Verfügungen von Todes wegen in den Blick zu nehmen, einschließlich des zugrundeliegenden Zwecks.[452] In einem

---

449 *Meyer-Pritzl*, in: Staudinger/Eckpfeiler (2020), Erbrecht (W.), Rn. W 80.

450 *Lange*, Erbrecht, § 18 Rn. 178.

451 Österreich: vgl. OGH 19.5.1983, 6 Ob 625/82 – SZ 56/79, 350 (355 ff.); Schweiz: *Maissen*, Schenkungsvertrag, Rn. 542, 569; *Druey*, Erbrecht, § 8 Rn. 44.

452 Zu den Zwecken des Formzwangs im Allgemeinen siehe *Meyer-Pritzl*, in: HKK-BGB I, §§ 125–129 Rn. 60 f.

zweiten Schritt ist sodann zu prüfen, ob angesichts des Formzwecks eine Gleichbehandlung sinnvoll erscheint.

Das deutsche, das österreichische und das schweizerische Recht kennen allesamt das eigenhändige schriftliche Testament.[453] Dadurch ist dem Erblasser eine Möglichkeit an die Hand gegeben, ohne großen formalen Aufwand und ohne zusätzliche Kosten zu testieren; zudem kann der Erblasser seinen letzten Willen geheim halten, was sich als Vorteil erweisen kann.[454] Die im Erbrecht einzuhaltende Form hat in allen drei Ländern im Kern dasselbe Ziel: Sie soll in erster Linie gewährleisten, dass der wirkliche Wille des Erblassers umgesetzt wird und die Authentizität der Erklärung sichergestellt ist; zudem soll der Erblasser – insbesondere beim Erbvertrag – vor übereilten und unüberlegten Entscheidungen geschützt werden.[455] Letztgenanntem Zweck ist aber eine eher untergeordnete Rolle beizumessen, weil die Wirkungen des Geschäftes erst mit dem Tod eintreten, der Erblasser das Vermögensopfer folglich nicht mehr selbst spürt und der Tod ihm sein Vermögen ohnehin nehmen wird. Das Testament ist zudem frei widerruflich, so dass der Erblasser diesbezüglich keiner Warnung bedarf; bedeutsamer wird der Übereilungsschutz beim bindenden Erbvertrag. Im Wesentlichen erfüllt das Formerfordernis im Erbrecht mithin eine Beweis- und Authentizitätsfunktion. So gesehen ist der Formzwang Garant der Testierfreiheit.[456]

Eine auf den Tod aufschiebend bedingte oder befristete Schenkung wird erst mit dem Tod des Schenkers wirksam. Erst in diesem Zeitpunkt kann der Begünstigte Erfüllung verlangen; seine Forderung ist somit gegen den Nachlass gerichtet. Rechtsstreitigkeiten werden in aller Regel erst ab diesem Zeitpunkt entstehen, in einem Zeitpunkt also, in dem der Zuwendende nicht mehr lebt und somit auch nicht als Zeuge befragt werden kann. Folglich können Zweifel bestehen, ob die Zuwendung dem wirklichen Willen des Schenkers entsprach. Es besteht ein Bedürfnis, dass der wirkliche Wille des verstorbenen Schenkers dokumentiert wird. Die Wahrung der erbrechtlichen Form kann prinzipiell Abhilfe schaffen. Ein solches Bedürfnis besteht auch hinsichtlich einer solchen Schenkung, deren Erfüllung auf den Zeitpunkt des Todes des Zuwendenden hinausgeschoben ist. Allerdings unterscheidet sich eine solche Schenkung letztlich nicht von einer Schenkung, die nach dem Willen der Parteien zu Lebzeiten erfüllt werden sollte, wegen des plötzlichen Todes des Schenkers aber tatsächlich zu Lebzeiten nicht mehr erfüllt wurde. Das

---

453 Deutschland: § 2247 BGB; Österreich: § 578 ABGB; Schweiz: Art. 505 Abs. 1 ZGB.

454 *Meyer-Pritzl*, in: Staudinger/Eckpfeiler (2020), Erbrecht (W.), Rn. W 51.

455 Deutschland: *Meyer-Pritzl*, in: Staudinger/Eckpfeiler (2020), Erbrecht (W.), Rn. W 46; *Lange*, Erbrecht, § 14 Rn. 14; Österreich: OGH 19.5.1983, 6 Ob 625/82 – SZ 56/79, 350 (357); Schweiz: *Wolf/Genna*, Erbrecht, IV/1, S. 196; *Druey*, Erbrecht, § 8 Rn. 6 ff.

456 *Meyer-Pritzl*, in: Staudinger/Eckpfeiler (2020), Erbrecht (W.), Rn. W 46, unter Hinweis auf das bekannte Jhering-Zitat, dass die Form „die geschworene Feindin der Willkür, die Zwillingsschwester der Freiheit“ sei.

Bedürfnis nach Beweisbarkeit besteht darüber hinaus aber auch bei entgeltlichen Rechtsgeschäften, die auf den Tod einer Partei aufschiebend bedingt oder befristet sind. Jedoch werden diese Fälle von den nationalen Sonderregelungen nicht erfasst und somit auch nicht den erbrechtlichen Formvorschriften unterstellt. Der jeweilige nationale Gesetzgeber ist zudem insofern nicht konsequent, als er nur einzelne Varianten der Schenkung auf den Todesfall den erbrechtlichen Formvorschriften unterstellt – ein gewisser Wertungswiderspruch ist damit nicht zu leugnen.[457]

Darüber hinaus fällt die Akzentuierung der jeweiligen Schutzzwecke unterschiedlich aus: Der Gesichtspunkt, den Zuwendenden vor unüberlegten Entscheidungen zu schützen, hat im Falle einer gewöhnlichen Schenkung unter Lebenden weitaus stärkeres Gewicht als bei einer Verfügung von Todes wegen, weil der Zuwendende bereits zu Lebzeiten ein spürbares Vermögensopfer erbringen soll, ohne jedoch selbst eine Gegenleistung zu erhalten.[458] Bei einer Schenkung auf den Todesfall, die ihre wesentlichen Wirkungen erst mit dem Ableben des Schenkers erlangen und auch erst in diesem Zeitpunkt vollzogen werden soll, hat die Warnfunktion wiederum geringeres Gewicht als bei der gewöhnlichen Schenkung. Gleichwohl bestünde ohne gesonderte Regelung immer noch ein stärkeres Bedürfnis nach Schutz vor Übereilung als bei Verfügungen von Todes wegen; denn die Schenkung auf den Todesfall würde Vorwirkungen erzeugen, und zwar selbst dann, wenn sie durch das Vorversterben des Schenkers aufschiebend bedingt ist. Das Vermögen des Schenkers würde gewissermaßen bereits zu dessen Lebzeiten belastet: So könnte der Schenker zwar noch anderweitig über den verschenkten Gegenstand verfügen, dürfte es aber nicht mehr. Diesbezüglich zeigt sich ein wesentlicher Unterschied zum Vermächtnis. Vor diesem Hintergrund spielt die Warnfunktion auch bei der Schenkung auf den Todesfall eine größere Rolle als bei Verfügungen von Todes wegen. Eine vergleichbare Interessenlage, die die Anwendung der erbrechtlichen Formen rechtfertigen könnte, besteht also allenfalls im Hinblick auf die Beweissituation.

(2) Regelungsbedürfnis

Die bisherige Betrachtung lässt zudem unberücksichtigt, dass die Versprechensschenkung im deutschen, österreichischen und schweizerischen Recht ebenfalls formgebunden ist und mithin dem Bedürfnis der Beweisbarkeit sowie dem Übereilungsschutz hinreichend Rechnung tragen könnte: Während im deutschen Recht das Schenkungsversprechen zu seiner Wirksamkeit der notariellen Beurkundung bedarf, ist im österreichischen Recht je nach vertretener Meinung entweder ebenfalls nur das Schenkungsversprechen oder aber der Schenkungsvertrag insgesamt der Form des Notariatsaktes unterworfen; im schweizerischen Recht reicht für

457 Vgl. *Muscheler*, Universalsukzession und Vonselbsterwerb, S. 117.

458 Vgl. *Harder*, Zuwendungen, S. 119, der den erbrechtlichen Formvorschriften eine Warnfunktion sogar gänzlich abspricht.

Schenkungsversprechen, die keine Immobilien betreffen, dagegen die einfache Schriftform.[459] Im deutschen und österreichischen Recht werden an ein Schenkungsversprechen also höhere formale Anforderungen gestellt, als dies beim Testament der Fall ist. Die Funktion des Formerfordernisses für Schenkungsversprechen sah der BGB-Gesetzgeber u.a. darin, eine Umgehung der Formvorschriften für Verfügungen von Todes wegen zu verhindern.[460] Trägt der Erklärungsansatz, nach dem die Umgehung erbrechtlicher Formvorschriften verhindert werden soll, bezüglich des Schenkungsversprechens auf den Todesfall dann überhaupt? Durch die notarielle Form wird – auch wenn im Fall der Schenkung die Warnfunktion im Vordergrund steht – nebenbei sowohl die Beweisfunktion als auch die Authentizitätsfunktion erfüllt.

Ursprünglich kam in Österreich und Deutschland dem Erklärungsansatz, es müsse eine Umgehung erbrechtlicher Formenstrenge durch eine Schenkung auf den Todesfall verhindert werden, eine wesentlich größere Bedeutung zu: So genügte für den Schenkungsvertrag in Österreich zunächst die Schriftform; erst der später eingeführte § 1 Abs. 1 lit. d NotAktsG schreibt die strengere Form des Notariatsaktes für Schenkungen vor.[461] Insbesondere förderte § 956 ABGB a.F. durch das Erfordernis des ausdrücklichen Widerrufsverzichts das legislative Anliegen, die erbrechtliche Formenstrenge durchzusetzen. Der Widerrufsverzicht hatte nämlich die Funktion, die „echte" Schenkung auf den Todesfall von einer Verfügung von Todes wegen eindeutig abzugrenzen und diente damit der Beweissicherung.[462] Zusätzlich sollten dem Erblasser die Konsequenzen vor Augen geführt werden, die sich aus der vertraglichen Bindung ergeben würden.[463] Mit dem Wegfall des Widerrufsverzichts im Zuge der Erbrechtsreform lässt sich die Existenz der Sonderregelung also schwerlich damit begründen, die Formalitäten zu wahren.

Im deutschen Recht muss man sich zum besseren Verständnis die Entstehungsgeschichte vergegenwärtigen: Beide Kommissionsentwürfe des BGB sahen nur das öffentliche Testament vor; erst kurz vor Verabschiedung des BGB führte der Reichstag dann auch das eigenhändige Testament ein, ließ dabei aber § 2301 BGB unangetastet.[464] Bezweckte § 2301 BGB ursprünglich eine Verschärfung der

---

459 Siehe dazu bereits oben unter § 2A.I.4.

460 *Pfeifer*, in: HKK-BGB III/1, §§ 516–534 Rn. 16.

461 § 943 Satz 2 ABGB sieht nach wie vor bloß die Schriftform für den Schenkungsvertrag vor, wird aber durch § 1 Abs. 1 lit. d NotAktsG verdrängt.

462 *Jud*, Schenkung auf den Todesfall, NZ 2004, 321 (322); *Keinert*, Schenkung auf den Todesfall, S. 214 f.

463 *Parapatits*, in: Schwimann/Kodek, ABGB, Bd. 4, § 956 Rn. 9; *Keinert*, Schenkung auf den Todesfall, S. 213 f.

464 *Muscheler*, Universalsukzession und Vonselbsterwerb, S. 118; *Langen*, Leihversprechen von Todes wegen, ZMR 1986, 150 (152); *Seif*, Die postmortale Vollmacht, AcP 200, S. 192 (202).

Formanforderungen, war dieser Zweck mit Zulassung des handschriftlichen Testaments hinfällig geworden.[465] *Harder* hält § 2301 BGB vor diesem Hintergrund für eine rechtspolitisch verfehlte Vorschrift, derer es nicht bedurft hätte.[466] Bedeutung ließe sich dem Gesichtspunkt der Wahrung erbrechtlicher Formenstrenge im deutschen Recht nur beimessen, wenn man § 2301 Abs. 1 BGB so verstehen wollte, dass hinsichtlich der Schenkung von Todes wegen zwingend die strengere Form des Erbvertrages einzuhalten ist.[467] Aber selbst die Befürworter einer solchen Lesart halten zumeist eine Umdeutung in ein Testament für möglich. Überdies dürfte bereits die Formbedürftigkeit allein des Schenkungsversprechens hinreichend sicherstellen, dass der wahre Wille des Erblassers durchgesetzt wird.

In Deutschland und Österreich hat sich die Gefahr der Umgehung erbrechtlicher Formenstrenge nachträglich entschärft, wenn nicht sogar erledigt. Zu Recht wird zum deutschen Recht angemerkt, dass mit Anerkennung des eigenhändigen Testaments die in § 2301 Abs. 1 Satz 1 BGB angeordnete Umdeutung in eine Verfügung von Todes wegen sogar eine Privilegierung hinsichtlich des Formerfordernisses zur Folge haben kann und sich die Funktion von § 2301 BGB dementsprechend geradewegs ins Gegenteil verkehrt.[468] Eine solche Privilegierung ergibt sich im österreichischen Recht im Anwendungsbereich von § 956 Satz 1 ABGB a.F. bzw. § 603 ABGB n.F. gleichermaßen. Lediglich in der Schweiz hat das Argument der Wahrung erbrechtlicher Formenstrenge nach wie vor größeres Gewicht, weil die Versprechensschenkung – Immobilien ausgenommen – lediglich der Schriftform bedarf. Die Schriftform dürfte zwar ausreichenden Übereilungsschutz bieten, gewährleistet indes nicht in gleichem Maße Schutz vor Fälschungen, da die Erklärung als solche nicht vom Schenker handschriftlich verfasst sein muss und somit nicht mit gleicher Zuverlässigkeit auf ihre Echtheit überprüft werden kann – und um den Echtheitsschutz geht es vorrangig bei den Formvorschriften für Verfügungen von Todes wegen.

Ein Unterschied kann sich bei Formmängeln hinsichtlich der Heilungsmöglichkeit ergeben: Während lebzeitige Schenkungen bei Formmängeln im deutschen Recht auch noch nach dem Tod des Schenkers geheilt werden können, ist eine Heilung bei der Schenkung von Todes wegen im Sinne von § 2301 Abs. 1 BGB ausgeschlossen.[469] Auch im österreichischen Recht ist eine Heilung der formunwirksamen frei widerruflichen Schenkung auf den Todesfall nach dem Tod des Schenkers im Gegensatz zur gewöhnlichen Schenkung nicht mehr möglich.[470]

465 *Windel*, Modi der Vermögensnachfolge, S. 334 f.
466 *Harder*, Zuwendungen, S. 118.
467 *Wieacker*, Zuwendung auf den Todesfall, FS Lehmann, S. 271 (274 i.V.m. Fn. 10).
468 *Harder/Kroppenberg*, Erbrecht, Rn. 507.
469 *Muscheler*, Erbrecht II, Rn. 2850.
470 OGH 19.5.1983, 6 Ob 625/82 – SZ 56/79, 350 (357 f.).

bb) Formerleichterung im englischen Recht

Damit ein Testament nach englischem Recht formwirksam ist, muss es gemäß Sec. 9 des Wills Act 1837[471] schriftlich – nicht jedoch zwingend handschriftlich – abgefasst sein; auch ein maschinenschriftlich abgefasstes Testament genügt der Anforderung der Schriftlichkeit. Das Testament muss entweder vom Erblasser oder von einer anderen Person auf Anweisung des Erblassers und in dessen Anwesenheit unterschrieben worden sein. Der Erblasser muss die Unterschrift zudem entweder in Anwesenheit von mindestens zwei Zeugen vornehmen oder die Unterschrift vor mindestens zwei Zeugen bestätigen, wenn er das Testament nicht in Gegenwart zweier Zeugen unterschrieben hat; die beiden Zeugen müssen gleichzeitig anwesend sein. Jeder Zeuge wiederum muss die Unterschrift des Erblassers oder dessen Bestätigung durch seine eigene Unterschrift verifizieren, und zwar in Gegenwart des Erblassers, nicht jedoch zwingend in Gegenwart der anderen Zeugen. Eine bestimmte Form der Bestätigung ist nicht einzuhalten. Die Form zielt auch im englischen Recht darauf ab, dem wahren Willen des Erblassers zum Durchbruch zu verhelfen, die Echtheit der Erklärung zu garantieren und darüber hinaus den Erblasser vor einer unüberlegten Entscheidung zu schützen.[472] Die erforderliche Präsenz von zwei Zeugen soll den Erblasser zudem vor ungebührlicher Beeinflussung schützen.[473]

Verglichen mit dem deutschen, österreichischen und schweizerischen Recht, die das handschriftliche Testament kennen, sind die formalen Anforderungen im englischen Recht deutlich höher; gerade die Beiziehung von mindestens zwei Zeugen kann sich als aufwendig erweisen, insbesondere eine spontane Testamentserrichtung scheint damit nahezu ausgeschlossen zu sein. Besonders misslich kann das in Extremsituationen sein, in denen der Erblasser das dringende Bedürfnis verspürt, ein Testament zu errichten, ihm aber nicht genügend Zeit bleibt oder die Kraft fehlt, die hohe formale Hürde zu nehmen.[474] Diesem Bedürfnis will das Institut der *donatio mortis causa* Rechnung tragen, indem es dem Erblasser unter erleichterten formalen Voraussetzungen die Möglichkeit gibt, Vermögensgegenstände postmortal zu übertragen. Dieser Zweck der *donatio mortis causa* wird deutlich, wenn man sich den historischen Hintergrund der Entwicklung im englischen Recht vor Augen führt.

---

471 Eine aktuelle Fassung des Wills Act ist abrufbar unter: <www.legislation.gov.uk/ukpga/Will4and1Vict/7/26/contents> (zuletzt aufgerufen am: 24.1.2022); zum Reformbedarf siehe *Law Commission*, Making a will, S. 83 ff.

472 *Kerridge*, Law of Succession, Rn. 4-01; siehe auch *Law Commission*, Making a will, S. 73; zu den Formzwecken im Allgemeinen siehe *Clarke/Kohler*, Property Law, S. 455 ff.

473 *Law Commission*, Making a will, S. 79.

474 *Hedges v Hedges* (1708) Prec Ch 269 (269 f.), 24 ER 130 (130), zit. n. Westlaw UK.

Die *donatio mortis causa* heutiger Prägung ist zurückzuführen auf das Inkrafttreten des Statute of Frauds 1677 – erst seit diesem Zeitpunkt gab es ein echtes Bedürfnis für das Rechtsinstitut der *donatio mortis causa.*[475] Das Statute of Frauds zielte nämlich darauf ab, Missbrauchsmöglichkeiten, die mit der vormals großzügigen Anerkennung informeller Testamente einhergingen, einzudämmen. Um dieses Ziel zu erreichen, wurden an mündliche Testamente so hohe formale Anforderungen gestellt, dass sie faktisch bedeutungslos wurden.[476] Das gleichwohl bestehende Bedürfnis, Gegenstände ohne Beachtung von Formvorschriften unentgeltlich auf den Todesfall zuzuwenden, wurde nach und nach durch das Institut der *donatio mortis causa* befriedigt, das die Regelungslücke zu schließen vermochte.[477] Ungeachtet dieses Bedürfnisses schlägt der *donatio mortis causa* aber auch Skepsis entgegen, die in einigen Gerichtsentscheidungen deutlich ausgedrückt wird,[478] insbesondere sehen die Richter die Gefahr, dass eine allzu extensive Anwendung der Doktrin die erbrechtliche Formenstrenge weiter aushöhlen würde und damit die Tür für Missbrauch immer weiter aufgestoßen würde, was dem Wills Act zuwiderliefe.[479] Daher sind englische Richter bemüht, einer zu weiten Ausdehnung der *donatio mortis causa* entgegenzuwirken, um so den Wills Act zu stärken.[480]

Andererseits wurde der Anwendungsbereich im Laufe der Zeit jedoch auch erweitert, vor allem im Hinblick auf Gegenstände, die im Wege der *donatio mortis causa* zugewendet werden können.[481] *Borkowski* führt das darauf zurück, dass den Richtern im Rahmen einer Abwägung letztlich wichtiger gewesen sei, vergleichbare Fälle auch gleich zu behandeln, um nicht neuen Anomalien Raum zu geben.[482] Die Entscheidungen zur *donatio mortis causa* bewegen sich in einem Spannungsfeld: Es geht darum, einerseits dem Bedürfnis nach Lockerung der Formvorschriften für bestimmte Ausnahmesituationen gerecht zu werden, andererseits aber den

---

475 *Margrave-Jones*, Law of Succession, Nr. 34.1; siehe auch *Law Commission*, Making a will, S. 226.

476 Siehe dazu bereits oben § 2B.I.2.a).

477 Zu der geschichtlichen Entwicklung der modernen Lehre der *donatio mortis causa* *Borkowski*, Deathbed Gifts, S. 9 ff.

478 Etwa *Duffield v Elwes* (1827) 4 ER 959 (972); *Ward v Turner* (1752) 2 Ves Sen 431 (441), 28 ER 275 (281); jeweils zit. n. Westlaw UK.

479 Siehe etwa *King v Dubrey and others* [2015] EWCA Civ 581 para. 51, [2016] Ch. 221 (233), zit. n. Westlaw UK; siehe auch *Hyland*, Gifts, S. 460, Nr. 972.

480 Siehe wiederum *King v Dubrey and others* [2015] EWCA Civ 581 para. 54, [2016] Ch. 221 (233), zit. n. Westlaw UK.

481 *Borkowski*, Deathbed Gifts, S. 13; siehe insbesondere *Sen v Headly* [1991] 2 All ER 636, CA, in dieser Entscheidung wurde die *donatio mortis causa* auf Immobilien erstreckt, was zuvor höchst umstritten war.

482 *Borkowski*, Deathbed Gifts, S. 13; siehe wiederum *Sen v Headly* [1991] 2 All ER 636 (647), CA.

Wills Act nicht gänzlich preiszugeben, indem über die Hintertür das formfreie Testament wieder eingeführt wird. Die Behandlung der *donatio mortis causa* zeigt, wie flexibel das englische Recht bei der Lösung praktischer Probleme ist. Jüngst hat die *Law Commission* die *donatio mortis causa* aber auf den Prüfstand gestellt,[483] eben weil sie als missbrauchsanfällig angesehen wird und weil einige Fragen nicht höchstrichterlich geklärt sind, was zu Rechtsunsicherheit führt.[484] Erwogen wird sogar die Abschaffung des Instituts;[485] die Entwicklung bleibt abzuwarten.

Bemerkenswert ist darüber hinaus, dass die *donatio mortis causa* nicht nur eine Formerleichterung gegenüber dem Testament bewirkt, sondern auch gegenüber der gewöhnlichen Schenkung. Denn ordnungsgemäße *delivery* bei einer gewöhnlichen Schenkung unter Lebenden, die nicht der Form des *deed* genügt, erfordert mehr als im Kontext der *donatio mortis causa*: Während es bei der *donatio mortis causa* ausreicht, dass ein Gegenstand übergeben wird, der die exklusive Beherrschung des versprochenen Gegenstands ermöglicht, reicht das bei der Schenkung unter Lebenden nicht.[486] Die gelockerte Anforderung an den Vollzug erinnert an die Auslegung von § 2301 Abs. 2 BGB im deutschen Recht. Zudem durchbricht die *donatio mortis causa* den Grundsatz *„equity does not assist a volunteer to perfect an imperfect gift"*:[487] Der Begünstigte muss bei der gewöhnlichen Schenkung das Vollrecht erhalten, d.h. den *legal title* und den *title in equity*, erst dann ist die Schenkung vollzogen (*perfect*). Erlangt der Begünstigte das Vollrecht nicht, so kann der Schenker oder dessen *personal representative* nicht verpflichtet werden, die Schenkung zu vollenden. Anders ist das im Fall der *donatio mortis causa*: Bedarf es für die Erlangung des *legal title* nach dem Tod des Erblassers der Mitwirkung des *personal representative*, so muss dieser die für den Rechtserwerb erforderliche Handlung vornehmen.[488] Zudem bewirkt die *donatio mortis causa* bei Immobilien eine Formerleichterung.[489]

Durch das Erfordernis der *delivery*, die mit einem Vermögensopfer in Form des *parting with dominion* seitens des Erblassers einhergeht, wird der Erblasser hinreichend vor Übereilung geschützt. Dem englischen Recht geht es aber weniger darum, den Schenker vor unüberlegten Entscheidungen zu schützen, als vielmehr darum, betrügerisches Verhalten durch Dritte zu unterbinden.[490] Es unterstellt den

---

483 *Law Commission*, Making a will, S. 226 ff.

484 *Law Commission*, Making a will, S. 234 f.

485 *Law Commission*, Making a will, S. 236 f.

486 *Smith*, Property Law, S. 141; *Borkowski*, Deathbed Gifts, S. 64; siehe auch zu den strengeren Anforderungen an die *delivery* bei gewöhnlichen Schenkungen *Re Cole* [1964] Ch 175 (185 ff.), zit. n. Westlaw UK.

487 *Sen v Headly* [1991] 2 All ER 636 (638), CA.

488 *Borkowski*, Deathbed Gifts, S. 107 f.; *Hyland*, Gifts, S. 457, Nr. 966.

489 *Law Commission*, Making a will, S. 227.

490 *Hyland*, Gifts, S. 404, Nr. 855.

Parteien, dass sie wissen, was sie tun, ist also weniger paternalistisch als so manch kontinentaleuropäische Rechtsordnung. Das englische Recht will in erster Linie sicherstellen, dass der Schenker wirklich schenken wollte; im Vordergrund steht mithin die Beweisfunktion. Diese ist im Fall der *donatio mortis causa* problematisch, weil der wirkliche Wille nicht schriftlich fixiert ist. Betrügerisches Verhalten wird begünstigt: Der Besitzer der Sache könnte wahrheitswidrig behaupten, er habe die Sache im Wege der *donatio mortis causa* erhalten, auch wenn sie ihm beispielsweise tatsächlich nur geliehen wurde. Das ist aber kein spezifisches Problem der *donatio mortis causa*. Der Begünstigte könnte ebenso gut behaupten, der Gegenstand sei ihm zu Lebzeiten des Erblassers geschenkt worden.

Aufgeweicht wird der Formzwang zudem dadurch, dass der Erblasser alternativ die Möglichkeit hat, durch Begründung eines *trust* vergleichbare Wirkungen herbeizuführen. Ein *trust* über bewegliche Sachen kann prinzipiell mündlich begründet werden, ohne dass es der Übergabe bedarf oder die Form des *deed* gewahrt sein muss, selbst dann, wenn die Zuwendung unentgeltlich erfolgt.[491] Der Formzwang wird im englischen Recht weiter dadurch gelockert, dass an die *consideration* keine allzu hohen Anforderungen gestellt werden. Folglich ist die *donatio mortis causa* bloß eine weitere Gestaltung, durch welche die Form gelockert wird.

cc) Fazit

Die *donatio mortis causa* bewirkt also eine Privilegierung hinsichtlich der Form, und zwar nicht allein der erbrechtlichen, sondern auch der schenkungsrechtlichen. Das Institut soll vor allem die Formenstarre im Erbrecht lockern. Die Gefahr der Umgehung von Formvorschriften sehen aber auch die englischen Richter, weswegen sie bestrebt sind, einer Ausuferung des Instituts entgegenzuwirken. So reicht es weiterhin nicht aus, dass der Schenker bei Abschluss des Rechtsgeschäftes bloß an die Möglichkeit des Todes in der fernen Zukunft denkt; der Anwendungsbereich bleibt begrenzt. Demgegenüber wird in Deutschland, Österreich und der Schweiz zwar die Durchsetzung erbrechtlicher Formenstrenge als Grund für die erbrechtliche Behandlung angeführt; im Wesentlichen muss aber angezweifelt werden, ob das zutrifft. Die Formerfordernisse bezüglich gewöhnlicher Schenkungen gewährleisten grundsätzlich einen ausreichenden Schutz, was die einschlägigen Formzwecke anbelangt.

b) Angehörigenschutz

Die meisten Rechtsordnungen begrenzen die Testierfreiheit des Erblassers entweder unmittelbar oder zumindest mittelbar, um Nachlassbeteiligte zu schützen. Schützenswert erscheinen den Rechtsordnungen vor allem nahe Angehörige, die

491 *Hyland*, Gifts, S. 454, Nr. 961.

der Erblasser enterbt oder nicht ausreichend bedenkt.[492] *Pfundstein* spricht treffend von Angehörigenschutz.[493] Diese Bezeichnung bietet sich für eine rechtsvergleichende Betrachtung an, weil sie eine Vielzahl unterschiedlicher Gestaltungen zu erfassen vermag. Zudem scheint dieser Begriff nicht materiell-rechtlich geprägt zu sein, sondern lenkt den Blick vielmehr auf die entscheidende Rechtsfrage, nämlich: Wie werden in einer Rechtsordnung nahe Angehörige geschützt? Das entspricht dem funktionalen Ansatz in der Rechtsvergleichung.

aa) Die unterschiedlichen Regelungsmechanismen

Die Mechanismen zum Schutz naher Angehöriger variieren jedoch.[494] In Kontinentaleuropa haben sich Regelungen etabliert, die dem berechtigten Angehörigen eine quotale Mindestbeteiligung am Nachlass garantieren; grob lassen sich zwei Systeme unterscheiden: Während einige Rechtsordnungen das enterbte Familienmitglied unmittelbar am Nachlass beteiligen, indem sie ihm eine dingliche Stellung als Erben einräumen, gewähren andere Rechtsordnungen dem Familienmitglied „bloß" einen schuldrechtlichen Zahlungsanspruch.[495] Im Falle der dinglichen Erbenstellung spricht man von Noterbrecht; der Berechtigte tritt als Erbe in die Erbengemeinschaft ein. Der Ausdruck „Noterbrecht" bezieht sich nicht auf eine Notlage des Berechtigten, sondern bezeichnet im Sinne von „notwendig" die zwingende Erbfolge im Hinblick auf einen Teil des Nachlasses, über den der Erblasser nicht disponieren kann.[496] Anschaulicher ist die englische Bezeichnung *forced heirship*.

Das englische Recht sieht demgegenüber keine quotale Mindestbeteiligung am Nachlass zugunsten von Familienangehörigen vor. Das bedeutet indes nicht, dass in England die Testierfreit grenzenlos und überhaupt kein Angehörigenschutz vorgesehen ist: Das Gericht kann auf Antrag zugunsten bedürftiger Angehöriger im Einzelfall eine Anordnung zur finanziellen Versorgung gegen den Nachlass treffen.[497]

---

492 *Lorenz*, Internationaler Pflichtteilsschutz, in: Dutta/Herrler, EuErbVO, 113 (114), Rn. 1; zu den Tendenzen der Rechtsentwicklung des Pflichtteilsrechts siehe *Kroppenberg*, Pflichtteilsrecht, in: Basedow/Hopt/Zimmermann, Handwörterbuch II, S. 1158 f.

493 *Pfundstein*, Angehörigenschutz, Rn. 8.

494 Guter Überblick bei *Pfundstein*, Angehörigenschutz, Rn. 11 ff.

495 Dazu *Pfundstein*, Angehörigenschutz, Rn. 19 ff.

496 So *Druey*, Erbrecht, § 6 Rn. 9.

497 Geregelt im Inheritance (Provision for Family and Dependants) Act 1975 [im Folgenden bezeichnet als: Inheritance Act 1975]; eine aktuelle Fassung ist abrufbar unter: <www.legislation.gov.uk/ukpga/1975/63> (zuletzt aufgerufen am: 24.1.2022); für einen ersten Überblick siehe auch *Probert/Harding*, Family and Succession Law, Nr. 561 ff.; zur rechtsgeschichtlichen Entwicklung der *family provision* siehe *Probert*, Disquieting Thoughts, in: Häcker/Mitchell, Succession Law, 31 (32 ff.).

Das römische und das germanische Recht beeinflussten die rechtliche Gestaltung des Angehörigenschutzes in den betrachteten kontinentaleuropäischen Rechtsordnungen maßgeblich, nämlich einerseits das germanischrechtliche Prinzip der Verfangenschaft, wonach die erbrechtliche Vermögensnachfolge grundsätzlich der Disposition des Erblassers entzogen war;[498] andererseits die weitreichende Testierfreiheit des römischen Rechts, die aber durch Gewährung eines flexiblen, ermessensgeleiteten Noterbrechts zugunsten eines Angehörigen durchbrochen werden konnte, wenn die Enterbung pflichtwidrig erschien.[499] Der Angehörigenschutz im englischen Recht ist wesentlich durch das römische Recht geprägt worden.[500]

(1) Quotenlösung

Deutschland, Österreich und die Schweiz sehen eine quotale Mindestbeteiligung naher Angehöriger vor, wobei die Ausgestaltung unterschiedlich ist, was die Regelungsmechanismen und den Kreis der Berechtigten angeht. Gemeinsam ist den drei Rechtsordnungen im Grundsatz der zwingende Charakter des Pflichtteilsrechts.

(a) Rechtstechnische Gestaltung des Pflichtteilsrechts

Österreich und Deutschland räumen den Pflichtteilsberechtigten einen schuldrechtlichen Anspruch gegen die Erben ein, um ihnen eine Mindestbeteiligung am Nachlass zu sichern. Dieser Anspruch ist (grundsätzlich) auf Zahlung eines Geldbetrages gerichtet.[501] Vor der jüngsten Reform des Erbrechts in Österreich verwandte das ABGB zwar den Begriff des „Noterben", was zu der irrigen Annahme verleiten konnte, es handele sich um ein echtes materielles Noterbrecht.[502] Ungeachtet der missverständlichen Wortwahl war der Angehörigenschutz jedoch bereits vor der Erbrechtsreform als schuldrechtlicher Geldpflichtteilsanspruch ausgestaltet.[503] Im

---

498 Ausführlich zur historischen Entwicklung des Pflichtteilsrecht *Werkmüller*, Pflichtteilsrecht, S. 5 ff. (Teil B); siehe auch zum deutschen Recht *Meyer-Pritzl*, Testierfreiheit, FS Reuter, 205 (207 ff.); speziell für die Schweiz siehe *Druey*, Erbrecht, § 6 Rn. 1 ff.; für Österreich siehe *Ferrari*, in: Ferrari/Likar-Peer, Erbrecht, S. 3 f.

499 *Kroppenberg*, Pflichtteilsrecht, in: Basedow/Hopt/Zimmermann, Handwörterbuch II, S. 1157 f.

500 *Kroppenberg*, Pflichtteilsrecht, in: Basedow/Hopt/Zimmermann, Handwörterbuch II, S. 1157.

501 Deutschland: *Weidlich*, in: Grüneberg, § 2303 Rn. 7; Österreich: § 761 Abs. 1 Satz 1 ABGB.

502 *Schauer*, in: Deixler-Hübner/Schauer, Erbrecht NEU, S. 55 f.

503 Allerdings war die Rechtsnatur des Pflichtteils ursprünglich umstritten, wobei jedoch das Hofdekret vom 31.01.1844 (HfD JGS 1844/781) klarstellte, dass das Pflichtteilsrecht bloß schuldrechtlicher Natur ist; siehe dazu *Koziol/Welser*, Bürgerliches Recht II, S. 545 f.; *Ferrari*, Familienerbrecht, in: Henrich/Schwab, Familienerbrecht und Testierfreiheit, 173 (179); dass das Hofdekret durch das 1.

Zuge der Erbrechtsreform wurde der Begriff „Noterbe“ folgerichtig durch „Pflichtteilsberechtigter“ ersetzt und damit das Gesetz sprachlich dem geltenden Recht angepasst.[504]

Das schweizerische ZGB sieht demgegenüber ein echtes Noterbrecht vor (Art. 470 Abs. 1 ZGB). Wer pflichtteilsberechtigte Erben hinterlässt, kann in der Schweiz nur bis zu dem Pflichtteil dieser Erben über sein Vermögen verfügen; die Schweizer bezeichnen den verfügbaren Teil auch als „freie oder disponible Quote“.[505] Die Erbenstellung fällt dem Pflichtteilsberechtigten jedoch nicht automatisch kraft Gesetzes zu, vielmehr muss er sein Erbrecht prozessual mittels Herabsetzungsklage (Art. 522–533 ZGB) durchsetzen, damit die Verfügung des Erblassers auf das rechtlich zulässige Maß herabgesetzt wird.[506] Erst durch Urteil wird der übergangene oder nicht ausreichend berücksichtigte Pflichtteilsberechtigte Erbe; das Urteil ist folglich ein Gestaltungsurteil und dient dem Vollzug der Pflichtteilsgarantie.[507] Die Spaltung des Nachlasses in eine disponible und eine den Pflichtteilsberechtigten vorbehaltene Quote geht auf den französischen Code civil zurück, wobei die Regelung im Code civil wiederum die germanische Rechtsvorstellung der Verfangenschaft aufgreift.[508]

(b) Kreis der Berechtigten

Der Kreis der Berechtigten wird in den jeweiligen Rechtsordnungen unterschiedlich weit gezogen: Pflichtteilsberechtigt sind in Deutschland, Österreich und der Schweiz der Ehegatte[509] oder der eingetragene Lebenspartner sowie die Abkömmlinge des Erblassers.[510] In Deutschland und der Schweiz sind zudem die Eltern pflichtteilsberechtigt, wohingegen in Österreich die Eltern des Erblassers nach der Erbrechtsreform nicht mehr pflichtteilsberechtigt sind. Die Streichung der Eltern als Pflichtteilsberechtigte ist damit zu erklären, dass das entsprechende Pflichtteilsrecht in der Praxis ohnehin keine große Rolle spielte und die Eltern zudem in der

---

Bundesrechtsbereinigungsgesetz aufgehoben worden ist, wird als Redaktionsversehen ohne Konsequenzen für die materiell-rechtliche Beurteilung des Pflichtteilsrechts angesehen.

504 *Schauer*, in: Deixler-Hübner/Schauer, Erbrecht NEU, S. 55 f.

505 *Staehelin*, in: Basler Kommentar, ZGB II, Art. 470 Rn. 1.

506 *Wolf/Genna*, Erbrecht, IV/1, S. 449 m.w.N.

507 *Druey*, Erbrecht, § 6 Rn. 12, 39, 70.

508 *Werkmüller*, Pflichtteilsrecht, S. 12 f.

509 In Deutschland steht die klassische Ehe seit dem 1.10.2017 auch gleichgeschlechtlichen Paaren offen („Ehe für alle“), siehe dazu *Götz*, in: Grüneberg, Einl. vor § 1297 Rn. 6.

510 Deutschland: § 2303 BGB, Österreich: § 757 ABGB; Schweiz: Art. 470, 471 ZGB.

Regel nicht in gleichem Maße wie etwa die Kinder des Erblassers auf den Pflichtteil zur Lebensführung angewiesen sind, weil sie zumeist vermögender sind.[511]

In Deutschland und Österreich steht Kindern und dem überlebenden Ehegatten oder dem eingetragenen Lebenspartner als Pflichtteil die Hälfte des gesetzlichen Erbteils zu.[512] Den Eltern steht in Deutschland ebenfalls die Hälfte des gesetzlichen Erbteils als Pflichtteil zu (§ 2303 Abs. 1 Satz 2 BGB). Der Pflichtteil beträgt in der Schweiz für einen Nachkommen drei Viertel des gesetzlichen Erbanspruchs, für einen Elternteil die Hälfte und für den überlebenden Ehegatten oder eingetragenen Partner ebenfalls die Hälfte des gesetzlichen Erbanspruchs (Art. 471 ZGB). Da den Kindern in der Schweiz als Pflichtteil mehr als die Hälfte des gesetzlichen Erbteils zusteht, kann der verfügbare Teil im Sinne des Art. 470 Abs. 1 ZGB auf unter 50% des Nachlasses sinken.[513]

War der Erblasser im Zeitpunkt seines Todes verheiratet, so ist zusätzlich die güterrechtliche Situation zu betrachten, weil das Güterrecht ebenfalls den Schutz des Ehegatten vorsehen und die Regeln des Pflichtteilsrechts ergänzen kann.[514] Da der Tod eines Ehegatten die Ehe beendet und somit auch den Güterstand, stellt sich die Frage nach dem güterrechtlichen Ausgleich.[515]

(c) Zwingender Charakter

Das Pflichtteilsrecht ist zwingend, kann also durch den Erblasser grundsätzlich nicht abbedungen werden. In Deutschland steht es in seiner Gänze nicht einmal zur Disposition des einfachen Gesetzgebers; so wird jedenfalls das Pflichtteilsrecht der Kinder verfassungsrechtlich garantiert.[516] Eine Entziehung des Pflichtteils kommt wegen seines zwingenden Charakters nur in eng umgrenzten Ausnahmefällen in Betracht – der Pflichtteilsberechtige muss sich einer schwerwiegenden Verfehlung schuldig gemacht haben.[517] Anders als das deutsche Recht sehen das österreichische und das schweizerische Recht jenseits der Pflichtteilsentziehung jedoch gewisse Lockerungen vor und erweitern damit den Gestaltungsspielraum des Erblassers. So kann der Erblasser in Österreich den Pflichtteil auf die Hälfte mindern, wenn er und der Pflichtteilsberechtigte längere Zeit vor dem Tod in keinem Näheverhältnis standen; jedoch darf der Erblasser den Pflichtteil nicht kürzen,

---

511 *Schauer*, in: Deixler-Hübner/Schauer, Erbrecht NEU, S. 57; ErlRV 688 BlgNR XXV. GP (Fn. 74) zu § 757,24.

512 Deutschland: § 2303 Abs. 1 Satz 2 BGB; Österreich: § 759 ABGB.

513 *Helms*, Testierfreiheit, in: Zimmermann, Testierfreiheit, 1 (9).

514 *Helms*, Testierfreiheit, in: Zimmermann, Testierfreiheit, 1 (9).

515 *Pfundstein*, Angehörigenschutz, Rn. 55.

516 Siehe BVerfG, Beschl. v. 19.4.2005 – 1 BvR 1644/00, 188/03 –, BVerfGE 112, 332 (348 ff.); zur verfassungsrechtlichen Dimension des Pflichtteilsrechts in Österreich siehe *Binder/Giller*, in: Gruber et al., Erbrecht (2. Aufl.), § 9 Rn. 17 ff.

517 Deutschland: § 2333 BGB; Österreich: §§ 769, 770 ABGB; Schweiz: Art. 477 ZGB.

wenn er den Kontakt grundlos verweigert oder berechtigten Anlass für den fehlenden Kontakt gegeben hat.[518] Das österreichische Recht berücksichtigt demnach die „gelebte Solidarität" zwischen Erblasser und Pflichtteilsberechtigten.[519]

Auch das schweizerische Recht erweitert die Verfügungsfreiheit des Erblassers jenseits der engen Pflichtteilsentziehungsgründe, damit dieser seinen Ehegatten begünstigen kann: Gemäß Art. 473 ZGB kann der Erblasser dem überlebenden Ehegatten durch Verfügung von Todes wegen gegenüber den gemeinsamen Nachkommen die Nutznießung an dem den gemeinsamen Nachkommen zufallenden Teil der Erbschaft zuwenden und damit dem Ehegatten in wirtschaftlicher Hinsicht den gesamten Nachlass zuwenden. Die Nutznießung tritt an die Stelle des gesetzlichen Ehegattenerbrechts (Art. 473 Abs. 2 Satz 1 ZGB). Zu Lebzeiten verbleibt den gemeinsamen Nachkommen somit nur die formale Eigentümerstellung;[520] erst wenn der überlebende Ehegatte verstirbt, erlangen die gemeinsamen Nachkommen unbelastetes Eigentum und sind dementsprechend abgesichert.[521] Als Ausgleich stehen den gemeinsamen Nachkommen zudem mindestens drei Viertel am Nachlass zu. Neben der Nutznießung beträgt der frei verfügbare Teil nämlich lediglich ein Viertel des Nachlasses (Art. 473 Abs. 2 Satz 2 ZGB). Diese Gestaltungsmöglichkeit erweist sich als ein durchaus gelungener Kompromiss: Einerseits wird der Ehegatte hinreichend abgesichert, indem er den bisherigen gemeinsamen Lebensstandard halten kann; gleichzeitig ist aber sichergestellt, dass die gemeinsamen Abkömmlinge letztlich das Vermögen erhalten und nicht Dritte.

(2) Family Provision im englischen Recht

Einen anderen Ansatz zum Schutz von Familienangehörigen verfolgt das englische Recht: Schutz von Familienangehörigen sieht das englische Recht für den Fall vor, dass die testamentarische Verfügung des Erblassers oder aber auch die gesetzliche Erbfolge keine angemessene finanzielle Versorgung für nahe Familienangehörige gewährleistet.[522] Gelangt das Gericht in einem ersten Schritt zur Annahme, dass die Erbfolge keine ausreichende finanzielle Versorgung des Antragstellers ermöglicht, kann es unter Berücksichtigung und Gewichtung relevanter Umstände des Einzelfalles die angemessene finanzielle Versorgung anordnen.[523] Den Gerichten wird bei der Entscheidung, ob und in welchem Umfang finanzielle Versorgung zu

---

518 § 776 ABGB; wegen Einzelheiten siehe ErlRV 688 BlgNR XXV. GP (Fn. 74) zu § 776, 30 f.

519 *Pfundstein*, Angehörigenschutz, Rn. 17.

520 *Druey*, Erbrecht, § 6 Rn. 30.

521 *Staehelin*, in: Basler Kommentar ZGB II, Art. 473 Rn. 2.

522 *Kerridge*, Law of Succession, Überblick dazu in Kap. 8; Rn. 8–20.

523 *Odersky*, Erbrecht in Großbritannien: England und Wales, in: Süß, Erbrecht in Europa, Rn. 54.

gewähren ist, Ermessen eingeräumt.[524] Jedoch gibt der Inheritance Act dem Richter zugleich Gesichtspunkte vor, die zu beachten sind.[525] Zu berücksichtigen sind u.a. die finanziellen Ressourcen und Bedürfnisse des Antragstellers, daneben aber auch die finanziellen Ressourcen und Bedürfnisse der anderen Antragsberechtigten und der Nachlassberechtigten,[526] ebenso Verpflichtungen und Verantwortlichkeiten des Erblassers gegenüber Antragsberechtigten und Nachlassberechtigten, der Umfang des Nachlasses, das Verhalten des Antragstellers oder jeder anderen Person und zu guter Letzt – woran wiederum das Ermessen des Richters deutlich wird – jeder weitere Aspekt, den das Gericht nach den Umständen für beachtlich hält.[527]

Auffällig ist der weite persönliche Anwendungsbereich des Inheritance Act 1975:[528] Antragsberechtigt sind neben den eigenen Kindern des Erblassers auch solche Personen, die der Erblasser im Rahmen einer Ehe wie eigene Kinder behandelte;[529] zudem Personen, denen der Erblasser unmittelbar vor seinem Ableben Unterhalt gewährte.[530] Neben Verwandten sind Ehegatten und *civil partner* antragsberechtigt, und zwar auch dann, wenn die Ehe oder die eingetragene Lebenspartnerschaft im Zeitpunkt des Todes nicht mehr bestand und der überlebende Ehegatte oder *civil partner* keine neue Ehe oder eingetragene Lebenspartnerschaft eingegangen ist.[531] Darüber hinaus sind sogar nicht-eheliche Lebenspartner antragsberechtigt.[532] Nicht als solche antragsberechtigt sind dagegen die Eltern oder Enkel des Erblassers. Der räumliche Anwendungsbereich des Inheritance Act 1975 ist eng gesteckt: Er findet nur zugunsten von Personen Anwendung, die in England oder Wales ihr *domicile* haben.[533]

Der Maßstab, der für die Beurteilung einer angemessenen finanziellen Versorgung anzulegen ist, ist nicht einheitlich. Der Inheritance Act unterscheidet diesbezüglich zwischen Ehegatten[534] und den übrigen Familienangehörigen.[535] Was überlebende Ehegatten betrifft, so hat der englische Richter sich vor allem daran zu orientieren, was der Ehegatte im Falle der Ehescheidung im Rahmen des güterrechtlichen Ausgleichs erhalten hätte, ohne dass es darauf ankommt, ob der Antragsteller unterhaltsbedürftig ist.[536] Dieser sogenannte *surviving spouse*

---

524 *Kerridge*, Law of Succession, Rn. 8–21.
525 Inheritance Act 1975, Sec. 3 (1).
526 Inheritance Act 1975, Sec. 3 (1) (a)–(c).
527 Inheritance Act 1975, Sec. 3 (1) (d), (e), (g).
528 Inheritance Act 1975, Sec. 1.
529 Inheritance Act 1975, Sec. 1 (1) (c) und (d).
530 Inheritance Act 1975, Sec. 1 (1) (e).
531 Inheritance Act 1975, Sec. 1 (1) (a) und (b).
532 Inheritance Act 1975, Sec. 1 (1) (ba) i.V.m. (1A), (1B).
533 Inheritance Act 1975, Sec. 1 (1).
534 Ihnen gleichgestellt sind wiederum *civil partner*, Inheritance Act 1975, Sec. 1 (2) (aa).
535 Inheritance Act 1975, Sec. 1 (2) (b).
536 Inheritance Act 1975, Sec. 1 (2) (a), (aa); 3 (2).

standard wurde erst nachträglich im Zuge einer Reform eingeführt, damit der überlebende Ehegatte nicht schlechter steht als im Falle der Scheidung.[537] Dementsprechend kommt dem Inheritance Act bezogen auf Ehegatten eine güterrechtliche Funktion zu.

Demgegenüber ist hinsichtlich der übrigen Antragsberechtigten für die Entscheidung ausschlaggebend, ob der Antragsteller unterhaltsbedürftig ist (*maintenance standard*).[538] Hinsichtlich der Höhe soll das Gericht sich einerseits nicht auf das Existenzminimum beschränken, andererseits ist es auch nicht Ziel der *family provision*, dem Antragsteller das zu gewähren, was für sein Wohlergehen wünschenswert erscheint.[539] Vielmehr geht es um eine finanzielle Versorgung, die dem jeweiligen Lebensstandard des Antragstellers angemessen ist.[540] Die vorstehenden Kriterien zur Konkretisierung des *maintenance standard* sind indes immer noch unscharf, zumal die Formulierung in Gerichtsentscheidungen variiert.[541] Klar dürfte zumindest sein, dass die Bestimmungen, insoweit der *maintenance standard* anzulegen ist, trotz Ermessens restriktiv anzuwenden sind.[542] Zum einen soll durch eine restriktive Handhabe die Vorhersehbarkeit und Rechtssicherheit gewahrt werden, zum anderen soll die Testierfreiheit so wenig wie möglich beschnitten werden.[543] Gerade erwachsene Kinder des Verstorbenen werden es in der Regel schwer haben, die Hürde zu nehmen, die der Inheritance Act 1975 aufstellt, jedenfalls solange sie in der Lage sind, angemessen für sich selbst zu sorgen.[544] Die potentiell Berechtigten können auf ihr Recht aus dem Inheritance Act nicht verzichten, weil ein Verzicht zu Lasten des Staates gehen könnte, wenn der Berechtigte sich nicht selbst unterhalten kann und daher auf staatliche finanzielle Unterstützung angewiesen ist.[545]

(3) Bewertung

Keine der untersuchten Rechtsordnungen – nicht einmal das als besonders liberal geltende englische Recht – gewährt also grenzenlose Testierfreiheit; begrenzt wird die Testierfreiheit vor allem zugunsten naher Familienangehöriger; der Angehörigenschutz dürfte den tiefsten Einschnitt der Testierfreiheit markieren.[546]

---

537 *Kerridge*, Law of Succession, Rn. 8–14.

538 Inheritance Act 1975, Sec. 1 (2)(b).

539 *Kerridge*, Law of Succession, Rn. 8–16.

540 *Kerridge*, The Law of Succession, Rn. 8–16.

541 Überblick zu unterschiedlichen Formulierungen in Betreff des *maintenance standard* bei *Wolff*, Pflichtteilsrecht, S. 174.

542 *Law Commission*, Intestacy and Family Provision, Rn. 1.19.

543 *Law Commission*, Intestacy and Family Provision, Rn. 1.20 f.

544 *Cooke*, Testamentary Freedom, in: Zimmermann, Testierfreiheit, 125 (134).

545 *Wolff*, Pflichtteilsrecht, S. 191.

546 Vgl. *Lange*, Erbrecht, § 83 Rn. 1.

Gleichwohl treten Unterschiede hinsichtlich des Grades der Einschränkungen in den betrachteten Rechtsordnungen zu Tage. Man wird wohl sagen können, dass das englische Recht tendenziell die Testierfreiheit weniger beschränkt. Der Inheritance Act 1975 zielt auf eine solche Beschränkung auch überhaupt nicht ab, was daran zu erkennen ist, dass der Richter durch eine Anordnung auch in die gesetzliche Erbfolge korrigierend eingreifen kann. Vielmehr soll die *family provision* das Erbrecht ergänzen, indem sie dem Richter die Möglichkeit einräumt, im Einzelfall eine angemessene Familienfürsorge herbeizuführen, um unbillige Härten aufzufangen.[547] Damit kommt der *family provision* eine Auffangfunktion und ein Ausnahmecharakter zu.

Gleichwohl lässt der Inheritance Act 1975 die Testierfreiheit faktisch nicht unangetastet – ganz im Gegenteil: Im Einzelfall ermöglicht der flexible Ansatz im Rahmen der *family provision* sogar eine stärkere Beschränkung der Testierfreiheit, als es bei dem starren Pflichtteilsrecht kontinentaleuropäischer Prägung der Fall ist. Der Erblasser kann sich zudem nie sicher sein, ob die von ihm begünstigten Personen letztlich auch das ihnen zugedachte Vermögen in vollem Umfang erhalten werden; er weiß schließlich nicht, welche Faktoren ein Richter gegebenenfalls berücksichtigen und wie er diese gewichten wird.[548] Folglich ist die Testierfreiheit empfindlich geschmälert.[549] In Rechnung zu stellen ist aber, dass ein englischer Richter eher geneigt sein wird, dem Willen des Erblassers in größtmöglichem Umfang gerecht zu werden und sich mithin in Zurückhaltung üben wird, was die *family provision* angeht.

Rechtsunsicherheit ist der Testierende im schweizerischen, österreichischen und deutschen Recht dank der festen Quote nicht im gleichen Maße ausgesetzt; Unsicherheit besteht aber dort zumindest insoweit, als der Testierende nicht weiß, welche Pflichtteilsberechtigten im Zeitpunkt seines Todes leben werden, weswegen auch die Höhe ungewiss bleibt.

Die Unterschiede zwischen der Schweiz, die ein echtes Noterbrecht kennt, auf der einen Seite und Deutschland sowie Österreich, die nahen Familienangehörigen bloß einen schuldrechtlichen Pflichtteilsanspruch zubilligen, sind eher formaler Natur. Zwar ließe sich argumentieren, Österreich und Deutschland würden die Testierfreit nicht unmittelbar einschränken, weil der bloß schuldrechtliche Pflichtteilsanspruch den Erblasser nicht daran hindere, seine Erben nach Belieben auszuwählen.[550]. Demgegenüber schränkt das echte Noterbrecht schweizerischer Prägung die Testierfreiheit unmittelbar ein, da der Berechtigte Erbe wird. Diese Unterscheidung trifft jedoch nicht den Kern: Dem Erblasser kommt es letztlich darauf an, seinen Erben Vermögenswerte zukommen zu lassen und nicht bloß eine

547 *Law Commission*, Intestacy and Family Provision, Rn. 1.16.

548 Vgl. *Rauscher*, Reformfragen II/1, S. 151.

549 Vgl. *Cooke*, Testamentary Freedom, in: Zimmermann, Testierfreiheit, 125 (136 f.).

550 So *Helms*, Testierfreiheit, in: Zimmermann, Testierfreiheit, 1 (8).

formale Stellung, die materiell durch Gegenansprüche geschmälert ist. In beiden Fällen kann der Erblasser sein Vermögen von Todes wegen nicht in Gänze so verteilen, wie es ihm beliebt. Vor diesem Hintergrund unterscheiden sich das echte Noterbrecht und „bloße“ Pflichtteilsansprüche nicht, beide begrenzen die Testierfreiheit, nur eben im einen Fall unmittelbar und im anderen lediglich mittelbar. Dasselbe trifft auch auf das englische Recht zu, wenngleich – jedenfalls in der Regel – in schwächerer Weise.

bb) Pflichtteilsergänzung

Angesichts der Begrenzung der Testierfreiheit durch das Pflichtteilsrecht verwundert es nicht, dass gerade Schenkungen auf den Todesfall kritisch beäugt werden, weil sie das Pflichtteilsrecht auszuhebeln vermögen – jedenfalls dann, wenn sie nicht dem Regime des Erbrechts unterstellt werden, sondern dem Schuldrecht mit seiner weitreichenden Privatautonomie. Schenkungen auf den Todesfall stehen den Verfügungen von Todes wegen besonders nahe, so dass ein effektiver Schutz naher Angehöriger womöglich am besten durch die erbrechtliche Behandlung gewährleistet wird. Aber auch gewöhnliche Schenkungen unter Lebenden sind aus der Perspektive des Erbrechts problematisch, sie drohen die Mechanismen zum Schutz naher Angehöriger auszuhöhlen, weil sie dem Nachlass Vermögenswerte entziehen, ohne dass an ihre Stelle ein anderer Vermögenswert tritt.[551] Der Angehörigenschutz wäre „illusorisch“, könnte der Erblasser unbeschränkt bzw. folgenlos zu Lebzeiten über sein Vermögen verfügen.[552] Wie schützen die Rechtsordnungen nahe Familienangehörige vor Schenkungen, die den Nachlass schmälern? Durch spezielle Regelungen zur Schenkungsergänzung[553] bzw. Pflichtteilsergänzung. Der Begriff der Pflichtteilsergänzung soll funktional und damit weit verstanden werden, um den unterschiedlichen Regelungsmechanismen gerecht zu werden. Um die Regelungen zur Pflichtteilsergänzung soll es nachfolgend gehen.

In den Blick genommen werden soll allein der Fall, dass der Erblasser einem Dritten etwas geschenkt hat, einer Person also, die nicht am Nachlass beteiligt ist. Ist der Beschenkte selbst etwa Pflichtteilsberechtigter, muss er sich die Schenkung möglicherweise anrechnen lassen.[554]

(1) Pflichtteilsergänzung in Deutschland, Österreich und der Schweiz

Das deutsche, österreichische und schweizerische Recht kennen allesamt Regelungen zur Pflichtteilsergänzung. Zu differenzieren ist zwischen der bloß fiktiven Berücksichtigung im Rahmen der Nachlassberechnung (Hinzurechnung) und der

---

551 *Pfundstein*, Angehörigenschutz, Rn. 80.

552 *Staehelin*, in: Basler Kommentar ZGB II, Art. 475 Rn. 1.

553 Diesen Begriff verwendet *Pfundstein*, Angehörigenschutz, Rn. 80.

554 Deutschland: § 2315 BGB; Österreich: §§ 783, 785 ABGB; Schweiz: Art. 626 ZGB.

konkreten Einstandspflicht, wenn der Nachlass notleidend ist. Schenkungen unterliegen nicht per se der Pflichtteilsergänzung.

(a) Hinzurechnung

Um den Berechtigten vor einer Aushöhlung des Nachlasses zu schützen, werden bestimmte Schenkungen bei der Bestimmung des Pflichtteils dem Nachlass hinzugerechnet. Es existieren verschiedene Wege: Das deutsche Recht geht bei der Pflichtteilsberechnung im Ausgangspunkt vom realen Nachlass aus; unentgeltlich abgeflossene Vermögenswerte bleiben zunächst außen vor, sie werden erst durch einen gesonderten, selbständigen Ergänzungsanspruch kompensiert; das deutsche Recht unterscheidet zwischen ordentlichem und außerordentlichem Pflichtteilsanspruch.[555] Eine solche Unterscheidung kennt das ABGB nicht (mehr), vielmehr geht es bei der Berechnung von vornherein vom fiktiven Nachlass aus, d.h., bestimmte Schenkungen, die den Nachlass tatsächlich geschmälert haben, werden sogleich hinzugerechnet, es ist lediglich eine Masse zu bilden.[556] Im schweizerischen Recht werden bei der Berechnung der Pflichtteile herabsetzbare Schenkungen im Sinne von Art. 527 ZGB ebenfalls von vornherein hinzugerechnet, gleichgültig, ob sie tatsächlich herabgesetzt werden.[557] Die Pflichtteilsberechnung dient in der Schweiz auch dazu, den frei verfügbaren Teil des Erblassers zu bestimmen.[558] Hat der Erblasser zu Lasten des Noterben über den disponiblen Teil hinaus verfügt, so kann der Noterbe dagegen mit der Herabsetzungsklage vorgehen und die Auffüllung des Pflichtteils verlangen.[559]

(b) Erfasste Schenkungen

Nicht sämtliche lebzeitigen Schenkungen werden im deutschen, österreichischen und schweizerischen Recht berücksichtigt, um einer wertmäßigen Schmälerung des Nachlasses und damit des Pflichtteilsanspruchs bzw. Noterbrechts entgegenzuwirken.[560] Alle drei Rechtsordnungen sehen zeitliche Schranken für die Berücksichtigung von Schenkungen vor, wobei die Fristen sich in den jeweiligen Rechtsordnungen deutlich unterscheiden. Das österreichische Recht ist besonders restriktiv und berücksichtigt nur Schenkungen des Erblassers innerhalb der letzten zwei Jahre vor dessen Tod (§ 782 Abs. 1 ABGB). Großzügiger zugunsten der

555 § 2325 Abs. 1 BGB; vgl. zu letzterem Aspekt *Horn*, in: Burandt/Rojahn, Erbrecht, § 2303 BGB Rn. 13 sowie § 2325 BGB Rn. 5.

556 § 781 ABGB; vgl. *Kletečka*, in: Rabl/Zöchling-Jud, Das neue Erbrecht, S. 90 f.

557 *Staehelin*, in: Basler Kommentar ZGB II, Art. 475 Rn. 2 f.; *Druey*, Erbrecht, § 6 Rn. 78.

558 *Wolf/Genna*, Erbrecht, IV/1, S. 451, 455.

559 *Druey*, Erbrecht, § 6 Rn. 69.

560 Deutschland: vgl. § 2325 BGB; Österreich: § 781 ff. ABGB; Schweiz: Art. 475, 527 Nr. 3 ZGB.

Noterben ist das schweizerische Recht: Berücksichtigt werden Schenkungen, die der Erblasser während der letzten fünf Jahre vor seinem Tode „ausgerichtet“ hat. Ohne zeitliche Begrenzung berücksichtigt werden im schweizerischen Recht frei widerrufliche Schenkungen (Art. 527 Nr. 3 ZGB) und Zuwendungen, die der Erblasser erkennbar zum Zwecke der Umgehung der Verfügungsbeschränkung vorgenommen hat (Art. 527 Nr. 4 ZGB) – insoweit kommt es also zu einer weiteren Verschärfung. Das deutsche Recht berücksichtigt sogar Schenkungen des Erblassers innerhalb der letzten zehn Jahre vor dessen Tod, verfolgt dabei allerdings einen Kompromiss, indem der Wert der Schenkung stufenweise umso niedriger angesetzt wird, je länger sie zurückliegt; so werden Schenkungen innerhalb des ersten Jahres vor dem Erbfall noch in vollem Umfang berücksichtigt, innerhalb jedes weiteren Jahres vor dem Erbfall um jeweils ein Zehntel weniger (§ 2325 Abs. 3 BGB).

Unterschiede bestehen zudem hinsichtlich des Fristbeginns. Im deutschen Recht beginnt die Frist erst mit Eintritt des Leistungserfolges, also erst in dem Zeitpunkt, in dem der Schenker endgültig ein Vermögensopfer erbracht hat.[561] Es soll verhindert werden, dass der Erblasser frühzeitig Dispositionen trifft, Vermögen am Nachlass vorbeizuschleusen ohne fühlbares eigenes Vermögensopfer, und dabei die Frist umschifft.[562] Ähnliches gilt für das schweizerische Recht; maßgeblich ist der dingliche Vollzug der Schenkung, wie der Wortlaut „ausgerichtet“ verdeutlicht.[563] In Österreich war demgegenüber zumindest bisher umstritten, ob der Leistungserfolg maßgeblich ist oder aber der Vertragsschluss.[564] Die Gesetzesbegründung zu § 782 ABGB n.F. scheint zwar für die Maßgeblichkeit des Leistungserfolgs zu sprechen und damit den Streit geklärt zu haben,[565] Konsens hierüber besteht jedoch nicht, so dass der Streit fortleben dürfte.[566]

Unberücksichtigt bleiben im österreichischen und deutschen Recht unabhängig von den jeweiligen zeitlichen Grenzen Schenkungen, durch die der Schenker einer sittlichen Pflicht entspricht oder die er aus Anstand macht. Im schweizerischen Recht werden Schenkungen aus sittlicher Pflicht hingegen berücksichtigt. Begründet wird das damit, dass dem Pflichtteilsrecht selbst sittliche Erwägungen zugrunde liegen,[567] eine Privilegierung solcher Schenkungen mithin offenbar als

---

561 BGH, Urt. v. 17.9.1986 – IVa ZR 13/85 –, BGHZ 98, 226 (230 ff.); *Weidlich*, in: Grüneberg, § 2325 Rn. 25; *Horn*, in: Burandt/Rojahn, Erbrecht, § 2325 BGB Rn. 95 f.

562 BGH, Urt. v. 17.9.1986 – IVa ZR 13/85 –, BGHZ 98, 226 (232 f.).

563 *Wolf/Genna*, Erbrecht, IV/1, S. 483.

564 *Rabl*, Schenkung auf den Todesfall, NZ 2005, 129 (135).

565 ErlRV 688 BlgNR XXV. GP (Fn. 74) zu § 782, 34; so etwa *Ferrari*, in: Rabl/Zöchling-Jud, Das neue Erbrecht, S. 69, gesetzgeberische Entscheidung zugunsten des Leistungserfolgs.

566 So *Müller/Melzer*, in: Deixler-Hübner/Schauer, Erbrecht NEU, S. 93; *Barth/Dokalik/Potyka*, Taschenkommentar ABGB, § 782, S. 448.

567 *Wolff*, Pflichtteilsrecht, S. 86.

nicht sachgerecht angesehen wird. Unberücksichtigt bleiben im schweizerischen Recht aber übliche Gelegenheitsgeschenke, die man auch zu den Anstandsgeschenken wird zählen können.[568]

(c) Einstandspflichtige

Ist der Nachlass durch erfasste Schenkungen geschmälert, ist fraglich, wer für die Aufstockung des Nachlasses einzustehen hat, damit der Pflichtteilsberechtigte sein Recht realisieren kann.

Pflichtteilsschuldner im Außenverhältnis ist im deutschen und österreichischen Recht vorrangig der Erbe.[569] Vermächtnisnehmer haften dem Pflichtteilsberechtigten gegenüber zwar nicht direkt, im Innenverhältnis mit den Erben tragen sie die Pflichtteilslast aber verhältnismäßig; die Erben dürfen die Vermächtnisse entsprechend kürzen – als Ausgleich für die alleinige Haftung nach außen.[570] Im Ergebnis nicht anders ist es im schweizerischen Recht: In erster Linie werden grundsätzlich die Verfügungen von Todes wegen im gleichen Verhältnis herabgesetzt, einstandspflichtig sind demgemäß primär die Erben und Vermächtnisnehmer.[571] Eine Unterscheidung zwischen Außen- und Innenverhältnis scheidet aus, weil der Berechtigte Erbe wird.

Der Beschenkte ist demgegenüber lediglich subsidiär einstandspflichtig, nämlich soweit der Nachlass nicht zur Deckung des Pflichtteils ausreicht – hierin stimmen das deutsche, österreichische und schweizerische Recht überein.[572] Die subsidiäre Haftung des Beschenkten gründet darin, dass der Erblasser für die Verkürzung des Nachlasses verantwortlich ist und daher der Erbe als dessen Gesamtrechtsnachfolger vorrangig einstehen soll; zurückzuführen ist diese Überlegung auf den Code civil.[573] Der gutgläubige Beschenkte haftet nur insoweit, als er noch bereichert ist.[574] In Deutschland und der Schweiz haftet unter mehreren Beschenkten der später Beschenkte vorrangig;[575] in Österreich dagegen haften die Beschenkten nach neuem Recht unabhängig vom Zeitpunkt anteilig im Verhältnis des Wertes ihrer

568 Vgl. das deutsche Recht, dazu *Weidlich*, in: Grüneberg, § 2330 Rn. 2.

569 Deutschland: *Horn*, in: Burandt/Rojahn, Erbrecht, § 2325 BGB Rn. 18; Österreich: § 764 Abs. 1 ABGB.

570 Deutschland: *Horn*, in: Burandt/Rojahn, Erbrecht, § 2318 BGB Rn. 2 f.; Österreich: ErlRV 688 BlgNR XXV. GP (Fn. 74) zu § 764, 26.

571 Art. 525, 532 ZGB.

572 Deutschland: § 2329 Abs. 1, 2 BGB; Österreich: § 789 Abs. 1 ABGB; Schweiz: Art. 532 ZGB.

573 *Horn*, in: Burandt/Rojahn, Erbrecht, § 2325 BGB Rn. 18.

574 Deutschland: § 2329 Abs. 1; Österreich: § 790 Abs. 1 ABGB; Schweiz: Art. 528 Abs. 1 ZGB.

575 Deutschland: § 2329 Abs. 3 BGB; Schweiz: Art. 532 ZGB.

Geschenke.[576] Die Pflichtteilsergänzung gegenüber nachlassfremden Dritten wird rechtsvergleichend anschaulich auch als *clawback* bezeichnet.[577]

(2) Die Ergänzung im englischen Recht

Auch das englische Recht schützt nahe Familienangehörige u.a. davor, dass der Erblasser den Nachlass durch lebzeitige Schenkungen gezielt schmälert. Es weist in vielen Punkten Ähnlichkeiten mit der Pflichtteilsergänzung kontinentaleuropäischer Prägung auf, was lebzeitige Schenkungen angeht.[578] Jedoch zeichnet sich das englische Regime wiederum durch einen flexiblen Ansatz aus. Um eine Umgehung des Inheritance Act durch eine lebzeitige Schenkung zu verhindern, kann der englische Richter auf gesonderten Antrag des Berechtigten eine sogenannte *anti-evasion order* gegen den Beschenkten erlassen.[579] Wesentliche Voraussetzung für eine *anti-evasion order* ist, dass der Erblasser die Schenkung innerhalb der letzten sechs Jahre vor seinem Tod vollzog („made a disposition"), und zwar in der Absicht, die Gewährung von *family provision* zu beeinträchtigen.[580] Ausreichend ist es jedoch bereits, wenn der Richter die Beeinträchtigungsabsicht für überwiegend wahrscheinlich hält („balance of probabilities"); zudem muss die Beeinträchtigungsabsicht nicht das alleinige Motiv für die Schenkung sein.[581]

Bemerkenswert ist, dass lebzeitige Vermögensdispositionen des Erblassers bereits dann erfasst werden, wenn der Begünstigte oder ein Dritter keine „full valuable consideration" gewährt haben.[582] Ein Missverhältnis von Leistung und Gegenleistung zu Lasten des Nachlasses kann also dazu führen, dass der Begünstigte zumindest teilweise Wertersatz leisten muss. Ein Begünstigter ist also nicht bereits dann geschützt, wenn das Erfordernis der *consideration* erfüllt ist. Das ist darauf zurückzuführen, dass die Anforderungen an die *consideration* nicht allzu hoch sind, die Umgehungsgefahr sonst also nicht gebannt wäre und die Berechtigten nicht ausreichend geschützt würden. Der Schenkungsbegriff ist also weiter zu verstehen als sonst. Bei der Entscheidung, ob und in welchem Umfang eine *anti-evasion order* zu erlassen ist, hat der englische Richter sämtliche Umstände des Einzelfalles zu würdigen, etwa das Verhältnis des Beschenkten zum Erblasser,

---

576 § 789 Abs. 2 ABGB; vor der Reform entsprach die Rechtslage derjenigen in der Schweiz und Deutschland, jedoch wurde das als unbefriedigend empfunden, weil der Zeitpunkt der Schenkung häufig von Zufälligkeiten abhänge, siehe dazu ErlRV 688 BlgNR XXV. GP (Fn. 74) zu § 789, 36.

577 *Lorenz*, Internationaler Pflichtteilsschutz, in: Dutta/Herrler, EuErbVO, 113 (118), Rn. 10.

578 *Rauscher*, Reformfragen II/2, S. 39.

579 *Kerridge*, Law of Succession, Rn. 8–112.

580 Inheritance Act 1975, Sec. 10 (2)(a).

581 Inheritance Act 1975, Sec. 12 (1).

582 Inheritance Act 1975, Sec. 10 (2)(b).

das Verhalten des Beschenkten und dessen finanzielle Ressourcen.[583] Der englische Richter ist nicht auf die Anordnung einer Geldzahlung beschränkt.[584]

(3) Fazit

Die Regelungen zur Schenkungsergänzung im Pflichtteilsrecht zielen darauf ab, die schützenswerten Interessen von Pflichtteilsberechtigten bzw. Noterben auf der einen Seite und Beschenkten auf der anderen Seite auszubalancieren. Damit der Erblasser den Pflichtteil nicht gezielt durch lebzeitige Schenkungen aushöhlen kann, werden bestimmte Schenkungen bei der Bestimmung des Pflichtteils veranschlagt. Der Beschenkte wird jedoch nicht schutzlos gestellt, sondern in den betrachteten kontinentaleuropäischen Rechtsordnungen gleich in doppelter Weise in seinem Vertrauen auf den Bestand der Schenkung geschützt: In erster Linie dadurch, dass vorrangig die Erben und Vermächtnisnehmer für die Deckung des Pflichtteils aufkommen müssen, und zwar auch insoweit, als es um Schenkungen geht, die zur Bestimmung des Pflichtteils veranschlagt worden sind. Die subsidiäre Einstandspflicht des Beschenkten geht zu Lasten der Erben und Vermächtnisnehmer, wohingegen die Pflichtteilsberechtigten bzw. Noterben grundsätzlich geschützt bleiben; wer für den durch die Schenkung erhöhten Pflichtteil aufkommt, dürfte ihnen gleichgültig sein. Zusätzlich geschützt wird der Beschenkte zweitens durch die zeitliche Begrenzung der Berücksichtigung von Schenkungen. Diese zeitliche Begrenzung geht zu Lasten der Pflichtteilsberechtigten bzw. Noterben und wirkt sich somit zugleich günstig für die Erben und Vermächtnisnehmer als vorrangig Einstandspflichtige aus.

Auch das englische Recht setzt zugunsten des Beschenkten eine zeitliche Schranke. Auf eine bloß subsidiäre Einstandspflicht kann der Beschenkte in England nicht zählen; dem steht das richterliche Ermessen entgegen, das sämtliche Umstände zu berücksichtigen hat. Zählen kann er aber darauf, dass auch seine Interessen hinreichend berücksichtigt werden, was einen ausreichenden Schutz gewährleistet. Das Erfordernis der Umgehungsabsicht bietet zusätzlichen Schutz.

cc) Erforderlichkeit der Sonderregelungen

Der Gesetzgeber in den betrachteten kontinentaleuropäischen Rechtsordnungen scheint die Pflichtteilsergänzung hinsichtlich bestimmter Varianten der Schenkung auf den Todesfall als nicht ausreichend zu erachten, um die Angehörigen vor einer Verkürzung des Nachlasses zu schützen. Warum? Worin bestehen also die relevanten Unterschiede? Vermächtnisse werden bei der Pflichtteilsberechnung vom Nachlass nicht abgezogen, schmälern diesen also von vornherein

583 Inheritance Act 1975, Sec. 10 (6).
584 Inheritance Act 1975, Sec. 10 (2).

nicht.[585] Schenkungen werden demgegenüber, wie gezeigt, nur unter engeren Voraussetzungen berücksichtigt, vor allem in zeitlicher Hinsicht; zudem haftet der Beschenkte bloß subsidiär. Das sind Gründe, die eine erbrechtliche Behandlung zu rechtfertigen scheinen.

Allerdings geht die subsidiäre Haftung nicht zu Lasten der Pflichtteilsberechtigten, sondern der Erben; die Position der Pflichtteilsberechtigten würde also nicht beeinträchtigt. Zum Schwur kommt es aber, wenn der Nachlass überschuldet ist und über diesen das Insolvenzverfahren eröffnet werden muss. In diesem Fall kann es sich als günstiger erweisen, wenn die Schenkung nicht als solche behandelt wird, sondern wie ein Vermächtnis. Es können sich Unterschiede ergeben, was die Rangfolge der Befriedigung betrifft. So sind im deutschen Recht gemäß § 327 InsO die Pflichtteilsberechtigten vor den Vermächtnisnehmern zu befriedigen, wohingegen der Beschenkte gegenüber den Pflichtteilsberechtigten wie ein gewöhnlicher Gläubiger grundsätzlich vorrangig zu befriedigen wäre.[586] Ähnliches gilt in Österreich bezüglich der Rangfolge.[587]

Ein Verweis auf die zeitliche Begrenzung vermag die erbrechtliche Behandlung bestimmter Schenkungen auf den Todesfall kaum zu erklären. Das zeigt sich besonders deutlich im deutschen Recht, gilt mit Abstrichen aber auch für die Schweiz und Österreich: So lange die Schenkung nicht vollzogen ist, wäre die zeitliche Begrenzung bedeutungslos, da die Frist zu Lebzeiten des Erblassers gar nicht zu laufen begonnen hätte.[588] Ist die Schenkung dagegen vollzogen, kommt es auf die Frist an – allerdings wird diese Schenkung auf den Todesfall im deutschen Recht, ebenso im schweizerischen, nicht erbrechtlich behandelt. Zudem werden an den Vollzug im Sinne von § 2301 BGB geringere Anforderungen gestellt als im Rahmen von § 2325 BGB, das Pflichtteilsrecht ist mithin penibler als § 2301 BGB. Ist das nicht ein Wertungswiderspruch? Im Fall der Insolvenz kann aber wiederum die Rangfolge der Befriedigung eine Rolle spielen.

Im österreichischen Recht setzt die frei widerrufliche Schenkung die Frist des § 782 Abs. 1 ABGB nicht in Gang, da es an einem Vermögensopfer fehlt.[589] Die Frist würde somit auch für die widerrufliche Schenkung auf den Todesfall nicht laufen – und nur diese wird nach der Reform noch erbrechtlich behandelt. Diffiziler war es vor der Reform wegen der Streitfrage, wie die „echte" Schenkung auf den Todesfall nach dem Tod des Schenkers zu behandeln sei. Die Fürsprecher der

585 Deutschland: *Horn*, in: Burandt/Rojahn, Erbrecht, § 2311 BGB Rn. 39; Österreich: § 779 Abs. 2 ABGB; Schweiz: *Staehelin*, in: Basler Kommentar ZGB II, Art. 474 Rn. 10.

586 Vgl. *Olzen*, Lebzeitige und letztwillige Rechtsgeschäfte, Jura 1987, 16; *Langen*, § 2301 I 1 BGB, S. 336

587 Siehe dazu *Linder*, in: Gruber et al., Erbrecht (2. Aufl.), § 13 Rn. 46 f.

588 Das gilt wie gesehen nicht zwingend auch für das österreichische Recht.

589 ErlRV 688 BlgNR XXV. GP (Fn. 74) zu § 782, 34.

„Vermächtnislösung" begründeten die Gleichstellung mit einem Vermächtnis nach dem Tod vor allem mit dem Schutz der Pflichtteilsberechtigten; die Ausschlussgründe in § 785 Abs. 3 ABGB a.F. sahen sie da als hinderlich an, insbesondere der Zweijahresfrist wegen, weil der Schenker das Vermögensopfer gar nicht mehr selbst spüre, den verschenkten Gegenstand also zu Lebzeiten uneingeschränkt nutzen könne.[590] Diese unliebsame Folge löste indes nur aus, wer den Zeitpunkt des Vertragsschlusses als maßgebend für den Beginn der Zweijahresfrist erachtete. Wer hingegen wie im deutschen Recht auf den Zeitpunkt des Leistungserfolges abstellte, musste die Zweijahresfrist nicht fürchten und entschärfte das Problem – und so sehen es in Österreich immer mehr Juristen.[591] Der Reformgesetzgeber hat der Vermächtnislösung nun einen Riegel vorgeschoben und sich für die Vertragslösung ausgesprochen.[592] Der Streit über den maßgeblichen Zeitpunkt dürfte sich dagegen nicht erledigt haben.

Pflichtteilsergänzungsansprüche scheinen die Angehörigen nach alledem im Wesentlichen ausreichend zu schützen, so dass zweifelhaft ist, ob es zum effektiveren Schutz der Angehörigen der erbrechtlichen Behandlung der Schenkung auf den Todesfall bedarf.[593]

Die Schwierigkeiten dürften vornehmlich in der faktischen Durchsetzung liegen: Als Nachteil des Pflichtteilsergänzungsanspruchs wird beispielsweise angeführt, dass der Pflichtteilsberechtigte gegebenenfalls Leistungsklagen gegen den Erben oder Dritte führen müsse, was für ihn wegen ungewissen Ausgangs risikobehaftet ist und zudem erhebliche Zeit in Anspruch nimmt.[594] In prozessualer Hinsicht ist für den Pflichtteilsberechtigten – so jedenfalls im deutschen Recht – problematisch, dass er die Beweislast für die vereinbarte Unentgeltlichkeit des Geschäfts trägt.[595]

Im englischen Recht wird die *donatio mortis causa* im Rahmen des Inheritance Act nicht wie eine gewöhnliche Schenkung behandelt,[596] sondern einer testamentarischen Verfügung gleichgestellt: Der Wert des im Wege der *donatio mortis causa* zugewandten Gegenstandes ist als Teil des Reinnachlasses (*net estate*) zu

590 Exemplarisch OGH 26.6.1980, 7 Ob 615/80 – JBl. 1981, 593 (594).

591 Etwa *Rabl*, Schenkung auf den Todesfall, NZ 2005, 129 (135); *Parapatis*, in: Schwimann/Kodek, ABGB, Bd. 4, § 956 Rn. 24; *Oberhumer*, Schenkung auf den Todedsfall, NZ 2008, 129 (136); *Fischer-Czermak*, in: Gruber et al., Erbrecht, § 20 Rn. 20; *Keinert*, Schenkung auf den Todesfall, S. 116 f.

592 ErlRV 688 BlgNR XXV. GP (Fn. 74) zu § 603, 12; krit. *Schauer*, Das neue Erbrecht, ÖJZ 2017, 53 (60), weil eine Benachteilung der Pflichtteilsberechtigten zu befürchten sei.

593 Vgl. für das deutsche Recht *Brox/Walker*, Erbrecht, § 43 Rn. 36; abl. *Olzen*, Lebzeitige und letztwillige Rechtsgeschäfte, Jura 1987, 16 (21).

594 Vgl. *Olzen*, Die vorweggenommene Erbfolge, S. 71, 75.

595 Vgl. *Olzen*, Die vorweggenommene Erbfolge, S. 71.

596 Inheritance Act 1975, Sec. 10 (7) (a).

behandeln.[597] Konsequenz dessen ist, dass der Richter den Begünstigten zur Ausgleichszahlung oder zur Herausgabe des Gegenstandes heranziehen kann.[598] Anders als bei gewöhnlichen Schenkungen ist weder eine Umgehungsabsicht erforderlich, noch kommt es auf die Sechs-Jahres-Frist an; es kommt also zu einer Verschärfung für den Begünstigten. Da die *donatio mortis causa* endgültig erst mit dem Tod des Erblassers wirksam wird und zuvor frei widerruflich ist, darf der Begünstigte zu Lebzeiten des Erblassers ohnehin nicht auf den Erhalt des Geschenks vertrauen. Insofern zeigt sich eine Parallele zum Testament, was eine Gleichbehandlung beider Geschäfte im Rahmen des Inheritance Act plausibel erscheinen lässt.

c) Gläubigerschutz

Für die erbrechtliche Behandlung der Schenkung auf den Todesfall wird weiter das schutzwürdige Interesse der Nachlassgläubiger angeführt, auf einen ungeschmälerten Nachlass zuzugreifen.[599] Das impliziert, dass die Nachlassgläubiger durch die erbrechtliche Behandlung effektiver geschützt werden. Das wirft eine Reihe an Fragen auf, nämlich: Wie schützt das Recht die Nachlassgläubiger im Allgemeinen? Welche Stellung nehmen die Gläubiger des Erblassers gegenüber Vermächtnisnehmern ein? Denn typischerweise wird die Schenkung auf den Todesfall in ein Vermächtnis umzudeuten sein, wenn sie dem Erbrecht unterstellt wird. Wie schützt das Recht demgegenüber die Nachlassgläubiger vor Aushöhlung des Nachlasses durch unentgeltliche Geschäfte? Ist der Schutz schwächer, als er bei erbrechtlicher Einordnung wäre? Kurzum: Zu vergleichen ist die Stellung der Nachlassgläubiger gegenüber Vermächtnisnehmern einerseits und Beschenkten andererseits.

aa) Ausgangslage

Mit dem Tod einer Person verlieren dessen Gläubiger ihren Schuldner. Die Passiva gehen in Deutschland, Österreich und der Schweiz im Wege der Gesamtrechtsnachfolge auf den Erben über, die Gläubiger des Erblassers erhalten also einen neuen Schuldner. Während der Erbe im deutschen und schweizerischen Recht mit dem Erbfall *ipso iure* den gesamten Nachlass erwirbt,[600] bedarf es hierzu im österreichischen Recht eines gesonderten hoheitlichen Aktes, der sogenannten Einantwortung, durch die die Übergabe des Nachlasses in den rechtlichen Besitz des Erben bewirkt wird;[601] bis zur Einantwortung haftet nur der

597 Inheritance Act 1975, Sec. 8 (2).

598 Inheritance Act 1975, Sec. 2 (4) (a).

599 Deutschland: *Medicus/Petersen*, Bürgerliches Recht, Rn. 397; Österreich: *Fischer-Czermak*, in: Gruber et al., Erbrecht, § 20 Rn. 14, 22; *Weiß*, in: Ferrari/Likar-Peer, Erbrecht, S. 321 f.; Schweiz: *Weimar*, in: Berner Kommentar ZGB III/1/1/1, Einl. 14. Titel Rn. 120; sogar in England: *Borkowski*, Deathbed Gifts, S. 32 f.

600 Deutschland: § 1922 Abs. 1 BGB; Schweiz: Art. 560 Abs. 1 ZGB.

601 § 797 Abs. 1 ABGB.

Nachlass.[602] Die Erben haften für die Schulden des Erblassers grundsätzlich mit ihrem gesamten Vermögen persönlich,[603] nur ausnahmsweise kann die Haftung auf den Nachlass beschränkt werden.[604] Das Vermögen des Erben und der Nachlass verschmelzen also in der Regel. Die unbeschränkte Haftung des Erben dient dem Schutz der Gläubiger.[605] Sie kann sich aber als Nachteil für die Gläubiger des Erblassers erweisen, nämlich dann, wenn der Nachlass werthaltig, der Erbe jedoch überschuldet ist.[606] Denn die Gläubiger des Erblassers konkurrieren fortan nicht nur miteinander, sondern auch mit den Gläubigern des Erben und letztere können nun auf den Nachlass zugreifen. Zum eigenen Schutz haben die Nachlassgläubiger unter Umständen die Möglichkeit, eine Trennung der Vermögensmassen zu erwirken.[607]

Anders löst es das englische Recht: Die Universalsukzession ist dem englischen Recht fremd.[608] Mit dem Tod des Erblassers geht der Nachlass auf den *personal representative* über, eine Art Nachlassverwalter; der *personal representative* muss als erstes die Schulden des Erblassers begleichen, erst danach darf er den verbleibenden Nachlass (*residuary estate*) an die Begünstigten (*beneficiaries*) auskehren.[609] Auf diese Weise werden die Gläubiger im englischen Recht geschützt.

bb) Haftung und Rang des Vermächtnisnehmers

Mit dem Tod des Erblassers treten zudem neue Gläubiger auf, die den Anspruch auf Vermögenswerte aus dem Nachlass von Todes wegen erwerben und fortan mit den übrigen Gläubigern konkurrieren – etwa Vermächtnisnehmer. Die Gläubiger des Erblassers werden gegenüber Vermächtnisnehmern jedoch privilegiert; sie sind vorrangig zu befriedigen, sollte der Nachlass nicht zur Befriedigung aller

---

602 *Linder*, in: Gruber et al., Erbrecht (2. Aufl.), § 13 Rn. 6.

603 Deutschland: § 1967 Abs. 1 BGB; *Joachim*, in: Burandt/Rojahn, Erbrecht, § 1967 BGB Rn. 1; Österreich: § 801 ABGB; Schweiz: Art. 560 Abs. 2, 603 Abs. 1 ZGB.

604 Deutschland: Beschränkung auf Nachlass im Fall der Nachlassverwaltung oder Nachlassinsolvenz gem. § 1975 BGB; Österreich: Beschränkung der Haftung auf den Wert des Nachlasses durch bedingte Erbantrittserklärung gem. § 802 ABGB; Nachlassabsonderung gem. § 812 ABGB; Schweiz: Haftungsbeschränkung durch Errichtung eines öffentlichen Inventars gem. Art. 580–592 ZGB, siehe *Druey*, Erbrecht, § 15 Rn. 49 ff; Haftungsbeschränkung durch amtliche Liquidation, Art. 593–597 ZGB, siehe *Solomon*, in: Burandt/Rojahn, Erbrecht, Länderbericht Schweiz, Rn. 175 ff.

605 So etwa für das deutsche Recht *Brox/Walker*, Erbrecht, § 37 Rn. 7.

606 *Druey*, Erbrecht, § 13 Rn. 68.

607 Deutschland: vgl. § 317 InsO, § 1981 Abs. 2 BGB; Österreich: § 812 ABGB; Schweiz: Art. 594 Abs. 1 ZGB.

608 *Solomon*, in: Burandt/Rojahn, Erbrecht, Länderbericht England und Wales, Rn. 27.

609 *Solomon*, in: Burandt/Rojahn, Erbrecht, Länderbericht England und Wales, Rn. 27.

Nachlassgläubiger ausreichen.[610] Im Gegensatz zu den Erben haften die Vermächtnisnehmer den Gläubigern allerdings nicht persönlich für die Schulden des Erblassers.[611] Bei notleidendem Nachlass müssen sie aber eine Kürzung durch den Erben in Kauf nehmen, im ungünstigsten Fall gehen sie gänzlich leer aus.[612]

Wird die Schenkung auf den Todesfall wie ein Vermächtnis behandelt, so gehen die übrigen Nachlassgläubiger dem Beschenkten vor, wird sie dagegen wie eine gewöhnliche Schenkung behandelt, so steht der Beschenkte erst einmal auf derselben Stufe wie die anderen Nachlassgläubiger, der Beschenkte kann Befriedigung vor den Vermächtnisnehmern verlangen. Um eine Privilegierung des Beschenkten zu verhindern und um die übrigen Nachlassgläubiger effektiver zu schützen, plädierten in Österreich einige Vertreter der Vermächtnislösung für eine analoge Anwendung von § 692 ABGB, der die Kürzung des Vermächtnisses bei unzureichendem Nachlass ermöglicht.[613] Es zeigt sich eine Parallele zur *donatio mortis causa* des englischen Rechts: Diese wird nämlich zum Schutz der Gläubiger vor Übervorteilung haftungsrechtlich wie eine Verfügung von Todes wegen behandelt.[614] Die Gläubiger des Schenkers können auch nach dessen Tod auf das Geschenk zugreifen, falls der Nachlass nicht ausreicht zum Ausgleich sämtlicher Schulden, aber auch erst dann, die Einstandspflicht des Beschenkten ist somit subsidiär.[615] Das ist insofern kurios, als der Tod des Schenkers den Erwerb vollendet, der verschenkte Gegenstand somit nicht in den Nachlass fällt und eigentlich dem Zugriff der Nachlassgläubiger entzogen sein müsste.[616]

cc) Gläubigeranfechtung

Schutzlos ist ein Gläubiger aber auch dann nicht, wenn der Schuldner bereits zu Lebzeiten Vermögenswerte der Vollstreckung entzieht, indem er sie auf einen Dritten überträgt. Die betrachteten kontinentaleuropäischen Rechtsordnungen sehen zum Schutz der Gläubigerinteressen die Gläubigeranfechtung vor.

---

610 Deutschland: arg. e § 1973 Abs. 1 Satz 2 BGB, § 327 InsO, siehe zum Vorrang der Gläubiger auch *Brox/Walker*, Erbrecht, § 27 Rn. 32, § 37 Rn. 7, § 38 Rn. 3 und § 43 Rn. 35; Österreich: arg. e § 692 ABGB, siehe dazu *Oberhumer*, Schenkung auf den Todesfall, NZ 2008, 129 (139); Schweiz: Art. 564 Abs. 1 ZGB.

611 Deutschland: arg. e contrario zu § 1967 Abs. 1 BGB; Österreich: *Koziol/Welser*, Bürgerliches Recht II, S. 535; Schweiz: *Druey*, Erbrecht, § 11 Rn. 21.

612 Deutschland: § 1992 BGB, Österreich: § 692 ABGB; Schweiz: Art. 486 Abs. 1 ZGB.

613 *Fischer-Czermak*, in: Gruber et al., Erbrecht, § 20 Rn. 14, 22; *Weiß*, in: Ferrari/Likar-Peer, Erbrecht, S. 321 f.

614 *Borkowski*, Deathbed Gifts, S. 32.

615 *In Re Korvine's Trust* [1921] 1 Ch 343 (348); *Kerridge*, Law of Succession, Rn. 6–59 m.w.N.; *Margrave-Jones*, Law of Succession, Nr. 34.44.

616 *Borkowski*, Deathbed Gifts, S. 32 f.

(1) Die Schenkungsanfechtung im Speziellen

Es ist wenig überraschend, dass speziell Schenkungen im deutschen, österreichischen und schweizerischen Recht der Gläubigeranfechtung unterliegen,[617] vermindern sie doch das Vermögen, ohne dass eine Gegenleistung an die Stelle des abgeflossenen Vermögenswertes tritt. Bestimmte Geschenke sind von der Schenkungsanfechtung allerdings ausgenommen. Die meisten Ausnahmen sieht dabei das österreichische Recht vor, zumindest dem Gesetzeswortlaut nach: Die Schenkungsanfechtung greift nicht, soweit es sich um „die Erfüllung einer gesetzlichen Verpflichtung, um gebräuchliche Gelegenheitsgeschenke oder um Verfügungen in angemessener Höhe handelt, die zu gemeinnützigen Zwecken gemacht wurden oder durch die einer sittlichen Pflicht oder Rücksichten des Anstandes entsprochen worden ist".[618] Im deutschen und schweizerischen Recht sind dagegen von der Schenkungsanfechtung dem Wortlaut nach nur gebräuchliche bzw. übliche Gelegenheitsgeschenke ausgenommen, im deutschen Recht zudem mit der zusätzlichen Einschränkung, dass sie von geringem Wert sein müssen.[619] Der Begriff des Gelegenheitsgeschenkes ist allerdings jedenfalls nach deutschem Verständnis nicht zwingend so zu verstehen, dass solche Geschenke an besondere Anlässe wie etwa Geburtstage, Weihnachten oder Hochzeiten gebunden sind; sondern hiervon erfasst sein können auch Schenkungen zur Förderung gemeinnütziger oder vergleichbarer Zwecke oder in Erfüllung einer sittlichen Pflicht.[620] Damit ist in der praktischen Anwendung wiederum eine Annäherung an das österreichische Recht auszumachen. Der gutgläubige Empfänger einer unentgeltlichen Leistung wird insofern geschützt, als er sich auf Entreicherung berufen kann: Er muss die erhaltene Leistung grundsätzlich nur insoweit erstatten, als er durch sie bereichert ist.[621]

(2) Praktische Schwierigkeiten der Gläubigeranfechtung

Eine Gläubigeranfechtung ist mit nicht zu unterschätzenden praktischen Schwierigkeiten verbunden. So ist die Gläubigeranfechtung subsidiär: Der Gläubiger muss zunächst einen vollstreckbaren Titel erwirkt haben – in der Regel muss er dazu die Gerichte anrufen – und erfolglos die Vollstreckung aus diesem Titel versucht haben.[622] Folglich greift die Anfechtung erst, wenn der Schuldner vermögenslos

617 Deutschland: § 4 AnfG; Österreich: § 3 AnfO; Schweiz: Art. 286 SchKG.

618 § 3 Nr. 1 AnfO.

619 Deutschland: § 4 AnfG; Schweiz: Art. 286 Abs. 1 SchKG.

620 *Kirchhof*, Münchener Kommentar AnfG, § 4 Rn. 70.

621 Deutschland: § 11 Abs. 2 Satz 1 AnfG; Österreich: § 13 Abs. 3 AnfO; Schweiz: Art. 291 Abs. 3 SchKG.

622 Deutschland: § 2 AnfG; Österreich: § 8 Abs. 1 AnfO; Schweiz: Art. 285 Abs. 1, 2 Nr. 1 SchKG; *Amonn/Walther*, SchKR, § 52 Rn. 3.

ist. Die Subsidiarität kann für den Gläubiger besonders misslich werden, wenn der Schuldner auch Vermögen im Ausland hat. Unter Umständen ist er dann gehalten, zunächst auch einen Vollstreckungsversuch im Ausland zu unternehmen, was einen größeren Aufwand nach sich ziehen wird. Sofern der vollstreckbare Titel im Ausland anerkannt wird und der zu erwartende zeitliche (Mehr-)Aufwand die Gläubigeranfechtung nicht torpediert, weil die einzuhaltenden Anfechtungsfristen zu verstreichen drohen, erscheint ein vorheriger Vollstreckungsversuch im Ausland durchaus zumutbar.[623]

Eine weitere Hürde stellen die oft kurz bemessenen Anfechtungsfristen dar, die je nach Anfechtungstatbestand unterschiedlich lang sind; in den einzelnen Rechtsordnungen bestehen erhebliche Unterschiede: So unterliegen im deutschen Recht der Schenkungsanfechtung Schenkungen, die vier Jahre vor der Anfechtung vollzogen wurden; in Österreich beträgt die Anfechtungsfrist dagegen nur zwei Jahre, in der Schweiz gar nur ein Jahr.[624] Darüber hinaus muss der Gläubiger die Voraussetzungen für die Anfechtung beweisen – so jedenfalls im Wesentlichen –, was den Gläubiger mit einem nicht unerheblichen Risiko belastet.[625] Allerdings bestehen hinsichtlich der Beweislastverteilung im Einzelnen auch Unterschiede: Während nach schweizerischem Recht der anfechtende Gläubiger zusätzlich beweisen muss, dass die fragliche Schenkung innerhalb der gesetzlich vorgesehenen Frist vorgenommen worden ist, muss er diese Voraussetzung im deutschen Recht nicht beweisen, sondern vielmehr muss der Beschenkte beweisen, dass er die Schenkung außerhalb der Frist erhalten hat.[626]

Misslich für den beweisbelasteten Anfechtungsgläubiger ist, dass als einziges Beweismittel oftmals nur eine Vernehmung des beklagten Empfängers der angefochtenen Leistung als Partei in Frage kommen wird, was in vielen Fällen kaum erfolgversprechend sein dürfte und unter Umständen aus prozessualen Gründen nicht einmal zulässig ist; der Schenker selbst ist bereits verstorben und kann nicht mehr als Zeuge herangezogen werden.[627] Eine weitere praktische Schwierigkeit kann für einen Gläubiger darin bestehen, die betreffende Verfügung, durch die ein Vermögenswert fortgeschafft wurde, aufzuspüren. Diese Schwierigkeit könnte mit Hilfe eines entsprechenden Auskunftsanspruches des Gläubigers gegen den Schuldner abgefedert werden. Allerdings wird dem Gläubiger beispielsweise im deutschen Recht allenfalls mit Zurückhaltung ein Auskunftsanspruch gegen den

623 *Schack*, IZVR, Rn. 1179.

624 Deutschland: § 4 AnfG; Österreich: § 3 AnfO; Schweiz: Art. 286 SchKG.

625 Deutschland: *Kirchhof*, Münchener Kommentar AnfG, § 4 Rn. 74; Österreich: *Mohr*, KO, § 1 AnfO E 10; Schweiz: *Staehelin*, in: Basler Kommentar SchKG II, Art. 286 Rn. 26.

626 Schweiz: *Staehelin*, in: Basler Kommentar SchKG II, Art. 286 Rn. 26; Deutschland: *Kirchhof*, Münchener Kommentar AnfG, § 4 Rn. 76.

627 *Olzen*, Lebzeitige und letztwillige Rechtsgeschäfte, Jura 1987, 16 (21).

Schuldner zugebilligt;[628] vorrangig muss der Gläubiger eigene Nachforschungen anstellen, was erheblichen zusätzlichen Aufwand nach sich ziehen kann und mit unsicheren Erfolgsaussichten behaftet ist.[629] Abgesehen davon ist zu bedenken, dass der ursprüngliche Schuldner bereits verstorben ist und ein etwaiger Auskunftsanspruch des Gläubigers gegen die Erben nicht gleichermaßen erfolgversprechend ist, weil diese oftmals selbst keinen umfassenden Überblick über in der Vergangenheit liegende Geschäfte des Erblassers haben dürften.[630]

dd) Bewertung

Gerade weil die Gläubigeranfechtung für die Gläubiger mit erheblichen Risiken verbunden ist, wird argumentiert, dass die Behandlung der Schenkung auf den Todesfall als Verfügung von Todes wegen den Nachlassgläubigern besseren Schutz biete.[631]

Im deutschen Recht wird das Argument indes dadurch geschwächt, dass die Schenkung auf den Todesfall allenfalls dann erbrechtlich behandelt wird, wenn sie zu Lebzeiten nicht vollzogen wurde. Ist sie noch nicht vollzogen, so ist der versprochene Vermögenswert noch im Nachlass vorhanden und steht damit dem Zugriff der Gläubiger offen – eine Schlechterstellung ist dann nicht gegeben. Erst wenn der Erbe das Schenkungsversprechen erfüllt, wird die Position der Nachlassgläubiger beeinträchtigt und ihnen bleibt nur die Gläubigeranfechtung. Dieser Gefahr sind die Nachlassgläubiger aber auch im Falle eines Vermächtnisses ausgesetzt: Erfüllt der Erbe das Vermächtnis, obwohl er zunächst die übrigen Nachlassgläubiger hätte befriedigen müssen, so bleibt den übergangenen Nachlassgläubigern ebenfalls nur die Möglichkeit der Gläubigeranfechtung.[632] Eine Besserstellung bewirkt die erbrechtliche Behandlung der Schenkung auf den Todesfall somit nicht. In der Insolvenz werden die Insolvenzgläubiger gegenüber Beschenkten privilegiert und damit gesondert geschützt, wenn das Schenkungsversprechen noch nicht erfüllt worden ist.[633] Ist die Schenkung bereits vollzogen, so hilft die Insolvenzanfechtung.[634]

---

628 *Kirchhof*, Münchener Kommentar AnfG, § 11 Rn. 22.

629 Beispiele für Maßnahmen, um Vermögensverschiebungen aufzudecken, bei *Huber*, AnfG, § 11 Rn. 13.

630 Vgl. *Lange*, Erbrecht, § 19 Rn. 219.

631 So *Olzen*, Lebzeitige und letztwillige Rechtsgeschäfte, Jura 1987, 16 (21).

632 So jedenfalls in Deutschland: § 5 AnfG, Verweis auf Schenkungsanfechtung; ebenso im schweizerischen Recht: siehe *Wolf/Genna*, Erbrecht IV/1, S. 270.

633 Deutschland: vgl. § 39 Abs. 1 Nr. 4 InsO, wonach Forderungen auf unentgeltliche Leistungen nachrangig sind; Österreich: § 58 Nr. 3 IO, der einen Ausschluss für die Insolvenz statuiert; Schweiz: Art. 250 Abs. 2 OR, wonach das Schenkungsversprechen mit Eröffnung des Konkurses kraft Gesetzes aufgehoben wird.

634 Deutschland: § 134 InsO; Österreich: § 29 IO; Schweiz: Art. 286 SchKG.

Zu bedenken ist ferner: Zu Lebzeiten des Erblassers werden dessen Gläubiger ebenfalls bloß durch die Gläubigeranfechtung vor Schenkungen geschützt.[635] Es darf bezweifelt werden, dass das Erbrecht die Nachlassgläubiger im Vergleich zu ihrer Stellung zu Lebzeiten des Erblassers privilegieren will. Vielmehr soll doch nur verhindert werden, dass sich die Position der Nachlassgläubiger durch die neu entstehende Konkurrenzsituation in Folge des Erbgangs verschlechtert.[636] Als Argument für die erbrechtliche Behandlung ließe sich allenfalls anführen, dass der Erblasser vor einer Schenkung auf den Todesfall weniger Hemmungen haben wird als vor einer gewöhnlichen Schenkung, weil er das Vermögensopfer häufig selbst nicht mehr spüren wird, mithin das Gefährdungspotential für die Gläubiger größer ist.

d) Erbenschutz

Die Regelungen bezüglich der Schenkung auf den Todesfall dienen möglicherweise auch dem Schutz der Erben. Dafür könnte sprechen, dass die Behandlung der Schenkung auf den Todesfall für die Erben tatsächlich günstiger ist, und zwar in zwei Punkten: 1. Der Vermächtnisnehmer haftet den Pflichtteilsberechtigten gegenüber zwar nicht im Außenverhältnis, im Innenverhältnis hat er aber die Pflichtteilslast in der Regel anteilig mitzutragen. Der Erbe kann das Vermächtnis entsprechend kürzen, er kann also einen Teil der Pflichtteilslast auf den Vermächtnisnehmer abwälzen, als Ausgleich dafür, dass das Vermächtnis nicht zu einer Kürzung des Pflichtteilsanspruchs führt.[637] Allerdings kann der Erblasser – zumindest im deutschen Recht – eine abweichende Lastenverteilung für das Innenverhältnis anordnen.[638] Demgegenüber ist die Position des Erben bei einer Schenkung prinzipiell ungünstiger. Ist die fragliche Schenkung nämlich im Rahmen der Pflichtteilsergänzung zu berücksichtigen, so belastet das vorrangig den Erben, der Beschenkte ist bloß subsidiär einstandspflichtig. Der Beschenkte hat vielmehr erst dann einzustehen, wenn der Nachlass nichts mehr hergibt. 2. Auch hinsichtlich der Haftung gegenüber Nachlassgläubigern ist die Behandlung der Schenkung auf den Todesfall als Vermächtnis für den Erben günstiger. Der Vermächtnisnehmer ist nachrangig zu befriedigen, die übrigen Nachlassgläubiger gehen ihm vor. Der Erbe darf das Vermächtnis unter gewissen Umständen kürzen, wenn der Nachlass nicht ausreicht.[639] Der Beschenkte dagegen wird wie ein gewöhnlicher Nachlassgläubiger behandelt, er ist vor den Vermächtnisnehmern zu befriedigen. Eine Kürzung zugunsten der Erben scheidet aus.

---

635 Vgl. *Fischer-Czermak*, in: Gruber et al., Erbrecht, § 20 Rn. 22.

636 *Wieacker*, Zuwendung auf den Todesfall, FS Lehmann, 271 (275).

637 So zum deutschen Recht *Horn*, in: Burandt/Rojahn, Erbrecht, § 2318 BGB Rn. 2 f.

638 § 2324 BGB.

639 So etwa § 692 ABGB.

Aber wollte der Gesetzgeber die Erben gezielt privilegieren? Dass die erbrechtliche Behandlung der Schenkung auf den Todesfall auch zum Schutz der Erben gereicht, heißt nicht zwangsläufig, dass der Gesetzgeber deren Schutz intendierte. Entscheidend dürfte zunächst sein, ob es in Anbetracht der erbrechtlichen Wertungen überhaupt des Schutzes der Erben bedarf. Zu differenzieren ist zwischen den gesetzlichen bzw. testamentarischen Erben einerseits und den Vertragserben andererseits.

Gegen eine Privilegierung der gesetzlichen Erben spricht die Testierfreiheit. Der Erblasser darf seine Erben frei bestimmen und damit gesetzliche Erben enterben. Schmälert der Erblasser bloß die Erwerbsaussicht des berufenen gesetzlichen Erben durch eine lebzeitige Schenkung, so gibt es aus Sicht des Gesetzgebers keinen Grund, zum Schutz des Erben korrigierend einzugreifen. Der Erblasser hätte den berufenen gesetzlichen Erben schließlich gänzlich enterben können – zumindest in Deutschland und Österreich. Zu Lebezeiten des Erblassers hat der gesetzliche Erbe zudem keine gesicherte Rechtsposition, er darf nicht darauf vertrauen, dass er wirklich erben wird und der Nachlass werthaltig ist, er hat allenfalls eine vage Erwerbsaussicht. Warum sollte der potentielle Erbe dann vor Rechtsgeschäften unter Lebenden geschützt werden? Dass die Enterbung unter Umständen durch den grundsätzlich nicht entziehbaren Pflichtteil aufgefangen wird, ändert daran nichts. Denn rechtlich ist zwischen Erbfolge und Pflichtteilsrecht zu unterscheiden. Das gilt auch für die Schweiz, die ein echtes Noterbrecht kennt. Das wird daran deutlich, dass nicht jeder gesetzliche Erbe zugleich pflichtteilsberechtigt ist. Es geht dann nicht um Erbenschutz, sondern speziell um Angehörigenschutz.

Erst recht kann es dem Gesetzgeber nicht um den Schutz eines testamentarischen Erben gehen, der nicht gesetzlicher Erbe ist. Warum sollte der Erblasser in seiner Verfügungsfreiheit zugunsten eines Erben eingeschränkt sein, den er frei bestimmt hat und der ohne seine Anordnung überhaupt nichts bekommen hätte? Das gilt umso mehr, als der Erblasser sein Testament in der Regel frei widerrufen kann. Der testamentarisch eingesetzte Erbe hat ebenso wie der gesetzliche nur eine unsichere Aussicht auf Teilhabe am Nachlass und darf nicht auf die Werthaltigkeit des Nachlasses vertrauen. Der Erblasser wird gewusst haben, was seine Schenkung für Konsequenzen haben würde. Eine Korrektur zugunsten des Erben und zu Lasten des Beschenkten dürfte in der Regel den Willen des Erblassers verfälschen.

Anders ist die Situation hingegen beim Vertragserben. Soweit der Erblasser an seine im Erbvertrag getroffene Verfügung gebunden ist, genießt der Vertragserbe Vertrauensschutz, der Erblasser darf keine beeinträchtigende anderweitige Verfügung von Todes wegen treffen. Reut der Abschluss des Erbvertrages den Erblasser später, könnte er versucht sein, die Position des Vertragserben durch Schenkungen auf den Todesfall auszuhöhlen, um so die erbrechtliche Bindung zu umgehen.[640]

640 Dieser Gedanke lag der Lehre von der Aushöhlungsnichtigkeit im deutschen Recht zugrunde, siehe dazu § 2B.II.1.a)cc)(2).

Bei geschickter Gestaltung ist die lebzeitige Bindung bei der Schenkung auf den Todesfall so gering, dass der Erblasser zu Lebzeiten ein Vermögensopfer nicht spürt. Die Position ist dann nicht signifikant anders als bei einer Verfügung von Todes wegen.[641] Das senkt womöglich die Hemmschwelle des reuigen Erblassers, Gegenstände zu „verschenken".

Wird die Schenkung auf den Todesfall als gewöhnliche Schenkung behandelt, ist der Schutz des Vertragserben schwächer als bei Einstufung als Vermächtnis. Der Erblasser kann über sein Vermögen durch Rechtsgeschäft unter Lebenden grundsätzlich frei verfügen, er darf sein Vermögen auch verprassen. Geschenke sind nicht per se herauszugeben, sondern nur unter engen Voraussetzungen, im österreichischen Recht sogar überhaupt nicht. Wird die Schenkung auf den Todesfall dagegen in eine Verfügung von Todes wegen umgedeutet, kann der Erblasser sie überhaupt nicht wirksam abschließen – ein Vorteil also. Zwar genießen Schenkungen, die der Erblasser gezielt zur Aushöhlung der erbvertraglichen Bindung vornimmt, in Deutschland keinen Bestandsschutz, so dass der Vertragserbe auf sie zugreifen kann. Ein Nachteil bleibt indes, dass es dem Vertragserben häufig nicht gelingen dürfte, die Voraussetzungen nachzuweisen, insbesondere das Fehlen eines lebzeitigen Eigeninteresses.[642] Im schweizerischen Recht sind Schenkungen in der Regel nur dann anfechtbar, wenn der Erbvertrag eine gesonderte Vereinbarung hierzu vorsieht. Ist jedoch offenkundig, dass der Erblasser den Vertragserben durch die Schenkung schädigen wollte, so kommt eine Anfechtung auch ohne Abrede in Betracht; jedoch muss der Vertragserbe die Schädigungsabsicht beweisen.[643] Der Vertragserbe erscheint somit schutzwürdig – den effektiveren Schutz bietet die Einstufung als Vermächtnis. Der Gesetzgeber mag den Schutz der Vertragserben vor einer Schmälerung des Nachlasses durch bestimmte Schenkungen auf den Todesfall durchaus im Sinn gehabt haben.

e) Fazit

Im Wesentlichen werden die Nachlassbeteiligten durch erbrechtliche Bestimmungen vor Beeinträchtigungen durch gewöhnliche Schenkungen ausreichend geschützt. So sehen die betrachteten kontinentaleuropäischen Rechtsordnungen zugunsten der Pflichtteilsberechtigten unter bestimmten Voraussetzungen Ergänzungen vor, den Gläubigern steht die Gläubigeranfechtung offen und der Vertragserbe wird vor einer Aushöhlung des Erbvertrages in Deutschland und der Schweiz ebenfalls geschützt. Das englische Recht schützt die Angehörigen des Erblassers

641 Vgl. zum deutschen Recht *Mattern*, Die Aushöhlung von Testamenten und Erbverträgen, MDR 1960, 1 (4 f.); für das österreichische Recht *Fischer-Czermak*, in: Gruber et al., Erbrecht, § 20 Rn. 70.

642 Zur Beweislast im deutschen Recht siehe *Burandt*, in: Burandt/Rojahn, Erbrecht, § 2287 BGB Rn. 13.

643 BGer v. 30.4.2014, 5A_651/2013 – BGE 140 III 193 (197).

durch die dem Richter gegebene Befugnis, eine *anti-evasion order* zu erlassen; die Nachlassgläubiger werden durch das spezifische Nachlassverfahren, der *administration*, effektiv geschützt, zudem können sie auf die *donatio mortis causa* zugreifen, wenn der Nachlass überschuldet ist.

Ob ein effektiverer Schutz durch die erbrechtliche Behandlung der Schenkung auf den Todesfall tatsächlich erreicht werden kann, erscheint fraglich. Eine belastbare Aussage ließe sich erst nach einer tiefergehenden Analyse treffen, die den Rahmen dieser Arbeit jedoch sprengen würde. Die jeweiligen Auswirkungen müssten anhand von Beispielsfällen durchexerziert, miteinander verglichen und bewertet werden. Es dürften primär praktische Schwierigkeiten sein, allen voran Nachteile bezüglich Beweislast und Beweislage, die eine Erklärung für die Gleichstellung mit der Verfügung von Todes wegen liefern. Aus dem Blickfeld darf indes nicht geraten, dass die spezifischen Regelungen zur Rückholung beeinträchtigender Schenkungen auch die Interessen des Beschenkten berücksichtigen, nämlich durch Fristen und die subsidiäre Einstandspflicht. Das ist gerechtfertigt, weil der Beschenkte grundsätzlich auf den Bestand der Zuwendung vertrauen darf. Anders als ein Vermächtnisnehmer hat er zu Lebzeiten des Erblassers eine gesicherte Erwerbsposition. Das gilt mit Abstrichen auch für den Begünstigten einer Schenkung auf den Todesfall, zumindest dann, wenn lebzeitige Bindungswirkungen erstrebt waren. Die Umdeutung in eine Verfügung von Todes wegen führt potentiell zu einer fragwürdigen Schlechterstellung des Beschenkten. Das wird allzu oft übersehen.

Als Befund bleibt ungeachtet der geäußerten Zweifel festzuhalten, dass in den betrachteten kontinentaleuropäischen Rechtsordnungen den speziellen Regelungen nach verbreiteter Ansicht die Funktion zugesprochen wird, einen effektiveren Schutz zu gewährleisten – und das ist für sich genommen bereits eine Erkenntnis, die es für die kollisionsrechtliche Betrachtung zu berücksichtigen gilt.

Für das englische Recht gilt, dass es zwar auch dort im Grunde ein Bedürfnis für den Schutz erbrechtlicher Bestimmungen vor Umgehungsgeschäften gibt, weil die Testierfreiheit insbesondere durch die *family provision* begrenzt wird. Die *donatio mortis causa* zielt indes primär auf eine Privilegierung des Erblassers ab und nicht darauf, Umgehungsgeschäfte zu verhindern; sie gefährdet damit eher erbrechtliche Interessen, weswegen sich die Stimmen für die Abschaffung des Instituts mehren.

2. *Hinreichende Annäherung an das Erbrecht*

Je stärker die Schenkung ihrer Gestaltung nach einer Verfügung von Todes wegen angenähert ist, desto größer ist die Umgehungsgefahr und desto größer das Bedürfnis nach Gleichbehandlung.[644] Zu erörtern ist, welche Kriterien den Ausschlag geben. In Abgrenzung zu den oben dargestellten Kriterien, die materiell die Verfügung von Todes wegen ausmachen, geht es nunmehr um diejenigen

644 Ähnlich *Langen*, § 2301 I 1 BGB, S. 323.

Kriterien, die das Rechtsgeschäft unter Lebenden so nah an eine Verfügung von Todes wegen heranrücken lassen, dass eine erbrechtliche Behandlung geboten erscheinen könnte.

a) Funktionale Betrachtung

Eine ausreichende Annäherung an eine Verfügung von Todes wegen könnte bereits dann vorhanden sein, wenn der Zuwendende dem Rechtsgeschäft eine Funktion zumisst, die der einer Verfügung von Todes wegen entspricht, wenn er somit alternativ auch eine Verfügung von Todes wegen hätte erlassen können, um sein Ziel zu erreichen. Geht es dem Zuwendenden um die Weitergabe von Vermögenswerten anlässlich seines Todes,[645] geht es ihm also um die Regelung des Nachlasses, könnte bereits damit der hinreichende Bezug zum Erbrecht hergestellt sein, in Folge dessen die Anwendung erbrechtlicher Vorschriften gerechtfertigt erscheinen mag. Dieser Bezug soll nicht im eher technisch engen Sinne dahingehend verstanden werden, dass er nur besteht, wenn erst die Erben den betreffenden Gegenstand aus dem Nachlass herauszugeben haben, der Erblasser selbst also kein Vermögensopfer trifft, und die Wirkungen überhaupt erst mit dem Tod des Erblassers eintreten. Ein derart enges Verständnis wäre untauglich, weil dann nur solche Geschäfte erfasst würden, die rechtlich ohnehin als Verfügung von Todes wegen einzustufen wären. Gemeint ist vielmehr die bewusste und gezielte Regelung der Vermögensverhältnisse über den Tod hinaus, gewissermaßen als Fortschreibung der Eigentumsbefugnis. Bei der Schenkung auf den Todesfall handelt es sich um ein Rechtsgeschäft unter Lebenden, das einer Verfügung von Todes wegen strukturell angenähert ist, indem es erbrechtliche Zwecke verfolgt.[646]

Eine rein funktionale Betrachtung erweist sich bei genauerem Hinsehen indes als zu eng und vermag eine Erklärung für die erbrechtliche Einordnung allein nicht zu liefern. Zum einen ist die Abgrenzung in den hier betrachteten Rechtsordnungen schon nicht konsequent: Nicht alle Konstellationen der Schenkung auf den Todesfall werden erbrechtlich behandelt. In den einzelnen Rechtsordnungen gibt es erhebliche Unterschiede, was die Abgrenzung anbelangt. Vor allem lassen die betrachteten Rechtsordnungen solche lebzeitigen Rechtsgeschäfte auf den Todesfall in großzügigem Maß zu, bei denen sich der Erblasser einer Mittelsperson bedient, die das Geschäft nach dem Tod vollendet.

Zum anderen gibt es weitere Geschäfte, denen eine erbrechtliche Funktion zukommt, die aber als Rechtsgeschäfte unter Lebenden zu behandeln sind. Zu nennen ist beispielsweise die sogenannte „vorweggenommen Erbfolge“ oder auch „antizipierte

645 Vgl. die Definition der „Rechtsnachfolge von Todes wegen“ bei *Dutta*, in: Münchener Kommentar BGB, Bd. 12, Art. 3 EuErbVO Rn. 2.

646 *Langen*, Leihversprechen von Todes wegen, ZMR 86, 150 (153).

647 *Eccher*, Antizipierte Erbfolge, S. 4.

Erbfolge"[647].[648] Von „vorweggenommener Erbfolge" wird gesprochen, wenn der Erblasser sein ganzes Vermögen oder einen wesentlichen Teil seines Vermögens auf einen oder mehrere als künftige Erben in Aussicht genommene Empfänger noch zu seinen Lebzeiten überträgt.[649] Wesentliches Anliegen des Erblassers ist es oftmals, eine kontrollierte Vorsorge zu treffen, damit die zu Lebzeiten erschaffenen wirtschaftlichen Werte nicht durch Zwistigkeiten der Erben zerstört werden.[650] Der Vorteil dürfte darin liegen, dass der Erblasser noch korrigierend eingreifen kann, falls sich die Gestaltung in der Praxis nicht bewährt.[651] Charakteristikum der „vorweggenommenen Erbfolge" ist gerade, dass der Erwerb dem Erbschaftserwerb funktionell – jedenfalls teilweise – vergleichbar sein muss.[652] Dennoch richtet sich die „vorweggenommene Erbfolge" im Grundsatz nicht nach dem Erbrecht, sondern nach den Vorschriften über Rechtsgeschäfte unter Lebenden.[653] Maßgeblich ist aber letztlich, welche konkreten Gestaltungen die Parteien wählen. Typischerweise wird es um Schenkungen gehen.[654]

Darüber hinaus gibt es Konstrukte, die es dem Vermögensträger ermöglichen, generationenübergreifend ein „privates Erbrecht" außerhalb des gesetzlichen Erbrechtsmodells zu setzen, d.h., der Vermögensträger ist dank bestimmter von Rechts wegen vorgesehener Mechanismen in der Lage, Vermögen dauerhaft oder zumindest für einen beträchtlichen Zeitraum insgesamt dem gesetzlichen Erbrechtsmodell zu entziehen und dabei nachfolgende Generationen über den eigenen Erbfall hinaus dieses Vermögen betreffend zu binden.[655] Im deutschen Recht kann der Vermögensträger („Erbrechtssetzer") Vermögen auf eine von ihm ins Leben gerufene privatnützige Stiftung übertragen und die generationenübergreifende Weitergabe der Vermögensteilhabe durch u.a. entsprechende Ausgestaltung des Stiftungszwecks und Bestimmung der Destinatäre steuern, um auf diese Weise eigenes Erbrecht zu setzen.[656] Der Stifter kann beispielsweise mit der privatnützigen Stiftung

648 Siehe dazu im Überblick für Deutschland: *Muscheler*, Erbrecht I, Rn. 138 ff.; für Österreich: *Saurer*, in: Gruber et al., Erbrecht (2. Aufl.), § 3.

649 So zumindest in Deutschland: BGH, Urt. v. 30.1.1991 – IV ZR 299/89 –, BGHZ 113, 310 (313); *Dörner*, in: Staudinger (März 2007), Art. 25 EGBGB Rn. 445; ähnlich aber auch in Österreich: *Saurer*, in: Gruber et al., Erbrecht (2. Aufl.), § 3 Rn. 1 f.

650 *Olzen*, Die vorweggenommene Erbfolge, S. 17; vgl. auch *Eccher*, Antizipierte Erbfolge, S. 19; siehe zu Vor- und Nachteilen *Saurer*, in: Gruber et al., Erbrecht (2. Aufl.), § 3 Rn. 5.

651 *Muscheler*, Erbrecht I, Rn. 141.

652 *Muscheler*, Erbrecht I, Rn. 138.

653 Deutschland: BGH, Urt. v. 30.1.1991 – IV ZR 299/89 –, BGHZ 113, 310 (313); Österreich: *Eccher*, Antizipierte Erbfolge, S. 98.

654 *Saurer*, in: Gruber et al., Erbrecht (2. Aufl.), § 3 Rn. 8.

655 Davon handelt das Werk von *Dutta*, Warum Erbrecht?, siehe insbesondere S. 4, 21.

656 *Dutta*, Warum Erbrecht?, S. 35 ff.; siehe auch zur Stiftungserrichtung von Todes wegen für einen ersten Überblick *Lange*, Erbrecht, Kap. 24 (S. 1048 ff.); Ähnliches

ein der Vor- und Nacherbschaft vergleichbares Ergebnis erzielen, ohne an die zeitlichen Grenzen von Vor- und Nacherbschaft gebunden zu sein.[657] Immerhin greift das zwingende Erbrecht – insbesondere das Pflichtteilsrecht – noch, aber auch nur im Hinblick auf den eigenen Erbfall des Stifters.[658] Im englischen Recht bzw. im *common law* allgemein ermöglicht das Institut des *trust* dem Erblasser, das *trust*-gebundene Vermögen generationenübergreifend weiterzugeben.[659] Allerdings sind zeitliche Beschränkungen, sog. *rules against perpetuities*, zu beachten.[660] Überhaupt ist der *trust* ein effektives Gestaltungsmittel, um Vermögenswerte unter Lebenden auf den Todesfall zuzuwenden.

Als Fazit ist festzuhalten: Die betrachteten Rechtsordnungen enthalten keinen Rechtssatz, dass eine Zuwendung auf den Todesfall ausschließlich in den typischen Formen der Verfügungen von Todes wegen erfolgen darf, das Erbrecht beansprucht mithin keine exklusive Geltung für die postmortale Vermögensverteilung.[661] Im Gegenteil:[662] Der BGH etwa folgert aus einem Umkehrschluss zu §§ 331 und 2301 BGB für das deutsche Recht, es sei grundsätzlich zulässig, dass jemand durch Rechtsgeschäfte unter Lebenden für den Fall des Todes Verfügungen treffe oder Verpflichtungen eingehe, deren Vollzug bis nach dem Tode des Verfügenden hinausgeschoben werde.[663] Er verwirft auch das Argument der Gesetzesumgehung: „Dass derartige Geschäfte auch zu Umgehungszwecken geschlossen werden können, ist von der Rechtsprechung keineswegs verkannt worden. Den in derartigen Fällen in ihren anerkannten Rechten Gekränkten stehen die gleichen Rechtsbehelfe zum Schutz ihrer berechtigten Belange zur Seite, wie bei anderen unstatthaften Rechtsgeschäften, die keine Zuwendung oder Verpflichtung für den Todesfall begründen."[664] Mithin: Der Beeinträchtigte ist nicht schutzbedürftiger als sonst auch.

Es gibt vielmehr ein praktisches Bedürfnis für postmortale Zuwendungen unter Lebenden, und der Gesetzgeber erkennt dieses im Wesentlichen an. Das erschwert indes die Begründung, warum einige Varianten der Schenkung auf den Todesfall dem Erbrecht unterstellt werden, andere jedoch nicht. Es ließe sich ganz allgemein einwenden, die Schenkung auf den Todesfall sei einer Verfügung von Todes

---

gilt für Österreich, siehe dazu *Kalss/Müller*, in: Gruber et al., Erbrecht (2. Aufl.), § 26 Rn. 1 ff.

657 *Dutta*, Warum Erbrecht?, S. 99, 103 f.

658 *Dutta*, Warum Erbrecht?, S. 140.

659 *Dutta*, Warum Erbrecht?, S. 86 ff.

660 *Dutta*, Warum Erbrecht?, S. 90 ff.

661 So *Harder*, Zuwendungen, S. 159, ausdrücklich zum deutschen Recht.

662 Zum deutschen Recht *Schmidt-Kessel*, Befristete Schenkung auf den Todesfall, FS Schippel, 317 (318 f.).

663 BGH, Beschl. v. 12.11.1952 – IV ZB 93/52 –, BGHZ 8, 23 (31).

664 BGH, Beschl. v. 12.11.1952 – IV ZB 93/52 –, BGHZ 8, 23 (32).

wegen überhaupt nicht ähnlich, weil die Unterschiede auf Rechtsfolgenseite stets erheblich wären, würde der Gesetzgeber sie als gewöhnliche Schenkung zulassen.[665] Das ist letztlich aber eine Wertungsfrage – und die lässt sich unterschiedlich beantworten.

Die funktionale Vergleichbarkeit ist nach alledem notwendiges, nicht aber hinreichendes Kriterium für die erbrechtliche Behandlung. Es sind weitere Kriterien zu suchen, die die Zuwendung auf den Todesfall so nah an eine Verfügung von Todes wegen heranrücken, dass aus der Sicht des Gesetzgebers die Anwendung erbrechtlicher Vorschriften als geboten erscheint.

b) Kriterium der Unentgeltlichkeit

Zwei Erklärungen lassen sich im Groben für die Unentgeltlichkeit als Annäherungsmerkmal finden, nämlich eine materiale und eine rechtspolitische: Die materiale Erklärung gründet darin, dass die Unentgeltlichkeit ein Charakteristikum der Verfügung von Todes wegen ist und somit die nötige Annäherung bewirkt. Rechtspolitisch lässt sich die Regelung gerade der Schenkung auf den Todesfall damit erklären, dass ein unentgeltliches Geschäft besonders missbrauchsanfällig ist und die Interessen der Nachlassbeteiligten gefährdet, weil es den Nachlass schmälert.

aa) Materiale Erklärung

Die Regelungen im österreichischen, deutschen und schweizerischen Recht legen den Schluss nahe, dass gerade die Unentgeltlichkeit ein Charakteristikum von Verfügungen von Todes wegen ist.[666] So hat beispielsweise der OGH in einer Entscheidung die Einordnung eines Vertrages als Vermächtnisvertrag aus dem einfachen Grund abgelehnt, dass eine Gegenleistung vereinbart war; dass der Vertrag erst mit dem Tod des Verkäufers wirksam werden sollte, änderte an der Einordnung als Kaufvertrag und damit als Rechtsgeschäft unter Lebenden nichts.[667] Nach schweizerischem Verständnis sollen erbrechtliche Dispositionen stets zumindest ein unentgeltliches Element aufweisen, wenngleich dieses Element auch in der Einräumung eines entgeltlich auszuübenden Rechts bestehen könne.[668] Besonders deutlich wird der Zusammenhang im hier nicht näher behandelten französischen Recht: Der Code civil regelt die Schenkung nicht im Schuldrecht, sondern zusammen mit dem Testament unter dem Oberbegriff der *libéralités* als eigenständigen Fall des Eigentumserwerbs im Anschluss an das Erbrecht; es existieren dementsprechend Vorschriften, die für Schenkung und Testament gleichermaßen

---

665 So zum deutschen Recht *Harder*, Zuwendungen, S. 94 f.

666 So etwa für das deutsche Recht *Lange*, Erbrecht, § 18 Rn. 183, ebenso *Reinicke*, Schenkungen von Todes wegen, S. 139 ff.

667 OGH 8.12.1948, 2 Ob 364/48 – SZ 22/2, 9 (9).

668 *Druey*, Erbrecht, § 8 Rn. 40a, 43 m. Verweis auf BGE 93 II 223, 226 E. 1 betr. Kaufsrecht.

gelten.[669] Ausschlaggebend für die gemeinsame rechtliche Behandlung von Schenkung und Testament soll im französischen Recht gerade die Unentgeltlichkeit sein.[670] Im englischen Recht werden postmortale Zuwendungen ganz allgemein als *gift* bezeichnet.[671]

Gegen die Unentgeltlichkeit als wesensprägendes Merkmal von Verfügungen von Todes wegen kann angeführt werden, dass im Rahmen eines Erbvertrages der Vertragserbe durchaus eine Gegenleistung versprochen haben kann.[672]

Eingewandt wird zudem – zumindest in Deutschland –, dass es bei Verfügungen von Todes wegen gar nicht um eine Vermögensverschiebung gehe und dementsprechend niemand ein Vermögensopfer bringe: der Erblasser nicht, weil er tot ist, der Enterbte nicht, weil er kein Anwartschaftsrecht auf den Nachlass hat.[673] Das Vermögensopfer ist indes Charakteristikum einer Schenkung. Die Zuwendung von Todes wegen sei zwingend „entgeltneutral", weil der Tod dem Vermögen seinen Rechtsträger nimmt und demgemäß eine Neuzuordnung des Vermögens erforderlich wird.[674] Bei lebzeitigen Geschäften stelle sich die Frage nach deren Entgeltlichkeit bzw. Unentgeltlichkeit ausschließlich im Rahmen des Kausalgeschäfts, wohingegen das Erfüllungsgeschäft neutral sei. Der Unterschied zwischen schuldrechtlicher *causa* und dem abstrakten dinglichen Vollzugsgeschäft existiere bei Verfügungen von Todes wegen indes nicht, weil diese die *causa* des Erwerbs in sich selbst tragen würden.[675]

bb) Rechtspolitische Erklärung

Stimmiger dürfte ohnehin die Erklärung sein, dass unentgeltliche Zuwendungen auf den Todesfall aus rechtspolitischen Gründen dem Erbrecht zugewiesen werden.

Unentgeltliche Zuwendungen werden wohl in den meisten Rechtsordnungen kritisch beäugt, im Regelfall werden gerade an sie strengere Anforderungen gestellt als an entgeltliche Rechtsgeschäfte.[676] Unentgeltliche Geschäfte sind für die Nachlassbeteiligten gefährlicher als entgeltliche. Der OGH bringt das auf den Punkt: „Entgeltliche Verfügungen oder Vermögensbestandteile, die mit dem Tode eines Vertragspartners wirksam werden sollen, unterliegen jedoch nur den allgemeinen Beschränkungen für Verträge schlechthin. Diese unterschiedliche Behandlung ist darin begründet, dass durch unentgeltliche Verfügungen die Interessen

669 *Ferid/Sonnenberger*, Das Französische Zivilrecht, Bd. 2, Rn. 2 H 1 f.

670 So *Abel*, Die Qualifikation der Schenkung, S. 70.

671 Siehe dazu etwa die Darstellung bei *Margrave-Jones*, Law of Succession, Kap. 11.

672 Deutschland: *Langen*, § 2301 I 1 BGB, S. 41 ff.; Schweiz: *Hausheer*, Abgrenzung, in: Breitschmid, Testament und Erbvertrag, S. 79 (86).

673 *Windel*, Modi der Vermögensnachfolge, S. 378.

674 *Fischer*, Die Unentgeltlichkeit im Zivilrecht, S. 211.

675 *Langen*, § 2301 I 1 BGB, S. 38.

676 Vgl. *Bucher*, England und der Kontinent, ZVglRWiss 105 (2006), 164 (178).

der Erben und Nachlassgläubiger im höheren Grade gefährdet sind, [sic!] als im Falle einer entgeltlichen Verfügung, wo für das dem Dritten eingeräumte Recht der Gegenwert in das Vermögen des Verfügenden oder seines Nachlasses fließt."[677] Das Versprechen einer Gegenleistung reduziert zudem die Gefahr, dass Vermögenswerte zu Lasten schutzwürdiger Dritter gezielt am Nachlass vorbeigeschmuggelt werden.[678] Eine Ausdehnung auf entgeltliche Rechtsgeschäfte wird folgerichtig abgelehnt.[679]

Allerdings ist nicht nur die Schenkung auf den Todesfall gefährlich, sondern die Schenkung ganz generell. Der Unterschied zur gewöhnlichen Schenkung besteht indes darin, dass der Schenker das Vermögensopfer nicht oder zumindest in geringerem Maße selbst spürt und es ihm daher leichter fallen dürfte, freigiebig zu sein. Wer den Gegenstand ohnehin verloren glaubt, weil der Tod ihn nimmt, der braucht nicht mehr nachzudenken, ob er den Gegenstand nicht vielleicht doch lieber behalten will.[680] Es bestehen allerdings Abstufungen: Je nach Gestaltung ist das fühlbare Opfer stärker oder schwächer und damit die Hemmschwelle unterschiedlich hoch. Besonders niedrig dürfte sie beim Widerrufsvorbehalt sein – so gesehen ist das österreichische Recht konsequent. Vergleichsweise hoch dürfte sie dagegen bei einer auflösend bedingten und lebzeitig vollzogenen Schenkung sein. Es verwundert nicht, dass diese Schenkung in den betrachteten Rechtsordnungen als gewöhnliche Schenkung behandelt wird.[681] Damit wird auch klar, warum nicht jede Variante der Schenkung auf den Todesfall dem Erbrecht unterstellt wird.

Offen bleibt, warum die speziellen Regelungen nur die Schenkung erfassen, nicht dagegen andere unentgeltliche Geschäfte wie etwa Leihe, unentgeltlichen Auftrag oder zinsloses Darlehen.[682] Womöglich ist das der Fall, weil „dem Gesetzgeber die Schenkung als die bedeutendste und wichtigste Form der unentgeltlichen Zuwendung erschien, der gegenüber andere unentgeltliche Zuwendungsformen [...] in ihrer Bedeutung in den Hintergrund traten".[683] Die weiteren unentgeltlichen Geschäfte dürften auch nicht in gleicher Weise den Nachlass gefährden, so dass der Gesetzgeber diesen gegenüber gelassener bleiben kann.

---

677 OGH 14.04.1954, 3 Ob 244/54 – SZ 27/105, 246 (247).

678 *Hausheer*, Abgrenzung, in: Breitschmid, Testament und Erbvertrag, 79 (91).

679 Deutschland: BGH, Beschl. v. 12.11.1952 – IV ZB 93/52 –, BGHZ 8, 23 (31); *Schmidt-Kessel*, Befristete Schenkung auf den Todesfall, FS Schippel, 317 (320); Österreich: OGH 18.1.1950, 1 Ob 19/50 – SZ 23/8, 22 (23); OGH, 14.4.1954, 3 Ob 244/54 – SZ 27/105, 246 (247); Schweiz: BGer v. 22.5.1958 – BGE 84 II 247 (252 f.).

680 Vgl. *Hyland*, Gifts, S. 171, Nr. 292.

681 So ja etwa Art. 247 OR.

682 Für deren Einbeziehung im deutschen Recht *de lege ferenda Muscheler*, Universalsukzession und Vonselbsterwerb, S. 121 f.

683 So für das deutsche Recht *Langen*, Leihversprechen von Todes wegen, ZMR 86, 150 (154).

c) Der Vollzug zu Lebzeiten

Entscheidende Bedeutung könnte dem Vollzug zukommen bzw. umgekehrt der Tatsache, dass das Geschäft zu Lebzeiten nicht mehr vollzogen wird und damit eine Parallele zur Verfügung von Todes wegen aufweist.

aa) Bedeutung des Vollzugs für die rechtliche Einordnung

Der Vollzug noch zu Lebzeiten des Erblassers ist untypisch für Verfügungen von Todes wegen, wenn nicht gar ausgeschlossen.[684] Wenn nämlich Verfügungen von Todes wegen zu Lebzeiten keine Vorwirkungen zeitigen, so muss auch der Vollzug zu Lebzeiten ausscheiden. Der lebzeitige Vollzug könnte daher das maßgebliche Kriterium sein für die Zuordnung der Schenkung auf den Todesfall zu den Rechtsgeschäften unter Lebenden. So sieht es das deutsche Recht mit seiner Rückausnahme in § 2301 Abs. 2 BGB. Durch den Vollzug entferne sich das Rechtsgeschäft nämlich „in Ablauf und Gestaltung" wieder von einer erbrechtlichen Verfügung.[685] Denn bei Verfügungen von Todes wegen könne der dingliche Erfolg frühestens mit dem Tod des Erblassers eintreten.[686] Die Verfügung von Todes wegen zeichne sich gerade dadurch aus, dass der Erblasser nicht über gegenwärtiges Vermögen verfügt, sondern über das künftige, im Zeitpunkt seines eigenen Todes noch vorhandene Vermögen.[687] So heißt es in den Motiven zum BGB: „Ist die Schenkung vollzogen, so liegt eine Vergabung des Nachlasses nicht vor; der Schenker mindert vielmehr sein Vermögen sofort und unmittelbar."[688] Die nicht vollzogene Schenkung auf den Todesfall belastet demgegenüber endgültig erst den Nachlass und rückt damit besonders nah an die Verfügungen von Todes wegen heran.[689]

In Österreich und der Schweiz nimmt der Vollzug in der Diskussion um die Schenkung auf den Todesfall nicht den gleichen Stellenwert ein wie in Deutschland – das verwundert kaum, fehlt es doch an einer § 2301 Abs. 2 BGB vergleichbaren Regelung. Immerhin spricht Art. 245 Abs. 2 OR von einer Schenkung, deren Vollziehbarkeit auf den Tod des Schenkers gestellt ist; bedeutungslos ist der Vollzug also offenbar nicht. Soll die Schenkung nach der vertraglichen Vereinbarung zu Lebzeiten vollzogen werden, so liegt ein Rechtsgeschäft unter Lebenden vor. Das scheint auch Art. 247 OR zu bestätigen: Verabreden die Parteien den Rückfall

---

684 Vgl. für das deutsche Recht *Harder*, Zuwendungen, S. 120; siehe auch *Langen*, § 2301 I 1 BGB, S. 324; der OGH hat es offen gelassen, ob Verfügungen von Todes wegen vor dem Tode des Erblassers erfüllt werden können, siehe OGH 19.5.1983, 6 Ob 625/82 – SZ 56/79, 350 (355 f.).

685 *Muscheler*, Erbrecht II, Rn. 2856.

686 *Langen*, § 2301 I 1 BGB, S. 56.

687 *Langen*, Leihversprechen von Todes wegen, ZMR 86, 150 (154).

688 Motive zum BGB, Bd. V (Fn. 68), S. 352.

689 *v. Tuhr*, Schenkungslehre, SJZ 18 (1921/22), 201 (205).

der geschenkten Sache, falls der Beschenkte vorverstirbt, liegt nach schweizerischem Recht eine gewöhnliche Schenkung unter Lebenden vor; typischerweise ist eine solche Schenkung bereits zu Lebzeiten vollzogen.[690]

Auch im österreichischen Recht scheint der Vollzug nicht gänzlich unbedeutend zu sein. Denn erfüllt der Schenker noch zu Lebzeiten, so könne keine Rede sein von einer „Schenkung, deren Erfüllung erst nach dem Tod des Schenkenden erfolgen soll", wie sie § 956 ABGB a.F. voraussetzte.[691] Indes knüpft diese Formulierung ebenso wie im schweizerischen Recht allein an die schuldrechtliche Vereinbarung an; damit ist noch nicht gesagt, dass ein nachträglicher Vollzug die rechtliche Qualifikation des Geschäfts zu ändern vermag, ein Testament also wiederum in eine gewöhnliche Schenkung umgedeutet wird, wie es das deutsche Recht explizit regelt. Argumentieren ließe sich, der Vollzug bewirke eine Modifikation der ursprünglichen vertraglichen Vereinbarung; vollzieht der Schenker nämlich zu Lebzeiten, so gibt er zu erkennen, an seinem ursprünglichen Willen, dem Aufschub der Erfüllung, nicht mehr festhalten zu wollen. Im schweizerischen Recht soll daher – zumindest nach einer Ansicht – eine vollzogene Schenkung auf den Todesfall stets als Rechtsgeschäft unter Lebenden einzustufen sein, auch wenn die ursprüngliche Vereinbarung Gegenteiliges vorsah.[692] Denn die vollzogene Schenkung betreffe bereits das gegenwärtige Vermögen und nicht erst den Nachlass.[693]

Anders sieht es in Österreich aus: Der OGH jedenfalls scheint dem Vollzug keine Bedeutung für die Abgrenzung zwischen Schenkung und Vermächtnis beizumessen. So hielt der OGH für unwirksam wegen Nicht-Einhaltung der Testamentsform die widerrufliche Übergabe auf den Todesfall, ein unentgeltliches Geschäft, bei dem der Erblasser die Sache bereits zu Lebzeiten übergibt, sich aber die freie Verfügung über den zugewandten Gegenstand vorbehält.[694] Der OGH qualifizierte das Geschäft als Vermächtnis gemäß § 956 Satz 1 ABGB a.F. und nicht als Schenkungsvertrag im Sinne von § 956 Satz 2 ABGB a.F.,[695] er diskutierte allein die Frage, ob die Übergabe zu Lebzeiten eine Heilung des formungültigen Vermächtnisses herbeiführen kann.[696] Im Umkehrschluss heißt das: Der dingliche Vollzug als solcher ändert nichts an der rechtlichen Qualifikation, das Geschäft bleibt aufgrund des Widerrufsvorbehalts Verfügung von Todes wegen. Ist die Schenkung auf den

690 Vgl. *Maissen*, Schenkungsvertrag, Rn. 483; für beachtlich hält den Vollzug auch *Beck*, Erbrecht, S. 85.

691 *Apathy*, Der Auftrag auf den Todesfall, JBl. 1976, 393 (399); *Faistenberger*, Erbrecht, S. 98.

692 *Maissen*, Schenkungsvertrag, Rn. 546 m.w.N.

693 *Zobl*, Probleme im Spannungsfeld, AJP 2001, 1007 (1014).

694 OGH 19.5.1983, 6 Ob 625/82 – SZ 56/79, 350 (354 ff.).

695 OGH 19.5.1983, 6 Ob 625/82 – SZ 56/79, 350 (355).

696 OGH 19.5.1983, 6 Ob 625/82 – SZ 56/79, 350 (356).

Todesfall dagegen unwiderruflich, so liegt eine lebzeitige Schenkung vor – gleichgültig, ob sie vollzogen ist oder nicht.

Für die *donatio mortis causa* des englischen Rechts ist der lebzeitige Vollzug wesensprägend, er begründet einen wesentlichen Unterschied zur testamentarischen Zuwendung.[697] Nicht zuletzt der lebzeitige Vollzug sorgt dafür, dass die *donatio mortis causa* keine reine Verfügung von Todes wegen ist, sondern im Gegenteil ihrem Wesen nach tendenziell eher als *gift inter vivos* angesehen wird.[698] Er ist das maßgebliche Unterscheidungskriterium zum Testament im englischen Recht.[699] Ebenso wie im deutschen Recht reicht es auch im englischen Recht aus, wenn die Schenkung erst nach Abschluss des Geschäfts vollzogen wird.[700] Zudem soll der Vollzug den Schenkungswillen dokumentieren, damit die Abschaffung formloser Testamente nicht gänzlich ausgehöhlt wird.[701]

Der DCFR behandelt die vollzogene Schenkung auf den Todesfall gemäß IV.H. – 1:105 ebenso wie § 2301 Abs. 2 BGB ausdrücklich als gewöhnliche Schenkung, weil dann kein Konflikt mit dem Erbrecht zu befürchten sei.[702] Das mag einerseits als Indiz gelten, dass der lebzeitige Vollzug rechtsvergleichend als bedeutsames Kriterium für die Zuordnung zu den Rechtsgeschäften unter Lebenden taugt. Andererseits zeigt das österreichische Recht, dass die Aussage im DCFR keine Allgemeingültigkeit beanspruchen kann.

bb) Kritik am Kriterium des Vollzugs

Die Entscheidung des BGB-Gesetzgebers, den Vollzug zum maßgeblichen Abgrenzungskriterium zu erheben, wird in Deutschland vereinzelt kritisch gesehen. *Harder* hält den Vollzug deshalb für ein ungeeignetes Kriterium, weil Vollzugsgeschäfte abstrakt seien und es daher allein auf die „rechtliche Struktur des Grundgeschäfts“ ankommen könne, nur letzteres könne „inter vivos oder mortis causa“ vorgenommen werden.[703] Das ist aus der Warte des deutschen Rechts, das dem Abstraktionsprinzip folgt, ein bedenkenswerter Einwand. Auf Rechtsordnungen, die das Abstraktionsprinzip nicht kennen, lässt er sich nicht ohne weiteres übertragen. Im österreichischen Recht beispielsweise hängt die wirksame Übereignung in der Regel davon ab, dass ein Rechtsgrund besteht, das Verfügungsgeschäft hängt also rechtlich vom Verpflichtungsgeschäft ab, es ist kausal und nicht abstrakt.[704] Vor allem bedeutet das umgekehrt: Der Vollzug lässt sich nicht per se

---

697 *Borkowski*, Deathbed Gifts, S. 26 f.; *Kerridge*, Law of Succession, Rn. 6–45.

698 So *In Re Korvine's Trust* [1921] 1 Ch 343 (348), zit. n. Westlaw UK.

699 *Borkowski*, Deathbed Gifts, S. 75.

700 *Kerridge*, Law of Succession, Rn. 6–49.

701 *In Re Wasserberg* [1915] 1 Ch 195 (203 f.), zit. n. Westlaw UK.

702 DCFR, Bd. 3, Kommentierung zu IV.H. – 1:105, unter „Transformation into a donation *inter vivos*“, S. 2815.

703 *Harder*, Zuwendungen, S. 119.

704 *Koziol/Welser*, Bürgerliches Recht I, S. 119.

isoliert betrachten, also ohne Berücksichtigung der Abreden im Verpflichtungsgeschäft. Wenn nämlich das Verfügungsgeschäft hinsichtlich seiner Wirksamkeit vom Verpflichtungsgeschäft abhängt, so kann letzteres nicht ignoriert werden. Es ist keineswegs gewiss, dass eine Rechtsordnung den zu Lebzeiten vorgenommenen Übertragungsakt für gültig erachtet, wenn das zugrunde liegende Schenkungsversprechen frei widerruflich bleibt.[705]

Letztlich geht es bei der Behandlung von Schenkungen auf den Todesfall um eine wertende Entscheidung. Insofern ist es nachvollziehbar, dass die Zuordnung zu dem einen oder anderen Regelungsbereich im Rahmen einer Gesamtschau von Verpflichtungs- und Verfügungsgeschäft erfolgt und nicht auf eine allzu formale Sicht gestützt wird – nicht nur in den Staaten, die das Abstraktionsprinzip nicht kennen. Ob der Erblasser noch zu Lebzeiten ein Vermögensopfer erbracht hat, lässt sich nicht zwingend allein aufgrund des Verfügungsgeschäfts beurteilen. Bindet sich der Schenker zu Lebzeiten nicht, auch wenn er die Sache bereits übereignet hat, so ließe sich mit Fug und Recht behaupten, ein Vermögensopfer sei noch nicht erbracht. Denn der Schenker hält weiter eine Hand auf dem Geschenk, er kann dieses zu Lebzeiten jederzeit zurückfordern und sanktionslos anderweitig über den Gegenstand verfügen. Das Geschäft unterscheidet sich in diesem Punkt nicht vom Erbvertrag. Im Gegensatz dazu würde der Schenker das Vermögensopfer durchaus selbst spüren, wenn er sich bereits zu Lebzeiten bindet, vorausgesetzt die Schenkung wäre als lebzeitiges Geschäft wirksam.[706] Wegen der Vorwirkungen müsste der Schenker alles unterlassen, was das Recht beeinträchtigen oder vereiteln würde, und wäre damit in seiner Verfügungsfreiheit eingeschränkt. Die nicht vollzogene Schenkung kann das gegenwärtige Vermögen des Schenkers also stärker belasten als die vermeintlich vollzogene.

Der BGB-Gesetzgeber sieht das gleichwohl anders. Zwar wurde im Gesetzgebungsverfahren diskutiert, Schenkungen von Todes wegen stets als nicht vollzogen und damit als Verfügung von Todes wegen zu behandeln, wenn sie unter der Bedingung des beliebigen Widerrufs stehen; das wurde letztlich aber verworfen: „Die bloße Möglichkeit, dass gesetzliche Bestimmungen auf Umwegen umgangen werden könnten, dürfe den Gesetzgeber nicht veranlassen, komplizierte, dem geltenden Recht fremde Rechtssätze aufzunehmen. Jede Umgehung des Gesetzes könne der Gesetzgeber, wie die Erfahrung lehre, doch nicht verhindern."[707] Sei eine solche Schenkung zu Lebzeiten vollzogen worden, so ändere die Möglichkeit des einseitigen Widerrufs nichts daran, dass der Beschenkte zu Lebzeiten entweder das Vollrecht oder ein Anwartschaftsrecht erlangt hat;[708] das Vollrecht am versprochenen Gegenstand kann also ohne Mitwirkung der Erben auf den Beschenkten

705 *Hyland*, Gifts, S. 173, Nr. 294, zum französischen Recht.

706 *Harder*, Zuwendungen, S. 97.

707 Protokolle zum BGB, Bd. V, S. 462.

708 *Musielak*, in: Münchener Kommentar BGB, Bd. 11, § 2301 Rn. 22.

übergehen, wenn der Schenker von seiner Widerrufsmöglichkeit keinen Gebrauch macht, der Erwerb vollzieht sich außerhalb des Erbrechts.

cc) Anforderungen des Vollzugs

Ungeachtet der Frage nach der generellen Bedeutung des Vollzugs besteht die Schwierigkeit darin zu bestimmen, wann Vollzug vorliegt. Die einzelnen Rechtsordnungen nehmen unterschiedliche Standpunkte ein.[709] Das verwundert nicht, wenn man einmal bedenkt, dass die Frage des Vollzugs allein im deutschen Recht höchst umstritten ist. Reicht es etwa aus, wenn der Erblasser zu Lebzeiten alles veranlasst hat, damit der Rechtserwerb nach dessen Tod eintreten kann? Oder muss der dingliche Erfolg noch zu Lebzeiten eintreten? Im deutschen Recht wird der Vollzug ungeachtet der verschiedenen Meinungen großzügig gehandhabt, die Differenzen liegen eher im Kleinen verborgen.[710] Die tendenziell großzügige Handhabung hat zur Folge, dass der Anwendungsbereich von § 2301 Abs. 1 BGB erheblich eingeschränkt wird und somit die Begründung für die Norm noch schwerer fällt. Auch das englische Recht stellt an den Vollzug keine allzu hohen Anforderungen, verlangt es doch bloß die Übertragung der Sachherrschaft. Das harmoniert mit dem Bestreben, die formalen Anforderungen zu senken, um eine postmortale Zuwendung in einer Ausnahmesituation zu erleichtern. Im schweizerischen Recht ist für den Vollzug ausschlaggebend, dass der Schenker sich bereits zu Lebzeiten des Verfügungsrechts begibt;[711] unschädlich ist es, wenn er sich die lebenslängliche Nutznießung am Geschenk vorbehält.[712]

Der Vollzug nach dem DCFR ist enger zu verstehen als im deutschen Recht: Vollzogen ist die Schenkung auf den Todesfall gemäß IV.H. – 1:105 DCFR, wenn der Schenker noch zu Lebzeiten entweder den Erwerbstatbestand vollendet oder auf die Bedingung verzichtet.[713] Die restriktivere Handhabung ist insofern konsequent, als der DCFR den Begriff der Schenkung auf den Todesfall weit versteht und damit den Anwendungsbereich des Schenkungsrechts zugunsten des nationalen Erbrechts eng ziehen will. Eine zu großzügige Handhabung des Vollzugs würde die Wertentscheidung wieder in Frage stellen. Der DCFR möchte den gravierenden Unterschieden in den einzelnen Rechtsordnungen gerecht werden und dem nationalen Erbrecht nach Möglichkeit nicht ins Gehege kommen – daher die Selbstbeschränkung.

---

709 *Henrich*, Schenkung von Todes wegen, FS Firsching, 111 (116 ff.).

710 Siehe dazu bereits die Ausführungen oben unter § 2A.II.1.a)bb).

711 BGer v. 4.8.1995 – Pra. 1996 Nr. 150, 516 (517).

712 *Zobl*, Probleme im Spannungsfeld, AJP 2001, 1007 (1013).

713 DCFR, Bd. 3, Kommentierung zu IV.H. – 1:105, unter „Transformation into a donation *inter vivos*", S. 2815.

d) Kriterium der Widerruflichkeit

Das entscheidende Abgrenzungskriterium im österreichischen Recht ist nicht etwa die Betagung der Schenkung, sondern deren freie Widerruflichkeit bzw. Unwiderruflichkeit – das verdeutlicht die Neuregelung in § 603 ABGB. Schafft also die vertragliche Bindung die nötige Distanz zum Erbrecht, die eine Behandlung als Verfügung von Todes wegen nicht mehr zu rechtfertigen vermag trotz funktionaler Vergleichbarkeit mit dem Erbrecht? Für das österreichische Recht wäre das sogar eine plausible Erklärung, lässt es doch einen bindenden Erbvertrag nur in sehr engen Grenzen zu und zeigt damit, dass Verfügungen von Todes wegen grundsätzlich frei widerruflich sind. Da es gleichwohl ein Bedürfnis für verbindliche Geschäfte gibt, wäre es unbefriedigend, die Schenkung auf den Todesfall per se als Testament zu behandeln und damit dem Gros der Vertragspartner verbindliche Geschäfte auf den Todesfall vorzuenthalten.[714] Funktional kann die Schenkung auf den Todesfall damit die Lücke füllen, die die sehr eingeschränkte Zulassung des Erbvertrages reißt.

Gleichzeitig bleibt das grundsätzliche Verbot des Erbvertrages gewahrt. Denn auch wenn sowohl die „echte" Schenkung auf den Todesfall als auch der Erbvertrag unwiderruflich sind und diesbezüglich übereinstimmen – hinsichtlich der jeweiligen Wirkungen unterscheiden sich beide Geschäfte grundlegend: Allein Rechtsgeschäfte unter Lebenden und damit ebenso „echte" Schenkungen auf den Todesfall zeitigen Vorwirkungen zu Lebzeiten des Erblassers. Das hat zur Folge, dass der Erblasser sich bei der „echten" Schenkung auf den Todesfall anders als beim Erbvertrag bereits zu Lebzeiten der Möglichkeit begibt, anderweitig durch Rechtsgeschäft unter Lebenden zu verfügen. Die „echte" Schenkung auf den Todesfall distanziert sich damit vom Erbvertrag, aber auch vom Testament, und zwar nicht nur aufgrund der formalen Bindung. Würde das österreichische Recht demgegenüber auch die frei widerrufliche Schenkung auf den Todesfall als lebzeitiges Geschäft zulassen, würden die Grenzen zum Erbrecht faktisch aufgeweicht; denn die Vorwirkungen wären so minimal, dass sie wertungsmäßig nicht weiter ins Gewicht fielen: Der Erblasser behielte die Verfügungsfreiheit und würde sich bei Veräußerung an einen Dritten wohl auch dann nicht schadensersatzpflichtig machen, wenn er zuvor nicht gegenüber dem Beschenkten widerrufen hätte, weil es entweder bereits an einer Pflichtverletzung fehlen würde oder aber jedenfalls an der Kausalität nach den Grundsätzen des rechtmäßigen Alternativverhaltens.

Die Hemmschwelle für die Vornahme einer solchen Schenkung wäre sehr niedrig. Der Erblasser wäre beim vereinbarten Vorbehalt des jederzeitigen Widerrufs sogar freier als beim Erbvertrag, könnte er doch weiterhin von Todes wegen über den Gegenstand verfügen, sofern er widerruft. Nach alledem dient das Erfordernis der Unwiderruflichkeit weniger dazu, die Gefahr einer Umgehung des grundsätzlichen Verbots von Erbverträgen zu bannen, als vielmehr dazu, die Grenze zwischen

---

714 *Fischer-Czermak*, in: Gruber et al., Erbrecht, § 20 Rn. 1.

Schuldrecht und Erbrecht klar zu ziehen.[715] § 603 ABGB n.F. zieht die Grenze sogar konsequenter als § 956 ABGB a.F. Strebte der Erblasser nach der Vorgängernorm nämlich eine lebzeitige Bindung samt Vorwirkungen an, wobei er versäumte, explizit den Widerrufsverzicht zu erklären, so konnte das Geschäft dennoch nur als Vermächtnis wirksam sein. Der wahre Wille des Erblassers wurde dann ignoriert. Rechtfertigen ließ sich das damit, dass sonst Zweifel über den wahren Willen des Erblassers hätten bestehen können und die Bezugnahme auf den Tod tendenziell eher in Richtung einer Verfügung von Todes wegen deutet. Der Widerrufsverzicht sollte Klarheit darüber schaffen, dass der Zuwendende ein Rechtsgeschäft unter Lebenden abschließen wollte und dementsprechend eine Bindung einschließlich Vorwirkungen zu Lebzeiten erstrebte.[716] Demgegenüber wird die Neuregelung wohl zu größeren Beweisschwierigkeiten führen.

Darüber hinaus schafft das Kriterium der Unwiderruflichkeit eine klare Abgrenzung zur unliebsamen *donatio mortis causa* des römischen Rechts. Das österreichische Recht steht mit dieser Regelung dem französischen Recht deutlich näher als dem deutschen. Denn auch im französischen Recht ist die Unwiderruflichkeit das maßgebliche Kriterium für die Zuordnung zu den Rechtsgeschäften unter Lebenden, der Vollzug unter dem Vorbehalt des freien Widerrufs reicht nicht; es gilt der Grundsatz „donner et retenir ne vaut" (schenken und zurückfordern ist ungültig).[717] Ähnlich ist es im schweizerischen Recht: Behält sich der Erblasser das alleinige lebenslängliche Verfügungsrecht vor, so wird die Schenkung auf den Todesfall gemäß Art. 245 Abs. 2 OR dem Erbrecht unterstellt.[718]

Das österreichische Recht führt einen angemessenen Interessenausgleich herbei, insbesondere schützt es den Beschenkten adäquat: Ist die Schenkung frei widerruflich, ist der Beschenkte nicht schutzwürdig, ist sie dagegen bereits zu Lebzeiten des Erblassers bindend, so darf er auf den Erhalt der Leistung vertrauen, auch wenn das Versprechen auf den Tod bezogen ist.

Nach deutschem Recht dagegen kann auch die frei widerrufliche Schenkung auf den Todesfall als lebzeitige Schenkung wirksam sein, vorbehaltlich des § 2301

715 So ja die h.M. im österreichischen Recht zum Erfordernis des Widerrufsverzichts, siehe etwa *Fischer-Czermak*, in: Gruber et al., Erbrecht, § 20 Rn. 6.

716 Vgl. *Welser*, Schenkung auf den Todesfall, NZ 2005, 161 (162); zwar betont *Welser*, dass der ausdrückliche Widerrufsverzicht einen Hinweis auf die bei Geschäften von Todes wegen sonst nicht bestehende Bindung liefert, was wiederum die Bindung in den Vordergrund stellt, jedoch wird man die besondere Bindungswirkung (Vorwirkungen), die zwangsläufig mit der in Rede stehenden Bindung einhergeht, hinzulesen dürfen, ja müssen.

717 *Hyland*, Gifts, S. 172 f., Nr. 294.

718 *Vogt*, in: Basler Kommentar OR I, Art. 245 Rn. 10; *Weimar*, in: Berner Kommentar ZGB III/1/1/1, Einl. 14. Titel Rn. 121; *Koller*, in: Guhl, OR, § 43 Rn. 24.

BGB.[719] Das ist insofern plausibel, als § 2301 BGB anders als § 603 ABGB n.F. nicht von der Unwiderruflichkeit spricht. Ohne explizite gesetzliche Anordnung kann ein solches Geschäft nicht als Verfügung von Todes wegen eingestuft werden, da es mit dieser nicht deckungsgleich ist. Eine frei widerrufliche Schenkung auf den Todesfall kann also nach deutschem Recht als lebzeitiges Rechtsgeschäft wirksam bleiben, wohingegen sie nach österreichischem Recht zwingend als Verfügung von Todes wegen zu behandeln wäre. Ob die deutsche Lösung rechtspolitisch sinnvoll ist, steht auf einem anderen Blatt.

Die *donatio mortis causa* des englischen Rechts ist zu Lebzeiten stets frei widerruflich; sie fällt *ipso iure* dahin, wenn der Schenker die Gefahr übersteht, die ihn zur Schenkung veranlasste.[720] Hat der Beschenkte zu Lebzeiten bereits das Vollrecht an dem verschenkten Gegenstand erlangt, so verwaltet er den Gegenstand im Falle des Widerrufs zugunsten des Schenkers als *trustee* und ist zur Rückübertragung verpflichtet.[721] Die Widerrufbarkeit wird im englischen Recht als Kriterium angesehen, welches die *donatio mortis causa* an das ebenfalls frei widerrufliche Testament heranrücken lässt, weil die gewöhnliche Schenkung im Gegensatz dazu nicht widerruflich ist.[722] Diesbezüglich zeigt sich eine Parallele zum österreichischen Recht. Hingewiesen wird aber auch auf die unterschiedlichen Methoden des Widerrufs bei Testamenten und *donationes mortis causa*, vor allem darauf, dass die *donatio mortis causa* nicht durch Testament widerrufen werden könne.[723] Das gilt im Ergebnis auch für das deutsche Recht, sollte sich der Schenker den Widerruf vorbehalten; denn grundsätzlich muss die Widerrufserklärung dem Beschenkten zugehen, was bei einer Erklärung in der Testamentsurkunde typischerweise nicht der Fall sein wird.

e) Die Überlebensbedingung

Im deutschen Recht wird die Überlebensbedingung gemäß § 2301 Abs. 1 BGB ausdrücklich zum Tatbestandsmerkmal der Schenkung von Todes wegen erhoben und ist daher mitausschlaggebend für die Zuweisung des Geschäfts zum Erbrecht. Die Überlebensbedingung wird teilweise als wesensprägend für Verfügungen von Todes wegen angesehen; angeführt werden zur Begründung §§ 1923 Abs. 1, 2160 BGB.[724] Nach § 1923 Abs. 1 BGB kann Erbe nur sein, wer im Zeitpunkt des Erbfalles noch lebt. § 2160 BGB ordnet die Unwirksamkeit eines Vermächtnisses an, wenn der Bedachte zur Zeit des Erbfalles nicht mehr lebt. Auch in der Schweiz

---

719 *Kanzleiter*, in: Staudinger (Juli 2018), § 2301 Rn. 22; *Musielak*, in: Münchener Kommentar BGB, Bd. 11, § 2301 Rn. 22 m.w.N.

720 *Kerridge*, Law of Succession, Rn. 6–57.

721 *Kerridge*, Law of Succession, Rn. 6–57.

722 *Borkowski*, Deathbed Gifts, S. 31.

723 *Borkowski*, Deathbed Gifts, S. 31.

724 Siehe dazu etwa *Harder*, Zuwendungen, S. 31 ff. und 99 f.

wird vereinzelt das Überleben des Bedachten als unabdingbare Voraussetzung für den erbrechtlichen Erwerb angesehen und damit zugleich als wesensprägend für die Schenkung auf den Todesfall.[725]

Ebenso ist die Überlebensbedingung Charakteristikum der englischen *donatio mortis causa*, gerade in ihr zeigt sich die Doppelnatur dieses Rechtsinstituts. Denn ein Rechtsgeschäft, welches durch den Tod des Versprechenden bedingt ist, kann im englischen Recht eigentlich nur als Verfügung von Todes wegen wirksam sein, weil es zu Lebzeiten keine Wirkungen zeitigt.[726] Auch das Testament wird in der Regel hinfällig, wenn der Beschenkte vor dem Schenker stirbt – eine weitere Parallele der *donatio mortis causa* zum Testament.[727] Andererseits rückt der lebzeitige Vollzug das Geschäft wiederum in die Nähe der Rechtsgeschäfte unter Lebenden. Die Grenze zwischen lebzeitigen Rechtsgeschäften und solchen von Todes wegen wird verwischt.[728]

Bei näherem Hinsehen lässt sich diese Bedeutung der Überlebensbedingung als Abgrenzungskriterium jedoch relativieren. Hinsichtlich des Verweises auf die jeweiligen Vorschriften, die das Überleben des Erben für den Erbgang voraussetzen, um die Bedeutung der Überlebensbedingungen für das Erbrecht zu erklären, ist Vorsicht geboten. Zunächst dürften die angeführten Vorschriften eine Selbstverständlichkeit zum Gegenstand haben; denn das Vermögen bzw. einzelne Vermögenswerte können nur auf eine noch lebende Person übergehen.[729] Das Erbrecht bezweckt schließlich die Neuzuordnung des Vermögens, weil der bisherige Vermögensträger durch Tod weggefallen ist; dann kann nicht an die Stelle der einen toten Person eine andere tote Person treten.

Zudem steht die Verfügung von Todes wegen nicht zwangsläufig unter einer „Überlebensbedingung" – der Erblasser kann eine anderweitige Regelung treffen. Der Gesetzgeber will vielmehr dem nach seiner Vorstellung mutmaßlichen Willen des Erblassers Rechnung tragen, eine ganz bestimmte Person zu begünstigen und eben nur diese und nicht auch deren Erben. Die Verfügung von Todes wegen erhält vor diesem Hintergrund im Regelfall einen „höchstpersönlichen" Charakter, den das mit einer Überlebensbedingung verknüpfte Rechtsgeschäft gleichermaßen aufweist.[730] Das Gesetz stellt die Vermutung auf, dass der Erblasser in diesem Fall lieber seine gesetzlichen Erben begünstigt wissen will als die Erben der bedachten Person. In Art. 543 Abs. 2 ZGB kommt dies durch die Formulierung „wenn kein anderer Wille aus der Verfügung nachgewiesen werden kann" zum Ausdruck. Das Vermächtnis fällt also nicht zwangsläufig durch gesetzliche Anordnung weg,

725 So *Maissen*, Schenkungsvertrag, Rn. 540 unter Verwies auf Art. 515 Abs. 1, 543 ZGB.

726 Vgl. *In the Goods of Morgan* (1865–1869) LR 1 P & D 214, zit. n. Westlaw UK.

727 *Borkowski*, Deathbed Gifts, S. 31.

728 *Hyland*, Gifts, S. 460, Nr. 973.

729 *Windel*, Modi der Vermögensnachfolge, S. 344.

730 *Windel*, Modi der Vermögensnachfolge, S. 344.

sondern der Erblasser hat die Möglichkeit durch Ersatzverfügung etwa die Erben des Vermächtnisnehmers einzusetzen für den Fall des Vorversterbens.[731] Der Erblasser kann also die Personenbezogenheit der Verfügung von Todes wegen aufheben.

Auch das deutsche Recht sieht die Einsetzung eines Ersatzerben vor, wenn der Erblasser dies wünscht, er muss diese Folge mithin ebenso wie im schweizerischen Recht ausdrücklich anordnen. Die Zulässigkeit dieser Gestaltungsmöglichkeit zeigt, dass die Überlebensbedingung nicht so wesensprägend für eine Verfügung von Todes wegen ist, wie es auf den ersten Blick scheint.[732] Die Personenbezogenheit stellt zwar im deutschen und schweizerischen Recht den gesetzlichen Regelfall dar, allerdings nicht, weil dies aus erbrechtlichen Erwägungen zwingend erforderlich wäre, sondern vielmehr deswegen, weil es dem mutmaßlichen Willen des Erblassers am ehesten gerecht wird in Ermangelung einer eindeutigen anderweitigen Anordnung. Stellt man nun diesen Willen des Erblassers in den Vordergrund, so erscheint zweifelhaft, ob damit der erforderliche Bezug zum Tod des Zuwendenden in hinreichender Weise hergestellt wird und damit bei wertender Betrachtung eine ausreichende Nähe zum Erbrecht gegeben ist, die eine rechtliche Gleichbehandlung plausibel erscheinen lässt.

Einleuchtender könnte eine andere Erklärung sein, nämlich diejenige, dass das mit einer Überlebensbedingung versehene Geschäft die geringsten Vorwirkungen zeitigt: Im Falle einer aufschiebenden Bedingung ist die Schenkung zu Lebzeiten nicht wirksam und zusätzlich hängt die Wirksamkeit von einem ungewissen künftigen Ereignis ab. Damit rückt die Schenkung sehr nah an Verfügungen von Todes wegen heran. Einen Wertungswiderspruch fördert jedoch der Vergleich mit einer aufschiebend befristeten, nicht vollzogenen Schenkung auf den Todesfall zu Tage. Ein solches Rechtsgeschäft ist zu Lebzeiten des Schenkers ebenfalls nicht wirksam. Der Unterschied besteht lediglich darin, dass der verschenkte Gegenstand den Erben des Beschenkten zufällt, falls dieser vorverstirbt. Eine unterschiedliche Behandlung vermag das indes schwerlich zu rechtfertigen. Denn für die zu schützenden Nachlassbeteiligten ist es einerlei, ob das Geschenk dem Beschenkten oder dessen Erben zufällt.[733] Tendenziell ist eine Überlebensbedingung für die Nachlassbeteiligten sogar günstiger als die Befristung, weil sie die Chance erhöht, dass der Gegenstand doch noch in den Nachlass fällt. Zudem ist zu berücksichtigen, dass der Beschenkte durchaus schutzwürdig ist; faktisch darf er gerade dann auf den Erhalt der Leistung vertrauen, wenn er deutlich jünger als der Erblasser ist und diesen voraussichtlich überleben wird, zumal er anders als beim Widerrufsvorbehalt nicht der Willkür des Erblassers ausgeliefert ist. Daher ist es wenig überzeugend, ausgerechnet die Überlebensbedingung als das Zünglein an der Waage

731 *Schwander*, in: Basler Kommentar ZGB II, Art. 543 Rn. 7.

732 *Windel*, Modi der Vermögensnachfolge, S. 345.

733 *Olzen*, Lebzeitige und letztwillige Rechtsgeschäfte, Jura 1987, 16 (22).

anzusehen – zumindest vor dem Hintergrund, die Nachlassbeteiligten effektiv zu schützen.

Problematisch ist weiter, dass nach verbreiteter Meinung im deutschen Recht auch die auflösende Überlebensbedingung als Bedingung im Sinne des § 2301 Abs. 1 BGB anzusehen ist.[734] *Muscheler* weist zu Recht darauf hin, dass eine Parallele mit einer Verfügung von Todes wegen in diesem Fall nicht gegeben ist, weil ein auflösend bedingtes Geschäft bereits zu Lebzeiten des Zuwendenden wirksam ist, zumal mangels Rückwirkung des Bedingungseintritts die einmal eingetretene lebzeitige Existenz des Leistungsanspruches unumkehrbar wäre.[735] Die Wirksamkeit zu Lebzeiten des zuwendenden Erblassers ist erbrechtlichen Geschäften wesensfremd.

Überdies bringt die Überlebensbedingung praktische Schwierigkeiten mit sich. Häufig wird sich der Schenker keine Gedanken darüber machen, ob das Geschenk nur dem Beschenkten selbst oder gegebenenfalls auch dessen Erben zufallen soll, und wenn doch, so ist die Frage durch den Richter im Prozess schwer zu klären, weil der Erblasser seinen Willen häufig nicht klar ausdrücken wird.[736] Das mag ein wesentlicher Grund sein, warum das österreichische Recht die Überlebensbedingung nicht zum Tatbestandsmerkmal der Schenkung auf den Todesfall erhebt.[737] Der BGH behilft sich, indem er einerseits eine großzügige Auslegung zugunsten einer Überlebensbedingung befürwortet, weil diese angeblich vielfach auch dann gewollt sei, wenn sie nicht ausdrücklich erklärt werde; der Tatrichter solle „nicht engherzig" verfahren.[738] Andererseits soll im Zweifel analog § 2084 BGB derjenigen Auslegung der Vorzug gegeben werden, nach welcher das Geschäft wirksam ist, um den Willen des Erblassers durchzusetzen.[739] Diese beiden Auslegungshilfen sind allerdings schwer in Einklang zu bringen.[740] Entscheidend ist nach dem BGH letztlich der individuelle Wille der Beteiligten.[741]

Auch wenn die Überlebensbedingung im österreichischen Recht nicht das ausschlaggebende Kriterium ist, so spielt sie gleichwohl eine Rolle in der Diskussion zur Schenkung auf den Todesfall – allerdings unter einem anderen Blickwinkel: Fraglich ist nämlich, ob die Vereinbarung einer Überlebensbedingung mit dem Erfordernis der Unwiderruflichkeit vereinbar ist und das Rechtsgeschäft damit als „echte" Schenkung auf den Todesfall, mithin als lebzeitiges Rechtsgeschäft,

734 Vgl. *Burandt*, in: Burandt/Rojahn, Erbrecht, § 2301 BGB Rn. 10.
735 *Muscheler*, Erbrecht II, Rn. 2838.
736 So für das österreichische Recht *Eccher*, Antizipierte Erbfolge, S. 127.
737 Vgl. *Sauer*, Schenkung auf den Todesfall, S. 39.
738 BGH, Urt. v. 12.11.1986 – IVa ZR 77/85 –, JZ 1987, 361 (362) m. Anm. *Leipold*.
739 BGH, Urt. v. 18.5.1988 – IVa ZR 36/87 –, NJW 1988, 2731 (2732).
740 *Muscheler*, Erbrecht II, Rn. 2840.
741 BGH, Urt. v. 18.5.1988 – IVa ZR 36/87 –, NJW 1988, 2731 (2732).

wirksam sein kann. Nach überwiegender Meinung ist das zu bejahen.[742] Der OGH hat eine solche Vereinbarung ebenfalls gebilligt.[743] Eine Umgehung des Erfordernisses der Unwiderruflichkeit sei in der Gestaltung nicht zu erblicken, weder der Wortlaut noch der Gesetzeszweck von § 956 ABGB a.F. spreche gegen die Zulässigkeit der Überlebensbedingung. Die Aufschiebung der Erfüllung auf die Zeit nach dem Tod sei nicht die einzig mögliche Annäherung an die Verfügungen von Todes wegen, um als Rechtsgeschäft unter Lebenden gelten zu können. Es entspreche der Natur von Schenkungsverträgen auf den Todesfall, dass die Parteien den Vertrag in der Annahme abschließen würden, der Beschenkte werde den Schenker überleben.[744] Der OGH weist zudem auf eine alternative Gestaltungsmöglichkeit hin, nämlich die Vereinbarung der Unvererblichkeit des Anspruchs.[745] Dass der OGH diese Alternative erwähnt, verdeutlicht, worum es dem Zuwendenden bei Vereinbarung der Überlebensbedingung typischerweise geht, nämlich darum, eine ganz bestimmte Person zu begünstigen. Aus österreichischer Perspektive gefährdet die Überlebensbedingung die Interessen der Nachlassbeteiligten nicht, vor allem wohl auch deswegen nicht, weil das Geschenk bei Eintritt der Bedingung beim Erblasser verbleibt und er seine Verfügungsfreiheit wiedererlangt.[746] Dieser Befund zeigt: Im österreichischen Recht ist eine Gestaltung der Schenkung auf den Todesfall als echte Schenkung möglich, die nach deutschem Recht dem Erbrecht unterworfen würde.

Festzuhalten bleibt: Die Vereinbarung einer Überlebensbedingung bedeutet zwar eine Annäherung an Verfügungen von Todes wegen, jedoch ist die Annäherung nicht stärker als bei einer durch den Tod des Schenkers befristeten Schenkung auf den Todesfall. Der Unterschied besteht allein darin, dass die Personenbezogenheit bei der befristeten Schenkung auf den Todesfall nicht besteht. Warum dann aber nur die eine Variante als Verfügung von Todes wegen behandelt werden soll, ist nicht erklärlich. Denn die Personenbezogenheit ist nicht prägend für Verfügungen von Todes wegen, weil der Erblasser eine abweichende Anordnung treffen kann. Daher ist es konsequent, dass das österreichische Recht und auch das schweizerische – jedenfalls die herrschende Meinung – die Überlebensbedingung nicht als das Kriterium ansehen, das den Ausschlag für die Zuordnung zum Erbrecht gibt. Zudem kompliziert die Überlebensbedingung die ohnehin schwierige Abgrenzung zwischen Rechtsgeschäften unter Lebenden und solchen von Todes wegen.

---

742 *Weiß*, in: Ferrari/Likar-Peer, Erbrecht, S. 316; *Fischer-Czermak*, in: Gruber et al., Erbrecht, § 20 Rn. 25; a.A. *Kralik*, Erbrecht, S. 168, der in der Aufschiebung der Erfüllung auf die Zeit nach dem Tod des Schenkers die einzige Annäherung des Schenkungsvertrages an das Rechtsgeschäft von Todes wegen erblickt.

743 OGH 10.5.1984, 8 Ob 569, 570/83 – SZ 57/91, 440 (444 ff.).

744 OGH 10.5.1984, 8 Ob 569, 570/83 – SZ 57/91, 440 (445 f.).

745 OGH 10.5.1984, 8 Ob 569, 570/83 – SZ 57/91, 440 (446).

746 OGH 10.5.1984, 8 Ob 569, 570/83 – SZ 57/91, 440 (446 f.).

f) Fazit

Die funktionale Vergleichbarkeit eines Rechtsgeschäftes unter Lebenden auf den Todesfall mit einer Verfügung von Todes wegen reicht nicht aus, damit das Geschäft insgesamt dem Erbrecht zugewiesen wird – sie ist aber notwendiges Kriterium. Die Rechtsordnungen lassen eine Vielzahl von postmortalen Zuwendungen außerhalb des Erbrechts zu und unterstellen nur einige wenige Varianten der Schenkung auf den Todesfall dem Erbrecht. Die Privatautonomie reicht folglich sehr weit. Die Unentgeltlichkeit wird zwar häufig als Merkmal der Verfügung von Todes wegen genannt, es ist aber vor allem die mit ihr einhergehende Gefahr für Nachlassbeteiligte, die den Ausschlag für die erbrechtliche Einstufung gibt. Der lebzeitige Vollzug wiederum entfernt das Geschäft typischerweise von einer Verfügung von Todes wegen, wenngleich bei wertender Betrachtung nicht per se das gegenwärtige Vermögen des Erblassers belastet wird. Die Widerruflichkeit der Schenkung auf den Todesfall führt zu einer starken Annäherung an die Verfügung von Todes wegen, weil die lebzeitigen Bindungswirkungen auf ein Minimum reduziert werden und wertungsmäßig nicht mehr ins Gewicht fallen. Die Überlebensbedingung ist dagegen ein eher zweifelhaftes Kriterium, weil sie zu keiner stärkeren Annäherung an das Erbrecht führt als ein durch den Tod des Schenkers befristetes Geschäft.

C. Ergebnis

Regelungstechnisch ähneln sich die Vorschriften zur Schenkung auf den Todesfall in Deutschland, Österreich und der Schweiz. Bestimmte Varianten werden dem Erbrecht unterstellt, und zwar in Gänze. Der jeweilige Gesetzgeber wollte ein Mischinstitut wie die römisch-rechtliche *donatio mortis causa* verhindern und dadurch einen Streit über die rechtliche Behandlung vermeiden. Das gilt zumindest für das deutsche und österreichische Recht, wohl aber auch für das schweizerische, wenngleich dies dort nach wie vor umstritten ist. Materiell unterscheiden sich die Regelungen dagegen: Während das deutsche Recht die durch das Überleben des Begünstigten bedingte und zu Lebzeiten nicht vollzogene Schenkung dem Erbrecht zuweist, stellt das österreichische Recht auf die freie Widerruflichkeit bei gleichzeitigem Aufschub der Erfüllung ab; auf den Vollzug kommt es nicht an. Im schweizerischen Recht wird nach verbreiteter Meinung für maßgebend erachtet, ob die Schenkung noch zu Lebzeiten Wirkungen entfalten soll oder erst mit dem Tod des Schenkers. Ist letzteres zu bejahen, so soll eine dem Erbrecht unterstehende Schenkung auf den Todesfall gegeben sein.

Die Regelung im englischen Recht unterscheidet sich dagegen fundamental von den kontinentalen Bestimmungen. England hat eine Variante der römisch-rechtlichen *donatio mortis causa* mit Modifikationen übernommen, nämlich die Schenkung in einer akuten Lebensgefahr, wobei es ausreicht, wenn der Schenker sich in einer solchen Situation wähnt. Diese Schenkung ist durch das Vorversterben des Schenkers bedingt und muss zu Lebzeiten bereits vollzogen worden sein;

allerdings sind die Anforderungen an den Vollzug niedriger als bei der gewöhnlichen Schenkung. Ebenso wie im römischen Recht ist die *donatio mortis causa* ein Mischinstitut, so dass sie teilweise wie ein Rechtsgeschäft unter Lebenden behandelt wird und teilweise wie eine Verfügung von Todes wegen. Der Erwerb vollzieht sich jedoch außerhalb des Erbrechts, weswegen der Bezug zu lebzeitigen Geschäften wesentlich stärker ist. Ihr Hauptzweck liegt in der Privilegierung des Erblassers gegenüber dem Testament, was die Form angeht. Die formale Hürde ist im englischen Recht deutlich höher als im deutschen, österreichischen und schweizerischen. Während letztere das handschriftliche Testament kennen, bedarf es im englischen Recht grundsätzlich der Mitwirkung von Zeugen, was das Testieren schwerfälliger macht. Daher besteht in England ein Bedürfnis für den Erblasser, in einer empfundenen Extremsituation einen Gegenstand formlos auf den Todesfall übertragen zu können – und die *donatio mortis causa* erfüllt dieses. So gesehen erweitert dieses Institut die Privatautonomie, wohingegen die speziellen Regelungen in den betrachteten kontinentaleuropäischen Rechtsordnungen diese beschränken.

Letztere wollen nämlich eine Umgehung des zwingenden Erbrechts verhindern, und zwar im Hinblick auf die erbrechtliche Formenstrenge, das Pflichtteilsrecht, den Gläubigerschutz und den Schutz von Vertragserben, welche zu einer Beschränkung der Testierfreiheit führen. Zu diesem Zwecke werden bestimmte Varianten der Schenkung auf den Todesfall in eine Verfügung von Todes wegen umgedeutet. Von einer Umdeutung ist deswegen auszugehen, weil die Schenkung auf den Todesfall nach dem Parteiwillen typischerweise nicht sämtliche Merkmale der Verfügung von Todes wegen erfüllen wird. Eine Verfügung von Todes wegen zeitigt zu Lebzeiten des Erblassers keinerlei Wirkungen, auch nicht der bindende Erbvertrag; der Erblasser wird in seiner Freiheit, durch Rechtsgeschäfte unter Lebenden zu verfügen, grundsätzlich nicht beschränkt. Diesbezüglich stimmen alle betrachteten Rechtsordnungen im Wesentlichen überein. Demgegenüber erstreben die Parteien im Rahmen einer Schenkung auf den Todesfall häufig Vorwirkungen. Die Sonderregeln nehmen den Parteien indes diese Möglichkeit. Für die Schweiz gilt das jedoch mit erheblichen Einschränkungen, weil dort nach verbreiteter Meinung die Schenkung auf den Todesfall gegenüber der gewöhnlichen Schenkung entsprechend der allgemeinen Differenzierung nach dem Zeitpunkt der Wirkungen abgegrenzt wird.

Nicht ganz eindeutig zu klären ist die Frage, ob eine Umdeutung aus erbrechtlichen Gründen zwingend erforderlich wäre. Denn geschützt werden die Nachlassbeteiligten auch vor gewöhnlichen Schenkungen, die den Nachlass schmälern. So werden Pflichtteilsberechtigte durch die Pflichtteilsergänzung geschützt, Gläubiger durch die Gläubigeranfechtung und Vertragserben können den Erbvertrag aushöhlende Schenkungen unter bestimmten Voraussetzungen zurückfordern, jedoch nur in Deutschland und der Schweiz. Das österreichische Recht sieht den Erbvertrag nämlich kritisch, beschränkt diesen auf Ehegatten und hindert den erbvertraglich gebundenen Erblasser überhaupt nicht daran, weiter durch Rechtsgeschäfte unter Lebenden zu disponieren. Eine Aushöhlung der erbrechtlichen Formenstrenge ist kaum zu befürchten, weil auch gewöhnliche Schenkungen formgebunden sind; allenfalls in der Schweiz gilt das mit Einschränkungen, da dort die Schriftform bereits genügt, wohingegen Österreich und Deutschland die strenge notarielle Form fordern. Ob durch die erbrechtliche Behandlung ein effektiverer Schutz gewährleistet wird, ist eine schwierige Frage, die sich im Rahmen dieser Arbeit nicht verbindlich klären lässt. Den einschlägigen Regelungen wird aber aller geäußerten Zweifel zum Trotz eine solche Schutzfunktion zugeschrieben, sie ist also Rechtswirklichkeit und damit zu berücksichtigen.

Im englischen Recht wird die Testierfreiheit ebenfalls beschränkt, nämlich durch die ermessensgeleitete *family provision*, so dass es prinzipiell Bedarf gäbe, das Erbrecht vor lebzeitigen Geschäften zu schützen. Einen solchen Schutz sieht der maßgebliche Inheritance Act auch vor. Das Institut der *donatio mortis causa* bezweckt einen solchen Schutz indes wohl nicht, auch wenn sie teilweise erbrechtlich behandelt wird. Im Vordergrund steht die Privilegierung und damit die Erweiterung der Privatautonomie des Erblassers, zumal sie auch eine Erleichterung gegenüber der gewöhnlichen Schenkung bewirkt. Auch der Rechtserwerb außerhalb des Erbrechts stützt diese Annahme.

Eine rein funktionale Betrachtung reicht für sich genommen nicht aus, um die fragliche Schenkung dem Erbrecht zuzuweisen. Nicht jedes Rechtsgeschäft, das funktional einer Verfügung von Todes wegen entspricht, wird als solche behandelt. Das Erbrecht beansprucht keine Exklusivität für postmortale Zuwendungen – im Gegenteil: Grundsätzlich lassen die betrachteten Rechtsordnungen Rechtsgeschäfte unter Lebenden zu, und das gilt im Wesentlichen auch für die Schenkung auf den Todesfall. Viele Varianten werden wie gewöhnliche Schenkungen behandelt; als großzügig erweisen sich die Rechtsordnungen auch, was die Einschaltung eines Mittlers angeht, der das Geschäft nach dem Tod des Schenkers ausführen oder vollenden soll. Gerade das deutsche Recht lässt solche Geschäfte verstärkt zu, insbesondere den Vertrag zugunsten Dritter auf den Todesfall, obwohl solche Gestaltungen eine Umgehung des Erbrechts begünstigen. Im englischen Recht ist es der *inter vivos trust*, der in großzügigem Maße eine postmortale Zuwendung außerhalb des formalen Erbrechts ermöglicht.

Dass einzelne Varianten der Schenkung auf den Todesfall in den betrachteten kontinentaleuropäischen Rechtsordnungen dem Erbrecht unterstellt werden, hängt damit zusammen, dass sie potentiell besonders gefährlich sind, zumal die Hemmschwelle beim Erblasser umso niedriger sein wird, je geringer die Vorwirkungen sind. Spürt der Erblasser das Vermögensopfer nicht selbst, so muss er sich nicht mehr in Zurückhaltung üben. Die österreichische Regelung, die auf die freie Widerrufbarkeit abhebt, erweist sich vor diesem Hintergrund als konsequent, ebenso die schweizerische, sofern auf die Wirkungen abgestellt wird.

Im Ausgangspunkt ist es ebenso konsequent, wenn das deutsche Recht auf den Vollzug als maßgebendes Kriterium abstellt, zumal der lebzeitige Vollzug für Verfügungen von Todes wegen untypisch, wenn nicht gar ausgeschlossen ist. Allerdings ist die Bestimmung des Vollzugs mit Schwierigkeiten verbunden, zudem ist nicht gesichert, dass der vermeintliche Vollzug für wirksam erachtet wird. Zu bedenken ist weiter: Unter Umständen sind die Vorwirkungen bei lebzeitigem Vollzug geringer als bei einer nicht vollzogenen bindenden Schenkung, nämlich dann, wenn der Schenker sich das Recht zum freien Widerruf vorbehält.

§ 3 Die Schenkung auf den Todesfall im IPR

Im Kern geht es bei der Schenkung auf den Todesfall um die Frage, inwieweit der jeweilige nationale Gesetzgeber Rechtsgeschäfte unter Lebenden zulassen will, die funktional Verfügungen von Todes wegen nahestehen und somit in das Regelungsgefüge des Erbrechts hineinwirken. Verknüpft damit ist die Frage, wo der nationale Gesetzgeber nach materiellen Gesichtspunkten die Grenze zwischen Rechtsgeschäften unter Lebenden und solchen von Todes wegen zieht. Rechtsgeschäfte unter Lebenden, die funktional Verfügungen von Todes wegen nahestehen, drohen erbrechtliche Interessen auszuhöhlen und führen – jedenfalls potentiell – zu einem Konflikt mit zwingenden erbrechtlichen Regelungen. Das gilt es auch im IPR zu berücksichtigen. Von der Frage, inwieweit das Erbrecht Rechtsgeschäfte unter Lebenden als funktionales Äquivalent zu Verfügungen von Todes wegen duldet, sollte man sich auch leiten lassen, wenn es um die angemessene kollisionsrechtliche Behandlung der Schenkung auf den Todesfall geht.

Ebenso wie im materiellen Recht wird man auf der Ebene des Kollisionsrechts versuchen müssen, den Interessen der Beteiligten angemessen Rechnung zu tragen. Ausschlaggebend für die kollisionsrechtliche Beurteilung sollten die Wertungen des materiellen Rechts sein, auch wenn man die dortigen Lösungen womöglich für unbefriedigend erachten mag. *De lege lata* sind sie relevant und daher zu berücksichtigen. Problematisch erscheint, dass ein vereinheitlichtes materielles europäisches Erbrecht, das für die Beurteilung als Vorbild dienen könnte, gänzlich fehlt. Die Herausforderung besteht mithin darin, die unterschiedlichen materiellrechtlichen nationalen Regelungen angemessen zu berücksichtigen, ohne dabei die Interessen der Beteiligten aus den Augen zu verlieren. Vorrangiges Ziel muss es bleiben, die jeweiligen Interessen in Ausgleich zu bringen. Beteiligte, um deren zu berücksichtigende Interessen es geht, sind der Schenker und der Beschenkte sowie die Nachlassbeteiligten, namentlich Erben, Vermächtnisnehmer und Pflichtteilsberechtigte. Die Interessenlage lässt sich dabei kurz und knapp wie folgt skizzieren: Dem Schenker bzw. Erblasser geht es um die Realisierung seines Willens. Der Beschenkte will den versprochenen Vermögenswert nach Möglichkeit ungeschmälert erhalten. Beiden Parteien ist an Planungssicherheit und Rechtsbeständigkeit hinsichtlich des vorgenommenen Geschäfts gelegen. Diametral entgegengesetzt sind demgegenüber die Interessen der Nachlassbeteiligten: Sie haben Interesse an einem ungeschmälerten Nachlass.

Wie lassen sich die widerstreitenden Interessen der Beteiligten im Kollisionsrecht angemessen in Ausgleich bringen? Welche Regelungsmechanismen hält das Kollisionsrecht zur Durchsetzung dieser spezifischen Interessen bereit? Inwiefern gehen andererseits gerade vom Kollisionsrecht Gefahren für die Interessen bestimmter Beteiligter aus? Dabei ist aber auch zu berücksichtigen, dass solche

Gefahren zugleich auch Chancen für andere Beteiligte bedeuten können, indem sie deren Gestaltungsspielraum erweitern. Das ist – so viel sei vorweggenommen – insbesondere im Hinblick auf die Rechtswahl zu beobachten. Um all diese Aspekte soll es in dem zweiten Hauptteil gehen.

Die Behandlung der Schenkung auf den Todesfall im Internationalen Privatrecht wird für gewöhnlich als Qualifikationsproblem angesehen. Vor diesem Hintergrund soll zunächst eine knappe, einführende Darstellung des Qualifikationsproblems, eines Klassikers im IPR, erfolgen. Daran anknüpfend soll skizziert werden, wie die Schenkung auf den Todesfall im deutschen, österreichischen und schweizerischen sowie im englischen Recht qualifiziert wird. Sodann wird es um den eigentlichen Kern des zweiten Hauptteils gehen: nämlich um die Behandlung der Schenkung auf den Todesfall im europäischen IPR unter Berücksichtigung der maßgeblichen Interessen und Wertungen.

A. Zur Qualifikation im IPR

Die rechtliche Behandlung der Schenkung auf den Todesfall im IPR ist im Wesentlichen ein Qualifikationsproblem. Daher soll vorab eine allgemeine Einführung zur Qualifikation im IPR unter Berücksichtigung europarechtlicher Besonderheiten erfolgen.

I. Grundlegendes zur Qualifikation im IPR

Die Qualifikation ist eines der „theoretisch umstrittensten Grundprobleme des IPR“[747] – auch mehr als hundert Jahre nach Entdeckung[748] des Qualifikationsproblems kann es nicht als gelöst angesehen werden.[749] Das Schrifttum ist auf ein „unüberschaubares“ und damit kaum zu bewältigendes Ausmaß angeschwollen.[750] Vor diesem Hintergrund kann es nicht darum gehen, eine tiefgründige Erörterung zu liefern, an deren Ende womöglich gar ein eigener Lösungsansatz steht. Das wäre von vornherein zum Scheitern verurteilt und würde den Rahmen dieser Arbeit sprengen. Vielmehr soll das Qualifikationsproblem nachfolgend lediglich skizziert werden und es soll offengelegt werden, wie methodisch verfahren werden soll. Dass dabei Differenzierungen und juristische Feinheiten zwangsläufig unberücksichtigt bleiben, ist hinzunehmen.

---

747 *v. Hoffmann/Thorn*, IPR, § 6 Rn. 1.

748 Siehe zur Entdeckung des Qualifikationsproblems *Weber*, Die Theorie der Qualifikation, S. 3 ff.

749 Das verdeutlicht exemplarisch die in jüngerer Zeit erschienene Abhandlung von *Nehne*, Methodik und allgemeine Lehren, S. 170 ff.

750 *Gärtner*, Vindikationslegat, S. 52.

1. Begriff und Ausgangsproblem

Der Begriff „Qualifikation“ bezeichnet entsprechend dem französischen Sprachgebrauch „die Feststellung der Qualität, Beschaffenheit oder Eigenschaft eines Gegenstandes“.[751] Es geht demgemäß um die Zuordnung tatsächlicher oder rechtlicher Gesichtspunkte zu bestimmten Elementen einer Kollisionsnorm, nämlich dem Anknüpfungsgegenstand.[752] Letztlich geht es um die Subsumtion unter den Tatbestand des in der Kollisionsnorm enthaltenen Anknüpfungsgegenstandes.[753]

Die im Anknüpfungsgegenstand enthaltenen Systembegriffe sind dem Selbstverständnis des IPR entsprechend weit gefasst, um der Diversität ausländischer Rechtsinstitute gerecht werden zu können; das bedingt einen hohen Abstraktionsgrad der Systembegriffe.[754] Das IPR muss jede Rechtsfrage einem bestimmten Anknüpfungsgegenstand zuordnen, weil sonst das anwendbare Recht nicht bestimmt werden könnte; eine negative Antwort wäre eine Entscheidung in der Sache, die dem IPR nicht zusteht.[755] Probleme resultieren nun daraus, dass die Systembegriffe des Anknüpfungsgegenstandes einerseits häufig durch das nationale Verständnis vorgeprägt und andererseits oft zu abstrakt sind.[756] Ist das in Rede stehende ausländische Rechtsinstitut dem eigenen Recht unbekannt, so ist zweifelhaft, welchem Systembegriff es unterfällt – es kommt zum Qualifikationsproblem.[757] Ein Qualifikationsproblem kann weiter aus einem Systemunterschied zwischen nationalem und ausländischem materiellen Recht resultieren, indem das ausländische Recht die Grenzen zwischen einzelnen Rechtsgebieten anders zieht.[758] Ein solcher Systemunterschied, der zu einem Qualifikationsproblem führt, kann auch zwischen nationalem Kollisionsrecht und nationalem materiellen Recht bestehen.[759]

Gemünzt auf die Schenkung auf den Todesfall stellt sich das Qualifikationsproblem wie folgt: Die Schwierigkeit der kollisionsrechtlichen Einordnung besteht zunächst darin, dass die Schenkung auf den Todesfall im Grenzgebiet der Rechtsgeschäfte unter Lebenden und solcher von Todes wegen angesiedelt ist, wobei die Grenzen in den einzelnen Rechtsordnungen bisweilen unterschiedlich gezogen werden.[760] Wie gesehen werden bestimmte Konstellationen der Schenkung auf den Todesfall in der einen Rechtsordnung dem Erbrecht, in einer anderen

---

751 *Kropholler*, IPR, S. 113 f.

752 *Nehne*, Methodik und allgemeine Lehren, S. 171.

753 *v. Hoffmann/Thorn*, IPR, § 6 Rn. 1.

754 *Kropholler*, IPR, S. 114.

755 *Siehr*, IPR, S. 527.

756 *Siehr*, IPR, S. 526.

757 *v. Hein*, in: Münchener Kommentar BGB, Bd. 12, Einl. IPR Rn. 110.

758 *v. Hein*, in: Münchener Kommentar BGB, Bd. 12, Einl. IPR Rn. 111.

759 *v. Hoffmann/Thorn*, IPR, § 6 Rn. 3 f.

760 Siehe auch *Kegel*, Schenkung von Todes wegen, FS Zepos, 313 (330 f.).

Rechtsordnung wiederum dem Schuldrecht zugeschlagen. Insofern bestehen also Systemunterschiede, die die kollisionsrechtliche Einordnung erschweren. Zudem ist aber auch zumeist unklar, wie im Kollisionsrecht selbst die Grenzen zwischen Rechtsgeschäften unter Lebenden und solchen von Todes wegen zu ziehen sind. Betrachtet man zudem die *donatio mortis causa* des englischen Rechts, die als eigenständiges Rechtsinstitut ausgestaltet ist, das beispielsweise dem deutschen Recht fremd ist, so kompliziert sich die Situation kollisionsrechtlich zusätzlich.

2. *Die wesentlichen Streitpunkte*

Die Qualifikation soll zur Lösung beitragen – wird unglücklicherweise aber selbst kontrovers diskutiert. Der Streit rankt sich insbesondere um den Gegenstand der Qualifikation sowie um das Qualifikationsstatut.[761] Was Gegenstand der Qualifikation ist, wird unterschiedlich beurteilt; genannt werden: das Rechtsverhältnis, das Lebensverhältnis, die Rechtsfrage bzw. ein Rechtsinstitut sowie die jeweilige Sachnorm.[762] Der Streit über den Qualifikationsgegenstand ist eher theoretischer Natur,[763] so dass hierauf nicht näher eingegangen werden soll. In der Regel wird es um die kollisionsrechtliche Behandlung oder Einordung einer bestimmten Rechtsfrage bzw. eines (fremden) Rechtsinstituts gehen.[764] Das trifft auch auf die Schenkung auf den Todesfall zu: Schließlich geht es um die rechtliche Frage, ob und in welchem Umfang eine Schenkung, deren Wirkungen mit dem Tod des Schenkers verknüpft sind und die damit funktional einer Verfügung von Todes wegen entspricht oder doch zumindest nahekommt, schuldrechtlich oder erbrechtlich zu qualifizieren ist.

Strittig ist des Weiteren, welche Rechtsordnung für die Qualifikation maßgebend sein soll (Qualifikationsstatut). Nach einer weit verbreiteten Ansicht bemisst sich die Qualifikation nach der *lex fori*, d.h. maßgebend ist die Rechtsordnung des angerufenen Gerichts.[765] Das überzeugt insofern, als jede Rechtsordnung selbst über die Auslegung der eigenen Normen zu befinden hat, also auch über die Normen des eigenen IPR. Nach anderer Auffassung soll die *lex causae*, also das zur Anwendung berufene Recht, über die Qualifikation befinden.[766] Diese Ansicht konnte sich indes nicht durchsetzen, weil im Zeitpunkt der Qualifikation das anzuwendende Recht noch gar nicht feststeht, sondern erst durch Qualifikation ermittelt werden soll.[767]

---

761 Siehe dazu *v. Hein*, in: Münchener Kommentar BGB, Bd. 12, Einl. IPR Rn. 115 ff.; *Kropholler*, IPR, S. 117 ff.

762 Ausführlich dazu *Kropholler*, IPR, S. 117 ff.; *Bernasconi*, Qualifikation, S. 68 ff.

763 So *Dörner*, Qualifikation im IPR, StAZ 1988, 345 (348); vgl. auch *Gärtner*, Vindikationslegat, S. 58.

764 Vgl. *v. Hein*, in: Münchener Kommentar BGB, Bd. 12, Einl. IPR Rn. 116.

765 *v. Hoffmann/Thorn*, IPR, § 6 Rn. 12.

766 *Wolff*, IPR, S. 54.

767 *v. Hein*, in: Münchener Kommentar BGB, Bd. 12, Einl. IPR Rn. 119.

Rabel befürwortete angesichts der Materie des IPR eine Emanzipation der Systembegriffe vom Sachrecht der *lex fori* und sprach sich für eine rechtsvergleichende Methode aus.[768] Kritisiert wird daran, dass eine umfassende Rechtsvergleichung nur schwer zu bewerkstelligen sei;[769] zudem widerspreche die rechtsvergleichende Methode dem rechtspolitischen Ansinnen des Kollisionsrechts, da sie sich bloß an das Tatsächliche halte.[770] Gleichwohl leistet die Rechtsvergleichung wertvolle Dienste für das IPR und sie ist im europäischen Kollisionsrecht unabdingbar.[771]

Etabliert hat sich die funktionelle Qualifikation, die gerade dann zum Zuge kommt, wenn es um Rechtsinstitute geht, die dem eigenen Sachrecht fremd sind.[772] Sie ergänzt die „Qualifikation" *lege fori* dort, wo letztere sich als unzureichend erweist. Bei der funktionellen Qualifikation sind Funktion und Zweck der Kollisionsnorm mit Funktion und Zweck des fraglichen materiellen Rechtsinstituts zu vergleichen, um eine Zuordnung zu einem Systembegriff zu ermöglichen.[773] Dieser Ansatz wird auch für die kollisionsrechtliche Bewältigung der Schenkung auf den Todesfall eine entscheidende Rolle spielen.

3. Praktische Handhabung

Begrifflich und methodisch sollte sauber zwischen Auslegung und Qualifikation unterschieden werden, auch wenn beide Vorgänge aufeinander bezogen sind und in der praktischen Arbeit ineinander übergehen.[774] Die Auslegung bezieht sich auf den Anknüpfungsgegenstand – darüber hinaus aber auch auf den Anknüpfungspunkt und das Verweisungsziel: Durch Auslegung ist zunächst der Anwendungsbereich der fraglichen Kollisionsnorm zu ermitteln.[775] Maßgeblich kann diesbezüglich nur die Rechtsordnung sein, der die auszulegende Kollisionsnorm entstammt, mithin die *lex fori*.[776] Im Rahmen der Auslegung ist der Anknüpfungsgegenstand auch nach seiner Funktion „auszuleuchten",[777] so dass der funktionelle Ansatz bereits auf dieser Ebene bedeutsam wird. Zur Förderung des Verständnisses sollten zudem die kollisionsrechtlichen Interessen, denen die fragliche Kollisionsnorm dient, analysiert werden.[778] Denn Sinn und Zweck einer Norm ergeben sich (auch) daraus,

---

768 *Rabel*, Das Problem der Qualifikation, RabelsZ 5 (1931), 241 (282 ff.).

769 *v. Hoffmann/Thorn*, IPR, § 6 Rn. 23–26.

770 *Kegel/Schurig*, IPR, S. 345.

771 *v. Hein*, in: Münchener Kommentar BGB, Bd. 12, Einl. IPR Rn. 120.

772 *v. Hein*, in: Münchener Kommentar BGB, Bd. 12, Einl. IPR Rn. 121.

773 *Kropholler*, IPR, S. 126.

774 So *Dörner*, Qualifikation im IPR, StAZ 1988, 345 (346); *Kropholler*, IPR, S. 115.

775 *Dörner*, Qualifikation im IPR, StAZ 1988, 345 (347).

776 *Nehne*, Methodik und allgemeine Lehren, S. 175; vgl. auch *v. Hoffmann/Thorn*, IPR, § 6 Rn. 13, wobei letztlich nicht trennscharf zwischen Auslegung und Qualifikation unterschieden wird.

777 *Sturm/Sturm*, in: Staudinger (Juli 2012), Einl. zum IPR Rn. 243.

778 Zur „interessenorientierten Qualifikation" siehe *Kegel/Schurig*, IPR, S. 346 ff.

wie sie widerstreitende Interessen in dem betreffenden Rechtsgebiet bewertet und auszugleichen versucht.[779] Die Kritik[780] gegen den interessenorientierten Ansatz soll nicht näher beleuchtet werden, da diesem hier ohnehin nur eine Hilfsfunktion bei der Analyse der Funktion beigemessen werden soll. Die eigentliche Qualifikation betrifft demgegenüber die Subsumtion.[781] Um überhaupt subsumieren zu können, ist das etwaig in Rede stehende unbekannte Rechtsinstitut funktional zu bewerten.[782] Maßgeblich ist dabei die (hypothetische) *lex causae*. Sodann ist zu prüfen, ob sich die jeweils festgestellten Funktionen und Interessen decken. Ist das der Fall, so ist die betreffende Kollisionsnorm anzuwenden. Auf diese Weise lässt sich das Qualifikationsproblem angemessen in den Griff bekommen.

II. Die Qualifikation im unionsrechtlichen IPR

Eine allgemeine Regelung, wie zu qualifizieren ist, enthalten die unionsrechtlichen Verordnungen auf dem Gebiet des IPR nicht.[783]

Auch im europäischen IPR sollte wiederum begrifflich und methodisch zwischen Auslegung und Qualifikation im eigentlichen bzw. engeren Sinne unterschieden werden.[784] Demgemäß sollte hinsichtlich der Bestimmung der Systembegriffe von Auslegung gesprochen werden.

1. Autonome Auslegung

Allgemein anerkannt ist, dass im unionsrechtlichen IPR die Systembegriffe autonom ausgelegt werden müssen, um eine einheitliche Auslegung innerhalb der EU zu gewährleisten.[785] Auszugehen ist vom Wortlaut, wobei sämtliche Sprachfassungen gleichermaßen zu berücksichtigen sind.[786] Die Auslegung hat zudem im Lichte der Zwecksetzung und der Systematik des jeweiligen europäischen Rechtsaktes zu

---

779 *Dörner*, Qualifikation im IPR, StAZ 1988, 345 (352).

780 Etwa *Gärtner*, Vindikationslegat, S. 63 f.

781 *Dörner*, Qualifikation im IPR, StAZ 1988, 345 (348); noch feingliedriger ist der Ansatz von *Nehne*, Methodik und allgemeine Lehren, S. 183, wonach Qualifikation „normbezogene Zuspitzung" bedeutet und demgemäß lediglich die rechtliche Präzisierung des Sachverhalts anhand des potentiell anwendbaren Sachrechts in Vorbereitung der Subsumtion betrifft.

782 *Dörner*, Qualifikation im IPR, StAZ 1988, 345 (352).

783 *Heiss/Kaufmann-Mohi*, Qualifikation, in: Leible/Unberath, Rom 0-VO, 181 (186).

784 So auch *Nehne*, Methodik und allgemeine Lehren, S. 186; für weites Verständnis dagegen *Heiss/Kaufmann-Mohi*, Qualifikation, in: Leible/Unberath, Rom 0-VO, 181 (186).

785 *v. Hein*, in: Münchener Kommentar BGB, Bd. 12, Einl. IPR Rn. 133; *Köhler*, in: Gierl et al., Internationales Erbrecht, § 1 Rn. 6.

786 *Köhler*, in: Gierl et al., Internationales Erbrecht, § 1 Rn. 6.

erfolgen;[787] die teleologische und systematische Auslegung sind mithin auch im Europarecht bedeutsam. Zu berücksichtigen ist der Auslegungsgrundsatz des *effet utile*: bei Auslegungszweifeln soll den unionsrechtlichen Vorschriften die größtmögliche Wirkung zukommen.[788] Einer Auslegung *lege fori* ist nach alledem ein Riegel vorgeschoben. Das Problem besteht nun aber darin, dass die Systembegriffe des europäischen IPR zumeist nicht durch ein vereinheitlichtes europäisches materielles Recht vorgeprägt sind, da das Sachrecht auf EU-Ebene nach wie vor nur rudimentär geregelt ist.[789] So fehlt es beispielsweise an einem materiellen europäischen Erbrecht, das als „Referenzgröße" dienen könnte.[790] Um gleichwohl eine einheitliche Auslegung innerhalb der EU zu gewährleisten, enthalten die Verordnungen „authentische" Definitionen des Anknüpfungsgegenstandes.[791] Aufschluss geben zudem Definitionen und Begriffserläuterungen in den Erwägungsgründen. Dann noch fortbestehende Unklarheiten können im Wege der Rechtsvergleichung gelöst werden: So zieht der EuGH zur Auslegung der europäischen Systembegriffe rechtsvergleichend die Rechtsordnungen der Mitgliedstaaten heran und entwickelt auf diese Weise autonome Definitionen.[792] Richtungweisend könnten auch (akademische) Modellgesetze sein, die die Vereinheitlichung einzelner Rechtsgebiete auf Grundlage umfassender rechtsvergleichender Studien zum Gegenstand haben. Ob etwa der DCFR im Rahmen der Auslegung berücksichtigt werden kann, soll noch diskutiert werden.

2. *Qualifikation im engeren Sinne*

Nach hier vertretener Auffassung betrifft die eigentliche Qualifikation die Subsumtion unter den Anknüpfungsgegenstand. Der Grundsatz der autonomen Qualifikation bezieht sich demgegenüber im Kern auf die Auslegung des Anknüpfungsgegenstandes.[793] Zu achten ist jedoch darauf, dass die autonome Auslegung nicht auf Ebene der Subsumtion durchkreuzt wird.[794] Erforderlich ist daher eine europaweit einheitliche Qualifikationsmethode. Das dürfte letztlich indes keine Schwierigkeit sein, da sich der funktional-teleologische Ansatz ohnehin in den Mitgliedstaaten bewährt haben dürfte. Zudem nennt etwa die EuErbVO zahlreiche

---

787 *v. Hein*, in: Münchener Kommentar BGB, Bd. 12, Einl. IPR Rn. 133.

788 *Köhler*, in: Gierl et al., Internationales Erbrecht, § 1 Rn. 6.

789 *v. Hein*, in: Münchener Kommentar BGB, Bd. 12, Einl. IPR Rn. 134.

790 *Hellner*, IPR AT, in: Dutta/Herrler, EuErbVO, 107 (108), Rn. 4.

791 *Heiss/Kaufmann-Mohi*, Qualifikation, in: Leible/Unberath, Rom 0-VO, 181 (187).

792 *Heiss/Kaufmann-Mohi*, Qualifikation, in: Leible/Unberath, Rom 0-VO, 181 (191 f.); *Weller*, in: Weller, Europäisches Kollisionsrecht, Rn. 61.

793 Vgl. auch *Nehne*, Methodik und allgemeine Lehren, S. 185 f., der jedoch noch stärker differenziert als hier.

794 *v. Hein*, in: Münchener Kommentar BGB, Bd. 12, Einl. IPR Rn. 133.

Institute, die nicht in ihren Anwendungsbereich fallen, und liefert somit wertvolle Anhaltspunkte für die Qualifikation.

3. *Heranziehung des DCFR als Auslegungshilfe*

Wie bereits erwähnt, fehlt es weitgehend an einem vereinheitlichten europäischen Sachrecht, an dem man sich bei der Auslegung der unionsrechtlichen Systembegriffe orientieren kann. Die bestehende Lücke könnte der DCFR gerade auf dem Gebiet des Internationalen Vertragsrechts zumindest teilweise füllen. So regt *Zoll* an, den DCFR als Argumentationshilfe im Rahmen der Qualifikation heranzuziehen, um die Systembegriffe der Rom I-VO zu konkretisieren.[795] *Heiss* und *Kaufmann-Mohi* sehen ebenfalls einen Nutzen des DCFR für die Auslegung europäischer Systembegriffe, und zwar als „persuasive authority".[796] Als solche Argumentationshilfe kommt der DCFR auch hinsichtlich der Schenkung auf den Todesfall in Betracht. Denn der DCFR definiert in IV.H. – 1:105 die Schenkung auf den Todesfall und ordnet an, sie von seinem Anwendungsbereich auszunehmen; das Erbrecht will der DCFR nämlich nicht regeln (I. – 1:101 Abs. 2 lit. b DCFR). Damit zeichnet der DCFR eine klare Grenzlinie zwischen Vertragsrecht und Erbrecht. Einer Grenzziehung bedarf es auch zwischen Internationalem Vertragsrecht und Internationalem Erbrecht – nämlich zwischen Rom I-VO und EuErbVO –, wenn es um die Einordnung der Schenkung auf den Todesfall geht. Schließlich nimmt auch die Rom I-VO Schuldverhältnisse aus Testament und Erbrecht von ihrem Anwendungsbereich aus (Art. 1 Abs. 2 lit. c Rom I-VO), ohne selbst jedoch eine Konkretisierung anzubieten. Das war vor Einführung der EuErbVO misslich, die EuErbVO verleiht dem Ausschlusstatbestand nunmehr Konturen und entschärft das Problem. Indes bleiben im Grenzbereich zwischen Internationalem Vertrags- und Erbrecht im Einzelnen Unsicherheiten bestehen. Das betrifft insbesondere – so viel sei vorweggenommen – die Schenkung auf den Todesfall. Der DCFR könnte zur Konturierung der Grenze einen wertvollen Beitrag leisten.

Allerdings ist die Heranziehung des DCFR zur Konkretisierung der Systembegriffe im europäischen Kollisionsrecht nicht unproblematisch; es bestehen Einwände allgemeiner und spezieller Natur.

Die Regeln im DCFR können nicht ausschließlich als wertneutrales Destillat einer rechtsvergleichenden Studie angesehen werden.[797] *Jansen/Zimmermann* weisen darauf hin, dass es in vielen Bereichen des DCFR – und zwar vor allem außerhalb des Allgemeinen Schuldrechts und des Kaufrechts – nicht bloß um eine Bestandsaufnahme des geltenden Rechts in Europa gehe, d.h. die Herausarbeitung von Gemeinsamkeiten und Unterschieden, sondern viele Regeln innovativ seien

---

795 *Zoll*, Autonomous Qualification and DCFR, in: Ferrari/Leible, Rome I, 17 (24 f.).

796 *Heiss/Kaufmann-Mohi*, Qualifikation, in: Leible/Unberath, Rom 0-VO, 181 (192).

797 Auf den politischen Charakter weisen *Jansen/Zimmermann*, DCFR, NJW 2009, 3401, hin und setzen sich damit intensiver auseinander.

und von rechtspolitischen Motiven getragen würden.[798] Damit ist der DCFR – zumindest auch – Ausdruck einer normativen Tätigkeit bzw. Rechtsetzung im eigentlichen Sinne. Das hänge letztlich auch damit zusammen, dass in vielen Bereichen die Unterschiede in den einzelnen europäischen Rechtsordnungen zu groß seien und die Regelungen damit nicht als Abbild eines gemeinsamen Kerns betrachtet werden könnten.[799] Gerade die Methode der Schöpfer des DCFR entspreche derjenigen des Gesetzgebers, weil zunächst Regeln und erst im Anschluss Materialien veröffentlicht worden seien.[800] Zudem fehle dem DCFR die juristische Argumentation, die für eine rechtsvergleichende Betrachtung erforderlich sei.[801] Im DCFR dürfte nach alledem weit mehr Rechtspolitik stecken, als dessen Schöpfer zugeben wollen. Immerhin begünstigen die den Regeln teilweise beigefügten rechtsvergleichenden Hinweise (*notes*) eine eigene kritische Würdigung des DCFR,[802] wodurch die vorgenannten allgemeinen Einwände zumindest in einigen Bereichen abgefedert werden.

Die rechtsvergleichenden Hinweise fehlen jedoch bei der Regelung zur Schenkung auf den Todesfall. Mithin bleibt der Entstehungsprozess im Dunkel, wenngleich die Kommentare zur Regelung einen Einblick ermöglichen. Was die Schenkung auf den Todesfall anbelangt, sind die Unterschiede in den einzelnen Rechtsordnungen mitunter gewaltig. Folglich kann eine rechtsvereinheitlichende Lösung nur auf einem rechtspolitischen Kompromiss beruhen. Dieser besteht bei der Regelung in IV.H. – 1:105 DCFR darin, den Kreis der Schenkungen unter Lebenden, soweit sie in das Gebiet des Erbrechts hineinragen, eng zu ziehen. Die Zurückhaltung dürfte darauf zurückzuführen sein, dass das Erbrecht nicht geregelt werden sollte, um Friktionen mit dem nationalen Erbrecht zu vermeiden.[803] Die Kehrseite dessen ist, dass die Gestaltungsfreiheit der Parteien eingeengt wird. Ob die aus vertraglicher Warte restriktive Lösung des DCFR auch im europäischen Kollisionsrecht trägt, ist offen. Die Antwort ist zuvörderst im europäischen Kollisionsrecht selbst zu suchen.

Aller Skepsis zum Trotz kann der DCFR im Ausgangspunkt jedoch wertvolle Erkenntnisse zur Qualifikation der Schenkung auf den Todesfall beisteuern. So schärft der DCFR das Problembewusstsein – und zwar in zweifacher Hinsicht: Zum einen führt er dem Rechtsanwender durch die weite Definition der Schenkung auf den Todesfall die problematischen Konstellationen vor Augen und löst damit die Schenkung auf den Todesfall zugleich aus dem jeweiligen nationalen Kontext

798 *Jansen/Zimmermann*, DCFR, NJW 2009, 3401 (3403).

799 *Jansen/Zimmermann*, DCFR, NJW 2009, 3401 (3403).

800 *Jansen/Zimmermann*, DCFR, NJW 2009, 3401 (3404).

801 *Jansen/Zimmermann*, DCFR, NJW 2009, 3401 (3406).

802 *Heiss/Kaufmann-Mohi*, Qualifikation, in: Leible/Unberath, Rom 0-VO, 181 (192).

803 Vgl. DCFR, Bd. 3, Kommentierung zu IV.H. – 1:105, unter „separation from the law of succession", S. 2814.

heraus – die Grundvoraussetzung für das gebotene autonome Verständnis. Zum anderen verdeutlicht der DCFR in den Kommentaren zu IV.H. – 1:105 dem Rechtsanwender, worin das Problem der Schenkung auf den Todesfall in rechtspolitischer Hinsicht liegt, nämlich in der Gefahr, die erbrechtlichen Bestimmungen auszuhöhlen. Diese rechtspolitische Erwägung ist auch für die kollisionsrechtliche Behandlung der Schenkung auf den Todesfall relevant. Keinesfalls dürfen die Begrifflichkeiten und Wertungen aber unreflektiert übernommen werden; eine kritische Auseinandersetzung mit dem DCFR ist unabdingbar. In erster Linie sind die Begriffsbestimmungen und Wertungen aus den jeweiligen europäischen Verordnungen selbst herauszuarbeiten. Auch ersetzt der DCFR eine eigene rechtsvergleichende Analyse nicht, zumal im Fall der Schenkung auf den Todesfall die rechtsvergleichenden Hinweise (*notes*) im DCFR fehlen.

B. Die Qualifikation der Schenkung auf den Todesfall im autonomen nationalen IPR

Im Folgenden soll ein Überblick über die Ansichten zur Qualifikation der Schenkung auf den Todesfall in den in dieser Arbeit eingehend untersuchten Rechtsordnungen gegeben werden. Der Überblick soll das Meinungsspektrum aufzeigen und Argumente für den einen oder anderen Standpunkt offenlegen. Verfolgt wird damit nicht zuletzt das Ziel, die notwendige Vorarbeit für die Qualifikation der Schenkung auf den Todesfall im europäischen Kollisionsrecht zu leisten. Die unterschiedlichen Lösungsansätze könnten dabei die Richtung weisen.[804] Man wird zudem unterstellen dürfen, dass sich die jeweiligen Argumente für den einen oder den anderen Ansatz auch für die Qualifikation im europäischen Kollisionsrecht fruchtbar machen lassen. Um eine Lösung zu erarbeiten, muss man die denkbaren Positionen und deren Schwächen wie Stärken kennen.

I. Deutschland

Bisher wurde die zu Lebzeiten nicht vollzogene und durch das Überleben des Beschenkten bedingte Schenkung auf den Todesfall nach überwiegender Ansicht entsprechend § 2301 BGB dem Erbstatut unterstellt.[805] Im Übrigen wurde die Schenkung auf den Todesfall nach dieser Ansicht vertraglich qualifiziert. Es müsse

---

804 Vgl. *Schmidt*, in: Dutta/Weber, Internationales Erbrecht, Art. 1 EuErbVO Rn. 83.

805 *Dutta*, in: Münchener Kommentar BGB, Bd. 11 (6. Aufl.), Art. 26 EGBGB Rn. 152; *Thorn*, in: Palandt (74. Aufl.), Art. 25 EGBGB Rn. 15; *Winkler v. Mohrenfels*, Forderungserlass, IPRax 1991, 237 (239), Anm. zu OLG Karlsruhe, Urt. v. 15.12.1987 – 18 U 8/87 –, IPRax 1991, 259; vielfach angeführt für diese Sichtweise wird auch BGH, Urt. v. 15.4.1959 – V ZR 5/58 –, NJW 1959, 1317, m.E. lässt sich das der Entscheidung aber nicht eindeutig entnehmen.

hingenommen werden, dass eine Schenkung als Schenkung unter Lebenden qualifiziert werde und daher für wirksam erachtet werde, obwohl sie nach dem Erbstatut als Schenkung auf den Todesfall unwirksam wäre.[806] Nach anderer Auffassung soll die Abgrenzung zwischen Schenkung auf den Todesfall und Schenkung unter Lebenden nach dem hypothetischen Erbstatut erfolgen, d.h., die Entscheidung wird der *lex causae* überantwortet.[807]

Nach einer weiteren Auffassung wurde die Schenkung auf den Todesfall kollisionsrechtlich losgelöst vom materiellrechtlichen Verständnis weit verstanden und insgesamt erbrechtlich qualifiziert.[808] Eine erbrechtlich zu qualifizierende Schenkung auf den Todesfall sollte demnach immer dann vorliegen, wenn der Schenker bei funktioneller Betrachtung eine Anordnung über sein Vermögen für die Zeit nach seinem Tod trifft.[809] Begründet wurde dies damit, dass nur so die Abstimmung mit dem berufenen Erbstatut betreffend die Grenzen der Testierfreiheit, den Schutz von gesetzlichen Erben, Vertragserben, Vermächtnisnehmern, Pflichtteilsberechtigten sowie die Haftung für Nachlassverbindlichkeit gewährleistet sei.[810] Das extensive Verständnis der Schenkung auf den Todesfall im Kollisionsrecht sollte den mannigfaltigen Gestaltungen in anderen Rechtsordnungen gerecht werden, um Anpassungsschwierigkeiten zu vermeiden.[811] Demgemäß war das Erbstatut unabhängig davon berufen, ob es die Schenkung auf den Todesfall materiellrechtlich als Verfügung von Todes wegen behandelt.

Aufgrund der Doppelnatur der Schenkung auf den Todesfall befürwortete *Winkler* eine Doppelqualifikation, d.h., es sollten Schenkungsstatut und Erbstatut gleichermaßen berücksichtigt werden.[812] Die Doppelqualifikation sollte den unterschiedlichen Gestaltungen in verschiedenen Rechtsordnungen Rechnung tragen, da eine eindeutige Zuordnung entweder zum Vertrags- oder aber zum Erbstatut nicht möglich sei.[813] Keinem Statut gebühre Vorrang.[814] Nachteil der Doppelqualifikation ist ein drohender Normenmangel oder eine drohende Normenhäufung, die im Wege der Anpassung gelöst werden muss. Im Fall der Normenhäufung etwa

---

806 *Winkler v. Mohrenfels*, Forderungserlass, IPRax 1991, 237 (239), Anm. zu OLG Karlsruhe, Urt. v. 15.12.1987 – 18 U 8/87 –, IPRax 1991, 259.

807 *v. Hoffmann/Thorn*, IPR, § 9 Rn. 51.

808 *Dörner*, in: Staudinger (März 2007), Art. 25 EGBGB Rn. 375.

809 *Dörner*, in: Staudinger (März 2007), Art. 25 EGBGB Rn. 375.

810 *Dörner*, in: Staudinger (März 2007), Art. 25 EGBGB Rn. 375.

811 *Dörner*, in: Staudinger (März 2007), Art. 25 EGBGB Rn. 375.

812 *Winkler*, Die Schenkung auf den Todesfall im IPR, S. 182 ff.; ebenso *Kegel*, Schenkung von Todes wegen, FS Zepos, 313 (330 ff.).

813 *Winkler*, Die Schenkung auf den Todesfall im IPR, S. 183 f; siehe auch *Kegel*, Schenkung von Todes wegen, FS Zepos, 313 (330 f.).

814 *Kegel*, Schenkung von Todes wegen, FS Zepos, 313 (330 f.).

wollte *Winkler* grundsätzlich dem Erbstatut den Vorrang einräumen, um so die Interessen der Nachlassbeteiligten zu schützen.[815]

Henrich differenzierte nach dem Zeitpunkt: Vor dem Tod des Schenkers sollte an das Schenkungsstatut angeknüpft werden, weil das künftige Erbstatut in diesem Fall noch nicht feststehe.[816] Relevant wird das vor allem dann, wenn der Schenker das fragliche Geschäft noch zu Lebzeiten widerruft und das Geschenk zurückfordert. Nach dem Tod des Schenkers sollte die Schenkung auf den Todesfall grundsätzlich dem Erbstatut unterstehen.[817]

II. Österreich

Die Qualifikation der Schenkung auf den Todesfall war auch im vormaligen österreichischen IPR umstritten. Einigkeit dürfte lediglich insoweit bestanden haben, als die Schenkung auf den Todesfall unter Widerrufsvorbehalt im Sinne des § 956 Satz 1 ABGB a.F. erbrechtlich zu qualifizieren war. Kontrovers diskutiert wurde demgegenüber, wie die „echte" Schenkung auf den Todesfall im Sinne des § 956 Satz 2 ABGB a.F. zu qualifizieren sei. Nach überwiegender[818] Auffassung war diese Variante vertraglich zu qualifizieren.[819] Es handele sich nämlich nicht um eine Verfügung von Todes wegen, sondern um ein Rechtsgeschäft unter Lebenden, dessen Erfüllung lediglich bis zum Tod aufgeschoben sei.[820] Nach der Gegenauffassung war die „echte" Schenkung auf den Todesfall dem Erbstatut zu unterstellen.[821] Zur Begründung wurde angeführt, dass sie erst mit dem Tod des Schenkers wirke und der Erblasser eine Vermögensanordnung für die Zeit nach seinem Tode treffe.[822] Sie erfülle daher die Funktion einer letztwilligen Verfügung.[823]

III. Schweiz

Im schweizerischen IPR wird die Schenkung auf den Todesfall nach überwiegender Ansicht dem Erbstatut unterworfen.[824] Begründet wird dies damit, dass solche

---

815 *Winkler*, Die Schenkung auf den Todesfall im IPR, S. 184 ff.

816 *Henrich*, Schenkung von Todes wegen, FS Firsching, 111 (121).

817 *Henrich*, Schenkung von Todes wegen, FS Firsching, 111 (121).

818 *Sauer*, Schenkung auf den Todesfall, S. 135.

819 So etwa OGH 20.9.1990 – 6 Ob 600/90 –, ZfRV 1991, 471 (474) m. Anm. *Zemen*; *Schwimann*, IPR, S. 132, allerdings ohne Begründung; *Schwind*, IPR, Rn. 362, allerdings ebenfalls ohne Begründung.

820 OGH 20.9.1990 – 6 Ob 600/90 –, ZfRV 1991, 471 (474) m. Anm. *Zemen*.

821 So etwa *Verschraegen*, IPR, Rn. 294.

822 *Verschraegen*, IPR, Rn. 294.

823 *Verschraegen*, IPR, Rn. 294.

824 *Amstutz/Vogt/Wang*, in: Basler Kommentar IPR, Art. 117 IPRG Rn. 25; *Kren Kostkiewicz*, in: Zürcher Kommentar IPRG, Art. 117 Rn. 79; *Zobl*, Probleme im

Geschäfte dem Vermächtnisvertrag ähneln und auch im materiellen schweizerischen Recht den erbrechtlichen Vorschriften unterliegen.[825] Zum anderen dient eine solche Anknüpfung auch dem Schutz der Pflichtteilsberechtigten, weil das Pflichtteilsrecht ebenfalls dem Erbstatut zugewiesen sei.[826] Ob überhaupt eine Schenkung auf den Todesfall vorliegt, bemesse sich nach der *lex fori*.[827] Entscheidend soll entsprechend der Abgrenzung zwischen Rechtgeschäften unter Lebenden und solchen von Todes wegen im materiellen schweizerischen Recht sein, in welchem Zeitpunkt das Geschäft nach dem Willen der Vertragsparteien seine Wirkung entfalten soll; maßgebend seien die Umstände des Einzelfalles.[828] Nach anderer Auffassung soll nach der *lex causae* beurteilt werden, ob eine Schenkung auf den Todesfall vorliegt: das Erbstatut solle selbst entscheiden, ob und inwieweit der Nachlass durch Geschäfte, die an ihm vorbei zielen, gemindert werden könne und dürfe.[829]

Nach wieder anderer Auffassung wird die Schenkung auf den Todesfall wie eine gewöhnliche Schenkung dem Vertragsstatut unterstellt.[830] Das sei sachgerechter, weil der Schenker im Zeitpunkt der Schenkung das künftige Erbstatut nicht kennen könne.[831]

IV. England

Wie die *donatio mortis causa* des englischen Rechts im IPR zu behandeln ist, ist aufgrund ihrer Zwitternatur schwierig.[832] Vor diesem Hintergrund verwundert es kaum, dass sich auch im englischen IPR kein eindeutiges Bild ergibt. Die Gerichtsentscheidungen zur Qualifikation der *donatio mortis causa* sind spärlich

---

Spannungsfeld, AJP 2001, 1007 (1016); *Vischer/Huber/Oser*, Internationales Vertragsrecht, Rn. 427.

825 *Kren Kostkiewicz*, in: Zürcher Kommentar IPRG, Art. 117 Rn. 79.

826 *Kren Kostkiewicz*, in: Zürcher Kommentar IPRG, Art. 117 Rn. 79.

827 *Amstutz/Vogt/Wang*, in: Basler Kommentar IPR, Art. 117 IPRG Rn. 25; *Kren Kostkiewicz*, in: Zürcher Kommentar IPRG, Art. 117 Rn. 79; *Zobl*, Probleme im Spannungsfeld, AJP 2001, 1007 (1016); unklar bleibt in den Darstellungen von *Amstutz/Vogt/Wang* und *Zobl* indes, wie der Begriff der Schenkung auf den Todesfall nach schweizerischem IPR zu verstehen ist; der Verweis auf die *lex fori* gibt lediglich Aufschluss über die Qualifikations- bzw. Auslegungsmethode; gemeint ist wohl eine Orientierung am schweizerischen materiellen Recht.

828 *Kren Kostkiewicz*, in: Zürcher Kommentar IPRG, Art. 117 Rn. 79.

829 So *Vischer/Huber/Oser*, Internationales Vertragsrecht, Rn. 427.

830 *Schnitzer*, IPR II, S. 701 f.

831 *Schnitzer*, IPR II, S. 702.

832 *Miller*, Succession, S. 230.

und zudem nicht einheitlich.[833] In der Entscheidung *In Re Korvine's Trust* wird die *donatio mortis causa* sachenrechtlich und damit als Verfügung unter Lebenden qualifiziert.[834] Die sachenrechtliche Qualifikation der *donatio mortis causa* und des *gift inter vivos* entspricht der materiellrechtlichen Einordnung der Schenkung in England. Demgegenüber wird die Frage nach der Wirksamkeit und den Voraussetzungen der *donatio mortis causa* in der Entscheidung *In Re Craven's Estate* als Frage der „administration of the estate of the testatrix" angesehen,[835] was eine erbrechtliche Qualifikation impliziert.[836] Die Frage, ob die Schenkung vollzogen wurde, wird in *In Re Craven's Estate* dagegen gesondert angeknüpft und zwar nach der *lex rei sitae*.[837] In der anglo-amerikanischen Literatur wird diese Entscheidung vielfach kritisiert, zumal letztlich nicht ganz klar wird, wie anzuknüpfen ist.[838] Vorherrschend dürfte im englischen IPR die sachenrechtliche Qualifikation der *donatio mortis causa* sein.[839]

V. Zusammenfassung und Ausblick

Der rechtsvergleichende Überblick verdeutlicht: Die Lösungsansätze für das Qualifikationsproblem im Fall der Schenkung auf den Todesfall sind vielfältig. In den betrachteten kontinentaleuropäischen Rechtsordnungen reicht das Spektrum von einer vertraglichen Qualifikation bis zu einer rein erbrechtlichen Qualifikation; dazwischen liegen einige differenzierende Ansätze, die etwa nach dem Kriterium des Vollzugs oder des Zeitpunkts abgrenzen. Im englischen IPR wird dagegen eine sachenrechtliche Qualifikation bevorzugt.

Für eine erbrechtliche Qualifikation lassen sich vor allem die funktionelle Vergleichbarkeit mit einer Verfügung von Todes wegen sowie der Schutz von Nachlassbeteiligten anführen. Das sind jeweils Aspekte, die auch für die Qualifikation der Schenkung auf den Todesfall im europäischen Kollisionsrecht bedeutsam werden. Erkennen lässt sich eine Tendenz zugunsten des Erbstatuts. Für eine vertragliche Qualifikation spricht, dass das anwendbare Recht für die Parteien besser vorhersehbar ist, weil das Erbstatut im Zeitpunkt der Schenkung noch nicht feststeht. Der vermeintliche Nachteil der erbrechtlichen Lösung kann vermieden werden, wenn man statt des allgemeinen Erbstatuts das hypothetische Erbstatut zum

833 Soweit ersichtlich existieren lediglich zwei ältere Entscheidungen, nämlich: *In Re Korvine's Trust* [1921] 1 Ch 343 sowie *In Re Craven's Estate* [1937] Ch 423; jeweils zit. n. Westlaw UK.

834 *In Re Korvine's Trust* [1921] 1 Ch 343 (348), zit. n. Westlaw UK; zust. etwa *Miller*, Succession, S. 232.

835 *In Re Craven's Estate* [1937] Ch 423 (429), zit. n. Westlaw UK.

836 So die Interpretation von *Torremans*, Private International Law, S. 1276.

837 *In Re Craven's Estate* [1937] Ch 423 (430), zit. n. Westlaw UK.

838 Siehe dazu *Miller*, Succession, S. 231 f. m.w.N.

839 Vgl. *Briggs*, in: Collins, The Conflict of Laws II, Rn. 24R-001 i.V.m. Fn. 3, 24-014.

Zeitpunkt der Vornahme des Geschäfts (Errichtungsstatut) für maßgebend erachtet, was vielfach angenommen wird. Erkennbar wird zudem, dass sich das Begriffsverständnis zumeist stark am jeweiligen nationalen materiellen Recht orientiert, was letztlich zu unterschiedlichen Abgrenzungen zwischen Schenkungsstatut und Erbstatut führt bzw. führte. Ein solchermaßen national vorgeprägtes Begriffsverständnis kann im europäischen IPR wegen der gebotenen autonomen Auslegung nicht mehr ohne weiteres ausschlaggebend sein. Richtungweisend könnten insofern diejenigen Ansätze sein, die bereits im „rein" nationalen IPR ein rechtsvergleichendes Begriffsverständnis der Schenkung auf den Todesfall zugrunde legten.

C. Die Schenkung auf den Todesfall und das unionsrechtliche IPR

In Anlehnung an das nationale IPR sind für das Unionsrecht vorrangig in Betracht zu ziehen die für vertragliche Schuldverhältnisse maßgebende Rom I-VO und die Erbrechtsverordnung. Diese beiden Verordnungen sind zu beleuchten und ihre jeweiligen sachlichen Anwendungsbereiche gegeneinander abzugrenzen. Zudem müssen die maßgeblichen Wertungen und die involvierten Interessen freigelegt werden, erst dann kann die Qualifikation der Schenkung auf den Todesfall gelingen. Denn die kollisionsrechtlichen Wertungen sind mit den materiellrechtlichen abzugleichen – das macht schließlich den Kern der Qualifikation aus. Die Interessen leisten dabei eine unverzichtbare Hilfestellung.

I. Die in Betracht zu ziehenden kollisionsrechtlichen EU-Verordnungen

Die gewöhnliche Schenkung unter Lebenden ist im europäischen Kollisionsrecht vertraglich zu qualifizieren und fällt somit in den Anwendungsbereich der Rom I-VO.[840] Das kann als gesichert gelten, auch wenn die vertragliche Qualifikation bei rechtsvergleichender Betrachtung keinesfalls selbstverständlich ist.[841] Da zumindest bestimmte Varianten der Schenkung auf den Todesfall in einzelnen Mitgliedstaaten wie gewöhnliche Schenkungen unter Lebenden behandelt werden, kommt prinzipiell die Anwendbarkeit der Rom I-VO in Betracht. Andererseits entspricht die Schenkung auf den Todesfall funktional einer Verfügung von Todes wegen, so dass gleichermaßen eine erbrechtliche Qualifikation zu erwägen ist, zumal die Interessen der Nachlassbeteiligten zu schützen sind. Einschlägig wäre dann die

---

840 *Magnus*, in: Dutta/Weber, Internationales Erbrecht, IntSchenkungsR Rn. 7, 30; *Magnus*, in: Staudinger (2021), Art. 4 Rom I-VO Rn. 245 ff.; *Thorn*, in: Rauscher, EuZPR/EuIPR III, Art. 4 Rom I-VO Rn. 90; *Martiny*, in: Münchener Kommentar BGB, Bd. 13, Art. 4 Rom I-VO Rn. 214.

841 *Schmidt*, in: Dutta/Weber, Internationales Erbrecht, Art. 1 EuErbVO Rn. 79.

seit August 2015 geltende EuErbVO, die u.a. das auf die Rechtsnachfolge von Todes wegen anwendbare Recht bestimmt.

Denkbar ist darüber hinaus, dass die Schenkung auf den Todesfall weder der Rom I-VO noch der EuErbVO untersteht und sich damit das auf sie anwendbare Recht überhaupt nicht nach dem europäischen Kollisionsrecht bemisst. Begründen ließe sich das damit, dass die Schenkung auf den Todesfall sich ihrem Wesen nach weder dem einen noch dem anderen Bereich eindeutig zuordnen lässt und sich ein einheitliches Begriffsverständnis schwerlich finden lassen wird. Unterstellt man einmal, das europäische Kollisionsrecht erfasse die Schenkung auf den Todesfall nicht, so käme in Deutschland gleichwohl eine erbrechtliche Qualifikation in Betracht – nämlich über Art. 25 EGBGB n.F., der ein weitergehendes Verständnis der Rechtsnachfolge von Todes wegen statuiert, um etwaige Lücken zu schließen. Art. 25 EGBGB n.F. erfasst gerade solche Geschäfte, die funktional zwar die Rechtsnachfolge von Todes wegen betreffen, bei denen der Erblasser sich jedoch nicht der Instrumente des formalen Erbrechts bedient.[842] Dieser dritte Ansatz ist indes eher theoretischer Natur und nicht erstrebenswert. Der europäische Verordnungsgeber dürfte kaum beabsichtigt haben, die Schenkung auf den Todesfall weder der Rom I-VO noch der EuErbVO zuzuweisen.[843]

Wer den dritten Ansatz befürwortet, verkennt die zentrale Problematik: Die Schenkung auf den Todesfall ist im „Graubereich“ zwischen Vertrags- und Erbrecht angesiedelt,[844] es geht mithin im Kern darum, die Anwendungsbereiche der Rom I-VO und der EuErbVO gegeneinander abzugrenzen.[845] Noch genauer: Es geht um die Frage, wie die Grenze zwischen Rechtsgeschäften unter Lebenden, die im Hinblick auf den Tod vorgenommen werden, und Rechtsgeschäften von Todes wegen im europäischen Kollisionsrecht zu ziehen ist.[846] Dieser Frage kann der europäische Gesetzgeber nicht ausweichen. Dass er dieses auch nicht tun will, verdeutlichen die jeweiligen Ausschlusstatbestände in Art. 1 Abs. 2 lit. c Rom I-VO und Art. 1 Abs. 2 lit. g EuErbVO – wenngleich die Grenze nicht präzise gezogen wird.[847] Es gibt auch keinen Grund, vor der Herausforderung, die aufgrund der unterschiedlichen Ausgestaltung der Schenkung auf den Todesfall in den einzelnen Rechtsordnungen zweifelsohne besteht, zu kapitulieren.

---

842 *Schmidt*, in: Dutta/Weber, Internationales Erbrecht, Art. 1: Anh. II EuErbVO Rn. 7.

843 *Nordmeier*, Erbverträge, ZEV 2013, 117 (122); *Schauer*, in: Deixler-Hübner/Schauer, Art. 1 EuErbVO Rn. 47.

844 *Schmidt*, in: Dutta/Weber, Internationales Erbrecht, Art. 1 EuErbVO Rn. 80.

845 Vgl. *Schmidt*, in: Dutta/Weber, Internationales Erbrecht, Art. 1: Anh. II EuErbVO Rn. 8.

846 *Nordmeier*, Erbverträge, ZEV 2013, 117 (121); *Schmidt*, in: Dutta/Weber, Internationales Erbrecht, Art. 1 EuErbVO Rn. 80.

847 Vgl. auch *Nordmeier*, Erbverträge, ZEV 2013, 117 (122); *Looschelders*, in: Hüßtege/Mansel, Bd. 6, Art. 1 EuErbVO Rn. 44.

Ernsthaft zu diskutieren ist demnach allein die Frage, ob und inwieweit die Schenkung auf den Todesfall entweder der Rom I-VO oder aber der EuErbVO zu unterstellen ist.

II. Grundlagen

Steht nunmehr fest, dass sich die Schenkung auf den Todesfall entweder nach der EuErbVO oder der Rom I-VO richtet, so sind diese beiden Verordnungen näher zu betrachten: Zunächst soll ein kurzer Überblick zur Entwicklung gegeben werden, sodann sollen beide Verordnungen miteinander verglichen werden.

1. *Ein Abriss der Rechtsentwicklung*

Die Europäisierung des Internationalen Privatrechts schreitet unaufhörlich voran und hat nicht einmal vor dem Erbrecht Halt gemacht. Das Internationale Schuldrecht ist dagegen bereits seit langer Zeit harmonisiert.

a) Rom I-VO

Die Rom I-VO gilt bereits seit dem 17.12.2009. Sie knüpft an das Europäische Übereinkommen über das auf vertragliche Schuldverhältnisse anzuwendende Recht (EVÜ)[848] an, einem völkerrechtlichen Vertrag, und übernimmt in großen Teilen dessen Bestimmungen, sie ist mithin „keine vollständige Neuschöpfung".[849] Die Ablösung des EVÜ erfolgte, um einige Schwachpunkte auszubügeln, etwa den nicht stark genug ausgeprägten Verbraucherschutz, die uneinheitliche Gerichtspraxis der Vertragsstaaten oder die Nachteile des völkerrechtlichen Vertrages, weil jeder Beitritt eines neuen EU-Mitgliedstaates eine Ratifikation des Übereinkommens erforderte, was zudem jedes Mal einen schwerfälligen Anpassungsprozess in Gang setzte.[850] Die Rom I-VO gilt in allen EU-Mitgliedstaaten mit Ausnahme Dänemarks.[851]

b) EuErbVO

Die Vereinheitlichung auf dem Gebiet des Erbrechts muss als große Herausforderung angesehen werden, denn das Erbrecht gilt als besonders stark in der

---

848 Römisches EWG-Übereinkommen vom 19.6.1980 über das auf vertragliche Schuldverhältnisse anzuwendende Recht (BGBl. 1986 II 810) i.d.F. des 4. Beitrittsübereinkommens vom 14.4.2005 (BGBl. 2006 II 348).

849 *v. Hein*, in: Rauscher, EuZPR/EuIPR III, Einl. Rom I-VO Rn. 5; siehe auch *Martiny*, in: Münchener Kommentar, Bd. 13, Vor Art. 1 Rom I-VO Rn. 1 i.V.m. Rn. 17 ff.

850 *Magnus*, in: Staudinger (2021), Einl. Rom I-VO Rn. 22 ff.

851 Vgl. Erwgr. 46 EuErbVO; näher dazu etwa *v. Hein*, in: Rauscher, EuZPR/EuIPR III, Art. 1 Rom I-VO Rn. 70 ff.

jeweiligen Kultur bzw. Tradition einer Rechtsordnung verwurzelt, weswegen eine Vereinheitlichung vor allem des materiellen Erbrechts wegen des drohenden Identitätsverlustes wenig wünschenswert erscheinen mag.[852] Gleichwohl besteht im Zuge der europäischen Integration und der damit einhergehenden Zunahme grenzüberschreitender Erbfälle ein gesteigertes Bedürfnis zur Vereinheitlichung zumindest des Kollisionsrechts.[853] Solche Bestrebungen sind nicht gänzlich neu, sie gehen im Wesentlichen auf die Haager Konferenz für Internationales Privatrecht zurück, die eine Vorreiterrolle eingenommen hat.[854] Zu nennen ist das Haager Übereinkommen aus dem Jahr 1989 über das auf die Erbfolge anzuwendende Recht[855], dem letztlich aber kein Erfolg beschieden war, weil es lediglich von den Niederlanden einseitig in Kraft gesetzt wurde.[856] Erfolgreicher und in der Praxis bedeutsamer ist das Haager Übereinkommen über das auf die Form letztwilliger Verfügungen anzuwendende Recht von 1961[857] (HTestformÜ), welches von einigen EU-Mitgliedstaaten – darunter auch Deutschland – ratifiziert worden ist.[858] Dieses Übereinkommen wird weiterhin für die Mitgliedstaaten, die Vertragspartei des Abkommens sind, vorrangig anzuwenden sein.[859]

Als Kompetenzgrundlage für die EuErbVO hat der Unionsgesetzgeber Art. 81 Abs. 2 lit. c AEUV[860] herangezogen.[861] Den unmittelbaren Ausgangspunkt der EuErbVO bildet eine rechtsvergleichende Studie[862] des Deutschen Notarinstituts in Zusammenarbeit mit *Dörner* und *Lagarde*, die bereits 2002 im Auftrag der Europäischen Kommission veröffentlicht wurde.[863] Die rechtsvergleichende Studie des

---

852 Vgl. *de Waal*, Comparative Succession Law, in: Reimann/Zimmermann, Handbook, 1071 (1073); vgl. auch *Deutsches Notarinstitut*, Internationales Erbrecht, S. 185; *Meyer-Pritzl*, in: Staudinger/Eckpfeiler (2020), Erbrecht (W.), Rn. W 132; so auch der Befund in der Stellungnahme des *House of Lords*, Report ESR, S. 10.

853 *Dutta*, Succession, RabelsZ 73 (2009), 547 (552).

854 *Schaub*, EuErbVO, Hereditare 3 (2013), 91 (94); *Frodl*, EuErbVO, ÖJZ 2012, 950 (951).

855 Hague Convention of 1st August1989 on the law applicable to succession to the estates of deceased persons; eine ins Deutsche übersetzte Fassung ist abgedruckt in IPRax 2000, 53.

856 *Dutta*, in: Münchener Kommentar BGB, Bd. 12, Vor Art. 1 EuErbVO Rn. 8.

857 BGBl. 1965 II 1145, 1966 II 11.

858 *Schaub*, EuErbVO, Hereditare 3 (2013), 91 (94 f.).

859 Art. 75 Abs. 1 Unterabs. 2 EuErbVO.

860 Vertrag über die Arbeitsweise der Europäischen Union vom 13.12.2007, ABl. EU 2012 C 326, S. 1 (konsolidierte Fassung).

861 Erwgr. 2 EuErbVO; eine ausführliche Untersuchung der Kompetenz des Unionsgesetzgebers auf dem Gebiet des Internationalen Erbrechts liefert *Greeske*, EuErbVO, S. 9 ff.

862 *Deutsches Notarinstitut*, Internationales Erbrecht, S. 169 ff. (deutsche Fassung der Studie).

863 *Schaub*, EuErbVO, Hereditare 3 (2013), 91 (95); *Frodl*, EuErbVO, ÖJZ 2012, 950 (951).

Deutschen Notarinstituts bildete nicht nur die Grundlage für das Grünbuch vom 1.3.2005,[864] sondern beeinflusste die inhaltliche Ausgestaltung der EuErbVO in der endgültigen Fassung ganz erheblich.[865] Die internationalen Stellungnahmen zum Grünbuch ließen überwiegend eine positive Resonanz erkennen, vor allem im Hinblick auf die Schaffung eines einheitlichen Erbstatuts.[866] Die Verordnung gilt in allen EU-Mitgliedstaaten mit Ausnahme von Dänemark und Irland.[867]

2. Gemeinsamkeiten und Unterschiede von Rom I-VO und EuErbVO

Unabdingbar für die kollisionsrechtliche Behandlung der Schenkung auf den Todesfall ist es, zunächst Gemeinsamkeiten und Unterschiede beider Verordnungen herauszustellen. Das ist auch als Vorarbeit erforderlich, um in einem zweiten Schritt die Interessen und Wertungen näher beleuchten zu können. Je gewichtiger die Unterschiede beider Verordnungen sind, desto bedeutender ist eine trennscharfe Abgrenzung für die Praxis. Betrachtet werden sollen die objektive Anknüpfung, die Möglichkeit zur Rechtswahl, die Anknüpfung von Formfragen und die Bedeutung des *renvoi*.

a) Objektive Anknüpfung

Das zentrale Moment der objektiven Anknüpfung ist der gewöhnliche Aufenthalt, sowohl nach der Rom I-VO als auch nach der EuErbVO. Das Anknüpfungsmoment des gewöhnlichen Aufenthalts löst im Internationalen Erbrecht vieler Mitgliedstaaten das bisher geltende Staatsangehörigkeitsprinzip ab.[868] Damit avanciert der gewöhnliche Aufenthalt endgültig zum zentralen personenbezogenen Kriterium im europäischen Kollisionsrecht.[869] Im Mittelpunkt stünde im Fall der Schenkung auf den Todesfall nach beiden Verordnungen jeweils die Person des Schenkers (= Erblasser); maßgebend ist dessen gewöhnlicher Aufenthalt. Zumindest vordergründig besteht damit eine Gemeinsamkeit der beiden Verordnungen, die die Anwendbarkeit desselben Rechts unabhängig von der Qualifikation wahrscheinlicher erscheinen lässt.[870]

---

864 *Simon/Buschbaum*, EuErbVO, NJW 2012, 2393.

865 *Schaub*, EuErbVO, Hereditare 3 (2013), 91 (95); *Hertel*, in: Rauscher, EuZPR/EuIPR V, Einl. EuErbVO Rn. 7 f.

866 *Lehmann*, Grünbuch EuErbVO, IPRax 2006, 204 (204 f.).

867 Vgl. Erwägungsgründe 82, 83 EuErbVO; näher dazu etwa *Weber*, in: Dutta/Weber, Internationales Erbrecht, Einl. Rn. 27 ff.

868 Rechtsvergleichender Überblick bei *Dutta*, Succession, RabelsZ 73 (2009), 547 (560 ff.).

869 *Deixler-Hübner*, in: Deixler-Hübner/Schauer, Art. 4 EuErbVO Rn. 3; *Dutta*, in: Münchener Kommentar BGB, Bd. 12, Art. 21 EuErbVO Rn. 3.

870 Vgl. *Müller-Lukoschek*, EuErbVO, § 2 Rn. 99.

Im Einzelnen bestehen jedoch gravierende Unterschiede, so dass es letztlich eher von Zufälligkeiten abhängt, ob dasselbe Recht anwendbar ist. Zum einen ist nicht gewährleistet, dass der Begriff des gewöhnlichen Aufenthalts in den einzelnen Verordnungen einheitlich zu verstehen ist; zum anderen bestehen Unterschiede hinsichtlich des Zeitpunkts der Anknüpfung, zudem sind abweichende Anknüpfungen im Einzelfall möglich.

aa) Die Problematik um den Begriff des gewöhnlichen Aufenthalts

Der „gewöhnliche Aufenthalt" ist ein schillernder Begriff, der sich einer einfachen Handhabe entzieht.

(1) Allgemeines

Das Anknüpfungskriterium des gewöhnlichen Aufenthalts kann als das „geistige Kind"[871] der Haager Konferenz für IPR angesehen werden und ist das Destillat rechtsvereinheitlichender Bestrebungen. Der Vorteil dieses Anknüpfungskriteriums besteht darin, dass es nicht im gleichen Maße wie etwa die Begriffe *Wohnsitz*[872] oder *domicile*[873] durch das jeweilige – möglicherweise divergierende – nationale Verständnis vorbelastet ist und damit die gebotene autonome Auslegung fördert.[874] Die Anknüpfung an den gewöhnlichen Aufenthalt soll der wachsenden Mobilität der Bürger gerecht werden.[875] Die Auslegung dieses unbestimmten Rechtsbegriffs bereitet indes Schwierigkeiten; denn definiert wird der Begriff in keiner der EU-Verordnungen,[876] was gerade im Hinblick auf die EuErbVO als unbefriedigend empfunden wird.[877]

Der Kern des gewöhnlichen Aufenthaltes kann unabhängig von den besonderen Funktionen des jeweiligen Regelungsinstrumentes in der Bestimmung des tatsächlichen Lebens- oder Daseinsmittelpunktes einer Person erblickt werden.[878] Der Begriff des Lebens- bzw. Daseinsmittelpunktes ist jedoch immer noch sehr weit gefasst und wenig bestimmt.[879] Erforderlich ist jedenfalls die körperliche Anwesenheit der Person in dem betreffenden Staat, die sich zudem verstetigt

---

871 *Baetge*, Gewöhnlicher Aufenthalt, in: Basedow/Hopt/Zimmermann, Handwörterbuch I, S. 785.

872 Zum Begriff siehe etwa *Kegel/Schurig*, IPR, S. 469 f.

873 Zum Begriff siehe etwa *Torremans*, Private International Law, S. 145 f.

874 *Meyer*, Gerichtsstände der EuErbVO, S. 71.

875 So etwa Erwgr. 23 EuErbVO.

876 *Schauer*, in: Deixler-Hübner/Schauer, Art. 21 EuErbVO Rn. 7.

877 So etwa *Lehmann*, EuErbVO, DStR 2012, 2085 (2086); *Gärtner*, Vindikationslegat, S. 33.

878 *Solomon*, Die allgemeine Kollisionsnorm, in: Dutta/Herrler, EuErbVO, 19 (23), Rn. 11; vgl. auch *Thorn*, in: Grüneberg, Art. 21 EuErbVO Rn. 6.

879 *Greeske*, EuErbVO, S. 55.

haben muss, worauf das Adjektiv „gewöhnlich" hindeutet.[880] Entscheidend für die Verstetigung des Aufenthalts ist neben einem zeitlichen Moment[881] die Integration der Person am Aufenthaltsort, die sich anhand sozialer, familiärer sowie beruflicher Aspekte bemessen lässt.[882]

Strittig ist, ob und inwieweit es für die Bestimmung des gewöhnlichen Aufenthaltes auf subjektive Kriterien ankommt, etwa einen Bleibewillen.[883] Es gibt einige Fälle, in denen eine eindeutige Bestimmung des gewöhnlichen Aufenthalts besonders schwierig ist.[884] Das betrifft beispielsweise den vielzitierten Grenzgänger, der etwa in Belgien arbeitet, aber an Wochenenden und Feiertagen zu seiner Familie nach Deutschland zurückkehrt.[885] Ein weiteres oft angeführtes Beispiel ist der sogenannte „Mallorca-Rentner", der seinen Lebensabend auf Mallorca verbringt, aber weder Spanisch spricht noch Kontakte zu Einheimischen pflegt, sondern sich ausschließlich mit anderen Deutschen auf der Insel trifft, zudem die familiären Bindungen in die Heimat aufrechterhält und regelmäßig auch Zeit in Deutschland verbringt.[886] Probleme bei der Bestimmung des gewöhnlichen Aufenthaltes ergeben sich ferner bei Schulbesuchen im Ausland oder einem Auslandsstudium.[887] Maßgebend für die Lösung derartiger Zweifelsfälle ist eine einzelfallbezogene Betrachtung anhand der Gesamtumstände. So heißt es beispielsweise in Erwägungsgrund 23 EuErbVO: „Bei der Bestimmung des gewöhnlichen Aufenthalts sollte die mit der Erbsache befasste Behörde eine Gesamtbeurteilung der Lebensumstände des Erblassers in den Jahren vor seinem Tod und im Zeitpunkt seines Todes vornehmen und dabei alle relevanten Tatsachen berücksichtigen, insbesondere die Dauer und die Regelmäßigkeit des Aufenthalts des Erblassers in dem betreffenden Staat sowie die damit zusammenhängenden Umstände und Gründe."

---

880 *Kropholler*, IPR, S. 283 f.

881 Zum zeitlichen Moment *Kropholler*, IPR, S. 284 f.; *Baetge*, Der gewöhnliche Aufenthalt, S. 108 ff.

882 *v. Hein*, in: Münchener Kommentar BGB, Bd. 12, Art. 5 EGBGB Rn. 159; *Baetge*, Der gewöhnliche Aufenthalt, S. 108; *Lange*, Harmonisierung des Internationalen Erbrechts, ZVglRWiss 110 (2011) 426 (429).

883 Dazu *Solomon*, Die allgemeine Kollisionsnorm, in: Dutta/Herrler, EuErbVO, 19 (24 ff.), Rn. 13 ff.; *v. Hein*, in: Münchener Kommentar BGB, Bd. 12, Art. 5 EGBGB Rn. 163; *Baetge*, Der gewöhnliche Aufenthalt, S. 121 ff.

884 Ausführliche Darstellung bei *Greeske*, EuErbVO, S. 91 ff.

885 Beispiel bei *Lange*, Harmonisierung des Internationalen Erbrechts, ZVglRWiss 110 (2011), 426 (430); ähnliches Beispiel bei *Gärtner*, Vindikationslegat, S. 34.

886 Beispiel bei *Gärtner*, Vindikationslegat, S. 34; *Lehmann*, EuErbVO, DStR 2012, 2085 (2086).

887 Dazu etwa *Greeske*, EuErbVO, S. 92 ff.

(2) Einheitliches vs. verordnungsspezifisches Begriffsverständnis

Die vorstehend skizzierten Schwierigkeiten bei der Bestimmung des gewöhnlichen Aufenthalts sind allgemeiner Natur. Daneben gibt es noch eine weitere Schwierigkeit: Fraglich ist, ob der Begriff des gewöhnlichen Aufenthalts im Unionsrecht einheitlich oder je nach Verordnung unterschiedlich zu verstehen ist. Das wird kontrovers diskutiert. Nach einer Ansicht ist der Begriff nicht einheitlich, sondern vielmehr im Lichte der jeweiligen Verordnung, also bereichsspezifisch, auszulegen.[888] Dadurch soll den jeweiligen verordnungsspezifischen Zweckbestimmungen Rechnung getragen werden.[889] So habe der gewöhnliche Aufenthalt bei einmaligen vertraglichen Transaktionen oder bei sonstigen punktuellen Kontakten einen anderen Stellenwert als bei Verfügungen von Todes wegen, die auf langfristige Wirkungen angelegt sind.[890] Nach der gegenteiligen Auffassung ist der Begriff des gewöhnlichen Aufenthaltes in den verschiedenen Unionsrechtsakten einheitlich zu verstehen.[891] Für die einheitliche Auslegung wird vor allem die Rechtssicherheit angeführt.[892]

Für eine einheitliche Auslegung des Begriffs des gewöhnlichen Aufenthalts in den unterschiedlichen unionsrechtlichen Verordnungen auf dem Gebiet des IZVR und IPR lässt sich das rechtspolitisch wünschenswerte Ziel der Rechtssicherheit und des internen Entscheidungseinklangs anführen. Allerdings ergibt sich aus Erwägungsgrund 23 EuErbVO, dass der gewöhnliche Aufenthalt „unter Berücksichtigung der spezifischen Ziele dieser Verordnung eine besonders enge und feste Bindung zu dem betreffenden Staat erkennen lassen" sollte. Das impliziert ein verordnungsspezifisches Verständnis und lässt im Umkehrschluss bei bloß punktuellen Kontakten Raum dafür, geringere Anforderungen an die Verstetigung des Aufenthalts zu stellen. Erwägungsgrund 24 EuErbVO indiziert, dass im Anwendungsbereich der EuErbVO familiäre und soziale Aspekte in Zweifelsfällen

---

888 So etwa *v. Hein*, in: Münchener Kommentar BGB, Bd. 12, Art. 5 EGBGB Rn. 147; *Gärtner*, Vindikationslegat, S. 34; *Hellner*, IPR AT, in: Dutta/Herrler, EuErbVO, 107 (107 f.), Rn. 3; *Schaub*, EuErbVO, Hereditare 3 (2013), 91 (112); *Lehmann*, EuErbVO, DStR 2012, 2085 (2086); vgl. auch *Kropholler*, IPR, S. 285 f.

889 *Lechner*, Die Entwicklung der EuErbVO, in: Dutta/Herrler, EuErbVO, 4 (11), Rn. 22.

890 *Schaub*, EuErbVO, Hereditare 3 (2013), 91 (112); krit. *Solomon*, Die allgemeine Kollisionsnorm, in: Dutta/Herrler, EuErbVO, 19 (33), Rn. 37: sei die Anknüpfung an einen dauerhaften Lebensmittelpunkt nicht angemessen, so könne dem über die etwaig vorhandenen Ausweichklauseln Rechnung getragen werden.

891 *Solomon*, Die allgemeine Kollisionsnorm, in: Dutta/Herrler, EuErbVO, 19 (33), Rn. 38; *Dörner*, EuErbVO, ZEV 2012, 505 (510); *Thorn*, in: Grüneberg, Art. 21 EuErbVO Rn. 5; offen gelassen von *Dutta*, in: Münchener Kommentar BGB, Bd. 12, Art. 4 EuErbVO Rn. 4.

892 *Thorn*, in: Grüneberg, Art. 21 EuErbVO Rn. 5.

gewichtiger sind als berufliche.[893] Demgegenüber wird der gewöhnliche Aufenthalt im Rahmen der Rom I-VO maßgeblich durch die berufliche Tätigkeit geprägt (vgl. Art. 19 Abs. 1 Rom I-VO). Vorausgesetzt wird aber auch dort eine Verstetigung des Aufenthalts; der Unterschied besteht in der abweichenden Akzentuierung des ausschlaggebenden Kriteriums.

bb) Die objektive Anknüpfung im Einzelnen

Auch wenn beide Verordnungen im Kern dasselbe Anknüpfungskriterium bemühen, bestehen dennoch gewichtige Unterschiede.

(1) Regelanknüpfung

Sofern die Schenkung auf den Todesfall kollisionsrechtlich wie die gewöhnliche Schenkung unter Lebenden zu behandeln ist, unterfällt sie vorbehaltlich einer Rechtswahl Art. 4 Rom I-VO. Zu differenzieren ist danach, ob eine bewegliche oder unbewegliche Sache verschenkt wird. Die Schenkung eines Grundstücks oder eines dinglichen Rechts daran unterliegt gemäß Art. 4 Abs. 1 lit. c Rom I-VO dem Recht des Staates, in dem die unbewegliche Sache belegen ist.[894] Demgegenüber differenziert die EuErbVO – anders als noch das vormalige IPR einiger Mitgliedstaaten – nicht zwischen unbeweglichem und sonstigem Vermögen.[895] Verhindert werden soll eine unerwünschte Nachlassspaltung.[896] Wird also eine Immobilie auf den Todesfall verschenkt, so ist eine Zuordnung zu dem einen oder anderen Regelungsbereich wegen der abweichenden Anknüpfung in jedem Fall geboten. Die Schenkung beweglicher Sachen unterliegt gemäß Art. 4 Abs. 2 Rom I-VO dem Recht des Staates, in dem die Partei, welche die für den Vertrag charakteristische Leistung zu erbringen hat, ihren gewöhnlichen Aufenthalt hat. Für die Schenkung prägend ist die unentgeltliche Zuwendung durch den Schenker, so dass der Schenker die charakteristische Leistung erbringt und es auf dessen gewöhnlichen Aufenthalt ankommt.[897]

Zudem unterscheiden sich die Regelanknüpfungen in beiden Verordnungen hinsichtlich des maßgeblichen Zeitpunktes. Nach der Rom I-VO ist gemäß Art. 19 Abs. 3 der Zeitpunkt des Vertragsschlusses maßgebend, wohingegen nach der EuErbVO zur Bestimmung des allgemeinen Erbstatuts der Zeitpunkt des Todes[898]

---

893 *Lehmann*, EuErbVO, DStR 2012, 2085 (2086) begrüßt die stärkere Gewichtung sozialer Verbindungen zu Familie und Freunden im Bereich des Personalstatuts.

894 *Martiny*, in: Münchener Kommentar BGB, Bd. 13, Art. 4 Rom I-VO Rn. 214.

895 Vgl. *Schauer*, in: Deixler-Hübner/Schauer, Art. 21 EuErbVO Rn. 1.

896 *Solomon*, Die allgemeine Kollisionsnorm, in: Dutta/Herrler, EuErbVO, 19 (20), Rn. 2.

897 *Thorn*, in: Rauscher, EuZPR/EuIPR III, Art. 4 Rom I-VO Rn. 90.

898 Zur Bestimmung des Todeszeitpunktes siehe *Bauer/Fornasier*, in: Dutta/Weber, Internationales Erbrecht, Art. 21 EuErbVO Rn. 9.

ausschlaggebend ist. Der Zeitpunkt des Vertragsschlusses nach der Rom I-VO ist derjenige, in dem die übereinstimmenden Willenserklärungen abgegeben werden.[899] Hängt die Wirksamkeit des Vertrages von einer aufschiebenden Bedingung ab, so soll nicht der künftige und ungewisse Zeitpunkt des Bedingungseintritts für die Bestimmung des gewöhnlichen Aufenthalts ausschlaggebend sein, sondern der Zeitpunkt der Einigung.[900] Das überzeugt, da im Interesse der Vorhersehbarkeit Manipulationen ausgeschlossen und ein Statutenwechsel verhindert werden sollen.[901] Folglich wäre beispielsweise für die durch den Tod des Schenkers aufschiebend bedingte Schenkung auf den Todesfall bei vertraglicher Qualifikation der gewöhnliche Aufenthalt zu Lebzeiten des Schenkers, nämlich bereits bei Abschluss des Geschäftes, maßgebend; bei erbrechtlicher Qualifikation wäre dagegen grundsätzlich der Zeitpunkt des Todes maßgebend. Da der Erblasser seinen gewöhnlichen Aufenthalt wesentlich leichter ändern kann als seine Staatsangehörigkeit, ist ein Statutenwechsel im Zeitraum zwischen Vornahme der Schenkung und Tod gut möglich.

Der Erbvertrag wird nach Art. 25 EuErbVO gesondert angeknüpft; maßgebend ist das hypothetische Erbstatut im Zeitpunkt des Abschlusses des Erbvertrages. Das betrifft allerdings nur die Zulässigkeit, die materielle Wirksamkeit und die Bindungswirkungen eines Erbvertrages; im Übrigen ist das allgemeine Erbstatut maßgebend. Sofern der Erblasser kein Recht gewählt hat, ist also grundsätzlich der gewöhnliche Aufenthalt im Zeitpunkt des Vertragsschlusses maßgeblich. Insofern besteht dann wiederum eine Konvergenz beider Verordnungen. Fraglich ist allerdings, ob und inwieweit die Schenkung auf den Todesfall gegebenenfalls dem hypothetischen Erbstatut unterstellt werden kann.

(2) Abweichende Anknüpfung

Beide Verordnungen sehen Ausweichklauseln vor zugunsten des Staates, zu dem offensichtlich eine engere Verbindung besteht.[902] Die Ausweichklausel in der EuErbVO wird kritisch gesehen, da bereits durch die Regelanknüpfung der familiäre und soziale Lebensmittelpunkt und damit die engste Verbindung bestimmt werde,[903] wohingegen sie in der Rom I-VO positiver beurteilt wird, weil sie im

---

899 *Doehner*, in: Hüßtege/Mansel, Bd. 6, Art. 19 Rom I-VO Rn. 11.

900 *Doehner*, in: Hüßtege/Mansel, Bd. 6, Art. 19 Rom I-VO Rn. 11; *Martiny*, in: Münchener Kommentar BGB, Bd. 13, Art. 19 Rom I-VO Rn. 17.

901 Vgl. *Martiny*, in: Münchener Kommentar BGB, Bd. 13, Art. 19 Rom I-VO Rn. 17.

902 Art. 4 Abs. 3 Rom I-VO und Art. 21 Abs. 2 EuErbVO.

903 So etwa *Lehmann*, EuErbVO, DStR 2012, 2085 (2086); im Grundsatz auch *Dutta*, in: Münchener Kommentar BGB, Bd. 12, Art. 21 EuErbVO Rn. 6; *Schauer*, in: Deixler-Hübner/Schauer, Art. 21 EuErbVO Rn. 15.

Einzelfall eine flexible Anknüpfung ermöglicht.[904] Gerade im Fall der Schenkung werden entsprechende Sonderanknüpfungen diskutiert, so beispielsweise für die Real- bzw. Handschenkung, nämlich eine Anknüpfung an den Vornahmeort: Denn zu dem Ort, an dem die Schenkung sogleich vollzogen werde, werde oftmals eine engere Verbindung bestehen, zumal für den Beschenkten häufig nicht erkennbar sein wird, wo der Schenker seinen gewöhnlichen Aufenthalt hat.[905] Im Geltungsbereich der EuErbVO wäre eine Heranziehung der Ausweichklausel kaum zu rechtfertigen, um gegebenenfalls eine gesonderte Anknüpfung der vollzogenen Schenkung auf den Todesfall zu erreichen. Denn zu berücksichtigen sind ja vor allem auch die Interessen der Nachlassbeteiligten, was eine Abweichung von der Regelanknüpfung nicht ohne weiteres gestattet.

Eine gesonderte Anknüpfung wird innerhalb der Rom I-VO auch für Schenkungen zwischen Ehegatten bzw. Verlobten diskutiert. Vorgeschlagen wird eine akzessorische Anknüpfung an das Güterrechtsstatut, was über Art. 4 Abs. 3 Rom I-VO erreicht werden kann.[906] Bei Schenkungen auf den Todesfall ließe sich entsprechend eine akzessorische Anknüpfung an das Erbstatut diskutieren.

b) Rechtswahl

Ein augenfälliger Unterschied besteht hinsichtlich der Rechtswahlfreiheit, die im Internationalen Privatrecht auch als Parteiautonomie bezeichnet wird. Sie ist in der Rom I-VO und der EuErbVO unterschiedlich stark ausgeprägt.

aa) Kreis der wählbaren Rechte

Während die Parteien nach der Rom I-VO staatliches Recht nahezu nach Belieben wählen dürfen, ist die Rechtswahlfreiheit in der EuErbVO begrenzt.[907] Gemäß Art. 22 Abs. 1 Satz 1 EuErbVO kann eine Person für die Rechtsnachfolge von Todes wegen „nur" das Recht des Staates wählen, dem sie im Zeitpunkt der Rechtswahl oder im Zeitpunkt des Todes angehört. Bereits der Wortlaut der jeweiligen amtlichen Überschrift lässt die unterschiedliche Reichweite erahnen: So ist in der Rom I-VO von „freier Rechtswahl" die Rede, wohingegen in der EuErbVO das Adjektiv „frei" fehlt. Der unterschiedliche Stellenwert der Rechtswahlfreiheit wird zudem durch die abweichende Systematik beider Verordnungen untermauert:[908] Während die Rom I-VO die Bestimmung über die Rechtswahl den Bestimmungen

---

904 Vgl. *Magnus*, in: Staudinger (2021), Art. 4 Rom I-VO Rn. 126; *Gebauer*, in: Calliess, Rome Regulations, Art. 4 Rom I-VO Rn. 69; *Thorn*, in: Rauscher, EuZPR/EuIPR III, Art. 4 Rom I-VO Rn. 134.

905 So *Magnus*, in: Dutta/Weber, Internationales Erbrecht, IntSchenkungsR Rn. 34.

906 *Magnus*, in: Dutta/Weber, Internationales Erbrecht, IntSchenkungsR Rn. 35.

907 *Mansel*, Parteiautonomie, in: Leible/Unberath, Rom 0-VO, 241 (268).

908 Zweifelnd *Weller*, in: Weller, Europäisches Kollisionsrecht, Rn. 126.

der objektiven Anknüpfung voranstellt, die Rechtswahl also über der objektiven Anknüpfung thront, ist dies in der EuErbVO umgekehrt – die allgemeine Kollisionsnorm ist der Regelung über die Rechtswahl vorangestellt. Die freie Rechtswahl wird in Erwägungsgrund 11 der Rom I-VO als einer der „Ecksteine des Systems der Kollisionsnormen im Bereich der vertraglichen Schuldverhältnisse" bezeichnet. Grenzenlos ist die Möglichkeit zur Rechtswahl aber auch nach der Rom I-VO nicht. Sofern alle anderen Elemente des Sachverhalts in einem anderen Staat als demjenigen belegen sind, dessen Recht die Parteien gewählt haben, können die Parteien mit ihrer Rechtswahl nicht das zwingende Recht dieses anderen Staates umgehen (Art. 3 Abs. 3 Rom I-VO). Auch können die Parteien durch die Wahl des Rechts eines Drittstaates nicht das zwingende Gemeinschaftsrecht umgehen, wenn der Sachverhalt ansonsten ausschließlich in einen Mitgliedstaat weist (Art. 3 Abs. 4 Rom I-VO). Die Rechtswahl bleibt aber in beiden Fällen im Übrigen wirksam.[909] Eingeschränkt ist sie zudem bei Verbraucherverträgen (Art. 6 Abs. 3 Rom I-VO).

bb) Teilrechtswahl

Anders als im Internationalen Schuldvertragsrecht ist eine Teilrechtswahl im Internationalen Erbrecht nach der EuErbVO unzulässig.[910] Das ergibt sich zwar nicht ausdrücklich aus der deutschen Fassung von Art. 22 EuErbVO, entspricht aber der Konzeption der EuErbVO. So ist in Art. 23 Abs. 1 EuErbVO die Rede davon, dass dem nach Art. 22 EuErbVO bezeichneten Recht „die gesamte Rechtsnachfolge von Todes wegen" unterliege. Die englische Sprachfassung des Art. 22 EuErbVO ist im Gegensatz zur deutschen eindeutig: Dort heißt es „succession as a whole". Zudem ist die Möglichkeit der Teilrechtswahl in Art. 3 Abs. 1 Satz 2 Rom I-VO anders als in der EuErbVO ausdrücklich geregelt, so dass aus einem Umkehrschluss gefolgert werden kann, die EuErbVO lasse eine Teilrechtswahl nicht zu. Auch das in der EuErbVO verankerte Prinzip der Nachlasseinheit steht einer Teilrechtswahl entgegen, da es sonst leicht zu einer unerwünschten Nachlassspaltung kommen könnte.[911]

cc) Mitwirkung des Begünstigten

Die Rechtswahl nach Art. 3 Rom I-VO ist in einem vom Hauptvertrag rechtlich unabhängigen Verweisungsvertrag vorzunehmen.[912] Da es sich um einen Vertrag handelt, ist eine Einigung der Parteien erforderlich;[913] im Fall der Schenkung muss also auch der Beschenkte bei der Rechtswahl mitwirken.

---

909 *v. Hein*, in: Rauscher, EuZPR/EuIPR III, Art. 3 Rom I-VO Rn. 100.

910 *Dutta*, in: Münchener Kommentar BGB, Bd. 12, Art. 22 EuErbVO Rn. 8.

911 Vgl. Erwgr. 37.

912 *Martiny*, in: Münchener Kommentar BGB, Bd. 13, Art. 3 Rom I-VO Rn. 15, 101.

913 Vgl. Art. 3 Abs. 5 Rom I-VO.

Die Rechtswahl nach Art. 22 EuErbVO erfolgt demgegenüber einseitig durch den Erblasser, und zwar selbst dann, wenn sie gemäß Art. 22 EuErbVO in einem Erbvertrag enthalten ist; denn jeder Erblasser soll das allgemeine Erbstatut selbst wählen können, sofern der Nachlass mehrerer Personen betroffen ist,[914] zumal ein einheitliches allgemeines Erbstatut ohnehin nur möglich ist, wenn alle Parteien des Erbvertrages zufällig dieselbe Staatsangehörigkeit besitzen.[915] Verbindlich ist die Rechtswahl demgegenüber im Rahmen von Art. 25 Abs. 3 EuErbVO, weil sonst eine der Parteien den Erbvertrag nachträglich torpedieren könnte;[916] sie betrifft allerdings nur Zulässigkeit, materielle Wirksamkeit und Bindungswirkungen des Erbvertrages.

dd) Konkludente Rechtswahl

Beide Verordnungen lassen eine konkludente Rechtswahl zu. Das ist im Internationalen Erbrecht keineswegs selbstverständlich; der Kommissionsvorschlag sah die konkludente Rechtswahlmöglichkeit noch nicht vor.[917] So kann es für die Annahme einer Rechtswahl ausreichen, dass der Erblasser in der Verfügung von Todes wegen Bezug auf spezifische Bestimmungen des Rechts des Staates, dem er angehört, genommen oder das Recht dieses Staates in anderer Weise erwähnt hat.[918]

ee) Form der Rechtswahl

In formaler Hinsicht besteht ebenfalls ein gewichtiger Unterschied: Während die Rom I-VO für die Rechtswahl keine besondere Form vorschreibt,[919] muss die Erklärung gemäß Art. 22 Abs. 2 EuErbVO in Form einer Verfügung von Todes wegen im Sinne von Art. 3 Abs. 1 lit. d EuErbVO erfolgen. Es handelt sich bei Art. 22 Abs. 2 EuErbVO um eine sachrechtliche Regelung,[920] mithin einen Fremdkörper im IPR.

ff) Fazit

Auch wenn sowohl die Rom I-VO als auch die EuErbVO Parteiautonomie gewähren, so sind die Unterschiede hinsichtlich des jeweiligen Umfangs der Rechtswahlmöglichkeit gewaltig. Diese Unterschiede verdeutlichen, dass die rechtliche Einordnung der Schenkung auf den Todesfall im IPR erhebliche praktische Bedeutung hat. Je nach Einstufung erhält der Erblasser mehr oder weniger Gestaltungsoptionen.

---

914 *Soutier*, Geltung deutscher Rechtsgrundsätze in der EuErbVO, S. 108 f.
915 *Soutier*, Geltung deutscher Rechtsgrundsätze in der EuErbVO, S. 109.
916 *Soutier*, Geltung deutscher Rechtsgrundsätze in der EuErbVO, S. 108.
917 *Dutta*, in: Münchener Kommentar, Bd. 12, Art. 22 EuErbVO Rn. 13.
918 So ausdrücklich Erwgr. 39 Satz 2 EuErbVO.
919 *Martiny*, in: Münchener Kommentar BGB, Bd. 13, Art. 3 Rom I-VO Rn. 107.
920 *Mansel*, Parteiautonomie, in: Leible/Unberath, Rom 0-VO, 241 (285).

Gerade die wesentlich großzügigere Rechtswahlmöglichkeit im Rahmen der Rom I-VO offenbart, welche Gefahr eine schuldrechtliche Qualifikation der Schenkung auf den Todesfall für das Erbstatut haben kann – nämlich die Wahl eines besonders liberalen Rechts, das Rechtsgeschäfte unter Lebenden auf den Todesfall in großzügiger Weise zulässt; es droht die gezielte Umgehung des potentiell strengeren Erbstatuts. Wegen der unterschiedlichen Reichweite der Rechtswahlmöglichkeit ist es praktisch bedeutsam, ob die Schenkung auf den Todesfall im Internationalen Privatrecht vertraglich oder erbrechtlich qualifiziert wird.

c) *Anknüpfung von Formfragen*

Was die Anknüpfung von Formfragen betrifft, bestehen einerseits Unterschiede, andererseits aber auch Gemeinsamkeiten. Sowohl die Rom I-VO als auch die EuErbVO sehen eine Vielzahl von Anknüpfungskriterien vor, die im Verhältnis der Alternativität zueinander stehen. Beide Regeln folgen demselben Zweck: Der Vertrag oder die Verfügung von Todes wegen sollen nicht an dem Formerfordernis einer Rechtsordnung scheitern, wenn Berührungspunkte mit anderen Rechtsordnungen bestehen; es gilt das Günstigkeitsprinzip, der *favor negotii*.[921] Die statuierten Anknüpfungspunkte sind auf den jeweiligen Regelungsbereich speziell zugeschnitten: Bei der EuErbVO sind die Kriterien erblasserbezogen, wohingegen bei der Rom I-VO beide Parteien berücksichtigt werden.

Die Rom I-VO differenziert bei Verträgen zwischen inländischem und grenzüberschreitendem Vertragsschluss. Stets formgültig ist der Vertrag, wenn die *lex causae* eingehalten ist.[922] Das ist selbstverständlich, da die Form Wirksamkeitsvoraussetzung im Sinne von Art. 10 Rom I-VO ist.[923] Beim inländischen Vertragsschluss ist der Vertrag zudem formgültig, wenn die Ortsform gewahrt ist,[924] beim grenzüberschreitenden Abschluss darüber hinaus, wenn die Form entweder eines der Orte, an dem sich einer der Vertragspartner im Zeitpunkt des Vertragsschlusses befindet, oder des Rechts des Staates, in dem eine der Vertragsparteien im Zeitpunkt des Vertragsschlusses ihren gewöhnlichen Aufenthalt hat, gewahrt wird.[925]

Die EuErbVO sieht in Art. 27 Abs. 1 fünf alternative Anknüpfungskriterien für die Formwirksamkeit vor. Eine schriftliche Verfügung von Todes wegen ist formwirksam, wenn die Ortsform gewahrt ist (lit. a) oder die Form dem Recht eines Staates entspricht, dem der Erblasser im Zeitpunkt der Errichtung oder seines Todes angehörte (lit. b) oder in dem er seinen Wohnsitz (lit. c) oder gewöhnlichen

---

921 Rom I-VO: *Spellenberg*, in: Münchener Kommentar BGB, Bd. 13, Art. 11 Rom I-VO Rn. 4; EuErbVO: *Dutta*, in: Münchener Kommentar BGB, Bd. 12, Art. 27 EuErbVO Rn. 1.

922 Art. 11 Abs. 1 Alt. 1 Rom I-VO.

923 *Spellenberg*, in: Münchener Kommentar BGB, Bd. 13, Art. 11 Rom I-VO Rn. 38.

924 Art. 11 Abs. 1 Alt. 2 Rom I-VO.

925 Art. 11 Abs. 2 Rom I-VO.

Aufenthalt (lit. d) hatte. Für unbewegliche Sachen reicht es aus, wenn die Form des Rechts des Belegenheitsortes eingehalten wurde (lit. e).

Die EuErbVO ist insofern großzügiger, als auch die Staatsangehörigkeit und der Wohnsitz berücksichtigt werden. Sie ist jedoch enger insofern, als sie nur auf den Erblasser abstellt. Ein Unterschied kann sich also im Fall der Schenkung auf den Todesfall ergeben, wenn diese nur nach dem Recht des Staates, in dem sich der Beschenkte bei Vertragsschluss befand oder in dem er seinen gewöhnlichen Aufenthalt hatte, formwirksam ist.

d) Renvoi

Ein wesentlicher Unterschied zwischen Rom I-VO und EuErbVO besteht darüber hinaus hinsichtlich der Rück- und Weiterverweisung (*renvoi*), d.h. hinsichtlich der Frage, ob auch das Kollisionsrecht der durch die Verordnung berufenen Rechtsordnung anzuwenden ist: Während die Rom I-VO gemäß Art. 20 den *renvoi* – ebenso wie etwa Art. 24 Rom II-VO[926] und Art. 11 Rom III-VO[927] – grundsätzlich[928] ausschließt, lässt die EuErbVO den *renvoi* – wenngleich eingeschränkt – zu (Art. 34). Die Zulassung des *renvoi* ist ein Novum im europäischen Kollisionsrecht.[929] Der weitgehende Ausschluss des *renvoi* im europäischen Kollisionsrecht gründet darin, die Vereinheitlichung nicht dadurch zu gefährden, dass das Kollisionsrecht eines Drittstaats mit potentiell divergierenden Wertungen zur Geltung kommt und damit die Wertungen des europäischen Kollisionsrechts konterkariert.[930] Gefördert werden soll der interne – genauer: der europäische – Entscheidungseinklang.[931] Speziell im Kontext der Rom I-VO soll der Ausschluss des *renvoi* die Rechtsanwendung vereinfachen und darüber hinaus verhindern, dass die ausdifferenzierte Bestimmung des räumlichen Schwerpunkts des Vertrages wieder in Frage gestellt wird, was dem Sinn der Verweisung widerspräche.[932] Der Ausschluss des *renvoi* dient der Rechtssicherheit, indem die Vorhersehbarkeit des anzuwendenden Rechts

926 Verordnung (EG) Nr. 864/2007 des Europäischen Parlaments und des Rates vom 11.7.2007 über das auf außervertragliche Schuldverhältnisse anzuwendende Recht („Rom II"), ABl. EU L 199, S. 40.

927 Verordnung (EU) Nr. 1259/2010 des Rates vom 20.12.2010 zur Durchführung einer Verstärkten Zusammenarbeit im Bereich des auf die Ehescheidung und Trennung ohne Auflösung des Ehebandes anzuwendenden Rechts, ABl. EU L 343, S. 10.

928 Zu der wenig praxisrelevanten Frage, ob die Parteien auch eine Rechtswahl zugunsten des Kollisionsrechts eines bestimmten Staates treffen dürfen, siehe *Hausmann*, in: Staudinger (2021), Art. 20 Rom I-VO Rn. 10 ff.

929 *Dutta*, in: Münchener Kommentar BGB, Bd. 12, Art. 34 EuErbVO Rn. 1.

930 *Dutta*, in: Münchener Kommentar BGB, Bd. 12, Art. 34 EuErbVO Rn. 1.

931 *Schwartze*, in: Deixler-Hübner/Schauer, Art. 34 EuErbVO Rn. 3.

932 *Hausmann*, in: Staudinger (2021), Art. 20 Rom I-VO Rn. 5.

gefördert wird.[933] Zudem schreibt die Rom I-VO mit dem Ausschluss des *renvoi* nur das fort, was bereits nach dem vormals maßgeblichen EVÜ galt.[934]

Der *renvoi* ist in der EuErbVO auf zwei Konstellationen beschränkt: Das Kollisionsrecht eines Drittstaats, auf dessen Recht die EuErbVO verweist, ist dann beachtlich, wenn dieses entweder auf das Recht eines Mitgliedstaates zurück- oder weiterverweist (Art. 34 Abs. 1 lit. a EuErbVO) oder dieses auf das Recht eines anderen Drittstaats, der sein eigenes Recht anwenden würde, weiterverweist (Art. 34 Abs. 1 lit. b EuErbVO). Dass die Kollisionsnormen der durch die EuErbVO berufenen Rechtsordnung nur dann beachtlich sein können, wenn es sich um einen Drittstaat handelt, ist logische Konsequenz der Vereinheitlichung des Kollisionsrechts innerhalb der Mitgliedstaaten: Da das IPR in den Mitgliedstaaten identisch ist, kann es nicht zu einer Rück- oder Weiterverweisung kommen.[935] Nicht explizit geregelt ist der Fall, dass das IPR des Drittstaats im Wege der Gesamtverweisung auf das Recht eines Mitgliedstaates verweist. Problematisch ist, dass dann ja wiederum dessen IPR – also die EuErbVO – zu befragen wäre und man wieder im IPR desselben Drittstaats landen würde – man wäre in einer Endlosschleife gefangen.[936] Das darf nicht sein. Die Verweisungskette ist nach der Intention des Verordnungsgebers bei der ersten Rück- oder Weiterverweisung auf das Recht eines Mitgliedstaates abzubrechen.[937] Denn die Rechtsanwendung wird erleichtert, wenn der Richter sein eigenes Recht oder das in der Regel leichter zu ermittelnde Recht eines Mitgliedstaats anwenden kann.[938] Aus diesem Grund sollte das Recht eines Mitgliedstaates auch dann angewandt werden, wenn das IPR des zweiten Drittstaats entgegen Art. 34 Abs. 1 lit. b EuErbVO die Verweisung nicht annimmt, sondern auf das Recht eines Mitgliedstaats verweist. Nach dem Wortlaut wäre dann eigentlich das Recht des ersten Drittstaats anzuwenden, jedoch bietet sich eine teleologische Korrektur an, da der Unionsgesetzgeber den Fall anscheinend nicht bedacht hat.[939] Die Prüfung würde nicht erschwert, da das IPR des zweiten Drittstaats ja ohnehin geprüft werden musste.[940] Die eingeschränkte Beachtung des *renvoi* soll den internationalen Entscheidungseinklang fördern.[941]

933 *Freitag*, in: Rauscher, EuZPR/EuIPR III, Art. 20 Rom I-VO Rn. 1.

934 *Rödl*, in: Calliess, Rome Regulations, Art. 20 Rom I-VO Rn. 1.

935 *Schwartze*, in: Deixler-Hübner/Schauer, Art. 34 EuErbVO Rn. 4.

936 *Schwartze*, in: Deixler-Hübner/Schauer, Art. 34 EuErbVO Rn. 11.

937 So etwa *v. Hein*, Renvoi, in: Leible/Unberath, Rom 0-VO, 341 (374); *Schwartze*, in: Deixler-Hübner/Schauer, Art. 34 EuErbVO Rn. 12; *Dutta*, in: Münchener Kommentar BGB, Bd. 12, Art. 34 EuErbVO Rn. 3.

938 *Schwartze*, in: Deixler-Hübner/Schauer, Art. 34 EuErbVO Rn. 12.

939 *Dutta*, in: Münchener Kommentar BGB, Bd. 12, Art. 34 EuErbVO Rn. 5 m.w.N.; *Schwartze*, in: Deixler-Hübner/Schauer, Art. 34 EuErbVO Rn. 15; *Bauer/Fornasier*, in: Dutta/Weber, Internationales Erbrecht, Art. 34 Rn. 17.

940 *Bauer/Fornasier*, in: Dutta/Weber, Internationales Erbrecht, Art. 34 Rn. 17.

941 Erwgr. 57 Satz 3 EuErbVO.

In der praktischen Anwendung dürfte der *renvoi* in der EuErbVO indes eine untergeordnete Rolle spielen, da die EuErbVO darauf angelegt ist, dass der Richter des Forumstaats in vielen Fällen das ihm vertraute nationale Sachrecht anwenden darf.[942] Denn es kommt in der Regel zu einem Gleichlauf von Zuständigkeit und anwendbarem Recht, da die allgemeine Zuständigkeit gemäß Art. 4 EuErbVO durch den gewöhnlichen Aufenthalt des Erblassers im Zeitpunkt seines Todes begründet wird.[943]

III. Interessen und Wertungen im IPR

Die rechtsvergleichende Analyse hat gezeigt, dass die rechtliche Behandlung der Schenkung auf den Todesfall im materiellen Recht darauf abzielt, die widerstreitenden Interessen in einen angemessenen und gerechten Ausgleich zu bringen. Interessen spielen auch im IPR eine wichtige Rolle und werden in den Kollisionsregeln berücksichtigt. Dabei sind materielles Recht und IPR miteinander verflochten, wenngleich die jeweiligen Interessen und Wertungen nicht identisch sind.[944] Die kollisionsrechtlichen Interessen zielen nicht darauf ab, das „sachlich bessere Recht“ zur Anwendung zu bringen, sondern das „örtlich bessere Recht“.[945] Es geht also im IPR nicht darum, das Recht für maßgeblich zu erklären, das die überzeugendste materiellrechtliche Lösung bereithält, sondern vielmehr dasjenige, zu dem die engste Verbindung besteht.[946] Dem soll der gewählte Anknüpfungspunkt Rechnung tragen, dieser soll den Weg zum räumlich besten Recht weisen.

Trotz dieser unterschiedlichen Vorgaben wird die aus Sicht des Gesetzgebers richtige Anknüpfung durch die Sachinteressen und Wertungen der materiellen Normen zumindest beeinflusst.[947] Die Verweisungsregeln sind so zu gestalten, dass die Funktionen des Sachrechts auch in Sachverhalten mit Auslandsberührung berücksichtigt werden.[948] Das Zusammenspiel von IPR und Sachrecht soll insgesamt ein gerechtes Ergebnis des zu entscheidenden Falles erzeugen. Das Verhältnis beschreiben *Kegel/Schurig* treffend wie folgt: „Die internationalprivatrechtliche Gerechtigkeit ist nur ein Teilaspekt der einen unteilbaren Gerechtigkeit. Die Interessen, die sie verwirklicht, können nicht isoliert von denen der sachrechtlichen Gerechtigkeit gesehen werden. Internationalprivatrechtliche Interessen sind daher abhängig von den sachrechtlichen Interessen, auf die sie sich beziehen; diese sind sozusagen ihr ‚Rohstoff‘.“[949] Das kann auch deswegen gar nicht anders sein, weil

---

942 *Dutta*, in: Münchener Kommentar BGB, Bd. 12, Art. 34 EuErbVO Rn. 1; *v. Hein*, Renvoi, in: Leible/Unberath, Rom 0-VO, 341 (380 f.); vgl. auch Erwgr. 27 EuErbVO.

943 *v. Hein*, Renvoi, in: Leible/Unberath, Rom 0-VO, 341 (380 f.).

944 Vgl. *Kropholler*, IPR, S. 34.

945 *Schurig*, Kollisionsnorm und Sachrecht, S. 135.

946 *v. Hein*, in: Münchener Kommentar BGB, Bd. 12, Einl. IPR Rn. 29.

947 *Schurig*, Kollisionsnorm und Sachrecht, S. 165, 173.

948 *v. Hein*, in: Münchener Kommentar BGB, Bd. 12, Einl. IPR Rn. 30.

949 *Kegel/Schurig*, IPR, S. 145.

das IPR mittelbar die Sachentscheidung beeinflusst, indem es das anzuwendende Recht bestimmt. Das IPR ist kein Selbstzweck und muss die Fragestellungen und Rechtsprobleme des materiellen Rechts verschiedener Rechtsordnungen – gewonnen im Wege der Rechtsvergleichung – im Blick haben. Den materiellen Interessen und Wertungen soll mit den spezifischen Mitteln des IPR Rechnung getragen werden.

Die Interessen und Wertungen des materiellen Rechts zu ermitteln, erweist sich gerade im Falle des Erbrechts jedoch als schwierig, weil es auf EU-Ebene überhaupt an vereinheitlichten materiellrechtlichen Regeln auf diesem Gebiet fehlt, die als Anhaltspunkt dienen könnten.[950] Hinzu kommt, dass in den einzelnen Mitgliedstaaten gewaltige Unterschiede im materiellen Erbrecht bestehen. Die Wertungen in den einzelnen Mitgliedstaaten differieren beträchtlich; insbesondere wird das Spannungsfeld zwischen der Testierfreiheit im Besonderen bzw. der Privatautonomie im Allgemeinen und dem Schutz von Familienangehörigen unterschiedlich aufgelöst.[951] Allerdings ist mit dieser Kenntnis schon viel gewonnen, sensibilisiert sie einen doch für einen der neuralgischen Punkte, der auch im IPR nicht unbeachtet bleiben kann. Der IPR-Gesetzgeber kann sich dem Problem nicht einfach verschließen und muss zwangsläufig eine Wertentscheidung treffen, wie er den Konflikt, der sich auch im IPR stellt, zu lösen gedenkt.[952] Nur bedient er sich dabei eben der spezifischen Mittel des IPR. Die EuErbVO zielt ausdrücklich darauf ab, die „Rechte der Erben und Vermächtnisnehmer sowie der anderen Personen, die dem Erblasser nahestehen, und der Nachlassgläubiger“ effektiv zu schützen.[953]

1. Die Interessenjurisprudenz im IPR

Es ist das Verdienst *Gerhard Kegels*, spezifische internationalprivatrechtliche Interessen herausgearbeitet und damit die Interessenjurisprudenz für das IPR fruchtbar gemacht zu haben.[954] Zu den internationalprivatrechtlichen Interessen zählen *Kegel* bzw. *Kegel/Schurig* Parteiinteressen, Verkehrsinteressen und Ordnungsinteressen. Als zentraler Aspekt des Parteiinteresses wird die Erwartung der Parteien angesehen, dass eine Rechtsordnung maßgebend ist, zu der eine enge Verbindung besteht, was jedoch Schwierigkeiten bereiten kann, wenn mehrere Parteien vorhanden sind und die jeweiligen Interessen zudem gegenläufig sind.[955] Die Rechtswahlmöglichkeit nimmt bei *Kegel/Schurig* demgegenüber eine untergeordnete Stellung ein und wird eher beiläufig erwähnt.[956] Das ist ebenso überraschend wie

950 *Bonomi*, Testamentary freedom, NIPR 2010, 605 (605).
951 *Bonomi*, Testamentary freedom, NIPR 2010, 605 (605).
952 Vgl. *Bonomi*, Testamentary freedom, NIPR 2010, 605 (605 f.).
953 So Erwgr. 7 Satz 3 EuErbVO.
954 *Hartenstein*, Privatautonomie, S. 73.
955 *Kegel/Schurig*, IPR, S. 135 f.
956 *Kegel/Schurig*, IPR, S. 137.

die Ansicht, die Zulassung der freien Rechtswahl im Internationalen Schuldvertragsrecht sei lediglich „Verlegenheitslösung“ und zudem ein „ungewöhnlicher Schritt“.[957] Das wird der Parteiautonomie kaum gerecht. Vielmehr wird man die freie Rechtswahl doch gerade als zentrales Element des Parteiinteresses ansehen müssen und nicht als bloße Verlegenheitslösung, weil sie den Gestaltungsspielraum der Parteien signifikant erweitert. *Flessner* will die Parteiautonomie sogar in das „Zentrum eines Kollisionsrechtsdenkens“ rücken, das „sich – wie das Privatrecht überhaupt – an privaten Interessen orientieren will“.[958] Das dürfte indes wiederum zu weit gehen, da sonst gerade Ordnungs- und Verkehrsinteressen, die ebenfalls bedeutsam sind, allzu leicht aus dem Fokus geraten, zumal ein solch weitreichendes Verständnis dem geltenden IPR kaum gerecht wird; berechtigte Interessen Dritter würden allzu leicht übergangen.

Die Verkehrsinteressen sind dadurch gekennzeichnet, dass deren Träger „potentielle Beteiligte“ der in Rede stehenden rechtlichen Vorgänge sind und keine „aktuell“ Beteiligten, wie es bei den Trägern von Parteiinteressen der Fall ist.[959] Die Interessen dieser Dritten, die potentiell ebenfalls von Wirkungen des rechtlichen Vorgangs betroffen sind, können im IPR durch eine bestimmte Anknüpfung berücksichtigt werden, etwa durch die Anknüpfung im Sachenrecht an den Belegenheitsort oder bei der Vollmacht durch Anknüpfung an den Gebrauchsort.[960] Verkehrsinteressen im Kontext der Schenkung auf den Todesfall sind insbesondere diejenigen der Erben, Pflichtteilsberechtigten und Nachlassgläubiger. Im Interesse aller und damit mittelbar auch im Partei- und Verkehrsinteresse liegt das Ordnungsinteresse.[961] Als Ordnungsinteressen sehen *Kegel/Schurig* den äußeren und den inneren Entscheidungseinklang an sowie Rechtssicherheit und Vorhersehbarkeit, weiter das Interesse leicht zu ermittelnden Rechts – vornehmlich die *lex fori* – und das Interesse an einer auch im Ausland durchsetzbaren Entscheidung.[962]

Gegen die Interessentheorie wird geltend gemacht, dass Interessen allein nicht ohne weiteres zum „räumlich angemessenen Recht im Sinn kollisionsrechtlicher Gerechtigkeit“ führen.[963] Erforderlich sei letztlich eine Abwägung und Bewertung, welche Interessen überhaupt ausschlaggebend sein sollen und wie diese zu gewichten sind.[964] Das verkennen aber auch *Kegel/Schurig* nicht. Sie weisen

957 *Kegel/Schurig*, IPR, S. 652 f.

958 *Flessner*, Interessenjurisprudenz im IPR, S. 99.

959 *Kegel/Schurig*, IPR, S. 137.

960 *Kegel/Schurig*, IPR, S. 138 f.

961 *Kegel/Schurig*, IPR, S. 139.

962 *Kegel/Schurig*, IPR, S. 139 ff.

963 *Sonnenberger*, in: Münchener Kommentar, Bd. 10 (4. Aufl.), Einl. IPR Rn. 107, wobei sich *Sonnenberger* mehr an den Begrifflichkeiten stößt, da er erkennt, dass auch *Kegel/Schurig* es nicht bei einer reinen Interessenbetrachtung belassen.

964 *Sonnenberger*, in: Münchener Kommentar, Bd. 10 (4. Aufl.), Einl. IPR Rn. 107.

darauf hin, dass die unterschiedlichen Interessen in Widerspruch zueinander treten könnten und dann eine Entscheidung im Wege einer Abwägung und Bewertung erfolgen müsse. Als Wertungskriterien sehen sie dabei hauptsächlich die Ordnungsinteressen selbst wie etwa Vorhersehbarkeit, Übersichtlichkeit, Kontinuität, Widerspruchsfreiheit, äußerer Entscheidungseinklang, Durchsetzbarkeit, Zweckmäßigkeit, Systemgerechtigkeit usw., so dass die Interessen nicht lediglich Objekt der Bewertung, sondern zugleich Bewertungsmaßstab sind.[965] *Kegel/Schurig* verstehen den Begriff „Interessen" nach alledem weit, und zwar als „die hinter einer Rechtsnorm stehenden, teils parallelen, teils gegensätzlichen, sich gegenseitig verstärkenden oder dämpfenden abstrakten gesellschaftlichen ‚Kräfte', sozusagen die ‚Vektoren' der Rechtsbildung".[966] Man mag darüber streiten, ob die von *Kegel/Schurig* vorgenommene Kategorisierung und die Zuordnung zu der einen oder anderen Kategorie im Einzelnen zutreffen.[967] Man mag auch kritisieren, dass man in dogmatischer und praktischer Hinsicht unsicheres Terrain betritt, wenn die herausgearbeiteten Interessen zugleich Objekt und Maßstab der Wertung sind.[968] Wie bestimmt man, wann welches Interesse eher Objekt und wann es eher Maßstab der Bewertung ist? Gleichwohl: Die von *Kegel/Schurig* herausgearbeiteten Kriterien helfen den Regelungsplan des Gesetzgebers zu entschlüsseln und dienen somit auch der Auslegung.

Die „sorgfältige Analyse" der Interessen ist nicht nur für die Rechtsbildung im IPR von Nutzen,[969] sondern auch für die Auslegung.[970] Entscheidend für die Beurteilung sind aber nicht allein die Interessen, sondern vor allem die Wertungen des Gesetzgebers.[971] Die Wertungen des Gesetzgebers äußern sich aber nicht zuletzt darin, welche Interessen er berücksichtigt, mithin für beachtenswert hält, und wie er diese gewichtet. Gerade weil Interessen häufig miteinander in Konflikt geraten, ist zwangsläufig eine Abwägung erforderlich, die auf einer Wertentscheidung beruht.[972]

---

965 *Kegel/Schurig*, IPR, S. 133; *Schurig*, Interessenjurisprudenz im IPR, RabelsZ 59 (1995), 229 (236 f.).

966 *Schurig*, Kollisionsnorm und Sachrecht, S. 184.

967 Vgl. die Ausführungen von *Sonnenberger*, in: Münchener Kommentar, Bd. 10 (4. Aufl.), Einl. IPR Rn. 111.

968 Das räumt *Schurig*; Interessenjurisprudenz im IPR, RablesZ 59 (1995), 229 (236), selbst ein: „Hier gibt es in der Tat eine Reihe ungelöster und vielleicht unlösbarer Probleme."

969 *Kropholler*, IPR, S. 33.

970 *Kegel/Schurig*, IPR, S. 134.

971 *Kropholler*, IPR, S. 33.

972 Vgl. *Kegel/Schurig*, IPR, S. 133.

2. Interessen und Wertungen nach Rom I-VO und EuErbVO im Kontext der Schenkung auf den Todesfall

Auf dieser Grundlage soll im Folgenden analysiert werden, welche Interessen im Zusammenhang mit der Schenkung auf den Todesfall von Bedeutung sind und wie der europäische Gesetzgeber diese bewertet. Von herausragender Bedeutung ist die Parteiautonomie, die allerdings mit den Verkehrsinteressen und den Ordnungsinteressen in Einklang zu bringen ist.

a) Bedeutung der Parteiautonomie

Schlussendlich erwarten die Bürger eine vernünftige und interessengerechte Lösung ihrer Probleme und dieses Ziel wird vor allem erreicht, wenn sie „ihre privaten Rechtsbeziehungen ohne staatliche Bevormundung autonom" regeln dürfen.[973] Folglich sollte die Parteiautonomie im IPR eine herausragende Rolle spielen. Die Richtung weist *Schack*: „Staatliches Kollisionsrecht muss die rechtfertigungsbedürftige Ausnahme sein, nicht die Regel."[974] Die Parteiautonomie hat somit nur dort zu weichen, wo es entweder der Schutz einer schwächeren Partei oder eines unbeteiligten Dritten oder aber das überwiegende Interesse der Allgemeinheit zwingend gebietet.[975] Dieser Appell richtet sich indes vornehmlich an den Gesetzgeber, der Rechtsanwender muss es akzeptieren, wenn der Gesetzgeber die Rechtswahlfreiheit über Gebühr einschränkt. Vorrang kann der Rechtsanwender ihr nur insoweit gewähren, als es die legislativen Wertungen zulassen.

Es wurde bereits gezeigt, dass die Parteiautonomie in der Rom I-VO weiterreichend ist als in der EuErbVO, weswegen Vorsicht geboten ist, was die extensive Heranziehung der Rom I-VO bezüglich der Schenkung auf den Todesfall betrifft. Die bisherige Betrachtung der Parteiautonomie in beiden Verordnungen kratzte jedoch lediglich an der Oberfläche, der jeweilige Stellenwert wurde lediglich angedeutet. Für die Einordnung der Schenkung auf den Todesfall vor dem Hintergrund der unterschiedlichen Reichweite der Parteiautonomie ist eine Vertiefung erforderlich; die jeweils maßgeblichen Wertungen müssen freigelegt werden.

aa) Internationales Vertragsrecht und Rom I-VO

Die Parteiautonomie ergänzt bzw. erweitert die Privatautonomie des materiellen Rechts auf der Ebene des IPR.[976] Es besteht ein Zusammenhang zwischen materiell-rechtlicher und kollisionsrechtlicher Freiheit, was *Kropholler* treffend wie folgt beschreibt: „Wo materiell-rechtliche Privatautonomie besteht, ist in der

---

973 *Schack*, Das IPR, Liber Amicorum Kegel, 179 (188).

974 *Schack*, Das IPR, Liber Amicorum Kegel, 179 (196).

975 *Schack*, Das IPR, Liber Amicorum Kegel, 179 (195 f.).

976 *Calliess*, in: Calliess, Rome Regulations, Art. 3 Rom I-VO Rn. 6.

Regel auch gegen kollisionsrechtliche Parteiautonomie nichts einzuwenden, und wo im materiellen Recht Grenzen gezogen sind, müssen die für eine Begrenzung sprechenden Interessen auch im Kollisionsrecht mit dessen spezifischen Mitteln berücksichtigt werden."[977]

Die Privatautonomie des materiellen Rechts ist prägend für eine „liberale Gesellschaftsordnung", in der vernunftbegabte Menschen – so jedenfalls die Idealvorstellung – selbstbestimmt handeln und ihre Lebensverhältnisse in eigener Verantwortung gestalten.[978] Ein Aspekt der Privatautonomie – und zwar der wohl bedeutendste – ist die Vertragsfreiheit. Die Vertragsfreiheit erschöpft sich nicht darin, dass der Bürger sein „Schicksal in tatsächlicher Hinsicht in die Hand" nehmen darf, sondern sie gestattet ihm vor allem die rechtliche Gestaltung.[979] Vertragsfreiheit bedeutet, dass es dem Bürger überlassen bleibt, ob und mit wem er ein Rechtsgeschäft abschließt und welchen Inhalt er diesem Verhältnis gibt.[980] Damit sind die beiden Kernelemente der Vertragsfreiheit angesprochen, nämlich Abschlussfreiheit („ob und mit wem") und Inhaltsfreiheit („wie").[981] Die überragende Bedeutung der Parteiautonomie in der Rom I-VO knüpft daran an. Es ist geradezu folgerichtig, den Parteien im Internationalen Vertragsrecht großzügig Rechtswahlfreiheit zuzugestehen, um so den Gestaltungsspielraum mit den spezifischen Mitteln des IPR zu erweitern. Das gilt umso mehr, als es um freiwillige Verpflichtungen geht, die nur zwischen den Parteien wirken (Relativität der Schuldverhältnisse), Drittinteressen also erst einmal nicht berührt werden. Mit der Einräumung der Parteiautonomie werden aber auch Ordnungsinteressen bedient. Die Rechtswahlfreiheit begründet Rechtssicherheit, indem sie Streitigkeiten über das anwendbare Recht, die aufgrund des flexibleren Ansatzes im Rahmen der objektiven Anknüpfung begünstigt werden, vorbeugt.[982] Die Vorhersehbarkeit wird gefördert, wenn die Parteien selbst bestimmen dürfen, welches Recht anzuwenden ist.[983] Zudem ist die Gewährung von Parteiautonomie konstituierend für die „Realisierung des Binnenmarktziels" in der EU, da sie es den Unternehmen gestattet, ihre Waren und Dienstleistungen „unter einem grundsätzlich einheitlichen Vertragsrechtsregime binnenmarktweit anzubieten".[984] Da sich Unternehmen dann nicht auf unterschiedliche nationale Rechte einstellen müssen, vermindern sich die Transaktionskosten.[985]

977 *Kropholler*, IPR, S. 296; ähnlich auch *Frantzen*, Europäisches Internationales Erbrecht, FS Jayme, 187 (190).

978 *Zweigert/Kötz*, Einführung in die Rechtsvergleichung, S. 315.

979 *Hartenstein*, Privatautonomie, S. 3.

980 *Zweigert/Kötz*, Rechtsvergleichung, S. 316.

981 Vgl. *Hartenstein*, Privatautonomie, S. 3.

982 *v. Hein*, in: Rauscher, EuZPR/EuIPR III, Art. 3 Rom I-VO Rn. 1.

983 *Frantzen*, Europäisches Internationales Erbrecht, FS Jayme, 187 (190).

984 *v. Hein*, in: Rauscher, EuZPR/EuIPR III, Art. 3 Rom I-VO Rn. 2.

985 *Leible*, Parteiautonomie, FS Jayme, 485 (502).

Die Privatautonomie gilt im materiellen Recht jedoch nicht grenzenlos, sondern wird durch zwingendes Recht und auch in Fällen, in denen das Gleichgewicht der Vertragsparteien empfindlich gestört ist, beschränkt.[986] Im Vergleich zur Privatautonomie des materiellen Rechts erweitert die Parteiautonomie den Gestaltungsspielraum der Parteien insofern, als sie grundsätzlich auch von den zwingenden Vorschriften des Rechts befreit, das ohne die Vereinbarung gelten würde, und nicht lediglich von den dispositiven Vorschriften – wie dies im Rahmen der Privatautonomie der Fall ist.[987] Damit wird aber zugleich die Kehrseite der Parteiautonomie deutlich: Mittels Rechtswahlfreiheit können die Parteien die zwingenden Vorschriften des sonst zur Anwendung berufenen materiellen Rechts gezielt aus den Angeln heben und somit insbesondere auch die berechtigten Interessen Dritter übergehen.

Die Parteiautonomie ist auch für die Schenkung auf den Todesfall bedeutsam. Wenn das nationale materielle Recht Rechtsgeschäfte unter Lebenden zulässt, die funktional Verfügungen von Todes wegen entsprechen oder diesen doch zumindest nahekommen, so wird der Gestaltungsspielraum der Parteien erweitert. Solche Geschäfte sind insbesondere geeignet, dem Beschenkten eine stärkere – weil sicherere – Rechtsposition zu verschaffen, als dies unter erbrechtlichen Gesichtspunkten der Fall wäre. Anders als im Erbrecht sind lebzeitige Vorwirkungen möglich – oder sogar konstitutiv – für die Einstufung als Rechtsgeschäft unter Lebenden. Dieser zusätzliche Gestaltungsspielraum ist im materiellen Recht Ausdruck der Privatautonomie. Die Parteien können innerhalb der vom nationalen Gesetzgeber gezogenen Grenzen zwischen einer Verfügung von Todes wegen und einem Rechtsgeschäft unter Lebenden auswählen, um die Rechtsnachfolge zu gestalten. Das potentielle Mehr an Privatautonomie im materiellen Recht sollte auch im IPR nicht unberücksichtigt bleiben und durch die Parteiautonomie flankiert werden – jedenfalls im Grundsatz. Aus der Warte der Rom I-VO, die die Parteiautonomie als „Eckstein" des Internationalen Schuldvertragsrechts preist, spricht einiges dafür, auch Rechtsgeschäfte unter Lebenden auf den Todesfall prinzipiell in den Anwendungsbereich einzubeziehen, um den Gestaltungsspielraum insofern durch die Möglichkeit der freien Rechtswahl im IPR zu erweitern. Da allerdings Konflikte mit dem Erbrecht drohen, weil es naturgemäß Berührungspunkte mit diesem Regelungsbereich gibt, ist fraglich, ob die Parteiautonomie in dem von der Rom I-VO vorgesehenen Umfang gewährt werden kann. Um das beurteilen zu können, ist eine nähere Analyse vonnöten, wie der europäische Gesetzgeber die Parteiautonomie im Internationalen Erbrecht bewertet. Das ist auch erforderlich, um das Spannungsfeld zwischen Parteiautonomie und den Interessen Dritter – im Erbrecht diejenigen der Nachlassbeteiligten – näher zu beleuchten.

---

986 *Zweigert/Kötz*, Rechtsvergleichung, S. 318 ff.; *Hartenstein*, Privatautonomie, S. 4.
987 *Kropholler*, IPR, S. 293.

bb) Internationales Erbrecht und EuErbVO

Die Rechtswahl ist im Internationalen Erbrecht problematisch, und zwar deswegen, weil sie die Gefahr der Umgehung zwingender erbrechtlicher Vorschriften des sonst zur Anwendung berufenen Rechts begründet; allen voran droht die Umgehung des Pflichtteilsrechts.[988] Kann der Erblasser frei wählen, so ist es ein Leichtes für ihn, den Erbgang einem liberalen Erbrecht zu unterstellen, das die Testierfreiheit entweder gar nicht oder doch kaum beschränkt.[989] Vor diesem Hintergrund ist es alles andere als selbstverständlich, im Internationalen Erbrecht überhaupt die Wahl des Rechts zuzulassen – ganz im Gegenteil: Die meisten Mitgliedstaaten sahen eine solche Möglichkeit in ihrem vormals geltenden autonomen IPR entweder gar nicht vor oder begrenzten diese stärker.[990]

(1) Begrenzung der Parteiautonomie

Es ist wenig verwunderlich, dass im Gesetzgebungsverfahren über die Frage, inwieweit eine Rechtswahl zuzulassen sei, heftig gestritten wurde.[991] Die Wahlmöglichkeit zugunsten des Heimatrechts kann als Kompromiss verstanden werden, um auch diejenigen Mitgliedstaaten zufriedenzustellen, die vormals dem Staatsangehörigkeitsprinzip folgten.[992] Zudem wurde die Rechtswahlmöglichkeit zugunsten des Heimatrechts allgemein befürwortet.[993] Die Rechtswahl ermöglicht es dem Erblasser, dem Erbstatut ungeachtet eines späteren Wechsels des Aufenthaltsortes Stabilität zu verleihen und damit die Vorhersehbarkeit zu fördern, was nach der Regelanknüpfung nicht gewährleistet wäre.[994] Die Rechtswahlfreiheit im Internationalen Erbrecht ist aber auch Ausdruck der Testierfreiheit.[995]

Eine weitergehende Wahlmöglichkeit zugunsten des Rechts am gewöhnlichen Aufenthalt im Zeitpunkt der Rechtswahl wurde in der Literatur vielfach befürwortet,[996] vom Verordnungsgeber aber als zu missbrauchsanfällig abgelehnt.[997] Denn: Je größer der Kreis der wählbaren Rechte gezogen wird, desto größer

---

988 *Bonomi*, Choice-of-Law Aspects, Liber Amicorum Siehr, 157 (166).

989 *Frantzen*, Europäisches Internationales Erbrecht, FS Jayme, 187 (190).

990 *Bonomi*, Testamentary freedom, NIPR 2010, 605 (607); umfassende Darstellung zur bisherigen Handhabung in den Mitgliedstaaten bei *Hertel*, in: Rauscher, EuZPR/EuIPR V, Art. 22 EuErbVO Rn. 45 ff.

991 *Hertel*, in: Rauscher, EuZPR/EuIPR V, Art. 22 EuErbVO Rn. 5.

992 *Bonomi*, Choice-of-Law Aspects, Liber Amicorum Siehr, 157 (166); *Mansel*, Parteiautonomie, in: Leible/Unberath, Rom 0-VO, 241 (263).

993 *Hertel*, in: Rauscher, EuZPR/EuIPR V, Art. 22 EuErbVO Rn. 7.

994 *Dutta*, in: Münchener Kommentar BGB, Bd. 12, Art. 22 EuErbVO Rn. 1.

995 *Mansel*, Parteiautonomie, in: Leible/Unberath, Rom 0-VO, 241 (259).

996 *Weber*, in: Dutta/Weber, Internationales Erbrecht, Einl. Rn. 37 m.w.N.

997 *Bonomi*, Choice-of-Law Aspects, Liber Amicorum Kurt Siehr, 157 (168).

wird auch die Gefahr für die Nachlassbeteiligten, dass ihre Interessen durch eine geschickte Rechtswahl ausgehebelt werden können.[998] Beweisschwierigkeiten dürften ebenfalls gegen die Möglichkeit zur Wahl des Rechts am gewöhnlichen Aufenthaltsort gesprochen haben. Denn es wird häufig schwierig sein, im Streitfall nachträglich festzustellen, ob der Erblasser im maßgeblichen Zeitpunkt den gewöhnlichen Aufenthalt im fraglichen Staat hatte, zumal er nicht mehr als Zeuge zur Verfügung steht. Die etwaigen Beweisschwierigkeiten hängen nicht zuletzt mit der Komplexität des Begriffs „gewöhnlicher Aufenthalt" und den damit einhergehenden Auslegungsungewissheiten zusammen. Beweisschwierigkeiten wären der Rechtssicherheit, die ja gerade durch die Möglichkeit der Rechtswahl erreicht werden soll, abträglich.

(2) Faktische Erweiterung der Parteiautonomie aufgrund der Regelanknüpfung

Aber ist es vom Verordnungsgeber konsequent, einerseits die Parteiautonomie zu begrenzen, andererseits aber auf ein Anknüpfungskriterium zu bauen, das maßgeblich vom Willen des Erblassers abhängt? Die Anknüpfung an den gewöhnlichen Aufenthalt im Internationalen Erbrecht wird daher vielfach kritisch gesehen,[999] insbesondere wird befürchtet, dass der Erblasser den gewöhnlichen Aufenthalt in missbräuchlicher Absicht in einen anderen Staat verlegt. Der Erblasser könnte seinen Lebensmittelpunkt gezielt in ein Land mit einem besonders liberalen Recht mit weitreichender Testierfreiheit verlegen, um die Interessen anderer Nachlassbeteiligter zu hintergehen.[1000] Die Anknüpfung an den gewöhnlichen Aufenthalt begünstigt die Testierfreiheit des Erblassers zusätzlich, gefährdet aber beispielsweise den Schutz der Angehörigen durch das heimische Pflichtteilsrecht.[1001] Faktisch eröffnet die Anknüpfung an den gewöhnlichen Aufenthalt dem Erblasser eine Art „indirekte Rechtswahl";[1002] schließlich könnte er – so eine anschauliche Metapher – das Recht „mit seinen Füßen wählen".[1003] Aber kann er das Recht auch mit seinen Füßen treten?

Gewiss ist der Wechsel des gewöhnlichen Aufenthaltes leichter möglich als der Wechsel der Staatsbürgerschaft, so dass der Erblasser das anzuwendende Recht prinzipiell besser steuern kann, als dies bei einer Anknüpfung an die

998 *Pfundstein*, Angehörigenschutz, Rn. 565.

999 Etwa *Gärtner*, Vindikationslegat, S. 36 ff.

1000 *Mankowski*, Gewöhnlicher Aufenthalt, IPRax 2015, 39 (42); *Max Planck Institute*, Comments on the Succession Proposal, RabelsZ 74 (2010), 522 (609); *Deutsches Notarinstitut*, Internationales Erbrecht, S. 269.

1001 *Bonomi*, Testamentary freedom, NIPR 2010, 605 (607).

1002 *Mankowski*, Gewöhnlicher Aufenthalt, IPRax 2015, 39 (42).

1003 *Bonomi*, Testamentary freedom, NIPR 2010, 605 (607); im Original heißt es: "people can choose with their feet".

Staatsangehörigkeit der Fall wäre.[1004] Verkannt werden darf indes nicht, dass für den jederzeitigen und beliebigen Wechsel des gewöhnlichen Aufenthaltes in tatsächlicher Hinsicht diverse Hemmnisse bestehen.[1005] Die Integration an einem anderen Ort hängt beispielsweise von Sprachkenntnissen ab, um am gesellschaftlichen Leben im neuen Aufenthaltsstaat teilnehmen und auch beruflich Fuß fassen zu können. Auch werden die meisten Menschen sich nicht leicht tun, Freunde und Familie zurückzulassen. Es kann somit keine Rede davon sein, dass die Änderung des gewöhnlichen Aufenthalts besonders leicht wäre und die Anknüpfung an den gewöhnlichen Aufenthalt die Verfolgung unlauterer Absichten begünstige. Im Übrigen gilt: Ein Wechsel des gewöhnlichen Aufenthaltes geht nicht zwangsläufig mit einem Gewinn an Testierfreiheit einher, sondern kann – je nach Ausgestaltung des berufenen materiellen Erbrechts – auch einen gegenteiligen Effekt haben.[1006] Allerdings kann der Erblasser dann wiederum gegensteuern, indem er sein liberaleres Heimatrecht wählt und auf diese Weise das strengere Recht am Ort des gewöhnlichen Aufenthalts ausschaltet.[1007]

Zu konstatieren ist demnach: Die EuErbVO atmet zweifelsohne den Geist der Liberalität. Der Erblasser profitiert von der Entscheidung zugunsten des gewöhnlichen Aufenthaltes anstelle des Staatsangehörigkeitsprinzips in Kombination mit der – wenn auch eingeschränkten – Möglichkeit zur Rechtswahl. Eine faktisch freie Rechtswahl verschafft die EuErbVO dem Erblasser mit der Regelanknüpfung indes nicht. Typischerweise ist die Verlegung des gewöhnlichen Aufenthaltes aufwendiger als die „Rechtswahl am heimischen Schreibtisch".[1008] Dass der Erblasser seinen gewöhnlichen Aufenthalt einzig und allein aus dem Grund, den Angehörigenschutz zu unterlaufen, gezielt in einen anderen Staat verlegt, ist als „eher theoretische Möglichkeit"[1009] anzusehen. Aber eine solche „günstige" Aussicht mag in manchem Fall neben anderen Motiven mitursächlich für die Entscheidung des Erblassers sein, den gewöhnlichen Aufenthalt zu verlegen. Der europäische Gesetzgeber nimmt das aber letztlich bewusst in Kauf.[1010] Er sieht die Interessen der Nachlassbeteiligten durch die Beschränkung der Möglichkeit der Rechtswahl

1004 *Lorenz*, Internationaler Pflichtteilsschutz, in: Dutta/Herrler, EuErbVO, 113 (119), Rn. 14.

1005 So auch *Mankowski*, Gewöhnlicher Aufenthalt, IPRax 2015, 39 (42).

1006 *Bonomi*, Testamentary freedom, NIPR 2010, 605 (607); *Müller-Lukoschek*, EuErbVO, § 5 Rn. 21.

1007 *Bonomi*, Testamentary freedom, NIPR 2010, 605 (607); *Müller-Lukoschek*, EuErbVO, § 5 Rn. 21.

1008 *Pfundstein*, Angehörigenschutz, Rn. 564.

1009 So *Deutsches Notarinstitut*, Internationales Erbrecht, S. 269.

1010 *Lorenz*, Internationaler Pflichtteilsschutz, in: Dutta/Herrler, EuErbVO, 113 (119), Rn. 15.

als ausreichend geschützt an.[1011] Auf die Schutzmechanismen zugunsten der Nachlassbeteiligten in der EuErbVO wird noch näher einzugehen sein.

cc) Fazit und Ausblick für die Qualifikation der Schenkung auf den Todesfall

Der Verordnungsgeber ist nach alledem bemüht, die Testierfreiheit des Erblassers und den Schutz der Nachlassbeteiligten, allen voran der nahen Angehörigen, auszutarieren. Mit der vorgesehenen Rechtswahlmöglichkeit – auch wenn sie immer noch eingeschränkt ist – schwingt das Pendel in Richtung Liberalität, so dass mittelbar auch die materiellrechtliche Testierfreiheit des Erblassers gestärkt wird.[1012] Da die Parteiautonomie in der EuErbVO gleichwohl deutlich hinter derjenigen in der Rom I-VO zurückbleibt, wird man die Rom I-VO nicht vorbehaltlos heranziehen dürfen und ihr nicht allein die Lösung der Schenkung auf den Todesfall überantworten dürfen. Andererseits sollte wegen der größeren Liberalität die Rom I-VO nach Möglichkeit nicht gänzlich zurückgedrängt werden. Es muss versucht werden, einen angemessenen Ausgleich herbeizuführen. Damit das gelingen kann, muss analysiert werden, wie die EuErbVO die Interessen Dritter schützt und gewichtet, namentlich die Interessen der Nachlassbeteiligten und des Beschenkten.

b) Schutz von Drittinteressen

Drittinteressen spielen eine wichtige Rolle im materiellen Erbrecht; auch im Kollisionsrecht sind sie zu berücksichtigen. Von herausragender Bedeutung ist der Schutz naher Angehöriger, zu ihren Gunsten wird die Testierfreiheit wohl am stärksten beschränkt.

aa) Angehörigenschutz

Es wurde bereits im Rahmen der Erörterung der Parteiautonomie angedeutet, dass die EuErbVO auch die Angehörigen schützen will. Geregelt wird der Angehörigenschutz in Art. 23 Abs. 2 lit. h und i EuErbVO. Art. 23 Abs. 2 lit. h EuErbVO behandelt alle Rechte auf Teilhabe am Nachlass, die der Erblasser seinen Angehörigen nicht einseitig entziehen kann.[1013] Art. 23 Abs. 2 lit. i EuErbVO betrifft einen Ausschnitt des Angehörigenschutzes, nämlich die Ausgleichung und Anrechnung von unentgeltlichen Zuwendungen. Der Angehörigenschutz in der EuErbVO richtet sich nach dem allgemeinen Erbstatut und nicht nach dem Errichtungsstatut;[1014] das anwendbare Recht bestimmt sich dementsprechend im Regelfall nach

---

1011 *Mankowski*, Gewöhnlicher Aufenthalt, IPRax 2015, 39 (42); vgl. auch Erwgr. 38 Satz 2 EuErbVO.

1012 *Bonomi*, Testamentary freedom, NIPR 2010, 605 (608).

1013 *Schmidt*, in: Dutta/Weber, Internationales Erbrecht, Art. 23 EuErbVO Rn. 105.

1014 *Hertel*, in: Rauscher, EuZPR/EuIPR V, Art. 23 EuErbVO Rn. 39.

dem gewöhnlichen Aufenthalt des Erblassers im Zeitpunkt des Todes oder dessen Rechtswahl, sofern diese zulässig und wirksam war. Folglich bemisst sich das auf den Angehörigenschutz anzuwendende Recht nach erblasserbezogenen Kriterien. Von einer Sonderanknüpfung des Angehörigenschutzes hat der Verordnungsgeber bewusst abgesehen.[1015]

(1) Pflichtteile im Sinne von Art. 23 Abs. 2 lit. h EuErbVO

Die Bestimmung in Art. 23 Abs. 2 lit. h EuErbVO geht von einem weiten Verständnis aus, um den unterschiedlichen Ausprägungen in den einzelnen Rechtsordnungen gerecht zu werden.[1016] Entscheidend ist nicht die rechtstechnische Gestaltung, sondern eine funktionale Betrachtung.[1017] Erfasst werden demgemäß nicht nur die eigentlichen Pflichtteilsrechte im Sinne einer quotalen Mindestbeteiligung am Nachlass – sei es in Form eines echten Noterbrechts oder in Form eines schuldrechtlichen Anspruchs auf Geldzahlung –, sondern auch die bedarfsabhängige und ermessensgeleitete *family provision*.[1018] Da die *family provision* zum Teil unterhaltsrechtlich ausgestaltet ist, wäre zwar an die Bereichsausnahme in Art. 1 Abs. 2 lit. e EuErbVO zu denken; diese gilt indes nicht für Unterhaltspflichten, die mit dem Tod entstehen – und *family provisions* entstehen erst zu diesem Zeitpunkt.[1019] Wirtschaftlich erfüllen sie die Funktion von Pflichtteilsrechten im engeren Sinne.[1020] Dass sie erfasst sind, könnte sich zudem ausdrücklich aus Art. 23 Abs. 2 lit. h EuErbVO ergeben, nämlich aufgrund der ausdrücklichen Bezugnahme auf „etwaige Ansprüche von Personen, die dem Erblasser nahe stehen, gegen den Nachlass oder gegen den Erben".[1021]

Das allgemeine Erbstatut entscheidet darüber, wie das Pflichtteilsrecht ausgestaltet ist, wer zum Kreis der Begünstigten und wer zum Kreis der Verpflichteten zählt.[1022] Es bestimmt auch über die Fragen nach Umfang, Quote und Berechnung

---

1015 *Lorenz*, Internationaler Pflichtteilsschutz, in: Dutta/Herrler, EuErbVO, 113 (121 f.), Rn. 18; zu den möglichen Gestaltungen einer Sonderanknüpfung des Angehörigenschutzes siehe zudem *Pfundstein*, Angehörigenschutz, Rn. 566 f.

1016 *Mankowski*, in: Deixler-Hübner/Schauer, Art. 23 EuErbVO Rn. 80.

1017 *Schmidt*, in: Dutta/Weber, Internationales Erbrecht (1. Aufl.), Art. 23 EuErbVO Rn. 110.

1018 *Schmidt*, in: Dutta/Weber, Internationales Erbrecht, Art. 23 EuErbVO Rn. 106.

1019 *Schmidt*, in: Dutta/Weber, Internationales Erbrecht, Art. 23 EuErbVO Rn. 106.

1020 *Hertel*, in: Rauscher, EuZPR/EuIPR V, Art. 23 EuErbVO Rn. 38.

1021 *Hertel*, in: Rauscher, EuZPR/EuIPR V, Art. 23 EuErbVO Rn. 38; i.Erg. auch *Dutta*, in: Münchener Kommentar BGB, Bd. 12, Art. 23 EuErbVO Rn. 34, der aber darauf hinweist, dass es sich bei genauer Betrachtung nicht um einen Anspruch im eigentlichen Sinne handele, sondern um einen „Anspruch auf eine richterliche Ermessensentscheidung".

1022 *Mankowski*, in: Deixler-Hübner/Schauer, Art. 23 EuErbVO Rn. 81; *Hertel*, in: Rauscher, EuZPR/EuIPR V, Art. 23 EuErbVO Rn. 36.

der Begünstigung.[1023] Ebenso unterliegt die Art und Weise der Durchsetzung des Pflichtteilsrechts dem allgemeinen Erbstatut.[1024]

(2) Bewertung des Angehörigenschutzes nach der EuErbVO

Aus der Perspektive der nahen Angehörigen des Erblassers muss die Gestaltung des Angehörigenschutzes in der EuErbVO halbherzig erscheinen. Die objektive Anknüpfung berücksichtigt die Interessen der nahen Angehörigen allenfalls eingeschränkt und bloß mittelbar.[1025] Denn die objektive Kollisionsregel knüpft an ein erblasserbezogenes Kriterium an und nimmt somit unmittelbar allein die kollisionsrechtlichen Interessen des Erblassers in den Blick.[1026] Ob durch die Regelanknüpfung auch die berechtigten Erwartungen der Angehörigen geschützt werden, hängt letztlich vom Zufall ab.[1027] Dass das allgemeine Erbstatut die enge Verbindung zwischen dem Erblasser und dessen nahen Angehörigen widerspiegele,[1028] ist im Zeitalter der Globalisierung ein frommer Wunsch. Die EuErbVO geht selbst von der „zunehmenden Mobilität" der Bürger aus.[1029] Das Anknüpfungskriterium des gewöhnlichen Aufenthalts, das der Mobilität gerade seiner Wandelbarkeit wegen gerecht werden soll, bietet keine Gewähr mehr für die engen Bande zwischen Erblasser und Angehörigen. Immerhin kann in Zweifelsfällen die familiäre Bindung ausschlaggebend sein für die Bestimmung des gewöhnlichen Aufenthalts des Erblassers.[1030]

Ein effektiver Schutz der Pflichtteilsberechtigten bzw. Noterben ließe sich nur dadurch gewährleisten, dass die objektive Regelanknüpfung zugunsten der schutzwürdigen Pflichtteilsberechtigten oder Noterben durch eine gesonderte Anknüpfung, die dem Lebensmittelpunkt der Angehörigen Rechnung trägt, durchbrochen wird.[1031] Nur dann wären die Pflichtteilsberechtigten zwangsläufig durch die Rechtsordnung geschützt, mit der sie die engste Verbindung aufweisen und auf deren Schutz sie vertrauen. Im Grünbuch war eine Sonderanknüpfung des Angehörigenschutzes noch angedacht;[1032] letztlich hat sie sich aber nicht durchsetzen können – und zwar zu Recht. Denn der Nachteil einer solchen Sonderanknüpfung ist unverkennbar: Die Angehörigen können unterschiedliche

---

1023 *Mankowski*, in: Deixler-Hübner/Schauer, Art. 23 EuErbVO Rn. 82.

1024 *Hertel*, in: Rauscher, EuZPR/EuIPR V, Art. 23 EuErbVO Rn. 36.

1025 *Dutta*, in: Münchener Kommentar BGB, Bd. 12, Vor Art. 20 EuErbVO Rn. 5.

1026 Vgl. *Pfundstein*, Angehörigenschutz, Rn. 565.

1027 So auch *Dutta*, Succession, RabelsZ 73 (2009), 547 (574).

1028 *Castellanos Ruiz*, in: Calvo Caravaca et al., Art. 23 EuErbVO Nr. 13.

1029 Erwgr. 23 Satz 1 EuErbVO.

1030 Vgl. Erwgr. 24 Satz 3 EuErbVO.

1031 *Dutta*, Succession, RabelsZ 73 (2009), 547–606 (574, 581); siehe zur gesonderten Anknüpfung auch *Pfundstein*, Angehörigenschutz, Rn. 566 ff.

1032 *Dutta*, in: Münchener Kommentar BGB, Bd. 12, Vor Art. 20 EuErbVO Rn. 43.

Staatsangehörigkeiten oder gewöhnliche Aufenthalte haben, so dass verschiedene Rechtsordnungen nebeneinander maßgebend wären.[1033] Das könnte zu Normwidersprüchen führen, die im Wege der Anpassung gelöst werden müssten – ein diffiziles Unterfangen.[1034] Es droht eine Nachlassspaltung, die der Verordnungsgeber gerade vermeiden wollte.[1035] Die Gefahr einer Nachlassspaltung besteht vor allem beim echten Noterbrecht, da es dem Berechtigten nicht bloß einen Anspruch auf Geldzahlung, sondern eine Erbenstellung verschafft. Die Entscheidung des Verordnungsgebers gegen eine Sonderanknüpfung des Angehörigenschutzes ist daher plausibel.[1036] Die Zuweisung der in Art. 23 EuErbVO genannten Materien – mithin auch des Angehörigenschutzes – zum allgemeinen Erbstatut soll das Ziel der Nachlasseinheit gewährleisten.[1037]

Der Schutz der nahen Angehörigen wird daher kollisionsrechtlich nahezu ausschließlich durch die Beschränkung der Rechtswahlfreiheit sichergestellt. Unproblematisch ist die Rechtswahl für die Angehörigen trotz der starken Beschränkungen indes nicht: Sie beeinträchtigt die Vorhersehbarkeit des anwendbaren Rechts, weil die Angehörigen nicht wissen können, ob der Erblasser eine Rechtswahl vorgenommen hat.[1038] Zudem setzt sich das etwaig strengere Pflichtteilsrecht nach dem durch die objektive Anknüpfung bestimmten allgemeinen Erbstatut nicht gegen eine zulässige Rechtswahl des Erblassers durch.[1039] Gleichwohl sind die Pflichtteilsberechtigten im Wesentlichen geschützt, da der Erblasser nur sein Heimatrecht wählen kann. Im Idealfall teilen Erblasser und Angehörige dieselbe Staatsangehörigkeit,[1040] so dass dasjenige Recht angewandt wird, zu dem auch die Angehörigen die engste Verbindung aufweisen. Auch in der heutigen Zeit dürfte die Staatsangehörigkeit engere Bande zwischen Erblasser und Angehörigen knüpfen als der gewöhnliche Aufenthalt. Gewiss ist das jedoch nicht, gerade bei Ehegatten wird es sich oft umgekehrt verhalten.

Ausreichender Schutz besteht aber jedenfalls aus einem anderen Grund: Aufgrund der Begrenzung kann der Erblasser nicht nach Belieben ein liberales Erbrecht eines Staates wählen, zu dem er selbst keine enge Verbindung hat; mithin wird es ihm nicht allzu leicht gemacht, die Interessen der nahen Angehörigen zu beeinträchtigen.[1041] Von der nach der EuErbVO gewährten Parteiautonomie geht

---

1033 *Dutta*, Succession, RabelsZ 73 (2009), 547 (582).

1034 *Pfundstein*, Angehörigenschutz, Rn. 570.

1035 *Pfundstein*, Angehörigenschutz, Rn. 570.

1036 *Dutta*, Succession, RabelsZ 73 (2009), 547 (582).

1037 *Castellanos Ruiz*, in: Calvo Caravaca et al., Art. 23 EuErbVO Nr. 1, unter Verweis auf Erwgr. 37 EuErbVO.

1038 *Frantzen*, Europäisches Internationales Erbrecht, FS Jayme, 187 (195).

1039 *Dutta*, in: Münchener Kommentar BGB, Bd. 12, Vor Art. 20 EuErbVO Rn. 43.

1040 Vgl. *Deutsches Notarinstitut*, Internationales Erbrecht, S. 269.

1041 Vgl. zur Problematik der Parteiautonomie auch *Pfundstein*, Angehörigenschutz, Rn. 565.

daher nur eine geringe Gefahr aus. Die größere Gefahr begründet dann schon die objektive Anknüpfung an den gewöhnlichen Aufenthalt, weil sie – wie bereits dargelegt – für die Pflichtteilsberechtigten ein hohes Maß an Unsicherheit bedeutet und der Erblasser Einfluss auf das anwendbare Recht nehmen könnte.[1042]

Extreme Härtefälle lassen zudem ausnahmsweise eine Korrektur zu – zwei Wege werden diskutiert, nämlich die Korrektur über den *ordre-public*-Vorbehalt und über das Institut der Gesetzesumgehung.[1043] Eine Korrektur des Ergebnisses zugunsten der Pflichtteilsberechtigten in Härtefällen über den *ordre-public*-Vorbehalt gemäß Art. 35 EuErbVO wird nur selten in Betracht kommen. Immerhin gewährleistet die Vorbehaltsklausel einen Mindestschutz der nahen Angehörigen, falls das zur Anwendung berufene Recht überhaupt keinen Schutz vorsieht.[1044] Die Entstehungsgeschichte stützt eine solche Korrekturmöglichkeit bezüglich des Pflichtteilsrechts in engen Ausnahmefällen: Während nämlich der Kommissionsvorschlag noch vorsah, dass eine abweichende Regelung des Pflichtteilsrechts keinen *ordre-public*-Verstoß begründe, fehlt eine solche Regelung in der Endfassung.[1045] Die praktische Bedeutung von Art. 35 EuErbVO ist jedoch bei objektiver Anknüpfung wegen des angestrebten Gleichlaufs von internationaler Zuständigkeit und anwendbarem Recht gering.[1046] Zudem greift Art. 35 EuErbVO erst dann, wenn die Unvereinbarkeit mit der *lex fori* offensichtlich ist. Grundsätzlich ist es dementsprechend „nach dem Geiste der Verordnung" hinzunehmen, wenn der Angehörigenschutz des anwendbaren Rechts hinter demjenigen der *lex fori* zurückbleibt.[1047] Art. 35 EuErbVO wird den Angehörigen folglich zumeist nicht weiterhelfen.

Erwägungsgrund 26 EuErbVO stellt klar, dass Gerichte auch „Mechanismen gegen die Gesetzesumgehung" aktivieren dürfen, um ein unbilliges Ergebnis zu korrigieren. Indes ist der praktische Anwendungsbereich hierfür im Fall des Angehörigenschutzes gering, da beispielsweise ein absichtlicher Wechsel des gewöhnlichen Aufenthaltes zur Umgehung des Angehörigenschutzes – ohnehin eher theoretischer Natur – für sich genommen noch keine Gesetzesumgehung begründet.[1048] Diese Möglichkeit nimmt der Verordnungsgeber bewusst in Kauf.

1042 Siehe auch *Dutta*, Succession, RabelsZ 73 (2009), 547 (574).

1043 Siehe etwa *Dutta*, in: Münchener Kommentar BGB, Bd. 12, Vor Art. 20 EuErbVO Rn. 43; *Lorenz*, Internationaler Pflichtteilsschutz, in: Dutta/Herrler, EuErbVO, 113 (122 ff.), Rn. 21 ff.

1044 *Dutta*, Succession, RabelsZ 73 (2009), 547 (582).

1045 *Dörner*, EuErbVO, ZEV 2012, 505 (512); *Lorenz*, Internationaler Pflichtteilsschutz, in: Dutta/Herrler, EuErbVO, 113 (124), Rn. 26.

1046 *Dörner*, EuErbVO, ZEV 2012, 505 (512).

1047 *Simon/Buschbaum*, EuErbVO, NJW 2012, 2393 (2395).

1048 *Dutta*, in: Münchener Kommentar BGB, Bd. 12, Vor Art. 20 EuErbVO Rn. 43; *Lorenz*, Internationaler Pflichtteilsschutz, in: Dutta/Herrler, EuErbVO, 113 (123), Rn. 22.

Eine unzulässige Gesetzesumgehung wird man allenfalls dann annehmen können, wenn der Erblasser vorübergehend allein deswegen eine andere Staatsangehörigkeit annimmt, um den Angehörigenschutz gezielt zu unterlaufen.[1049] Ein solcher Fall dürfte in der Praxis nur äußerst selten vorkommen und wäre schwer zu beweisen.

(3) Pflichtteilsergänzung aufgrund unentgeltlicher Zuwendungen

Die meisten Rechtsordnungen kennen Pflichtteilsergänzungsansprüche im Zusammenhang mit lebzeitigen Schenkungen, damit der Erblasser Pflichtteilsansprüche oder Noterbrechte nicht durch Schenkungen aushöhlen kann.[1050] Bei diesen Pflichtteilsergänzungsansprüchen ist – wie gezeigt – im Groben zwischen zwei Kategorien zu differenzieren, nämlich zum einen der der fiktiven Hinzurechnung der Schenkung zum Nachlass, wenn es um den Ausgleich der Nachlassbeteiligten untereinander geht, zum anderen der Rückerstattungspflicht des nachlassfremden Dritten, dem *clawback*.[1051] Pflichtteilsergänzungsansprüche dienen der Verwirklichung spezifisch erbrechtlicher Interessen; dem trägt Art. 23 Abs. 2 lit. i EuErbVO Rechnung.

(a) Anwendungsbereich von Art. 23 Abs. 2 lit. i EuErbVO

Gemäß Art. 23 Abs. 2 lit. i EuErbVO unterliegen „Ausgleichung und Anrechnung unentgeltlicher Zuwendungen bei der Bestimmung der Anteile der einzelnen Berechtigten“ dem allgemeinen Erbstatut. Erfasst wird damit jedenfalls die Hinzurechnung von Schenkungen zum Nachlass für den Innenausgleich.[1052] Fraglich ist, ob auch *clawback provisions* erfasst werden. Zweifel ergeben sich zum einen aufgrund der Formulierung in der deutschen Sprachfassung; die Formulierung „bei Bestimmung der Anteile“ scheint allein auf den Innenausgleich der Nachlassbeteiligten abzustellen, so dass im Umkehrschluss Rückforderungsansprüche gegen nachlassfremde Dritte – *clawback provisions* – als nicht erfasst anzusehen sein könnten.[1053]

Zum anderen ist rechtspolitisch zweifelhaft, ob die Frage des *clawback* dem allgemeinen Erbstatut unterstellt werden sollte. Zur Illustration lässt sich der

---

1049 *Bauer/Fornasier*, in: Dutta/Weber, Internationales Erbrecht, Art. 22 EuErbVO Rn. 10.

1050 *Max Planck Institute*, Comments on the Succession Proposal, RabelsZ 74 (2010), 522 (630).

1051 Siehe die Ausführungen unter § 2B.III.1.b)bb); siehe auch *Lorenz*, Internationaler Pflichtteilsschutz, in: Dutta/Herrler, EuErbVO, 113 (115), Rn. 4 f.

1052 *Schmidt*, in: Dutta/Weber, Internationales Erbrecht, Art. 23 EuErbVO Rn. 120; *Lehmann*, in: Schlitt/Müller, Pflichtteilsrecht, § 14 Rn. 198.

1053 *Lorenz*, Internationaler Pflichtteilsschutz, in: Dutta/Herrler, EuErbVO, 113 (117 f.), Rn. 10.

Beispielsfall in der Stellungnahme des *House of Lords* zum Kommissionsvorschlag der EuErbVO anführen:[1054] Ein britischer Staatsangehöriger, der im Zeitpunkt der Schenkung seinen gewöhnlichen Aufenthalt in England hat, verschenkt einen beträchtlichen Teil seines Vermögens. Später zieht er nach Frankreich und stirbt dort 40 Jahre nach der Schenkung. Letzter gewöhnlicher Aufenthalt war Frankreich. Unterstellt man gedanklich, dass sich ein etwaiger Rückforderungsanspruch gegen den Schenker nach dem allgemeinen Erbstatut bemisst, so ist in Ermangelung einer Rechtswahl französisches Recht anwendbar. Demgemäß unterliegen die verschenkten Gegenstände einem potentiellen Rückforderungsanspruch nach französischem Recht. Das französische Recht sieht ein echtes Noterbrecht vor und kennt einen Rückforderungsanspruch hinsichtlich lebzeitiger Schenkungen, der zudem keiner zeitlichen Begrenzung unterliegt.[1055] Nach englischem Recht ist die Rückforderung dagegen zeitlich eng begrenzt. Der Beispielsfall verdeutlicht, dass für die Parteien im Zeitpunkt der Schenkung nicht erkennbar ist, welches Erbrecht letztlich zur Anwendung gelangen wird. Die Parteien können damit auch nicht einschätzen, ob und in welchem Umfang eine Rückforderung des Geschenks droht.

Vor diesem Hintergrund verwundert es nicht, dass sich – zumindest in der deutschen Literatur – ein Streit über die Reichweite von Art. 23 Abs. 2 lit. i EuErbVO abzeichnet.

(i) Restriktives Verständnis

Ausgehend vom Wortlaut ist nach einer Auffassung Art. 23 Abs. 2 lit. i EuErbVO restriktiv auszulegen, mit der Folge, dass *clawback provisions* nicht erfasst werden.[1056] Als weiteres Argument neben dem Wortlaut wird der Vertrauensschutz des Beschenkten genannt, dem durch eine restriktive Anwendung angemessen Rechnung getragen werden könne. Als problematisch kann sich – wie der angeführte Beispielsfall des *House of Lords* verdeutlicht – für den Schenker ein Statutenwechsel nach Vornahme der Schenkung erweisen. Der Beschenkte weiß im Zeitpunkt der Vornahme der Schenkung nicht, welches Recht später einmal maßgebend sein wird. Das wird vor allem deswegen als misslich angesehen, weil die Pflichtteilsergänzungsansprüche in den Rechtsordnungen unterschiedlichen zeitlichen Grenzen unterliegen. Gerade für den Beschenkten oder einen Dritten, von

---

1054 *House of Lords*, Report ESR, S. 25.

1055 *Max Planck Institute*, Comments on the Succession Proposal, RabelsZ 74 (2010), 522 (630).

1056 So etwa *Lorenz*, Internationaler Pflichtteilsschutz, in: Dutta/Herrler, EuErbVO, 113 (117 f.), Rn. 9 ff.; so noch *Schmidt*, in: Dutta/Weber, Internationales Erbrecht (1. Aufl.), Art. 23 EuErbVO Rn. 124 f; davon ist *Schmidt* in der 2. Aufl. aber zugunsten einer erbrechtlichen Qualifikation abgerückt, in: Dutta/Weber, Internationales Erbrecht, Art. 23 EuErbVO Rn. 123.

dem der Gegenstand gegebenenfalls zurückgefordert werden kann, besteht demgemäß erhebliche Rechtsunsicherheit.[1057]

(ii) Extensives Verständnis

Andere Stimmen in der Literatur befürworten eine weite Auslegung.[1058] Zur Begründung wird darauf verwiesen, dass andere Sprachfassungen weiter gefasst seien und auch *clawback provisions* einschließen würden. Das treffe beispielsweise auf die englische Fassung zu;[1059] sie lautet: „That law shall govern in particular [inter alia] any obligation to restore or account for gifts, advancements or legacies when determining the shares of the different beneficiaries". Auch die französische Fassung umschließe mit der Formulierung „réduction des libéralités" *clawback provisions. Magnus* weist darauf hin, dass der Begriff „réduction" auf die in Art. 918 ff. Code civil geregelte *action en réduction* verweise, die gerade auch eine Inanspruchnahme außenstehender Dritter ermögliche.[1060] In der französischsprachigen Literatur sei es daher „völlig unumstritten", dass auch Rückforderungsansprüche gegen nachlassfremde Dritte erfasst werden.[1061] Zudem gründeten auch *clawback provisions* in der zwingenden Nachlassteilhabe im Sinne von Art. 23 Abs. 1 lit. h EuErbVO und nicht im Verhältnis zwischen Erblasser und Beschenktem.[1062] Ferner wird auf die Entstehungsgeschichte verwiesen, die ein weites Verständnis stütze.[1063]

(iii) Stellungnahme

Auch wenn der Wortlaut der deutschen Fassung für ein enges Verständnis spricht, d.h. die Ausklammerung von *clawback provisions*, so erfasst Art. 23 Abs. 2 lit. i EuErbVO *de lege lata* gleichwohl *clawback provisions.* Zu eindeutig ist der Wortlaut der englischen und auch der französischen Fassung – *„restore"* bzw. *„réduction"* –, als dass ein anderes Verständnis möglich erscheint. „Restore" beispielsweise bedeutet u.a. „wiederherstellen, zurückgeben, erstatten", so dass der Verordnungsgeber

---

1057 *Max Planck Institute*, Comments on the Succession Proposal, RabelsZ 74 (2010), 522 (631).

1058 So etwa *de lege lata Dutta*, in: Münchener Kommentar BGB, Bd. 12, Art. 23 EuErbVO Rn. 37, aber gleichwohl krit., siehe Vor Art. 20 Rn. 44; *Magnus*, in: Dutta/Weber, Internationales Erbrecht, IntSchenkungsR Rn. 57; *Metallinos*, in: Pamboukis, Succession Regulation, Art. 23 Rn. 79 ff.; wohl auch *Sieghörtner*, in: Reimann/Bengel/Mayer, Testament und Erbvertrag, Syst. B Rn. 59.

1059 *Dutta*, in: Münchener Kommentar BGB, Bd. 12, Art. 23 EuErbVO Rn. 37.

1060 *Magnus*, in: Dutta/Weber, Internationales Erbrecht, IntSchenkungsR Rn. 57; a.A. wohl *Schmidt*, in: Dutta/Weber, Internationales Erbrecht, Art. 23 EuErbVO Rn. 122.

1061 *Magnus*, in: Dutta/Weber, Internationales Erbrecht, IntSchenkungsR Rn. 57.

1062 *Dutta*, in: Münchener Kommentar BGB, Bd. 12, Art. 1 EuErbVO Rn. 38.

1063 So *Lehmann*, in: Schlitt/Müller, Pflichtteilsrecht, § 14 Rn. 198.

gerade auch auf etwaige Rückerstattungsansprüche gegenüber dem Beschenkten Bezug genommen haben dürfte. Die Problematik um die Einbeziehung von *clawback provisions* war im Rahmen des Gesetzgebungsverfahrens bekannt; dementsprechend wurde auch die Einführung einer gesonderten Regelung diskutiert, letztlich aber verworfen.[1064] Die (potentielle) Einbeziehung von *clawback provisions* in die EuErbVO stieß gerade im Vereinigten Königreich auf große Ablehnung und wird als einer der Hauptgründe angesehen, warum es von einem *opt in* keinen Gebrauch machte.[1065] Die Engländer befürchteten, dass durch eine solche Einbeziehung die Bereitschaft, Schenkungen zu Wohltätigkeitszwecken vorzunehmen, erheblich geschmälert würde. Derartige Schenkungen werden geradezu als Ausdruck der englischen Kultur betrachtet.[1066] Auch wird die Gefahr gesehen, dass lebzeitige Verfügungen im Rahmen eines *trust* Gegenstand von *clawback* werden könnten und somit die Wettbewerbsfähigkeit des englischen *trust* gegenüber anderen Rechtsordnungen des *common law* nachhaltig schmälern könnte.[1067] Zudem wird auf die fundamentale Bedeutung der Testierfreiheit im englischen Recht verwiesen.[1068] Die Rückforderungsmöglichkeit im englischen Recht nach dem Inheritance Act 1975 hätte wegen der engen rechtlichen Grenzen (innerhalb von sechs Jahren vor dem Tod, Benachteiligungsabsicht) geringe praktische Bedeutung und außerdem wüsste ein englischer Anwalt, wie er seinen Mandanten zu beraten hätte.[1069] Angesichts dessen hätte der Verordnungsgeber es sicher klargestellt, wenn er *clawback provisions* als nicht erfasst hätte ansehen wollen. Eine entsprechende Klarstellung hätte das Vereinigte Königreich womöglich besänftigen und doch noch zu einem *opt in* bewegen können. Die vergleichsweise ungenaue deutsche Sprachfassung lässt jedenfalls einen gegenteiligen Schluss nicht zu. Die Ungenauigkeit ist vielmehr damit zu erklären, dass im materiellen deutschen Recht eine scharfe begriffliche Unterscheidung zwischen Anrechnungs- und Ergänzungsmöglichkeiten im Innenverhältnis einerseits und erbrechtlichen Rückholansprüchen gegenüber nachlassfremden Dritten andererseits nicht existiert.[1070]

(b) Bewertung der Pflichtteilsergänzung gemäß EuErbVO

Rechtspolitisch ist die getroffene Regelung indes verfehlt. Die Pflichtteilsberechtigten werden durch die wertmäßige Berücksichtigung der Schenkung bereits

---

1064 Vgl. *Magnus*, in: Dutta/Weber, Internationales Erbrecht, IntSchenkungsR Rn. 54 f.

1065 *Lorenz*, Internationaler Pflichtteilsschutz, in: Dutta/Herrler, EuErbVO, 113 (118), Rn. 10.

1066 *House of Lords*, Report ESR, S. 27.

1067 *Harris*, Understanding the English Response, Journal of Private International Law 2008, 347 (365).

1068 *House of Lords*, Report ESR, S. 27.

1069 *House of Lords*, Report ESR, S. 26.

1070 *Magnus*, in: Dutta/Weber, Internationales Erbrecht, IntSchenkungsR Rn. 55.

hinreichend geschützt. Kollisionsrechtlich werden die nahen Angehörigen bereits dadurch angemessen abgesichert, dass die Frage der wertmäßigen Berücksichtigung einer lebzeitigen Zuwendung dem allgemeinen Erbstatut unterliegt. Dem Erblasser wird dadurch die Möglichkeit genommen, ein beliebiges, ihm günstig erscheinendes Recht zu wählen, das eine Berücksichtigung lebzeitiger Schenkungen nicht vorsieht bzw. zumindest weniger streng ist als das Recht des allgemeinen Erbstatuts.

Andererseits wäre es wünschenswert gewesen, die Interessen des Beschenkten kollisionsrechtlich angemessen zu berücksichtigen. Das ist wegen der Wandelbarkeit des allgemeinen Erbstatuts umso mehr geboten. Würde man stattdessen *clawback provisions* gesondert anknüpfen – beispielsweise an das Schenkungsstatut oder das hypothetische Erbstatut –, so wüsste der Beschenkte bereits im Zeitpunkt der Schenkung, nach welchem Recht sich eine etwaige Rückforderung des Geschenks bemessen würde, und könnte die Risiken zutreffend einschätzen.[1071] Der pauschale Hinweis, der Beschenkte sei nicht schutzwürdig,[1072] verfängt nicht. Gewiss ist derjenige, der selbst keine Gegenleistung verspricht, weniger schutzwürdig; schutzlos stellen die Rechtsordnungen den Beschenkten in der Regel jedoch nicht. So ist der Beschenkte beispielsweise im schweizerischen, deutschen und österreichischen Recht lediglich subsidiär einstandspflichtig und wird zusätzlich durch zeitliche Begrenzungen geschützt. Warum soll man dem Beschenkten das Risiko aufbürden, dass sich die Rückforderung nach einem potentiell strengeren Recht bemisst, das im Zeitpunkt der Schenkung überhaupt nicht absehbar ist?

Die bestehende Rechtsunsicherheit wird nicht dadurch abgefedert, dass der Schenker eine begrenzte Rechtswahl treffen kann. Das nützt dem Beschenkten nichts, da er hierauf kaum Einfluss nehmen kann und er sich – sofern der Schenker eine Rechtswahl getroffen hat – nie sicher sein kann, ob diese Bestand haben wird.[1073] Jedenfalls die Begünstigten einer gewöhnlichen Schenkung unter Lebenden sind schutzwürdiger als die Nachlassbeteiligten. Während die Nachlassbeteiligten nicht darauf vertrauen dürfen, dass der Nachlass im Zeitpunkt des Erbfalls einen bestimmten Wert aufweist, darf der Beschenkte grundsätzlich auf den Bestand der Schenkung nach den zur Zeit des Vollzuges geltenden Vorschriften vertrauen.[1074] Es wäre daher sachgerecht, hinsichtlich Pflichtteilsergänzungen aufgrund von Schenkungen des Erblassers zwischen dem Innenausgleich der Nachlassbeteiligten und der Rückforderung gegenüber nachlassfremden Dritten zu

---

1071 Vgl. *Dutta*, in: Münchener Kommentar, Bd. 12, Vor Art. 20 EuErbVO Rn. 44.

1072 So etwa *Weber*, in: Dutta/Weber, Internationales Erbrecht, Einl. Rn. 95; zum vormaligen autonomen deutschen IPR: *Dörner*, in: Staudinger (März 2007), Internationales Erbrecht, Art. 25 EGBGB Rn. 201; *Birk*, in: Münchener Kommentar BGB, Bd. 11 (5. Aufl.), Art. 25 EGBGB Rn. 229.

1073 *Magnus*, in: Dutta/Weber, Internationales Erbrecht, IntSchenkungsR Rn. 72.

1074 *Scheuermann*, Statutenwechsel, S. 116.

differenzieren und die jeweiligen Verhältnisse kollisionsrechtlich unterschiedlich zu behandeln. Der Beschenkte muss frühzeitig in der Lage sein zu beurteilen, nach welchem Recht sich der Bestand der Schenkung bemisst.

(c) Reformbedarf: Erwägenswerte Vorschläge einer Sonderanknüpfung

Wie sollte der europäische Gesetzgeber *clawback provisions* nach alledem kollisionsrechtlich behandeln? Es gibt verschiedene erwägenswerte Vorschläge, die den Beschenkten kollisionsrechtlich besser zu schützen vermögen, als dies gegenwärtig nach der EuErbVO der Fall ist.

Dutta befürwortet zum Schutze des Beschenkten eine gesonderte Anknüpfung; maßgebend soll das hypothetische Erbstatut im Zeitpunkt der Schenkung sein. Eine Rechtswahl soll nach *Duttas* Ansicht nur dann berücksichtigt werden, wenn sie im Zeitpunkt der Schenkung bereits getroffen und dem Beschenkten bekannt war.[1075] Dieser Ansatz hat einiges für sich, weil er die involvierten Interessen angemessen austariert: Einerseits fördert er die Vorhersehbarkeit für den Beschenkten, indem ein späterer Statutenwechsel mit der immanenten Rechtsunsicherheit ausgeschlossen wird. Zudem werden auch etwaige Unwägbarkeiten im Zusammenhang mit einer vom Erblasser getroffenen Rechtswahl, von der der Beschenkte ja häufig nichts wissen wird, angemessen aufgefangen.[1076] Andererseits berücksichtigt diese Lösung, dass *clawback provisions* funktional dem Erbrecht zuzuordnen sind, da eine Aushöhlung des Nachlasses verhindert werden soll und die Nachlassberechtigten geschützt werden sollen.[1077] Der vom europäischen Gesetzgeber intendierte Schutz der Nachlassberechtigten, insbesondere der nahen Angehörigen, bleibt durch die erbrechtliche Qualifikation gewährleistet: Die Interessen der nahen Angehörigen werden nicht beeinträchtigt, da der Erblasser das Recht nicht nach Belieben wählen kann, sondern nur das Recht des Staates, dem er angehört. Nach der Konzeption der EuErbVO soll der Schutz der Angehörigen und sonstigen Nachlassberechtigten ja gerade durch die Begrenzung der Rechtswahlmöglichkeiten erreicht werden. Dass der gewöhnliche Aufenthalt im Zeitpunkt der Schenkung bei objektiver Anknüpfung maßgebend ist, ist für die Angehörigen auch nicht unbillig. Sie müssen ohnehin damit rechnen, dass das so berufene Recht auch im Zeitpunkt des Todes maßgebend sein wird. Ein späterer Statutenwechsel, der sich gegebenenfalls günstig für die Nachlassbeteiligten auswirken würde, liegt außerhalb ihrer Einflusssphäre. Auch der Erblasser selbst wird durch eine solche Sonderanknüpfung nicht beeinträchtigt.

Das *Max-Planck-Institut* schlägt für *clawback provisions* eine kumulative Anknüpfung vor: Maßgeblich sollen sowohl das allgemeine Erbstatut als auch

1075 *Dutta*, Succession, RabelsZ 73 (2009), 547 (583).
1076 *Dutta*, Succession, RabelsZ 73 (2009), 547 (583).
1077 *Dutta*, Succession, RabelsZ 73 (2009), 547 (583).

das hypothetische Erbstatut im Zeitpunkt der Schenkung sein.[1078] Eine etwaige Rückforderung nach Maßgabe des allgemeinen Erbstatuts soll nur in dem Umfang zulässig sein, wie die Rückforderung auch nach dem hypothetischen Erbstatut im Zeitpunkt der Schenkung zulässig wäre. Ein Statutenwechsel gereicht dem Beschenkten somit nie zum Nachteil, sondern höchstens zum Vorteil.[1079] Für den Fall einer im Zeitpunkt der Schenkung bereits getroffenen Rechtswahl soll allein diese maßgebend sein, sofern der Beschenkte von der Rechtswahl im Zeitpunkt der Schenkung Kenntnis hatte. Auch dieser Ansatz berücksichtigt die berechtigten Interessen des Beschenkten und trägt zugleich der Rechtsnatur von *clawback provisions* Rechnung. Eine kumulative Anknüpfung ist jedoch zum Schutz des Beschenkten nicht erforderlich und schießt somit über das Ziel hinaus. Ausreichend ist die Anknüpfung an das hypothetische Erbstatut im Zeitpunkt der Schenkung. So kann der Beschenkte sich über das anzuwendende Erbrecht, das die Schenkung im Interesse von Pflichtteilsberechtigten oder Noterben beeinträchtigen könnte, zuverlässig informieren. Es ist jedoch nicht erkennbar, warum er von einem für ihn etwaig günstigeren allgemeinen Erbstatut soll profitieren können. Für die kumulative Anknüpfung könnte allenfalls sprechen, dass innerhalb des Internationalen Erbrechts ein höheres Maß an Kohärenz geschaffen wird, weil es auch bei der Rückforderung von Schenkungen gegenüber Dritten bei der Regelanknüpfung in all den Fällen bliebe, in denen das so ermittelte Recht die strengeren bzw. engeren Maßstäbe hinsichtlich der Rückforderung setzt. Die Rechtsanwendung wird durch die kumulative Anknüpfung jedoch tendenziell erschwert.

Magnus schlägt *de lege ferenda* vor, einen Art. 13 EuInsVO[1080] entsprechenden Schutzmechanismus einzuführen. Dem Beschenkten könnte auf diese Weise die Möglichkeit eingeräumt werden, nachzuweisen, dass nach dem zum Zeitpunkt der Schenkung geltenden (hypothetischen) Erbstatut eine auf erbrechtliche Gründe gestützte Rückabwicklung nicht (mehr) möglich gewesen wäre.[1081] Für diesen Ansatz würde sprechen, dass der Beschenkte einerseits besser geschützt wäre als nach der geltenden Fassung der EuErbVO und andererseits der Eingriff in die Systematik geringer wäre, da der Angehörigenschutz entsprechend der Konzeption der EuErbVO grundsätzlich vollständig dem allgemeinen Erbstatut zugewiesen bliebe. Dass dem Beschenkten die Beweislast aufgebürdet wird, kann sich für ihn allerdings insoweit als problematisch erweisen, als es zumindest im Einzelfall

---

1078 *Max Planck Institute*, Comments on the Succession Proposal, RabelsZ 74 (2010), 522 (629).

1079 *Max Planck Institute*, Comments on the Succession Proposal, RabelsZ 74 (2010), 522 (632).

1080 Verordnung (EG) Nr. 1346/2000 des Rates vom 29.5.2000 über Insolvenzverfahren, ABl. EG 2000 Nr. L 160, S. 1.

1081 *Magnus*, in: Dutta/Weber, Internationales Erbrecht, IntSchenkungsR Rn. 86.

schwierig sein kann, nachträglich den gewöhnlichen Aufenthalt des Erblassers zum Zeitpunkt der Schenkung zu bestimmen und nachzuweisen.

Über diese Vorschläge sollte der Verordnungsgeber noch einmal nachdenken. Vorzugswürdig erscheint der oben dargestellte Ansatz *Duttas*, wonach das hypothetische Erbstatut für *clawback provisions* maßgebend ist. *Duttas* Lösung führt zu einem angemessenen und ausreichenden Interessenausgleich; einer kumulativen Anknüpfung, wie sie das *Max-Planck-Institut* vorschlägt, bedarf es nicht. Allerdings sollte man nicht zu optimistisch sein, dass der Gesetzgeber tätig werden wird; schließlich wurde eine Sonderanknüpfung von *clawback provisions* im Gesetzgebungsverfahren diskutiert, letztlich aber verworfen.[1082]

(4) Fazit

Da die Erbrechtsverordnung auch *clawback provisions* einschließt, werden die Pflichtteilsberechtigten umfassend geschützt, unabhängig davon, ob die Schenkung auf den Todesfall nun schuldvertraglich oder erbrechtlich qualifiziert wird. Zum Schutze der Pflichtteilsberechtigten scheint es mithin nicht zwingend geboten zu sein, die Schenkung auf den Todesfall insgesamt der EuErbVO zu unterstellen. Andererseits ließe sich dieses Argument auch im materiellen Erbrecht anführen wegen seiner spezifischen Regeln, Schenkungen unter Lebenden einzufangen. Dennoch hält der Gesetzgeber den Schutz bisweilen nicht für ausreichend und unterstellt bestimmte Varianten der Schenkung auf den Todesfall insgesamt dem Erbrecht. Vor diesem Hintergrund ließe sich eine rein erbrechtliche Qualifikation begründen.

bb) Schutz des Vertragserben

Fraglich ist, wie Rechte des Vertragserben im Kollisionsrecht zu behandeln sind, die auf die Rückabwicklung von den Erbvertrag aushöhlenden Schenkungen gerichtet sind. Das wird kontrovers diskutiert.

(1) Zum Meinungsstand

Nach einer Ansicht unterliegt die Rückforderung von beeinträchtigenden Schenkungen zu Lasten eines Vertragserben dem Errichtungsstatut nach Art. 25 EuErbVO.[1083] Denn zu den Bindungswirkungen des Erbvertrages im Sinne von Art. 25 EuErbVO gehöre auch die Frage, inwieweit lebzeitige Zuwendungen des

1082 *Dutta*, in: Münchener Kommentar BGB, Bd. 12, Vor Art. 20 EuErbVO Rn. 44.

1083 So etwa *Dutta*, in: Münchener Kommentar BGB, Bd. 12, Art. 1 EuErbVO Rn. 38; *Döbereiner*, EuErbVO, MittBayNot 2013, 437 (441); *Fischer-Czermak*, in: Deixler-Hübner/Schauer, Art. 25 EuErbVO Rn. 19; *Soutier*, Geltung deutscher Rechtsgrundsätze in der EuErbVO, S. 105.

Erblassers möglich und bestandskräftig sind.[1084] Es gehe um den Schutz des Vertragserben vor einer Aushöhlung der erbvertraglichen Bindungswirkung.[1085]

Nach anderer Ansicht untersteht ein solcher Rückforderungsanspruch dem allgemeinen Erbstatut, da es sich um den Unterfall eines *clawback*-Anspruchs handele.[1086] Art. 23 Abs. 2 lit. i EuErbVO wird dann extensiv ausgelegt. Die Anknüpfung an das Errichtungsstatut sei für den Beschenkten problematisch, weil er über den Abschluss des Erbvertrages sowie über das zu diesem Zeitpunkt anwendbare Statut in der Regel nicht im Bilde sei.[1087] Auch sei eine unterschiedliche Anknüpfung von *clawback*-Ansprüchen nicht wünschenswert, wenn der Vertragserbe zugleich pflichtteilsberechtigt ist. Vorzugswürdig sei vielmehr eine einheitliche Anknüpfung, um so zu verhindern, dass unterschiedliche Rechte auf die jeweiligen Rückforderungsansprüche zur Anwendung gelangen können.[1088] Zudem wird geltend gemacht, der gewöhnliche Aufenthalt im Zeitpunkt des Abschlusses des Erbvertrages lasse sich im Prozess nur mühsam ermitteln, wenn der Vertragsschluss sehr lange zurückliegt.[1089]

Als dritte Möglichkeit käme in Frage, den etwaigen Rückforderungsanspruch des Vertragserben gegen den Beschenkten wiederum dem Schenkungsstatut zu unterstellen. So verfahren müssten konsequenterweise diejenigen, die Pflichtteilsergänzungen gegenüber dem Beschenkten dem Schenkungsstatut unterstellen. Denn das Ziel, den kollisionsrechtlichen Vertrauensschutz des Beschenkten zu wahren,[1090] ist in beiden Fällen gleichermaßen erstrebenswert. Des Weiteren wäre als maßgebend auch das hypothetische Erbstatut im Zeitpunkt der Schenkung zu diskutieren. Auf diese Weise würde die Position des Beschenkten ebenfalls gestärkt, gleichzeitig würden aber die Nachlassberechtigten besser geschützt als bei Heranziehung des Schenkungsstatuts.

(2) Stellungnahme

Die Einwände gegen die Heranziehung von Art. 25 EuErbVO im Fall aushöhlender Schenkungen lassen sich hören. Es ist nicht zu leugnen, dass die Heranziehung des hypothetischen Erbstatuts praktische Schwierigkeiten mit sich bringt und gerade hinsichtlich des Pflichtteilsrechts zu Spannungen mit dem allgemeinen Erbstatut führen kann. Gleichwohl ist der Gegenansicht zuzustimmen, die Art. 25 EuErbVO

1084 *Dutta*, in: Münchener Kommentar BGB, Bd. 12, Art. 24 EuErbVO Rn. 5.

1085 *Soutier*, Geltung deutscher Rechtsgrundsätze in der EuErbVO, S. 105.

1086 So etwa *Magnus*, in: Dutta/Weber, Internationales Erbrecht, IntSchenkungsR Rn. 75.

1087 *Magnus*, in: Dutta/Weber, Internationales Erbrecht, IntSchenkungsR Rn. 73.

1088 *Magnus*, in: Dutta/Weber, Internationales Erbrecht, IntSchenkungsR Rn. 74 f.

1089 *Magnus*, in: Dutta/Weber, Internationales Erbrecht, IntSchenkungsR Rn. 74.

1090 So ja die Argumentation von *Lorenz* zum *clawback*, Internationaler Pflichtteilsschutz, in: Dutta/Herrler, EuErbVO, 113 (118), Rn. 11.

für einschlägig hält. Es geht schließlich um die Beeinträchtigung der Bindungswirkungen des Erbvertrages, und diese Frage ist ausdrücklich in Art. 25 Abs. 1 EuErbVO geregelt. Es sollte nicht danach unterschieden werden, ob der Erbvertrag durch eine andere Verfügung von Todes wegen ausgehöhlt wird oder durch ein lebzeitiges Geschäft, zumal in funktionaler Hinsicht Überschneidungen möglich sind; für eine Differenzierung gibt es keine handfesten Anhaltspunkte. Art. 23 Abs. 2 lit. i EuErbVO ist insofern nicht eindeutig, auch wenn diese Bestimmung sich ihrem Wortlaut nach auf derartige Rückforderungsansprüche erstrecken ließe.

Vor allem wäre es aber nicht interessengerecht, das allgemeine Erbstatut heranzuziehen: Der Vertragserbe müsste sonst befürchten, dass später ein Recht berufen wird, das die Verfügungsfreiheit des Erblassers betreffend lebzeitiger Rechtsgeschäfte gar nicht einschränkt oder den Erbvertrag nicht anerkennt und damit keinen Grund für eine Rückabwicklung der Schenkung sieht. Der Erblasser muss sich an der Bindungswirkung nach Maßgabe des hypothetischen Erbstatuts im Zeitpunkt des Abschlusses des Erbvertrages festhalten lassen und darf nicht die unverdiente Chance erhalten, sich später der Bindung zu entledigen, indem er nachträglich seinen gewöhnlichen Aufenthalt ändert oder sein Heimatrecht wählt, auch wenn die eingeschränkte Rechtswahl ein Mindestmaß an Schutz für den Vertragserben bietet. Die erbvertragliche Bindung wäre empfindlich geschmälert, ebenso der Vertrauensschutz. Für den Vertragserben ist nämlich nicht vorhersehbar, welches Recht später anwendbar sein wird. Auf einen Statutenwechsel kann er keinen Einfluss nehmen.

Umgekehrt ist kein Grund ersichtlich, warum der Vertragserbe von einem allgemeinen Erbstatut soll profitieren können, das lebzeitige Rechtsgeschäfte stärker beschränkt als das hypothetische Erbstatut. Der Zufall sollte dem Vertragserben weder zur Hilfe eilen noch ihm zum Nachteil gereichen. Auch der Beschenkte müsste mit erheblicher Unsicherheit leben, wäre das allgemeine Erbstatut ausschlaggebend; er müsste befürchten, dass später ein Recht zur Anwendung gelangt, das Schenkungen zum Schutze des Vertragserben besonders stark beschneidet. Das allgemeine Erbstatut würde sich also zu Lasten sowohl des Vertragserben als auch des Beschenkten auswirken, obwohl es doch in erster Linie um den Ausgleich der Interessen dieser beiden geht.

Die Heranziehung des hypothetischen Erbstatuts im Zeitpunkt des Abschlusses des Erbvertrages gewährleistet einen sachgerechten Interessenausgleich: Zwar begünstigt das den Vertragserben und belastet den Beschenkten, letzterer erscheint jedoch weniger schutzwürdig, zumindest dann, wenn die Schenkung erst nach Abschluss des Erbvertrages erfolgt. Denn dann vertraut der Vertragserbe bereits auf die Bindung und die damit einhergehenden Wirkungen nach Maßgabe des den Erbvertrag beherrschenden Rechts. Das einmal begründete Vertrauen sollte ein späterer Statutenwechsel nicht ohne Not zerstören. Demgegenüber hat der Beschenkte – zumindest in der Theorie – die Möglichkeit, sich über das Bestehen eines entgegenstehenden Erbvertrages zu informieren, wenngleich praktische Schwierigkeiten bestehen werden. Praktische Schwierigkeiten bestünden aber auch für den Vertragserben, würde sich die Rückforderung der Schenkung nach dem hypothetischen Erbstatut im Zeitpunkt der Schenkung richten, denn er wird häufig über die Einzelheiten der Schenkung und das auf sie anwendbare Recht nicht im Bilde sein. Dem Vertragserben ist nicht zuzumuten, dass die erbvertragliche Bindung später durch ein für ihn nicht vorhersehbares Recht potentiell beeinträchtigt wird.

cc) Schutz der Nachlassgläubiger

Wie gezeigt sollen die speziellen Regelungen zu Schenkungen auf den Todesfall auch dem Schutz von Nachlassgläubigern dienen.[1091] Der Übergang von Vermögenswerten soll sich nämlich gerade wegen hinreichender Nähe zum Erbrecht nicht außerhalb des Erbrechts vollziehen können, weil diese Vermögenswerte dann nicht in den Nachlass fallen und mithin dem Zugriff der Nachlassgläubiger entzogen sind.

Die Frage, wer für die Nachlassverbindlichkeiten in welchem Umfang haftet und in welchem Rangverhältnis mehrere Gläubiger zueinander stehen, unterfällt Art. 23 Abs. 2 lit. g EuErbVO und wird dem allgemeinen Erbstatut zugewiesen.[1092] Das allgemeine Erbstatut bestimmt etwa, auf welche Güter die Nachlassgläubiger zugreifen können, ob und inwieweit die Erben persönlich haften, ob die Haftung auf den Nachlass beschränkt ist und wer im Innenverhältnis mit welchem Anteil haftet.[1093]

Die objektive Regelanknüpfung an den gewöhnlichen Aufenthalt trägt den Interessen der Nachlassgläubiger Rechnung, da zu vermuten ist, dass sich dort typischerweise auch der Schwerpunkt der Vermögenswerte befindet und somit die Abwicklung des Nachlasses erleichtert wird.[1094]

Fraglich ist, ob die Haftung des Empfängers einer Zuwendung, die außerhalb des formalen Erbrechts getätigt wurde, ebenfalls Art. 23 Abs. 2 lit. g EuErbVO zu unterstellen ist. Diese wichtige Frage findet, soweit ersichtlich, bisher wenig Beachtung. *Schmidt* spricht sich für die Einbeziehung aus, weil Rechtsordnungen, die solche Vermögenstransfers ermöglichen, Sorge dafür trügen, dass Nachlassgläubiger nicht benachteiligt würden.[1095] Die Heranziehung des Erbstatuts sei sachgerecht, der kollisionsrechtliche Vertrauensschutz stehe nicht entgegen, weil der Begünstigte nicht schutzwürdig sei, denn in der Regel erlange er den Vorteil erst mit dem Tod des Erblassers und nicht bereits zu Lebzeiten.[1096] Eine

---

1091 Siehe dazu die Ausführungen oben unter § 2B.III.1.c); *Schmidt*, in: Dutta/Weber, Internationales Erbrecht, Art. 23 EuErbVO Rn. 104.

1092 *Schmidt*, in: Dutta/Weber, Internationales Erbrecht, Art. 23 EuErbVO Rn. 95.

1093 *Schmidt*, in: Dutta/Weber, Internationales Erbrecht, Art. 23 EuErbVO Rn. 100 ff.; *Mankowski*, in: Deixler-Hübner/Schauer, Art. 23 EuErbVO Rn. 72 ff.; *Dutta*, in: Münchener Kommentar BGB, Bd. 12, Art. 23 EuErbVO Rn. 31.

1094 *Mankowski*, Gewöhnlicher Aufenthalt, IPRax 2015, 39 (40).

1095 *Schmidt*, in: Dutta/Weber, Internationales Erbrecht, Art. 23 EuErbVO Rn. 104.

1096 *Schmidt*, in: Dutta/Weber, Internationales Erbrecht, Art. 23 EuErbVO Rn. 104.

erbrechtliche Qualifikation ist plausibel und zu begrüßen, vorausgesetzt der Rückforderungsgrund im materiellen Recht ist spezifisch erbrechtlich motiviert. Auf die Gläubigeranfechtung etwa trifft das nicht zu, zumindest insoweit sie gleichermaßen bereits zu Lebzeiten des Erblassers greift und sie damit keinen Schutz spezifisch erbrechtlicher Interessen verwirklichen möchte.

Nicht uneingeschränkt gefolgt werden kann *Schmidt* insoweit, als es um die Beurteilung der Schutzwürdigkeit des Begünstigten geht. Denkbar ist, dass solche postmortalen Zuwendungen bereits zu Lebzeiten Bindungswirkung erzeugen können und sollen, selbst wenn sie erst mit dem Tod des Erblassers zu vollziehen sind. Gerade in der Anerkennung lebzeitiger Bindungswirkungen kann ein Vorteil solcher Geschäfte gegenüber den Verfügungen von Todes wegen liegen; das zeigt sich bei Schenkungen auf den Todesfall. Der Begünstigte könnte im Vertrauen auf den Erhalt der Leistung bereits Dispositionen getätigt haben und wäre aufgrund der lebzeitigen Bindung, sofern sie nach dem Errichtungsstatut besteht, prinzipiell schutzwürdig und schutzbedürftig. Nach der gegenwärtigen Konzeption der EuErbVO ist gleichwohl das allgemeine Erbstatut maßgebend. Zu erwägen ist aber *de lege ferenda* entsprechend den Ausführungen zu *clawback provisions*, etwaige Rückforderungsansprüche im Interesse der Planungssicherheit dem hypothetischen Erbstatut zu unterstellen. Die Nachlassgläubiger wären zumindest insoweit geschützt, als der Erblasser kein beliebiges Recht wählen könnte, um deren berechtigte Interessen gezielt auszuhöhlen.

c) Sonstige Prinzipien

Als weitere potentiell zu berücksichtigende Prinzipien sind zu beleuchten die Nachlasseinheit, der internationale Entscheidungseinklang und die erbrechtliche Formenstrenge.

aa) Prinzip der Nachlasseinheit

Teilweise wird für die erbrechtliche Einstufung der Schenkung auf den Todesfall im materiellen Recht als Argument das Prinzip der Nachlasseinheit angeführt: Es soll eine faktische Sonderrechtsnachfolge in Bezug auf einzelne Gegenstände verhindert werden, damit die Nachlassgläubiger auf den ungeschmälerten Nachlass zugreifen können, deren Position soll mithin gestärkt werden. Dieser Aspekt spielt in Rechtsordnungen eine Rolle, die dem Prinzip der Universalsukzession folgen. Der Grundsatz der kollisionsrechtlichen Nachlasseinheit steht in engem Zusammenhang mit dem materiellrechtlichen Prinzip der Universalsukzession.[1097]

Fraglich ist daher, ob eine erbrechtliche Qualifikation der Schenkung auf den Todesfall diesem materiellen Anliegen auch im Kollisionsrecht zum Durchbruch

---

1097 *Muscheler*, Universalsukzession und Vonselbsterwerb, S. 4; a.A. *Schmidt*, in: Dutta/Weber, Internationales Erbrecht, Art. 23 EuErbVO Rn. 8.

verhilft. Das scheint auf den ersten Blick zu bejahen zu sein. Denn die EuErbVO folgt dem Prinzip der Nachlasseinheit, d.h., grundsätzlich untersteht die gesamte Rechtsnachfolge von Todes wegen ein und demselben Recht (Art. 23 Abs. 1 EuErbVO). Es wird folglich beispielsweise im Hinblick auf bewegliches und unbewegliches Vermögen nicht unterschiedlich angeknüpft, wie es in einigen Mitgliedstaaten – etwa in Frankreich und Belgien – vormals der Fall war.[1098] Die einheitliche Anknüpfung soll der Rechtssicherheit dienen und eine Nachlassspaltung vermeiden.[1099] Eine kollisionsrechtliche Nachlassspaltung führt zu praktischen Schwierigkeiten, da der Nachlass dann verschiedenen Rechtsordnungen unterliegt, deren Vorschriften nicht aufeinander abgestimmt sind, was zu Normwidersprüchen führen kann.[1100] Problematisch ist das insbesondere hinsichtlich der Nachlassteilung und des Pflichtteilsrechts.[1101]

Allerdings wird das Prinzip der Nachlasseinheit in bestimmten Fällen durchbrochen. Gemäß Art. 30 EuErbVO können Eingriffsnormen des Rechts am Belegenheitsort hinsichtlich bestimmter Nachlassgegenstände eine Nachlassspaltung begründen. Aufgrund der in Art. 34 EuErbVO statuierten Gesamtnormverweisung – wenngleich diese nur in Grenzen gilt – droht ebenfalls eine Nachlassspaltung. Denn nach Art. 34 Abs. 1 EuErbVO ist auch ein Teilrenvoi zu berücksichtigen, wie sich aus der Formulierung „soweit diese zurück- oder weiterverweisen" ergibt.[1102] Zu einem Teilrenvoi kommt es beispielsweise dann, wenn das Kollisionsrecht eines Drittstaats etwa im Hinblick auf unbewegliches Vermögen auf das Recht des Belegenheitsortes verweist, im Übrigen aber etwa auf die Staatsangehörigkeit abstellt. Die Nachlassspaltung hat – so jedenfalls im Grundsatz – zur Folge, dass die Rechtsnachfolge von Todes wegen in jede Nachlassmasse nach dem jeweiligen Erbstatut gesondert beurteilt werden muss.[1103] Demgemäß bemisst sich beispielsweise auch die Erbenhaftung nach unterschiedlichen Erbstatuten.

Zudem kann sich eine faktische Nachlassspaltung ergeben für in Drittstaaten befindliches Vermögen, wenn dieser Drittstaat seine Verfügungsgewalt im eigenen Hoheitsgebiet ausspielt.[1104] Auch Art. 33 EuErbVO ermöglicht eine Nachlassspaltung im Fall eines erbenlosen Nachlasses, wenn das Nachlassvermögen in verschiedenen Staaten belegen ist und einer oder mehrere dieser Staaten Anspruch auf den im eigenen Hoheitsgebiet befindlichen erbenlosen Nachlass erhebt.[1105]

1098 *Dutta*, Succession, RabelsZ 73 (2009), 547 (554 f.).

1099 So Erwgr. 37 EuErbVO.

1100 *Bonomi*, Choice-of-Law Aspects, Liber Amicorum Siehr, 157 (162).

1101 *Dutta*, Succession, RabelsZ 73 (2009), 547 (556), mit einem Beispiel zu den Schwierigkeiten im Hinblick auf die Bemessung des Pflichtteils.

1102 *Dutta*, in: Münchener Kommentar BGB, Bd. 12, Art. 34 EuErbVO Rn. 9.

1103 Vgl. *Dörner*, in: Staudinger (März 2007), Art. 25 EGBGB Rn. 767, zum bisherigen nationalen Kollisionsrecht.

1104 *Dutta*, Succession, RabelsZ 73 (2009), 547 (559).

1105 *Dutta*, in: Münchener Kommentar BGB, Bd. 12, Vor Art. 20 EuErbVO Rn. 7.

Eine einheitliche Behandlung des Nachlasses ist damit von vornherein nicht gewährleistet. Folglich kann eine erbrechtliche Anknüpfung der Schenkung auf den Todesfall nicht ohne weiteres mit dem Prinzip der Nachlasseinheit begründet werden.

bb) Internationaler Entscheidungseinklang

Das Ziel des internationalen Entscheidungseinklangs lässt sich im Fall der Schenkung auf den Todesfall schwerlich erreichen. Das hängt damit zusammen, dass die Schenkung auf den Todesfall im Grenzgebiet von Internationalem Vertragsrecht und Internationalem Erbrecht angesiedelt ist und aus diesem Grund in einzelnen Rechtsordnungen unterschiedlich qualifiziert wird.[1106] Damit sind abweichende Entscheidungen je nach Forumstaat programmiert.

Das soll an folgendem Beispiel illustriert werden: Angenommen, Schenkungsstatut ist das Recht eines Drittstaats, welches die Schenkung auf den Todesfall als Rechtsgeschäft unter Lebenden einstuft und sie für wirksam erachtet, wohingegen das Erbstatut – das Recht des Forumstaats – die fragliche Schenkung auf den Todesfall erbrechtlich einstuft und diese nicht zulässt. Unterstellt man nun, die fragliche Schenkung auf den Todesfall wäre nach europäischem Kollisionsrecht erbrechtlich und im Drittstaat vertraglich zu qualifizieren, so zeigt sich, dass die Entscheidung je nach Forum unterschiedlich ausfallen kann. Wird im Mitgliedstaat geklagt, so ist die fragliche Schenkung auf den Todesfall unwirksam; wird hingegen im Drittstaat geklagt, so ist sie – vorausgesetzt der Mitgliedstaat wendet auf Grundlage seines eigenen Internationalen Vertragsrechts auch sein eigenes materielles Recht an – wirksam.

Beeinträchtigt wird das Ziel des internationalen Entscheidungseinklangs auch dadurch, dass die potentiell einschlägige Rom I-VO den *renvoi* ohnehin nicht vorsieht. Folglich kann der internationale Entscheidungseinklang für die Beurteilung der Schenkung auf den Todesfall nicht die maßgebende Rolle spielen. Ziel muss es vielmehr sein, den internen Entscheidungseinklang zu fördern: Es sollte eine saubere Abgrenzung zwischen Rom I-VO und EuErbVO erstrebt werden.

cc) Formfragen

Aus Gründen der Form scheint eine erbrechtliche Qualifikation der Schenkung auf den Todesfall wertungsmäßig auf den ersten Blick nicht geboten zu sein. Denn sowohl die Rom I-VO als auch die EuErbVO gehen vom Günstigkeitsprinzip aus, wollen also erreichen, dass das Rechtsgeschäft nach Möglichkeit nicht bereits aus formalen Gründen scheitert. Dass sich die jeweiligen Anknüpfungsmomente in Nuancen unterscheiden, scheint nicht ins Gewicht zu fallen. Dieser Eindruck

---

1106 Vgl. zum Ausgangspunkt *Winkler*, Die Schenkung auf den Todesfall im IPR, S. 182 ff.

täuscht jedoch: Die EuErbVO will trotz alternativer Anknüpfungen die Umgehung erbrechtlicher Formvorschriften verhindern, wie Erwägungsgrund 52 Satz 2 EuErbVO zeigt. Zudem gestattet es die EuErbVO – anders als Art. 3 HTestformÜ – den Mitgliedstaaten nicht, den „Kreis der alternativ anwendbaren Rechte" in ihrem autonomen Kollisionsrecht zu erweitern, um das Günstigkeitsprinzip auszudehnen.[1107] Die EuErbVO will die formalen Anforderungen zwar lockern, diese aber nicht der Beliebigkeit preisgeben. Die freie Rechtwahl nach der Rom I-VO würde also – entgegen der Wertung der EuErbVO – eine weiterreichende Begünstigung der Formgültigkeit ermöglichen (vgl. Art. 11 Abs. 1 Rom I-VO).

3. *Abschließende Interessenbewertung*

Der Erblasser thront über den Nachlassbeteiligten und dem Beschenkten und deren Interessen. Das belegt die ihm eingeräumte beschränkte Parteiautonomie und die erblasserbezogene objektive Anknüpfung. Das ist sachgerecht, weil es um die Verteilung seines Vermögens geht und der Testierfreiheit im materiellen Erbrecht eine überragende Bedeutung zukommt. Die Nachlassbeteiligten wie Pflichtteilsberechtigte, Nachlassgläubiger und Vertragserben werden bloß mittelbar geschützt durch die Begrenzung der Rechtswahl des Erblassers, gleichwohl aber werden sie geschützt, und zwar gezielt. Die schutzwürdigen Interessen des Beschenkten übergeht die EuErbVO indes weitestgehend. Diesbezüglich sollte der Verordnungsgeber nachbessern und den Beschenkten effektiver schützen, etwa indem das hypothetische Erbstatut im Zeitpunkt der Schenkung hinsichtlich einer etwaigen Rückforderung berufen wird. Die Nachlassbeteiligten blieben hinreichend geschützt durch die Beschränkung der Rechtswahl. Nach der gegenwärtigen Konzeption der EuErbVO steht der Beschenkte auf niedrigster Stufe.

Was folgt daraus für die Behandlung der Schenkung auf den Todesfall im unionalen Kollisionsrecht? Vorrangig sollte die Lösung den Interessen des Erblassers dienen, ihm ist weitreichende Parteiautonomie einzuräumen, eine vertragliche Qualifikation wäre zu bevorzugen. Andererseits müssen die Nachlassbeteiligten effektiv geschützt werden, deren Interessen sind einzubeziehen, was gegen eine vertragliche Qualifikation spricht, zumindest muss sie mit Augenmaß erfolgen. Das bedeutet vor allem: Grenzenlose Parteiautonomie kann es nicht geben! Auf den Beschenkten wird man bei der Lösung leider kaum Rücksicht nehmen können, er wird sich die Rückforderung eines Geschenks nach Anwendung eines strengen, nicht vorhersehbaren Rechts nach der gegenwärtigen Konzeption der EuErbVO ohnehin gefallen lassen müssen. Das schwächt zugleich die Planungssicherheit des Erblassers, zweifelsohne eine strukturelle Schwäche der EuErbVO. Das Prinzip der Nachlasseinheit und das Ziel des internationalen Entscheidungseinklangs sind bei der Beurteilung demgegenüber zu vernachlässigen.

1107 *Dutta*, in: Münchener Kommentar BGB, Bd. 12, Art. 27 EuErbVO Rn. 7.

IV. Bestimmung des sachlichen Anwendungsbereichs

Nach der Analyse der maßgeblichen Interessen und Wertungen ist es erforderlich, den sachlichen Anwendungsbereich der beiden Verordnungen im Kontext der Schenkung auf den Todesfall zu bestimmen und beide gegeneinander abzustecken. Die vorangegangene Analyse kann Argumente liefern, wie in den Graubereichen zu entscheiden ist.

Zu prüfen ist zunächst, wie die Abgrenzung zwischen Rechtsgeschäften unter Lebenden und solchen von Todes wegen im europäischen Kollisionsrecht zu erfolgen hat. Was sind die ausschlaggebenden Kriterien? Dabei sind Rom I-VO und EuErbVO voneinander abzugrenzen. Dementsprechend sind zunächst die jeweiligen Anwendungsbereiche von Rom I-VO und EuErbVO zu bestimmen. Die Rom I-VO liefert für die Abgrenzung praktisch keine Erkenntnisse, sie statuiert in Art. 1 Abs. 2 lit. c Rom I-VO nur lapidar, dass Schuldverhältnisse aus Testamenten und Erbrecht vom Anwendungsbereich der Rom I-VO ausgenommen sind, schweigt jedoch zur Frage, was für solche Schuldverhältnisse konstituierend ist. Eine Legaldefinition fehlt. Die Lösung ist daher in der EuErbVO zu suchen. Sodann ist zu klären, welche Konsequenzen sich für die Behandlung der Schenkung auf den Todesfall ergeben.

1. Positive Bestimmung des Anwendungsbereichs der EuErbVO

Art. 1 Abs. 1 Satz 1 EuErbVO bestimmt den sachlichen Anwendungsbereich positiv. Danach ist die Erbrechtsverordnung auf die Rechtsnachfolge von Todes wegen anzuwenden. Aber was versteht die EuErbVO konkret unter Rechtsnachfolge von Todes wegen? Art. 1 Abs. 1 Satz 1 EuErbVO schweigt dazu leider; die Bestimmung nennt schlicht das beim Namen, was ohnehin selbstverständlich ist.[1108] Auch die Legaldefinition des Begriffs „Rechtsnachfolge von Todes wegen" in Art. 3 Abs. 1 lit. a EuErbVO ist wenig aufschlussreich, sie ist zu allgemein gehalten und benennt ebenso nur das Offensichtliche.[1109] Nach der Legaldefinition gehört zur Rechtnachfolge von Todes wegen „jede Form des Übergangs von Vermögenswerten, Rechten und Pflichten von Todes wegen, sei es im Weg der gewillkürten Erbfolge durch eine Verfügung von Todes wegen oder im Wege der gesetzlichen Erbfolge". Bedauerlicherweise wird nicht konkretisiert, was für den „Übergang von Todes wegen" maßgebend ist, die entscheidende Frage bleibt damit unbeantwortet.[1110] Es ergeben sich zwangsläufig Abgrenzungsschwierigkeiten zu anderen Rechtsgebieten,

1108 *Mankowski*, in: Deixler-Hübner/Schauer, Art. 1 EuErbVO Rn. 2.

1109 *Hertel*, in: Rauscher, EuZPR/EuIPR V, Art. 1 EuErbVO Rn. 1; *Weller*, in: Calvo Caravaca et al., Art. 3 EuErbVO Nr. 2.

1110 Vgl. auch die Kritik zur gleichermaßen unzureichenden Definition der englischen Sprachfassung von *Weller*, in: Calvo Caravaca et al., Art. 3 EuErbVO Nr. 2.

die ebenfalls die Zuordnung von Vermögenswerten zum Gegenstand haben: etwa zum Sachenrecht oder auch zum Gesellschaftsrecht.[1111]

Auch die Schenkung auf den Todesfall wirft naturgemäß ein solches Abgrenzungsproblem auf. Aufgrund der unzureichenden Definition wird das Ziel der autonomen Auslegung gefährdet. Auch Erwägungsgrund 9 EuErbVO bringt keine weiteren Erkenntnisse, wiederholt er doch schlicht die Legaldefinition in Art. 3 Abs. 1 lit. a EuErbVO.[1112] Der Begriff „Verfügung von Todes wegen" wird in Art. 3 Abs. 1 lit. d EuErbVO nicht definiert, sondern lediglich durch Beispiele konkretisiert, nämlich „Testament", „gemeinschaftliches Testament" und „Erbvertrag". Ein Kriterium zur Abgrenzung von Rechtsgeschäften unter Lebenden und solchen von Todes wegen liefert auch diese Bestimmung nicht.[1113] Die Zurückhaltung des europäischen Gesetzgebers dürfte damit zu erklären sein, dass nur schwerlich ein gemeinsamer Nenner innerhalb der Mitgliedstaaten gefunden werden kann; die maßgeblichen Abgrenzungskriterien unterscheiden sich zu stark. Eine konkretere Bestimmung hätte den Begriff der Rechtsnachfolge womöglich zu sehr verengt und wäre damit den Unterschieden innerhalb der Mitgliedstaaten nicht gerecht geworden. Das hätte die Erfolgschancen der EuErbVO sicherlich geschmälert.

Zwei Auswege bieten sich aus dem Dilemma an, die beide in der EuErbVO anklingen: Einerseits könnte man die Rechtsnachfolge eher funktional und damit weit verstehen, um den Unterschieden in den einzelnen Rechtsordnungen gerecht zu werden; andererseits könnte man die Entscheidung im Wesentlichen dem materiellen Recht überlassen. *Dutta* versteht unter Rechtsnachfolge von Todes wegen im Sinne der Legaldefiniton die Weitergabe des Vermögens „anlässlich des Todes einer natürlichen Person als bisherigem Vermögensträger".[1114] Stützen ließe sich das vor allem auf die englische Sprachfassung, in der von „transfer [...] by reason of death" die Rede ist. Erfasst würden prinzipiell alle Rechtsgeschäfte, die durch den Tod des Erblassers motiviert sind und die Vermögensnachfolge regeln sollen. Impliziert wird eine funktionale Betrachtung der Rechtsnachfolge von Todes wegen und damit ein weites Verständnis. Einbeziehen ließen sich bei einer solchen funktionalen Betrachtung auch Gestaltungen, „bei denen der Erblasser seine Vermögensverhältnisse für die Zeit nach seinem Tod ‚am Nachlass vorbei' regelt".[1115] Ein weites Verständnis wäre prinzipiell auch in Einklang zu bringen mit der weiten Definition des Erbvertrages in Art. 3 Abs. 1 lit. b EuErbVO. Darauf wird an anderer Stelle noch näher einzugehen sein.

Andererseits legt die Legaldefinition in Art. 3 Abs. 1 lit. a EuErbVO, indem sie auf die „Form des Übergangs" abstellt, buchstäblich ein eher formales bzw.

1111 *Schmidt*, in: Dutta/Weber, Internationales Erbrecht, Art. 1 EuErbVO Rn. 2.
1112 *Weller*, in: Calvo Caravaca et al., Art. 3 EuErbVO Nr. 2.
1113 *Weller*, in: Calvo Caravaca et al., Art. 3 EuErbVO Nr. 7.
1114 *Dutta*, in: Münchener Kommentar BGB, Bd. 12, Art. 3 EuErbVO Rn. 2.
1115 *Schmidt*, in: Dutta/Weber, Internationales Erbrecht, Art. 1 EuErbVO Rn. 7.

technisches Verständnis nahe. In der englischen Sprachfassung heißt es entsprechend: „all forms of transfer of assets“ etc. Bei einem technischen Verständnis ist nicht die Funktion des Rechtsgeschäftes ausschlaggebend, sondern die Art und Weise des Übergangs von Vermögenswerten bzw. Rechten. Zu fragen ist: Erfolgt der Erwerb mittels der spezifischen Mechanismen des Erbrechts oder außerhalb des Erbrechts? Darüber kann nur das Sachrecht befinden. Nach dieser Lesart überantwortet das europäische Kollisionsrecht die Frage der Abgrenzung von Rechtsgeschäften unter Lebenden und solchen von Todes wegen dem zur Anwendung berufenen materiellen Recht.[1116] Offen wäre dann aber immer noch, welches Statut über die Abgrenzung zu befinden hat: das Erbstatut oder doch das Vertragsstatut?[1117] Das müsste anhand der jeweiligen Interessen und Wertungen beurteilt werden. Für das Erbstatut spricht, dass die Grenzziehung typischerweise der Durchsetzung spezifisch erbrechtlicher Interessen dienen dürfte.[1118]

Eine abschließende Bewertung, welcher der beiden Wege einzuschlagen ist, ist an dieser Stelle noch nicht möglich. Art. 1 Abs. 1 EuErbVO in Verbindung mit den Legaldefinitionen in Art. 3 EuErbVO gibt nämlich isoliert betrachtet keinen Aufschluss. Als hilfreicher erweist sich die Bereichsausnahme in Art. 1 Abs. 2 EuErbVO. Das ist wenig verwunderlich: Es ist zumeist einfacher, Einvernehmen darüber zu erzielen, was jedenfalls nicht erfasst sein soll, als eine positive Regelung zu treffen.

2. Ausschlusstatbestände und Katalog des Art. 23 EuErbVO

Konturen gewinnt der unionale Begriff der Rechtsnachfolge von Todes wegen zum einen durch die Negativliste in Art. 1 Abs. 2 EuErbVO und zum anderen durch die Positivliste in Art. 23 Abs. 2 EuErbVO. Vorrangig im Rahmen der Prüfung ist der Negativkatalog, der durch den Positivkatalog lediglich ergänzt wird.[1119] Das ergibt sich aus der Systematik der Erbrechtsverordnung, da Art. 23 EuErbVO streng genommen erst greift, wenn zuvor anhand von Art. 1 EuErbVO die Eröffnung des sachlichen Anwendungsbereichs bejaht werden konnte. Zudem legt Art. 23 EuErbVO formal gesehen allein die Reichweite des Erbstatuts fest, bezieht sich also lediglich auf den kollisionsrechtlichen Teil der EuErbVO und nicht auf den prozessrechtlichen.[1120] Gleichwohl erhellt Art. 23 EuErbVO das Dunkel, wenn es

---

1116 So *Köhler*, in: Gierl et al., Internationales Erbrecht, § 4 Rn. 51; so verfahren wohl auch *Rudolf/Zöchling-Jud/Kogler*, in: Rechberger/Zöchling-Jud, EuErbVO, Kap. 3 Rn. 123 f.

1117 Für Maßgeblichkeit des Erbstatuts ist *Köhler*, in: Gierl et al., Internationales Erbrecht, § 4 Rn. 51.

1118 Vgl. *Köhler*, in: Gierl et al., Internationales Erbrecht, § 4 Rn. 50 f.

1119 *Mankowski*, in: Deixler-Hübner/Schauer, Art. 1 EuErbVO Rn. 3; a.A. offenbar *Hertel*, in: Rauscher, EuZPR/EuIPR, V, Art. 1 EuErbVO Rn. 1 f.

1120 *Dutta*, in: Münchener Kommentar BGB, Bd. 12, Art. 1 EuErbVO Rn. 2.

um die Bestimmung des sachlichen Anwendungsbereichs geht, indem er klarstellt, „welche Fragen aus Sicht des europäischen Gesetzgebers zur Rechtsnachfolge von Todes wegen gehören“.[1121] Folglich ist Art. 23 EuErbVO bei der Bestimmung des Anwendungsbereichs einzubeziehen.

Die Negativliste soll eine Abgrenzung zu anderen Statuten in Grenzfällen ermöglichen.[1122] Das verdeutlicht Erwägungsgrund 11 der EuErbVO: „Aus Gründen der Klarheit sollte eine Reihe von Fragen, die als mit Erbsachen zusammenhängend betrachtet werden könnten, ausdrücklich vom Anwendungsbereich dieser Verordnung ausgenommen werden.“ Es sollen Bereiche des Zivilrechts ausgenommen werden, die nicht direkt die Rechtsnachfolge von Todes wegen betreffen und folgerichtig auch nicht erbrechtlich einzustufen sind.[1123] Erwägungsgrund 11 ermahnt den Rechtsanwender, nicht vorschnell allein deswegen die Anwendbarkeit der EuErbVO zu bejahen, weil das fragliche Geschäft funktional einer Verfügung von Todes wegen vergleichbar ist. Die funktionale Vergleichbarkeit kann demnach für sich genommen noch nicht ausreichen, weil sie notwendiges Kriterium für den in Erwägungsgrund 11 genannten erbrechtlichen Zusammenhang ist. Vielmehr werden zahlreiche Geschäfte explizit vom Anwendungsbereich der EuErbVO ausgenommen, die „zwar nicht in formaler Hinsicht Teil des Erbrechts sind, in ihrer Wirkung aber echten Verfügungen von Todes [wegen] sehr ähneln und sich bei einem rein funktionalen Verständnis“ der Rechtsnachfolge von Todes wegen zuordnen ließen.[1124]

a) Art. 1 Abs. 2 lit. g EuErbVO

Aufschluss über die Zuordnung der Schenkung auf den Todesfall könnte Art. 1 Abs. 2 lit. g EuErbVO geben. Art. 1 Abs. 2 lit. g EuErbVO nimmt vom Anwendungsbereich der Erbrechtsverordnung Rechte und Vermögenswerte aus, die auf andere Weise als durch Rechtsnachfolge von Todes wegen begründet oder übertragen werden. Es geht um Rechte, die „aus Anlass des Todes“ und nicht von Todes wegen übergehen.[1125] Erfasst sind diejenigen Fälle, in denen der „Vermögensübergang gänzlich außerhalb des formalen Erbrechts steht“, so dass von „funktionaler Sondererbfolge“ gesprochen werden kann.[1126] Die Bestimmung betrifft im Kern die Abgrenzung der Rechtsnachfolge von Todes wegen von Rechtsgeschäften unter Lebenden.[1127] Zur Konkretisierung nennt die Verordnung einzelne Institute

1121 *Looschelders*, in: Hüßtege/Mansel, Bd. 6, Art. 1 EuErbVO Rn. 8.

1122 *Hertel*, in: Rauscher, EuZPR/EuIPR V, Art. 1 EuErbVO Rn. 2.

1123 *Mankowski*, in: Deixler-Hübner/Schauer, Art. 1 EuErbVO Rn. 5.

1124 *Schmidt*, in: Dutta/Weber, Internationales Erbrecht (1. Aufl.), Art. 1 EuErbVO Rn. 73.

1125 *Hertel*, in: Rauscher, EuZPR/EuIPR V, Art. 1 EuErbVO Rn. 27.

1126 *Schmidt*, in: Dutta/Weber, Internationales Erbrecht (1. Aufl.), Art. 1 EuErbVO Rn. 67.

1127 *Looschelders*, in: Hüßtege/Mansel, Bd. 6, Art. 1 EuErbVO Rn. 44.

ausdrücklich, die nicht der EuErbVO unterfallen sollen. Diese Aufzählung ist nicht abschließend, wie der Zusatz „und ähnliche Vereinbarungen" verdeutlicht.[1128]

aa) Unentgeltliche Zuwendungen

Ausdrücklich genannt werden unter anderem „unentgeltliche Zuwendungen". Unklar bleibt jedoch,[1129] ob unter „unentgeltliche Zuwendungen" in diesem Sinne auch Schenkungen auf den Todesfall betroffen sind und bejahendenfalls, ob sämtliche Varianten der Schenkung auf den Todesfall erfasst werden und somit insgesamt vom Anwendungsbereich ausgenommen bleiben. Zwar scheint die allgemeine Bezeichnung auf den ersten Blick nahezulegen, dass auch die Schenkung auf den Todesfall von der Erbrechtsverordnung ausgenommen werden soll; dagegen lässt sich indes die Entstehungsgeschichte anführen: Der Vorschlag des Parlaments, den Kommissionsvorschlag dahingehend zu ergänzen, dass neben den „unentgeltlichen Zuwendungen" auch „zu Lebzeiten vollzogene Schenkungsversprechen von Todes wegen" ausdrücklich vom Anwendungsbereich ausgenommen werden,[1130] hat sich nicht durchsetzen können. Damit ist der Weg für eine erbrechtliche Einordnung der Schenkung auf den Todesfall zumindest offen, wenngleich noch nicht zwingend vorgegeben – zumal eine Klarstellung entsprechend dem Parlamentsvorschlag lediglich das vollzogene Schenkungsversprechen ausgenommen hätte und damit bloß einen Ausschnitt der Schenkung auf den Todesfall.

Überdies bestehen Zweifel an einem generellen Ausschluss, wenn man einmal bedenkt, dass die unentgeltliche Zuwendung beispielhaft aufgezählt wird für Rechte und Vermögenswerte, die auf andere Weise als durch Rechtsnachfolge von Todes wegen begründet werden. Die rechtsvergleichende Betrachtung hat gezeigt, dass bestimmte Varianten der Schenkung auf den Todesfall nicht als Rechtsgeschäft unter Lebenden wirksam sein können, sondern kraft Gesetzes in eine Verfügung von Todes wegen umgedeutet werden und somit sämtliche Voraussetzungen einer Verfügung von Todes wegen erfüllen müssen, um wirksam zu sein. Durch die Umdeutung wird die Schenkung zur echten Verfügung von Todes wegen, der Rechtserwerb vollzieht sich dann gerade nicht außerhalb des Erbrechts, wie es der Ausschlusstatbestand in Art. 1 Abs. 2 lit. g EuErbVO voraussetzt. Das spricht für die prinzipielle Möglichkeit einer erbrechtlichen Qualifikation der Schenkung auf den Todesfall.

Offen bliebe dann allerdings immer noch, ob sämtliche Konstellationen erfasst sind. Will man den Begriff der Schenkung auf den Todesfall im kollisionsrechtlichen Sinne eher weit oder doch eher eng verstehen? Ist eine entsprechende Definition überhaupt möglich oder sinnvoll? Eine befriedigende Antwort auf diese Fragen ist schwer zu erlangen, die materiellrechtlichen Regelungen der Mitgliedstaaten

---

1128 *Looschelders*, in: Hüßtege/Mansel, Bd. 6, Art. 1 EuErbVO Rn. 44.

1129 *Simon/Buschbaum*, EuErbVO, NJW 2012, 2393 (2394).

1130 *Europäisches Parlament*, Lechner-Berichtsentwurf, S. 19.

unterscheiden sich zum Teil erheblich, sie verstehen Unterschiedliches unter dem Begriff der Schenkung auf den Todesfall und grenzen unterschiedlich ab.[1131] Das hat die rechtsvergleichende Analyse des deutschen, österreichischen, schweizerischen und englischen Rechts gezeigt. Während – wie oben bereits verdeutlicht – das deutsche Recht eine auf den Tod betagte Schenkung als gewöhnliche Schenkung unter Lebenden ansieht, wird eine solche Schenkung im österreichischen Recht als Verfügung von Todes wegen behandelt, sofern der Schenker sich die Möglichkeit des freien Widerrufs vorbehalten hat. Nach österreichischem Recht würde der Vermögensübergang durch Rechtsnachfolge von Todes wegen erfolgen, im deutschen Recht nicht. Angesichts solcher Unterschiede dürfte es schwer sein, überhaupt einen gemeinsamen Nenner zu finden, was die Einordnung der Schenkung auf den Todesfall im europäischen Kollisionsrecht erschwert. Eine autonome unionsrechtliche Begriffsbestimmung der Schenkung auf den Todesfall erscheint illusorisch.

Die vorstehenden Ausführungen verdeutlichen, dass die beispielhafte Aufzählung „unentgeltlicher Zuwendungen" in Art. 1 Abs. 2 lit. g EuErbVO wenig erhellend ist. Der Begriff ist zu allgemein, als dass er für sich genommen Aufschluss darüber geben könnte, ob Schenkungen auf den Todesfall vom Anwendungsbereich auszunehmen sind. Zumal: Die Unentgeltlichkeit wird vielfach als prägendes Merkmal von Verfügungen von Todes wegen angesehen und taugt damit kaum als Abgrenzungskriterium. Im englischen Erbrecht etwa wird im Zusammenhang mit der Rechtsnachfolge von Todes wegen von unentgeltlichen Zuwendungen – *gifts* – gesprochen. Im französischen Code civil werden Testament und Schenkung unter dem Titel *libéralités* abgehandelt, weil beide Geschäftstypen nach französischer Vorstellung durch Freigiebigkeit gekennzeichnet sind.[1132] In der französischen Fassung der Erbrechtsverordnung ist in Art. 1 Abs. 2 lit. g bezeichnenderweise von *libéralités* die Rede. Für sich genommen wäre die Erwähnung der *libéralités* nicht aussagekräftig, erst durch den Zusatz, dass es um solche Vermögenswerte geht, die auf andere Weise als durch Rechtsnachfolge von Todes wegen übergehen, wird eine Abgrenzung zum Erbrecht möglich. Zumindest wird durch den Ausschlusstatbestand klargestellt, dass gewöhnliche Schenkungen unter Lebenden nicht dem Anwendungsbereich der Erbrechtsverordnung unterfallen trotz ihrer systematischen Nähe zum Erbrecht in so mancher Rechtsordnung. Aber hätte es wirklich der Klarstellung einer Selbstverständlichkeit bedurft? Denn auch im europäischen Kollisionsrecht kann es als gesichert angesehen werden, dass die Schenkung unter Lebenden schuldvertraglich zu qualifizieren ist und demgemäß der Rom I-VO unterfällt.[1133]

1131 *Hertel*, in: Rauscher, EuZPR/EuIPR V, Art. 1 EuErbVO Rn. 28.

1132 *Schmidt-Kessel*, Schenkung, in: Basedow/Hopt/Zimmermann, Handwörterbuch II, S. 1351.

1133 *Schmidt*, in: Dutta/Weber, Internationales Erbrecht, Art. 1 EuErbVO Rn. 79.

Daher ist zu prüfen, ob die anderen in Art. 1 Abs. 2 lit. g EuErbVO genannten Institute eine Konkretisierung ermöglichen.

bb) Joint tenancy

Ausgenommen vom Anwendungsbereich der EuErbVO ist auch die *joint tenancy*[1134], eine Form des gemeinsamen Eigentums im *common law*.[1135] Bei der *joint tenancy* steht den Berechtigten kein Bruchteil am Gegenstand zu, sondern ihnen gehört der Gegenstand als Ganzer in seiner Verbundenheit – im Unterschied zur *tenancy in common*, der Bruchteilsberechtigung.[1136] Praktisch bedeutsam ist die *joint tenancy* bei Grundstücken und Bankkonten, sie kann aber auch an anderen Gegenständen bestehen.[1137] Prägend für die *joint tenancy* ist das *right of survivorship*, wonach den überlebenden Mitberechtigten bei Tod eines Berechtigten dessen Anteil anwächst;[1138] auf dieses Anwachsungsrecht hebt die EuErbVO ihrem Wortlaut nach ab.[1139] Eine *joint tenancy* kann auf zwei Arten begründet werden: entweder durch Rechtsgeschäft unter Lebenden oder durch Verfügung von Todes wegen.[1140]

(1) Reichweite des Ausschlusstatbestands

Jedenfalls die durch Rechtsgeschäft unter Lebenden begründete *joint tenancy* ist vom Anwendungsbereich der EuErbVO ausgenommen. Allerdings wäre das keineswegs zwingend gewesen, denn funktional ließe sich die lebzeitige *joint tenancy* sehr wohl der Rechtsnachfolge von Todes wegen zuordnen;[1141] die *joint tenancy* ist im angloamerikanischen Recht ein Instrument der Nachlassplanung (*estate planning*) und bietet sich als Alternative zum Testament an, gerade dann, wenn es dem Erblasser darum geht, der erbrechtlichen Formenstrenge sowie dem komplexen Nachlassverfahren des *common law* auszuweichen.[1142] Gleichwohl ist der Ausschluss nach der Konzeption der EuErbVO folgerichtig – zumindest was die lebzeitige *joint tenancy* anbelangt: Die Mitberechtigung fällt nämlich nicht in den Nachlass – der Erwerb vollzieht sich mithin außerhalb des Erbrechts – und das

---

1134 In der englischen Fassung ist von *joint ownership* die Rede, womöglich um sich von dem materiellrechtlich vorgeprägten Begriff der *joint tenancy* zu lösen; vor diesem Hintergrund ist fraglich, wie es zu der deutschen Übersetzung kam.

1135 *Looschelders*, in: Hüßtege/Mansel, Bd. 6, Art. 1 EuErbVO Rn. 50.

1136 *Czermak*, Joint Tenancy, ZVglRWiss 87 (1988), 58 (60).

1137 *Schmidt*, in: Dutta/Weber, Internationales Erbrecht, Art. 1 EuErbVO Rn. 91.

1138 *Schmidt*, in: Dutta/Weber, Internationales Erbrecht, Art. 1 EuErbVO Rn. 91.

1139 Formulierung „Miteigentum mit Anwachsungsrecht des Überlebenden".

1140 *Czermak*, Joint Tenancy, ZVglRWiss 87 (1988), 58 (61).

1141 *Schmidt*, in: Dutta/Weber, Internationales Erbrecht, Art. 1: Anh. II EuErbVO Rn. 11.

1142 *Czermak*, Joint Tenancy, ZVglRWiss 87 (1988), 58 (58).

Anwachsungsrecht kann durch Verfügung von Todes wegen nicht ausgeschlossen werden.[1143] Zu erwägen ist aber, das Erbstatut bezüglich des Valutaverhältnisses heranzuziehen, um die Nachlassbeteiligten besser schützen zu können.[1144]

Die pauschale Bezugnahme auf die *joint tenancy* in Art. 1 Abs. 2 lit. g EuErbVO scheint nahezulegen, dass sie insgesamt vom Anwendungsbereich auszunehmen ist, also auch insoweit sie testamentarisch begründet wird. Das geht zu weit; nach vorzugswürdiger Ansicht sollte die durch Verfügung von Todes wegen begründete *joint tenancy* der EuErbVO unterstellt werden.[1145] Denn in diesem Fall geht die Mitbeteiligung von Todes wegen über, ganz im Sinne von Art. 3 Abs. 1 lit. a EuErbVO; der Erwerb des Rechts vollzieht sich innerhalb des Erbrechts und nicht außerhalb.[1146] Die gegenteilige Auffassung würde zu einem Bruch im System der EuErbVO führen, da der Ausschlusstatbestand ja gerade darauf abhebt, dass das „Recht auf andere Weise als durch Rechtsnachfolge von Todes wegen begründet oder übertragen" wird. Auch könnte eine so weitgehende Bereichsausnahme zu einer nicht sachgerechten Privilegierung gegenüber anderen letztwilligen Verfügungen sowie zu unerwünschten Anpassungsschwierigkeiten führen.[1147]

(2) Parallele von joint tenancy und Schenkung auf den Todesfall

Lässt sich die Bereichsausnahme der lebzeitigen *joint tenancy* für die Beurteilung der Schenkung auf den Todesfall fruchtbar machen? Das wird zumindest versucht. So zieht *Nordmeier* eine Parallele zwischen der *joint tenancy* und der Schenkung auf den Todesfall, sofern letztere zu Lebzeiten vollzogen wurde: Eine solche Schenkung sei bei funktionaler Betrachtung der *joint tenancy* vergleichbar, da dem Begünstigten – ähnlich dem *right of survivorship* – bereits zu Lebzeiten des Erblassers ein dingliches Anwartschaftsrecht zustehe, wohingegen der Begünstigte über ein solches Recht nicht verfüge, wenn es am lebzeitigen Vollzug fehle.[1148] Die funktionale Nähe zur *joint tenancy* sei besonders groß, wenn das dingliche Erfüllungsgeschäft durch das Vorversterben des Schenkers aufschiebend bedingt ist.[1149] Dementsprechend schließt *Nordmeier* lediglich die vollzogene Schenkung auf den Todesfall vom Anwendungsbereich der EuErbVO aus.[1150]

1143 *Henrich*, Joint tenancies, FS Riesenfeld, 103.

1144 Siehe dazu *Sieghörtner*, in: Reimann/Bengel/Mayer, Testament und Erbvertrag, Syst. B Rn. 68.

1145 So auch *Schmidt*, in: Dutta/Weber, Internationales Erbrecht, Art. 1 EuErbVO Rn. 94; *Looschelders*, in: Hüßtege/Mansel, Bd. 6, Art. 1 EuErbVO Rn. 51.

1146 *Looschelders*, in: Hüßtege/Mansel, Bd. 6, Art. 1 EuErbVO Rn. 51.

1147 *Schmidt*, in: Dutta/Weber, Internationales Erbrecht, Art. 1 EuErbVO Rn. 94.

1148 *Nordmeier*, Erbverträge, ZEV 2013, 117 (121).

1149 *Nordmeier*, Erbverträge, ZEV 2013, 117 (121).

1150 *Nordmeier*, Erbverträge, ZEV 2013, 117 (121).

Einleuchtend ist das insofern, als eine zu Lebzeiten vollzogene Schenkung auf den Todesfall nicht recht zu den Verfügungen von Todes wegen passt, zu Rechtsgeschäften also, die zu Lebzeiten keinerlei Wirkungen zeitigen. Zu diesem Befund führt indes weniger eine funktionale Vergleichbarkeit spezifisch mit der *joint tenancy*, sondern vielmehr, dass bei einem zu Lebzeiten vollzogenem Rechtsgeschäft das Recht typischerweise außerhalb des Erbrechts übergeht – so wie es Art. 1 Abs. 2 lit. g EuErbVO ganz allgemein fordert. Eine darüber hinaus gehende Aussage kann Art. 1 Abs. 2 lit. g EuErbVO und dem Ausschluss der *joint tenancy* schwerlich entnommen werden.

Der Vergleich zwischen einer Schenkung auf den Todesfall und einer *joint tenancy* ist zudem nicht über jeden Zweifel erhaben: So ist fraglich, ob dem *right of survivorship* der *joint tenancy* ein unentgeltliches Geschäft zugrunde liegt.[1151] Denn es hängt vom Zufall ab, welcher der Berechtigten früher verstirbt und wem das Recht damit zuwächst, d.h., jeder der Berechtigten hat bei Vertragsschluss gleichermaßen Aussicht auf die Anwachsung (aleatorisches Geschäft). Diesbezüglich lässt sich eine Parallele zur rechtlichen Behandlung von Abfindungsklauseln bei Personengesellschaften ziehen.[1152] Haben die Gesellschafter vereinbart, dass bei Ableben eines Gesellschafters den übrigen Gesellschaftern dessen Anteil zuwächst, und haben sie zugleich einen Abfindungsanspruch der Erben ausgeschlossen, so ist strittig, ob der Anwachsung eine Schenkung zugrunde liegt.[1153] Gegen das Vorliegen einer Schenkung wird angeführt, dass bei Vertragsschluss nicht feststeht, wer letztlich profitieren wird;[1154] Chancen und Risiken seien gleichermaßen verteilt, so dass keiner der Beteiligten altruistisch handele.[1155] Verneint man bezüglich der *joint tenancy* hinsichtlich des Anwachsungsrechts dementsprechend die Unentgeltlichkeit, so ist eine erbrechtliche Qualifikation wertungsmäßig nicht zwingend geboten. Denn gerade die Unentgeltlichkeit ist aus erbrechtlicher Sicht problematisch, wie Art. 23 Abs. 2 lit. i EuErbVO zeigt.

Nach alledem kann der Ausschluss der *joint tenancy* kaum als Erklärungsansatz für die Qualifikation der Schenkung auf den Todesfall herangezogen werden.

1151 Siehe dazu auch *Henrich*, Joint tenancies, FS Riesenfeld, 103 (116).

1152 Vgl. *Schmidt*, in: Dutta/Weber, Internationales Erbrecht, Art. 1: Anh. II EuErbVO Rn. 11; *Czermak*, Joint Tenancy, ZVglRWiss 87 (1988), 58 (83).

1153 Die wohl h.M. in Deutschland verneint die Unentgeltlichkeit, so etwa BGH, Urt. v. 22.11.1956 – II ZR 222/55 –, BGHZ 22, 186 (194); dazu etwa *Lange*, in: Münchener Kommentar BGB, Bd. 11, § 2325 Rn. 39 f. m.w.N.; in der Schweiz bejaht demgegenüber die wohl h.M. die Unentgeltlichkeit, so etwa BGer. vom 5.8.1987 – BGE 113 II 270 (272); *Wolf/Genna*, Erbrecht, IV/1, S. 153 m.w.N.

1154 *Druey*, Erbrecht, § 8 Rn. 48; *Weimar*, in: Berner Kommentar ZGB III/1/1/1, Einl. 14. Titel Rn. 111.

1155 *Koch*, in: Münchener Kommentar BGB, Bd. 4, § 516 Rn. 97 f.

cc) Versicherungsverträge

Versicherungsverträge werden von der Erbrechtsverordnung explizit ausgenommen. Im erbrechtlichen Kontext sind solche Versicherungsverträge relevant, die nach dem Willen des Versicherten – jedenfalls auch – eine Versorgungsfunktion erfüllen sollen. In diesen Fällen benennt der Versicherte gegenüber dem Versicherer eine dritte Person, die den Wert der Versicherung im Falle des Todes des Versicherten erhalten soll. Bedeutung erlangt dabei insbesondere der Lebensversicherungsvertrag, der als Prototyp des Vertrages zugunsten Dritter angesehen werden kann.[1156] Versicherungsverträge mit Versorgungsfunktion sind ein wesentlicher Grund für die Anerkennung von Verträgen zugunsten Dritter.[1157] Was folgt aus der Bereichsausnahme von Versicherungsverträgen für die Qualifikation von Verträgen zugunsten Dritter auf den Todesfall?

Ebenso wie im Sachrecht ist auch im IPR – zumindest gedanklich – zwischen Deckungs- und Valutaverhältnis zu unterscheiden.[1158] Keine Schwierigkeiten bereitet typischerweise die Qualifikation im Deckungsverhältnis, also die Rechtsbeziehung zwischen Versprechendem (Versicherer) und Versprechensempfänger (Versicherter); das Deckungsverhältnis ist schuldrechtlich zu qualifizieren und unterfällt daher der Rom I-VO.[1159] Die Bereichsausnahme in Art. 1 Abs. 2 lit. g EuErbVO betrifft also jedenfalls das Deckungsverhältnis. Ob die Bereichsausnahme auch das Valutaverhältnis, also die Rechtsbeziehung zwischen Versprechensempfänger und Drittem, betrifft, ist umstritten.

(1) Zum Meinungsstand

Nach einer Ansicht wird das Valutaverhältnis als vom Ausschlusstatbestand erfasst angesehen, der Begriff „Versicherungsverträge" wird mithin weit ausgelegt.[1160] Für

---

1156 Für das deutsche Recht siehe *Wall*, Valutaverhältnis, Rn. 14 m.w.N.

1157 *Kötz*, Europäisches Vertragsrecht, S. 469.

1158 *Schmidt*, in: Dutta/Weber, Internationales Erbrecht, Art. 1 EuErbVO Rn. 98; *Soutier*, Geltung deutscher Rechtsgrundsätze in der EuErbVO, S. 182 f.

1159 *Schmidt*, in: Dutta/Weber, Internationales Erbrecht, Art. 1 EuErbVO Rn. 98; *Soutier*, Geltung deutscher Rechtsgrundsätze in der EuErbVO, S. 183.

1160 *Nordmeier*, Erbverträge, ZEV 2013, 117 (122); *Mankowski*, in: Deixler-Hübner/Schauer, Art. 1 EuErbVO Rn. 42; *Werkmüller*, Verträge zugunsten Dritter; ZEV 2016, 123 (125); *Cohen*, in: Gruber et al., Erbrecht (2. Aufl.), § 22 Rn. 48; so noch *Schmidt*, in: Dutta/Weber, Internationales Erbrecht (1. Aufl.), Art. 1 EuErbVO Rn. 92, der nunmehr aber eine vermittelnde Ansicht vertritt, die danach differenziert, ob es nach Maßgabe des Deckungsstatuts eines Rechtsgrundes bedarf und es somit überhaupt auf das Valutaverhältnis ankommt, das dann ggf. gesondert anzuknüpfen ist; siehe dazu *Schmidt*, in: Dutta/Weber, Internationales Erbrecht, Art. 1 EuErbVO Rn. 100 ff.

diese Sichtweise wird erstens der Wortlaut angeführt: Dem Verordnungstext ließen sich keine Anhaltspunkte für eine Differenzierung zwischen Deckungs- und Valutaverhältnis entnehmen.[1161] Zweitens wird auf die Entstehungsgeschichte verwiesen und zwar darauf, dass Art. 1 Abs. 2 lit. g EuErbVO Art. 1 Abs. 2 lit. d des Haager Erbrechtübereinkommens nachgebildet sei. Das Haager Erbrechtsübereinkommen schließe Verträge zugunsten Dritter umfassend vom Anwendungsbereich aus.[1162] Der Ausschluss bilde zudem die Rechtslage der meisten Mitgliedstaaten ab, die im Rahmen solcher Versicherungsverträge eine postmortale Zuwendung außerhalb des Erbrechts ermöglichten.[1163]

Konsequenz der Ausdehnung des Begriffs „Versicherungsverträge“ ist zumeist die akzessorische Anknüpfung des Valutaverhältnisses an das Statut des Deckungsverhältnisses; maßgebend ist mithin die Rom I-VO.[1164] Dafür wiederum wird die Praktikabilität angeführt: Es könne nicht das Anliegen der EuErbVO sein, die „ohnehin komplexe kollisionsrechtliche Behandlung von Versicherungsverträgen zugunsten Dritter auf den Todesfall weiter zu steigern“;[1165] der Gleichlauf von Deckungs- und Valutaverhältnis vermeide nämlich Anpassungsschwierigkeiten, die sonst drohten.[1166] Die Gefahr, dass wegen der freien Rechtswahl im Internationalen Vertragsrecht die Umgehung des Erbrechts droht, wird als gering eingestuft. Der entsprechend zum autonomen IPR geäußerte Einwand gegen den Gleichlauf habe schließlich an „Gewicht verloren“, weil die EuErbVO selbst die Möglichkeit der Rechtswahl vorsehe.[1167]

Nach anderer Auffassung ist das Valutaverhältnis gesondert anzuknüpfen.[1168] Liegt im Valutaverhältnis eine Schenkung auf den Todesfall vor, so ist nach dieser Auffassung das Erbstatut oder das Schenkungsstatut maßgebend, je nachdem, wie man das Problem der Schenkung auf den Todesfall im Allgemeinen

1161 *Nordmeier*, Erbverträge, ZEV 2013, 117 (122); *Mankowski*, in: Deixler-Hübner/Schauer, Art. 1 EuErbVO Rn. 42; *Schmidt*, in: Dutta/Weber, Internationales Erbrecht (1. Aufl.), Art. 1 EuErbVO Rn. 92.

1162 *Nordmeier*, Erbverträge, ZEV 2013, 117 (122).

1163 *Cohen*, in: Gruber et al., Erbrecht (2. Aufl.), § 22 Rn. 48.

1164 So etwa *Nordmeier*, Erbverträge, ZEV 2013, 117 (122); *Schmidt*, in: Dutta/Weber, Internationales Erbrecht (1. Aufl.), Art. 1 EuErbVO Rn. 92.

1165 *Nordmeier*, Erbverträge, ZEV 2013, 117 (122 f.).

1166 *Schmidt*, in: Dutta/Weber, Internationales Erbrecht (1. Aufl.), Art. 1 EuErbVO Rn. 93.

1167 *Schmidt*, in: Dutta/Weber, Internationales Erbrecht (1. Aufl.), Art. 1 EuErbVO Rn. 93.

1168 So etwa *Döbereiner*, EuErbVO, MittBayNot 2013, 437 (439); *Looschelders*, in: Hüßtege/Mansel, Bd. 6, Art. 1 EuErbVO Rn. 47; *Köhler*, in: Gierl et al., Internationales Erbrecht, § 4 Rn. 54; *Soutier*, Geltung deutscher Rechtsgrundsätze in der EuErbVO, S. 183 ff.; *Thorn*, in: Grüneberg, Art. 1 EuErbVO Rn. 11.

kollisionsrechtlich löst. Durch die gesonderte bzw. selbständige Anknüpfung des Valutaverhältnisses soll dessen Eigenständigkeit Rechnung getragen werden, zumal der Dritte mit dem Deckungsverhältnis nichts zu tun hat.[1169]

Nach einer vermittelnden Auffassung soll es darauf ankommen, ob nach Maßgabe des Deckungsstatuts die Zuwendung für ihre Kondiktionsfestigkeit eines gesonderten Rechtsgrundes bedarf oder ob sie die *causa* bereits in sich trage; bedürfe es eines gesonderten Rechtsgrundes danach nicht, so komme es auf das Valutaverhältnis nicht mehr an, weswegen eine gesonderte Anknüpfung ausscheide, wohingegen ein pauschaler Ausschluss des Erbstatuts als zu weitgehend erachtet wird, wenn das Deckungsstatut einen gesonderten Rechtsgrund erfordert.[1170] Die Maßgeblichkeit des Deckungsstatuts im Ausgangspunkt wird mit dessen größerer Sachnähe und der fehlenden Differenzierung in Art. 1 Abs. 2 lit. g EuErbVO begründet.[1171]

(2) Stellungnahme

Die unselbständige Anknüpfung des Valutaverhältnisses ist abzulehnen. Das Valutaverhältnis von Verträgen zugunsten Dritter auf den Todesfall ist nicht zwingend vom Ausschlusstatbestand in Art. 1 Abs. 2 lit. g EuErbVO erfasst. Das Argument, der Wortlaut der EuErbVO enthalte keine Einschränkung hinsichtlich des Valutaverhältnisses bei Versicherungsverträgen, überzeugt nicht. Denn ein Versicherungsvertrag im eigentlichen Sinne besteht lediglich im Deckungsverhältnis.[1172] Es ist zwar nicht ausgeschlossen, dass der Begriff „Versicherungsvertrag" im Sinne der EuErbVO weiter zu verstehen ist; der Wortlaut ist jedoch für sich genommen nicht aufschlussreich. Vordergründig dient der Ausschluss von Versicherungsverträgen zunächst der Klarstellung, da Versicherungsverträge grundsätzlich Art. 7 Rom I-VO unterfallen. Bei Versicherungsverträgen mit Drittbegünstigung wird auch in kollisionsrechtlicher Hinsicht – ebenso wie im materiellen Recht – zwischen den jeweiligen Rechtsverhältnissen getrennt. Das Valutaverhältnis wird dementsprechend gesondert angeknüpft.[1173]

Das erscheint auch sachgerecht, weil nur so die Interessen des Dritten kollisionsrechtlich angemessen berücksichtigt werden können. Der Dritte ist nicht Partei des im Deckungsverhältnis bestehenden Vertrages, so dass eine pauschale akzessorische Anknüpfung an das Statut im Deckungsverhältnis unbillig sein kann. Das gilt auch für die Schenkung auf den Todesfall. Bloße Praktikabilitätserwägungen vermögen den potentiellen Nachteil für den Dritten nicht aufzuwiegen. Warum sollte beispielsweise eine Rechtswahl im Deckungsverhältnis, auf die der Dritte

1169 *Soutier*, Geltung deutscher Rechtsgrundsätze in der EuErbVO, S. 183.
1170 So nun *Schmidt*, in: Dutta/Weber, Internationales Erbrecht, Art. 1 EuErbVO Rn. 100.
1171 *Schmidt*, in: Dutta/Weber, Internationales Erbrecht, Art. 1 EuErbVO Rn. 100.
1172 *Soutier*, Geltung deutscher Rechtsgrundsätze in der EuErbVO, S. 184.
1173 *Armbrüster*, in: Prölss/Martin VVG, Vor Art. 1 Rom I-VO Rn. 52.

keinen Einfluss nehmen konnte, auch für das Valutaverhältnis gelten? Zu bedenken ist ferner, dass im Valutaverhältnis statt einer Schenkung auch ein Vermächtnis vorliegen kann.[1174] Ist das der Fall, so ist die Anwendung der EuErbVO im Valutaverhältnis geboten. Es besteht zudem sehr wohl die Gefahr, dass zwingende erbrechtliche Vorschriften durch eine Rechtswahl umgangen werden, wenn im Valutaverhältnis eine Schenkung auf den Todesfall vorliegt. Denn die Rechtswahlmöglichkeit nach der Rom I-VO reicht deutlich weiter als nach der EuErbVO. Die Begrenzung der Rechtswahl dient gerade dazu, die Nachlassbeteiligten zu schützen; diese Wertung darf nicht vorschnell zugunsten eines vergröbernden Ansatzes geopfert werden – mag dieser auch der einfachen Handhabung wegen verlockend erscheinen. Das gilt umso mehr, als es häufig um beträchtliche Vermögenswerte gehen wird; diese lassen sich dann gezielt am berufenen Erbrecht vorbeischleusen. Eine pauschale Ausnahme des Valutaverhältnisses vom Anwendungsbereich der EuErbVO bei Verträgen zugunsten Dritter auf den Todesfall ist nach alledem weder sachgerecht noch angezeigt.

Gegen die vermittelnde Ansicht spricht, dass es allein von der aus kollisionsrechtlicher Warte eher zufälligen Entscheidung des Deckungsstatuts abhängt, ob es eines gesonderten Rechtsgrundes bedarf und somit gegebenenfalls das Erbstatut im Hinblick auf die Kondiktionsfestigkeit zu berücksichtigen ist. Spezifisch erbrechtliche Wertungen könnten dann unbeachtet bleiben, was problematisch erscheint.

Vielmehr sollten im Valutaverhältnis gegebenenfalls dieselben Maßstäbe angelegt werden wie für jede andere Schenkung auf den Todesfall auch; eine Privilegierung von Verträgen zugunsten Dritter auf den Todesfall wäre inkonsequent. Aber selbst wenn man Verträge zugunsten Dritter auf den Todesfall hinsichtlich des Valutaverhältnisses vom Anwendungsbereich der EuErbVO per se herausnehmen wollte, so ließen sich dennoch keine Rückschlüsse ziehen, wie die Schenkung auf den Todesfall im Allgemeinen zu behandeln wäre. Denn der Vertrag zugunsten Dritter ist ein Sonderfall, der beispielsweise auch im deutschen Sachrecht nach herrschender Meinung besonders behandelt wird.

dd) Ähnliche Vereinbarungen im Sinne von Art. 1 Abs. 2 lit. g EuErbVO

Art. 1 Abs. 2 lit. g EuErbVO schließt auch solche Rechtsgeschäfte vom Anwendungsbereich der Verordnung aus, die den explizit genannten Rechtsgeschäften ähnlich sind. Dazu zählen beispielsweise die sogenannten *will substitutes*[1175] des US-amerikanischen Rechts.[1176] Zu den *will substitutes* gehören hauptsächlich

1174 *Soutier*, Geltung deutscher Rechtsgrundsätze in der EuErbVO, S. 184.

1175 Grundlegend *Langbein*, The Nonprobate Revolution, Harvard Law Review 97 (1984), 1108.

1176 *Schmidt*, in: Dutta/Weber, Internationales Erbrecht, Art. 1 EuErbVO Rn. 96; *Weller*, in: Calvo Caravaca et al., Art. 1 EuErbVO Nr. 57.

Lebensversicherungen, *pension schemes*, *joint accounts* und *revocable trusts*.[1177] Es existieren zwei Gestaltungsvarianten der *will substitutes*: Bei der einen behält der Erblasser zu Lebzeiten die Dispositionsfreiheit, bei der anderen ist er bereits zu Lebzeiten gebunden.[1178] Funktional entsprechen die *will substitutes* – insbesondere bei lebzeitiger Verfügungsfreiheit – einer Verfügung von Todes wegen; der entscheidende Unterschied besteht jedoch darin, dass sich der Erwerb außerhalb des Erbrechts vollzieht.[1179]

Die Bereichsausnahme bezüglich *will substitutes* soll weit zu ziehen sein, sie soll auch dann greifen, wenn das Erbstatut solche Geschäfte als Verfügungen von Todes wegen behandelt.[1180] Das ist insoweit zutreffend, als sich der Erwerb nach US-amerikanischem Recht außerhalb des Erbrechts vollzieht und die EuErbVO die Bereichsausnahme an eben dieses Kriterium knüpft. Was gilt aber, wenn das Erbstatut dem Rechtsgeschäft die Anerkennung als Rechtsgeschäft unter Lebenden verwehrt? Darf die Entscheidung des Erbstatuts dann einfach übergangen werden? Das ist kaum erstrebenswert. Der Erblasser könnte das Erbrecht seines Aufenthaltsortes sonst gezielt umgehen, so leicht darf es ihm nicht gemacht werden. Zudem ist Folgendes zu berücksichtigen: Typischerweise ist bei den *will substitutes* ein kommerzieller Dienstleister zwischengeschaltet, der sich gegenüber dem Erblasser vertraglich verpflichtet hat, nach dessen Tod Vermögen einem vom Erblasser benannten Dritten zuzuwenden.[1181] Funktional entspricht das Konstrukt damit einem Vertrag zugunsten Dritter auf den Todesfall.[1182] Folgerichtig wird man *will substitutes* wie Verträge zugunsten Dritter auf den Todesfall behandeln müssen, das Valutaverhältnis ist demgemäß gesondert anzuknüpfen und nicht pauschal von der EuErbVO auszunehmen. Ist die Zuwendung im Valutaverhältnis unentgeltlich, so liegt eine Schenkung auf den Todesfall vor und sollte auch entsprechend behandelt werden.

b) Trusts

Die „Errichtung, Funktionsweise und Auflösung" eines *trust* werden gemäß Art. 1 Abs. 2 lit. j EuErbVO vom Anwendungsbereich ausgenommen.

1177 *Langbein*, The Nonprobate Revolution, Harvard Law Review 97 (1984), 1108 (1109).

1178 *Weller*, in: Calvo Caravaca et al., Art. 1 EuErbVO Nr. 57.

1179 *Langbein*, The Nonprobate Revolution, Harvard Law Review 97 (1984), 1108 (1108 f.).

1180 *Weller*, in: Calvo Caravaca et al., Art. 1 EuErbVO Nr. 57; *Schmidt*, in: Dutta/Weber, Internationales Erbrecht, Art. 1 EuErbVO Rn. 97.

1181 *Langbein*, The Nonprobate Revolution, 1108 (1108 f.).

1182 *Schmidt*, in: Dutta/Weber, Internationales Erbrecht (1. Aufl.), Art. 1 EuErbVO Rn. 89.

aa) Reichweite des Ausschlusses

Der Wortlaut suggeriert bei unbefangener Betrachtung einen gänzlichen Ausschluss. Das würde sich mit den Ausschlusstatbeständen in anderen europäischen Rechtsakten decken, etwa dem der Rom I-VO in Art. 1 Abs. 2 lit. h.[1183] Erwägungsgrund 13 EuErbVO stellt indes klar, dass *trusts* nicht generell vom Anwendungsbereich ausgeschlossen sein sollen: Der *trust* soll jedenfalls dann nicht von der Bereichsausnahme erfasst sein und damit der EuErbVO unterstehen, wenn er testamentarisch errichtet wird oder kraft Gesetzes im Rahmen der gesetzlichen Erbfolge entsteht. Eine solche Klarstellung schien geboten, da *trusts* im *common law* von zentraler Bedeutung für die Nachlassplanung sind und sich somit zwangsläufig die Frage stellt, wie Erbstatut und Truststatut voneinander abzugrenzen sind.[1184]

Der *testamentary trust* entsteht erst mit dem Ableben des *settlor* und entfaltet erst in diesem Zeitpunkt Wirkungen – wie andere Verfügungen von Todes wegen auch; die erbrechtliche Qualifikation ist daher sachgerecht. Aber auch der *inter vivos trust* kann auf eine postmortale Vermögensverteilung gerichtet sein und ist damit einer Verfügung von Todes wegen zumindest angenähert, wenn nicht gar faktisch gleichgestellt. Das wird besonders deutlich beim *revocable trust*, dessen Wirkungen erst mit dem Tod des *settlor* eintreten sollen, wobei sich der *settlor* das Recht zum lebzeitigen Widerruf vorbehält.[1185] Bei einer solchen Gestaltung besteht kein signifikanter Unterschied mehr zu einer Verfügung von Todes wegen, was seine Wirkungen anbelangt.

bb) Anknüpfung im Valutaverhältnis

Gilt der Ausschluss in Art. 1 Abs. 2 lit. j EuErbVO auch für *inter vivos trusts* auf den Todesfall, obwohl diese funktional mit einer Verfügung von Todes wegen vergleichbar sind? Grundsätzlich ja, weil sonst die Bereichsausnahme zu stark eingeschränkt würde, zumal ein Vermögenstransfer außerhalb des Erbrechts in Rede steht; allerdings ist zweifelhaft, ob und vor allem inwieweit die Bereichsausnahme auch das Valutaverhältnis, also die Rechtsbeziehung zwischen *settlor* und *beneficiary*, erfasst. Das Valutaverhältnis interessiert aus erbrechtlicher Perspektive, weil sich dort entscheidet, ob die Vermögensverschiebung Bestand hat; dort droht die Umgehung erbrechtlicher Vorschriften. Im autonomen deutschen IPR wurde das Valutaverhältnis zumeist gesondert angeknüpft, und zwar entsprechend der Rechtsnatur der Zuwendung.[1186] Erfolgt die Zuwendung im Valutaverhältnis

---

1183 *Schmidt*, in: Dutta/Weber, Internationales Erbrecht, Art. 1 EuErbVO Rn. 113.

1184 *Dutta*, in: Münchener Kommentar BGB, Bd. 12, Art. 1 EuErbVO Rn. 50; *Schmidt*, in: Dutta/Weber, Internationales Erbrecht, Art. 1 EuErbVO Rn. 113.

1185 *Leithold*, Inter vivos trust, FamRZ 2015, 709 (710).

1186 *Leithold*, Inter vivos trust, FamRZ 2015, 709 (713); *Dörner*, in: Richter/Wachter, Internationales Stiftungsrecht, § 11 Rn. 29.

unentgeltlich im Rahmen eines *inter vivos trust* auf den Todesfall, ließe sie sich als Schenkung auf den Todesfall qualifizieren.[1187] Kollisionsrechtlich müsste die Zuwendung im Grundsatz ebenso behandelt werden wie sonstige Schenkungen auf den Todesfall auch. Wer also die Schenkung auf den Todesfall erbrechtlich qualifiziert, müsste auch im Hinblick auf unentgeltliche Zuwendungen im Rahmen eines *inter vivos trust* auf den Todesfall entsprechend verfahren; es sei denn, die Bereichsausnahme in Art. 1 Abs. 2 lit. j EuErbVO stünde dem entgegen.

Nach verbreiteter Ansicht wird die Bereichsausnahme bezüglich *inter vivos trusts* umfassend verstanden, mit der Konsequenz, dass für eine (teilweise) gesonderte Anknüpfung des Valutaverhältnisses kein Raum sei.[1188] Stützen ließe sich das darauf, dass ein solcher *trust* weder testamentarisch begründet wird noch kraft Gesetzes entsteht – nur diese beiden Formen sind in Erwägungsgrund 13 Satz 3 EuErbVO explizit erwähnt.[1189] Zudem kommt es für die Auslegung der Bereichsausnahme im Wesentlichen auf das Verständnis des *trust* in den Rechtsordnungen des *common law* an, weil dieses maßgebend für den europäischen Gesetzgeber war.[1190] Im *common law* liefert der *trust* selbst den Rechtsgrund für die Zuwendung an den *beneficiary*. Denn die mittels *trust* zugunsten des *beneficiary* begründeten Rechte sind beim *properly constituted trust* unabhängig davon durchsetzbar, ob der *beneficiary* eine *consideration* gegeben hat.[1191] Anders als bei der Schenkung ist eine Übergabe (*delivery*) an den *beneficiary* nicht erforderlich.[1192] Nach dem Verständnis des *common law* ist eine Aufspaltung des *trust* nach den unterschiedlichen Rechtsbeziehungen mithin nicht angezeigt. Da die Erbrechtsverordnung keine Differenzierung vornimmt, ließe sich der Ausschlusstatbestand hinsichtlich *trusts* unter Lebenden auf den Todesfall tatsächlich derart weit verstehen. Entsprechend dem Verständnis im *common law* erfasst beispielsweise der Ausschlussgrund in Art. 1 Abs. 2 lit. h Rom I-VO ausdrücklich auch das Valutaverhältnis.

Eine gänzliche Ausnahme des Valutaverhältnisses würde im Internationalen Erbrecht indes zu weit führen und wäre mit den Wertungen der EuErbVO kaum zu vereinbaren. Zumindest die Frage, ob der *trust* unter Lebenden auf den Todesfall aus erbrechtlicher Sicht zulässig ist, muss sich nach der EuErbVO bemessen.[1193] Sonst würde ein Anreiz für die Umgehung des Erbrechts gesetzt werden. Es ist

---

1187 *Leithold*, Inter vivos trust, FamRZ 2015, 709 (713); *Dörner*, in: Richter/Wachter, Internationales Stiftungsrecht, § 11 Rn. 30.

1188 So etwa *Leithold*, Inter vivos trust, FamRZ 2015, 709 (715); *Schmidt*, in: Dutta/Weber, Internationales Erbrecht, Art. 1 EuErbVO Rn. 115.

1189 So *Leithold*, Inter vivos trust, FamRZ 2015, 709 (715).

1190 *Weller*, in: Calvo Caravaca et al., Art. 1 EuErbVO Nr. 70; vgl. auch *Magnus*, in: Staudinger (2021), Art. 1 Rom I-VO Rn. 94.

1191 Vgl. *Moffat*, Trusts Law, S. 117.

1192 *Leithold*, Inter vivos trust, FamRZ 2015, 709 (714).

1193 So auch *Köhler*, in: Kroiß/Horn/Solomon, Nachfolgerecht, Art. 1 EuErbVO Rn. 18.

gefährlich und nicht wünschenswert, das Tor für Rechtsgeschäfte mit postmortaler Wirkung, ohne dass diese in Gänze den erbrechtlichen Bindungen unterliegen, weit aufzustoßen und diese damit von vornherein der Kontrolle des Erbstatuts zu entziehen. Eine kohärente Anwendung der EuErbVO ist dann nicht gewährleistet. Der umfassende Ausschluss von *inter vivos trusts* auf den Todesfall würde potentiell zu deren Privilegierung im Vergleich zu anderen Schenkungen auf den Todesfall führen. Das gilt freilich nur dann, wenn zumindest in Teilen eine erbrechtliche Qualifikation der Schenkung auf den Todesfall befürwortet wird.[1194]

Sinn und Zweck des Ausschlusstatbestandes lassen indes keinen Grund erkennen für eine Privilegierung – ganz im Gegenteil: Die Entstehungsgeschichte stützt eine Anwendung der EuErbVO zur Verhinderung von Umgehungsgeschäften. Dass zumindest *testamentary trusts* – anders als noch im Kommissionsvorschlag – in der Endfassung der EuErbVO einbezogen werden, sollte der geäußerten Kritik an dem vorgeschlagenen generellen Ausschluss Rechnung tragen.[1195] Kritisiert wurde insbesondere, dass der Ausschluss des *testamentary trust* zu einer nicht gerechtfertigten Privilegierung einer solchen Verfügung von Todes wegen führen würde; zu befürchten wäre insbesondere eine weiterreichende Rechtswahlmöglichkeit.[1196] Die Einbeziehung garantiere demgegenüber eine einheitliche Anwendung sämtlicher Verfügungen von Todes wegen und vermeide Anpassungsschwierigkeiten, etwa im Hinblick auf den Angehörigenschutz.[1197] Beschränkungen des Erbstatuts hinsichtlich der Testierfreiheit dürften nicht durch eine Sonderanknüpfung des *trust* ausgehebelt werden.[1198]

1194 Aufbautechnisch ergibt sich hier das Problem, dass der Lösung teilweise vorgegriffen wird; die Argumentation ist der Gefahr eines Zirkelschlusses ausgesetzt, weil der Ausschlusstatbestand bezüglich *trusts* ja gerade für die Lösung der Schenkung auf den Todesfall beleuchtet wird und zumindest potentiell selbst die Richtung weisen soll. Jedoch ist zu beachten, dass die Reichweite des Ausschlusstatbestandes wiederum durch Wertungen bedingt ist, die außerhalb des Ausschlusstatbestandes liegen; das sind u.a. die zuvor unter III. herausgearbeiteten Wertungen. Und eben diese Wertungen sprechen gegen einen gänzlichen Ausschluss der EuErbVO. Ein (Teil-)Vorgriff erscheint unausweichlich, will man insgesamt eine kohärente Lösung herbeiführen.

1195 *Schmidt*, in: Dutta/Weber, Internationales Erbrecht (1. Aufl.), Art. 1 EuErbVO Rn. 105.

1196 *Max Planck Institute*, Comments on the Succession Proposal, RabelsZ 74 (2010), 522 (558).

1197 *Max Planck Institute*, Comments on the Succession Proposal, RabelsZ 74 (2010), 522 (558).

1198 *Max Planck Institute*, Comments on the Succession Proposal, RabelsZ 74 (2010), 522 (558).

Diese Erwägungen sind gleichermaßen für Rechtsgeschäfte unter Lebenden auf den Todesfall von Bedeutung. Wer eine gesonderte Anknüpfung des Valutaverhältnisses ablehnt, begünstigt eine Umgehung zwingender erbrechtlicher Vorschriften durch eine potentiell großzügigere Rechtswahlmöglichkeit. Der europäische Gesetzgeber wird es kaum beabsichtigt haben, den *trust* zu privilegieren, zumal den meisten Mitgliedstaaten das Institut des *trust* fremd ist und umgekehrt die meisten Staaten des *common law* keine EU-Mitglieder sind. Eine Begünstigung des *trust* hätte die paradoxe Konsequenz, dass Nichtmitgliedstaaten potentiell ein Wettbewerbsvorteil verschafft würde, weil ein gänzlicher Ausschluss die Attraktivität des *trust* (weiter) steigern würde. Immerhin könnten die Mitgliedstaaten mittels des eigenen IPR entgegensteuern, müssten also einer Entwertung des Erbrechts nicht tatenlos zusehen.[1199] Aber wollte der europäische Gesetzgeber diese aus erbrechtlicher Sicht wichtige Entscheidung wirklich den einzelnen Mitgliedstaaten überlassen?

Die Zurückhaltung der EuErbVO hinsichtlich *trusts* hat vielmehr einen anderen Grund: Eine großzügige Einbeziehung von *trusts* hätte die Verabschiedung der EuErbVO gefährdet, zumindest aber erheblich verzögert, weil die meisten Mitgliedstaaten das Institut des *trust* nicht kennen und sie daher über die Einzelheiten der rechtlichen Behandlung voraussichtlich heftig gestritten hätten.[1200] Das dürfte erklären, warum die Bereichsausnahme lediglich in einem der Erwägungsgründe wieder eingeschränkt wird und nicht (auch) in Art. 1 Abs. 2 lit. j EuErbVO selbst, was eigentlich nahegelegen hätte. Der Ausschluss sollte nicht zu der Annahme verleiten, der europäische Gesetzgeber habe eine Umgehung des Erbrechts durch *inter vivos trusts* auf den Todesfall bewusst in Kauf nehmen wollen. Erwägungsgrund 13 gibt zu erkennen, dass nur die nicht-erbrechtlichen Elemente ausgegrenzt werden sollen.[1201] Ob Rechtsgeschäfte unter Lebenden auf den Todesfall zur Verhinderung von Umgehungsgeschäften zu Lasten der Nachlassbeteiligten eingehegt werden, ist eine spezifisch erbrechtliche Frage, die die EuErbVO angesichts ihres Regelungsziels kaum leichtfertig preisgeben will. Die Bereichsausnahme in Art. 1 Abs. 2 lit. j EuErbVO ist daher insoweit teleologisch zu reduzieren, als es um die Zulässigkeit von *inter vivos trusts* auf den Todesfall geht. Argumentieren ließe sich auch, dass die Frage der Zulässigkeit bereits dem Wortlaut nach nicht ausgeklammert ist, weil lediglich von der „Errichtung, Funktionsweise und Auflösung eines Trusts“ die Rede ist.

1199 Für eine Anwendung von Art. 25 EGBGB: *Leithold*, Inter vivos trust, FamRZ 2015, 709 (715); *Schmidt*, in: Dutta/Weber, Internationales Erbrecht, Art. 1 EuErbVO: Anh. II Rn. 10.

1200 *Hertel*, in: Rauscher, EuZPR/EuIPR V, Art. 1 EuErbVO Rn. 35, wobei er offenbar davon ausgeht, dass *trusts* gänzlich vom Anwendungsbereich ausgenommen sind.

1201 *Mankowski*, in: Deixler-Hübner/Schauer, Art. 1 EuErbVO Rn. 63.

Die Einbeziehung von *trusts* in die EuErbVO ist überdies auch mit dem Haager Trustübereinkommen (HTrustÜ)[1202] vereinbar, da dieses gemäß Art. 15 Abs. 1 lit. c HTrustÜ einer Anwendung von zwingenden Vorschriften des Erbrechts gerade nicht entgegenstehen will und somit auch das Erbstatut nicht bevormunden möchte.[1203] Rücksicht zu nehmen ist auf das Trustübereinkommen bei der Bewertung, weil es gemäß Art. 75 Abs. 1 EuErbVO vorrangig ist in den Mitgliedstaaten, die es ratifiziert[1204] haben. Eine weitgehende Harmonisierung ist daher prinzipiell erstrebenswert, um den unionalen Entscheidungseinklang zu fördern.[1205] Auch wenn eine extensive Anwendung der EuErbVO hinsichtlich *inter vivos trusts* auf den Todesfall mit dem Haager Trustübereinkommen vereinbar ist, so schmälert sie die Effektivität des Trustübereinkommens, insbesondere die freie Rechtswahl.[1206] Das ist jedoch hinzunehmen, weil die erbrechtlichen Interessen gewichtiger sind und das Trustübereinkommen ohnehin über eine „geringe Akzeptanz“[1207] verfügt.

c) Fazit

Zu konstatieren ist, dass dem Ausschlusstatbestand in Art. 1 Abs. 2 lit. g EuErbVO keine klare Aussage zur Behandlung von Schenkungen auf den Todesfall zu entnehmen ist. Überhaupt: Die Grenze zwischen Rechtsgeschäften unter Lebenden und solchen von Todes wegen wird von der EuErbVO nicht klar gezogen. Vielmehr überlässt sie die Abgrenzung grundsätzlich dem Sachrecht, indem sie auf die Art und Weise des Rechtserwerbs abhebt. Dass der Erblasser mit dem Geschäft eine postmortale Vermögensverteilung beabsichtigt, reicht für eine erbrechtliche Qualifikation nicht aus. Denn Art. 1 Abs. 2 lit. g EuErbVO nimmt gerade solche Vorgänge vom Anwendungsbereich der EuErbVO aus, die funktional zwar der Rechtsnachfolge von Todes wegen zugeordnet werden können, bei denen sich der Erblasser jedoch gerade nicht der „Instrumente des formalen Erbrechts“ bedient.[1208]

1202 Hague Convention of 8th October 1984 on the Law applicable to Trusts and on their Recognition; der Originaltext in französischer und englischer Sprache ist abgedruckt in RabelsZ 50 (1986), 698; eine deutsche Übersetzung ist abgedruckt in IPRax 1987, 55.

1203 *Schmidt*, in: Dutta/Weber, Internationales Erbrecht, Art. 1 EuErbVO Rn. 124.

1204 Ratifiziert haben das Übereinkommen innerhalb der EU lediglich Italien, Luxemburg, Malta, die Niederlande und das Vereinigte Königreich; Deutschland hat das Übereinkommen bisher nicht ratifiziert; siehe dazu *Schmidt*, in: Dutta/Weber, Internationales Erbrecht, Art. 1 EuErbVO Rn. 120.

1205 Zum Spannungsverhältnis zwischen EuErbVO und Haager Trustübereinkommen siehe *Schmidt*, in: Dutta/Weber, Internationales Erbrecht, Art. 1 EuErbVO Rn. 120 ff.

1206 *Schmidt*, in: Dutta/Weber, Internationales Erbrecht, Art. 1 EuErbVO Rn. 122.

1207 *Hertel*, in: Rauscher, EuZPR/EuIPR V, Art. 1 EuErbVO Rn. 35.

1208 *Schmidt*, in: Dutta/Weber, Internationales Erbrecht, Art. 1 EuErbVO: Anh. II Rn. 7.

Rechtsgeschäfte unter Lebenden auf den Todesfall sind demgemäß nicht per se erbrechtlich zu qualifizieren. Andererseits sind sie aber genauso wenig pauschal vom Anwendungsbereich der EuErbVO auszunehmen. Zu prüfen ist stets, ob die Wertungen der EuErbVO nicht doch deren Einbeziehung bezüglich bestimmter Fragen gebieten, insbesondere um Umgehungsgeschäfte und eine allzu großzügige Rechtswahl zu unterbinden – sonst bliebe schließlich eine offene Flanke.

3. *Erbvertrag im Sinne der EuErbVO*

Aufschluss über die Behandlung der Schenkung auf den Todesfall im europäischen Kollisionsrecht könnte der unionsrechtliche Begriff des Erbvertrages geben. Der Begriff des Erbvertrages in der EuErbVO ist bewusst weit gefasst worden.[1209] Nach der Legaldefinition in Art. 3 Abs. 1 lit. b ist ein Erbvertrag eine Vereinbarung, die mit oder ohne Gegenleistung Rechte am künftigen Nachlass begründet, ändert oder entzieht. Damit ist der Begriff weiter gefasst als im materiellen Recht vieler Rechtsordnungen, die den Erbvertrag kennen, das deutsche Recht eingeschlossen.[1210] Erfasst werden beispielsweise auch Erb- und Pflichtteilsverzicht, da es sich um Vereinbarungen handelt, durch die Rechte am künftigen Nachlass im Sinne der Legaldefinition entzogen werden.[1211]

Als Erbvertrag im unionsrechtlichen Sinne lassen sich auch wechselbezügliche Verfügungen in gemeinschaftlichen Testamenten ansehen.[1212] Ebenso ließen sich Testierverträge unter den Begriff des Erbvertrages im Sinne der Erbrechtsverordnung subsumieren, denn auch sie sind Vereinbarungen, die zumindest mittelbar auf die Erbfolge einwirken, indem sie den Erblasser zu einer bestimmten Ausübung seiner Testierfreiheit verpflichten.[1213] Wie Schenkungen auf den Todesfall liegen sie jedoch im „Spannungsfeld" zwischen Schuldrecht und Erbrecht.[1214] Daher ist umstritten, ob sie der EuErbVO unterfallen.[1215] Gegen eine erbrechtliche

---

1209 *Bonomi/Öztürk*, Das Statut der Verfügung von Todes wegen, in: Dutta/Herrler, EuErbVO, 47 (59), Rn. 58.

1210 Vgl. *Dutta*, EuErbVO, FamRZ 2013, 4 (10).

1211 *Hertel*, in: Rauscher, EuZPR/EuIPR V, Art. 3 EuErbVO Rn. 12; *Nordmeier*, Erbverträge, ZEV 2013, 117 (120).

1212 *Dutta*, EuErbVO, FamRZ 2013, 4 (10).

1213 So etwa *Dutta*, in: Münchener Kommentar BGB, Bd. 12, Art. 3 EuErbVO Rn. 10; *Bauer*, in: Dutta/Weber, Internationales Erbrecht (1. Aufl.), Art. 25 EuErbVO Rn. 2.

1214 *Döbereiner*, EuErbVO, MittBayNot 2013, 437 (439).

1215 Dafür etwa: *Looschelders*, in: Hüßtege/Mansel, Bd. 6, Art. 1 EuErbVO Rn. 48; *Döbereiner*, EuErbVO, MittBayNot 2013, 437 (439); *Hertel*, in: Rauscher, EuZPR/EuIPR V, Art. 3 EuErbVO Rn. 11; *Deixler-Hübner/Schauer*, in: Deixler-Hübner/Schauer, Art. 3 EuErbVO Rn. 15; *Dutta*, in: Münchener Kommentar BGB, Bd. 12, Art. 3 EuErbVO Rn. 10; dagegen etwa: *Nordmeier*, Erbverträge, ZEV 2013, 117 (123); *Mankowski*, in: Deixler-Hübner/Schauer, Art. 1 EuErbVO Rn. 54.

Qualifikation spricht, dass bloß mittelbar auf die Erbfolge eingewirkt wird: Ein Verstoß gegen den Testiervertrag kann zwar Schadensersatzansprüche oder unter Umständen sogar Erfüllungsansprüche begründen, die gegen den Nachlass gerichtet sind; allerdings zielt der Testiervertrag nicht unmittelbar auf die Begründung solcher Ansprüche ab, sondern vielmehr werden Rechte auf andere Weise als durch Rechtsnachfolge von Todes wegen begründet.[1216]

Was heißt das nun für die Schenkung auf den Todesfall, lässt sie sich als Erbvertrag im Sinne der EuErbVO einstufen? Einige befürworten das und verweisen dabei auf die funktionale Vergleichbarkeit der Schenkung auf den Todesfall mit dem Erbvertrag nach unionsrechtlichem Verständnis und das weite Begriffsverständnis.[1217] So sieht es auch der EuGH.[1218] Das greift indes zu kurz. Die funktionale Vergleichbarkeit der Schenkung auf den Todesfall mit der Verfügung von Todes wegen kann für sich genommen noch nicht die Anwendbarkeit der Erbrechtsverordnung rechtfertigen bzw. erklären. Denn Art. 1 Abs. 2 lit. g EuErbVO nimmt ja gerade auch solche Rechtsinstitute vom Anwendungsbereich aus, die funktional als Verfügungen von Todes wegen eingestuft werden könnten.[1219] Das gilt etwa für die *joint tenancy*,[1220] aber grundsätzlich auch für den *inter vivos trust*, der auf eine postmortale Vermögensverteilung gerichtet ist. Dass eine rein funktionale Betrachtung für sich genommen nicht ausreichen kann, um eine erbrechtliche Einordnung zu bejahen, geht aus Erwägungsgrund 11 hervor, wonach eine Reihe von Fragen ausgenommen werden sollten, die als mit Erbsachen zusammenhängend betrachtet werden könnten. Diese Formulierung hebt gerade auf ein funktionales Verständnis ab.[1221] Auch das Haager Erbrechtsübereinkommen von 1989 nimmt die Testamentssubstitute des *common law*, die dort als Verfügungen *inter vivos* angesehen werden, vom Anwendungsbereich aus, so etwa die *joint tenancy*, Rentenpläne und *inter vivos trusts*.[1222]

Eine funktionale Vergleichbarkeit mit der Rechtsnachfolge von Todes wegen ist vielmehr lediglich notwendiges Kriterium für die Anwendbarkeit der Erbrechtsverordnung. Eine ausschließlich funktionale Betrachtung harmoniert zudem nicht mit dem materiellrechtlichen Befund und wird der Schenkung auf den Todesfall somit nicht gerecht: Auch im materiellen Recht führt die funktionale Vergleichbarkeit mit einer Verfügung von Todes wegen allein nicht zwangsläufig zur erbrechtlichen

---

1216 So *Nordmeier*, Erbverträge, ZEV 2013, 117 (123 f.).

1217 So wohl *Bauer*, in: Dutta/Weber, Internationales Erbrecht (1. Aufl.), Art. 25 EuErbVO Rn. 2; *Bonomi/Öztürk*, Das Statut der Verfügung von Todes wegen, in: Dutta/Herrler, EuErbVO, 47 (59), Rn. 61; *Dutta*, EuErbVO, FamRZ 2013, 4 (10).

1218 EuGH, Urt. v. 9.9.2021, C-277/20, Celex-Nr. 62020CJ0277, Rn. 32.

1219 Vgl. auch *Schmidt*, in: Dutta/Weber, Internationales Erbrecht, Art. 1 EuErbVO Rn. 8.

1220 *Schmidt*, in: Dutta/Weber, Internationales Erbrecht, Art. 1 EuErbVO Rn. 93.

1221 Siehe dazu bereits die Einl. zu § 3C.IV.2.

1222 *Frimston*, in: Bergquist et al., Art. 1 EuErbVO Rn. 47.

Behandlung; vielmehr lassen die betrachteten Rechtsordnungen eine Vielzahl von postmortalen Rechtsgeschäften unter Lebenden zu, ohne diese dem Erbrecht zu unterstellen.

Auch in systematischer Hinsicht ist die Auffassung, die Schenkung auf den Todesfall unterfalle bereits deswegen der Erbrechtsverordnung, weil sie unter den Begriff des Erbvertrages subsumiert werden könne, angreifbar. Mag auch der Begriff des Erbvertrages im Einzelnen den Ausschlusstatbeständen in Art. 1 Abs. 2 EuErbVO schärfere Konturen verleihen, so darf nicht übersehen werden, dass die Begriffsdefinition des Erbvertrages in erster Linie der Konkretisierung von Art. 25 EuErbVO dient. Art. 25 EuErbVO greift indes erst, wenn die Frage der Anwendbarkeit der Erbrechtsverordnung zuvor bejaht werden konnte.

Zudem ist der Begriff des Erbvertrages zu eng, um sämtliche Varianten der Schenkung auf den Todesfall zu erfassen. Der Erbvertrag im unionsrechtlichen Sinn setzt im Gegensatz zum Testament eine Vereinbarung voraus. Das Wesen der Vereinbarung liegt dementsprechend darin, dass die Parteien eine erbrechtliche Bindung erstreben; der Erblasser darf sich also nicht das Recht zum freien Widerruf vorbehalten.[1223] Es existieren Schenkungen auf den Todesfall, bei denen sich der Schenker den freien Widerruf vorbehält oder das Gesetz diese Möglichkeit vorsieht. Beispielsweise ist die *donatio mortis causa* – wie oben bereits erläutert – zu Lebzeiten des Schenkers frei widerruflich und kann somit nicht als Erbvertrag qualifiziert werden. Auch der *revocable trust* ließe sich daher nicht als Erbvertrag qualifizieren – sofern er nicht ohnehin gänzlich vom Anwendungsbereich ausgenommen ist.[1224]

Festzuhalten bleibt: Zwar lassen sich Schenkungen auf den Todesfall funktional prinzipiell dem weiten Erbvertragsbegriff zuordnen – zwingend ist das indes nicht. Neben der funktionalen Vergleichbarkeit müssen also weitere Kriterien gefunden werden, die die richtige Einordnung der Schenkung auf den Todesfall ermöglichen. Die Schenkung auf den Todesfall per se über den Leisten des Art. 25 EuErbVO zu schlagen, wird dieser jedenfalls nicht gerecht.

V. Die Qualifikation der Schenkung auf den Todesfall im europäischen IPR

Nachdem die Interessen und Wertungen herausgearbeitet worden sind sowie der Anwendungsbereich näher beleuchtet worden ist, liegen die erforderlichen Argumente vor, mit denen die Qualifikation der Schenkung auf den Todesfall im europäischen Kollisionsrecht zu bewältigen sein sollte. Zunächst soll der Meinungsstand

---

1223 *Frank/Döbereiner*, Nachlassfälle mit Auslandbezug, Rn. 407; *Deixler-Hübner/Schauer*, in: Deixler-Hübner/Schauer, Art. 3 EuErbVO Rn. 15; *Weller*, in: Calvo Caravaca et al., Art. 3 EuErbVO Nr. 4.

1224 *Leithold*, Inter vivos trust, FamRZ 2015, 709 (713).

wiedergegeben und bewertet werden. Anschließend wird ein eigener Lösungsvorschlag angeboten.

1. *Zum Meinungsstand*

Die Qualifikation der Schenkung auf den Todesfall ist ebenso wie im bisherigen autonomen IPR auch im europäischen IPR umstritten. Das Meinungsspektrum reicht von einer umfassenden erbrechtlichen Qualifikation sämtlicher Konstellationen der Schenkung auf den Todesfall am einen Ende bis zu einer vertraglichen Qualifikation sämtlicher Konstellationen am anderen Ende. Dazwischen sind einige differenzierende Ansätze angesiedelt, allen voran der Ansatz, der ebenso wie bisher im deutschen Internationalen Erbrecht nach dem lebzeitigen Vollzug abgrenzt. Vereinzelt wird die Problematik in der Literatur nur angerissen, bloß ausschnittsweise behandelt oder keiner eindeutigen Lösung zugeführt.[1225]

a) Erbrechtliche Qualifikation

Einige Stimmen in der Literatur befürworten eine umfassend erbrechtliche Qualifikation der Schenkung auf den Todesfall.[1226] Überwiegend wird sie von den Vertretern dieser Ansicht als Erbvertrag im Sinne der EuErbVO eingestuft. Dementsprechend richten sich Zulässigkeit, materielle Wirksamkeit und Bindungswirkungen der Schenkung auf den Todesfall nach dem Errichtungsstatut bzw. dem hypothetischen Erbstatut (Art. 25 EuErbVO) und nicht nach dem allgemeinen Erbstatut.

1225 So etwa bei *Pesendorfer*, in: Burgstaller et al., Art. 3 EuErbVO Rn. 17; *Rudolf*, EuErbVO, NZ 2013, 225 (235), behandelt wird lediglich die Qualifikation der Schenkung auf den Todesfall i.S.v. § 956 Satz 2 ABGB a.F.

1226 So etwa *Dörner*, EuErbVO, ZEV 2012, 505 (508); *Döbereiner*, EuErbVO, MittBayNot 2013, 437 (438 f.); *Frodl/Kieweler*, in: Rechberger/Zöchling-Jud, EuErbVO, Kap. 1 Rn. 55, deren Betrachtung konkret die Qualifikation der beiden Varianten in § 956 ABGB a.F. betrifft, es wird jedoch erkennbar, dass ein funktionales und damit weites Verständnis zugrunde gelegt wird (diese Rechtsgeschäfte würden „zwar nicht durch, aber im Hinblick auf den Erbfall begründet"); so wohl auch *Castellanos Ruiz*, in: Calvo Caravaca et al., Art. 23 EuErbVO Nr. 16, wobei lediglich von „gifts mortis causa" die Rede ist, ohne zu präzisieren, welche Varianten damit konkret gemeint sind; so wohl prinzipiell auch *Nikolaidis*, in: Pamboukis, Succession Regulation, Art. 1 Rn. 43, zu beachten ist allerdings die Einschränkung unter Rn. 45 f. für Geschäfte, die bereits zu Lebzeiten Wirkungen zeitigen, so dass letzlich doch zweifelhaft ist, ob sämtliche Schenkungen auf den Todesfall der EuErbVO unterfallen sollen.

aa) Erläuterungen

Die Befürworter dieser Ansicht verstehen den Begriff der Schenkung auf den Todesfall im Sinne der EuErbVO denkbar weit. Erfasst sein sollen sämtliche Schenkungsverträge, die eine reale Vermögensverschiebung erst beim Tod des Schenkers eintreten lassen, unabhängig davon, ob die Schenkung bereits zu Lebzeiten vollzogen wird oder unter einer Überlebensbedingung erfolgt.[1227] Erbrechtlich zu qualifizieren seien alle Schenkungen, die im Hinblick auf den Tod des Erblassers vorgenommen werden – sei es „mortis causa", „in Lebensgefahr", „in Gedanken an den Tod" oder „im Angesicht des Todes".[1228] Gleiches gelte auch für Schenkungen, deren Wirksamkeit oder Erfüllung auf den Zeitpunkt des Todes des Schenkers hinausgeschoben ist.[1229] Die bewusste und gewollte Verknüpfung der Schenkung mit dem Tod des Schenkers reicht folglich aus, um erbrechtlich behandelt zu werden. Gerechtfertigt sei dies, weil derartige Schenkungen funktional auf eine postmortale Vermögensverteilung abzielten.[1230] Der unionsrechtliche Begriff des Erbvertrages erfasse aufgrund seiner Weite sämtliche Schenkungen auf den Todesfall ohne weiteres.[1231] Für das weite Verständnis wird auch angeführt, dass die Begriffe der Erbrechtsverordnung autonom auszulegen und den unterschiedlichen Gestaltungen in den jeweiligen Rechtsordnungen Rechnung zu tragen sei.[1232] *Dörner* begründet die erbrechtliche Qualifikation mit einem Erst-Recht-Schluss: Da ausweislich Erwägungsgrund 14 EuErbVO bei unentgeltlichen Zuwendungen unter Lebenden mit dinglicher Wirkung vor dem Tod nach Maßgabe des Erbstatuts eine Ausgleichung oder Anrechnung stattfinden solle, sei davon auszugehen, dass ein Vermögensübergang erst im Todeszeitpunkt ohnehin diesen Regeln unterworfen sein solle, eben weil eine solche Schenkung auf den Todesfall von vornherein erbrechtlich zu qualifizieren sei.[1233]

bb) Bewertung

Die erbrechtliche Qualifikation ist vorteilhaft, weil die Schenkung auf den Todesfall dann mit den Grundsätzen des konkret berufenen Erbstatuts harmoniert, nämlich betreffend „die Grenzen der Testierfreiheit, den Schutz von gesetzlichen Erben, Vertragserben, Vermächtnisnehmern und Pflichtteilsberechtigten, den Ausgleich von Vorempfängen, die Haftung für Nachlassverbindlichkeiten".[1234] Spannungen

---

1227 *Döbereiner*, EuErbVO, MittBayNot 2013, 437 (438 f.).

1228 So *Frank/Döbereiner*, Nachlassfälle mit Auslandsbezug, Rn. 436.

1229 So *Frank/Döbereiner*, Nachlassfälle mit Auslandsbezug, Rn. 436.

1230 *Dörner*, EuErbVO, ZEV 2012, 505 (508); *Rauscher*, IPR, Rn. 1070.

1231 *Dörner*, EuErbVO, ZEV 2012, 505 (508).

1232 *Döbereiner*, EuErbVO, MittBayNot 2013, 437 (438 f.).

1233 *Dörner*, EuErbVO, ZEV 2012, 505 (508).

1234 So *Dörner*, in: Staudinger (März 2007), Art. 25 EGBGB Rn. 375, zum autonomen deutschen IPR.

mit dem anzuwendenden Erbrecht werden von vornherein vermieden;[1235] allerdings gilt das uneingeschränkt nur dann, wenn man die Schenkung auf den Todesfall dem allgemeinen Erbstatut unterstellt; wird die Schenkung auf den Todesfall dagegen als Erbvertrag behandelt – wie üblich – und dem hypothetischen Erbstatut zugewiesen, wird die Harmonie potentiell doch getrübt: Denn hypothetisches Erbstatut und allgemeines Erbstatut können auseinanderfallen; insbesondere wenn die Frage der Zulässigkeit einer Schenkung auf den Todesfall dem hypothetischen Erbstatut zugewiesen wird, droht ein Konflikt mit dem allgemeinen Erbstatut. Die Qualifikation als Erbvertrag verhindert aber wiederum einen Statutenwechsel, so dass die Schenkung auf den Todesfall nicht nachträglich unwirksam werden kann – eine praktikable und vorteilhafte Lösung.[1236] Die spezielle Kollisionsregel in Art. 25 EuErbVO will den Parteien eine „vorausschauende Nachlassplanung" ermöglichen.[1237]

Trotz dieser Vorteile ist die erbrechtliche Qualifikation sämtlicher Schenkungen auf den Todesfall problematisch; denn sie beansprucht das Erbstatut über Gebühr.[1238] Die Parteiautonomie wird stärker beschnitten, als es erforderlich wäre. Zwar ist es notwendig, die Interessen der Nachlassbeteiligten vor Beeinträchtigungen zu schützen, die von Rechtsgeschäften unter Lebenden auf den Todesfall ausgehen können. Es ist daher zweifelsohne richtig, die Parteiautonomie zu begrenzen; das gelingt durch die erbrechtliche Qualifikation. Allerdings ist das nur die eine Seite der Medaille. Denn andererseits ist zu berücksichtigen, dass die nationalen Gesetzgeber Rechtsgeschäfte unter Lebenden auf den Todesfall bisweilen großzügig gestatten, um den Gestaltungsspielraum des Erblassers zu erweitern. Das trifft beispielsweise auf das deutsche materielle Recht zu. § 2301 BGB unterwirft lediglich einen kleinen Ausschnitt der Schenkungen auf den Todesfall den erbrechtlichen Bestimmungen; im Übrigen sind Schenkungen auf den Todesfall als Rechtsgeschäfte unter Lebenden zulässig und werden wie gewöhnliche Schenkungen behandelt. Das ist die Kehrseite der Medaille, auch diese muss berücksichtigt werden – das vernachlässigen die Befürworter einer umfassend erbrechtlichen Qualifikation; sie fokussieren sich zu stark auf die Belange des Erbrechts. Die Dispositionsfreiheit im materiellen Recht sollte kollisionsrechtlich durch großzügige Gewährung von Parteiautonomie flankiert werden, was durch eine vertragliche Qualifikation erreicht werden kann. Das Erbstatut sollte nur insoweit bemüht werden, als es zum effektiven Schutz der Interessen von Nachlassbeteiligten zwingend

1235 *Schmidt*, in: Dutta/Weber, Internationales Erbrecht (1. Aufl.), Art. 1 EuErbVO Rn. 75.

1236 So *Hertel*, in: Rauscher, EuZPR/EuIPR V, Art. 1 EuErbVO Rn. 28.

1237 *Bonomi/Öztürk*, Das Statut der Verfügung von Todes wegen, in: Dutta/Herrler, EuErbVO, 47 (50), Rn. 12.

1238 So auch *Schmidt*, in: Dutta/Weber, Internationales Erbrecht (1. Aufl.), Art. 1 EuErbVO Rn. 78.

erforderlich ist. Wie ein gerechter Interessenausgleich im Einzelnen auszusehen hat, wird noch zu erörtern sein.

Die EuErbVO verlangt nicht zwingend eine erbrechtliche Qualifikation sämtlicher Schenkungen auf den Todesfall. Insbesondere der Erst-Recht-Schluss, mit dem *Dörner* die erbrechtliche Qualifikation begründet, ist keineswegs zwingend. Dass Erwägungsgrund 14 EuErbVO vollzogene unentgeltliche Zuwendungen in Bezug nimmt, hat einen guten Grund: Die Ausgleichung oder Anrechnung wird gerade dann relevant, wenn Vermögenswerte bereits abgeflossen sind und mithin faktisch nicht mehr in den Nachlass fallen. Damit ist indes keine Aussage über im Todeszeitpunkt nicht vollzogene Schenkungen getroffen. Maßgeblich für die erbrechtliche Qualifikation ist nicht allein der Zeitpunkt des Vermögensübergangs, sondern die Art und Weise; nun erfolgt der Erwerb bei der Schenkung auf den Todesfall aber, wie gezeigt, nicht stets im Wege des Erbrechts.

b) Vertragliche Qualifikation

Am anderen Ende des Meinungsspektrums steht die Ansicht, nach welcher die Schenkung auf den Todesfall weitestgehend vertraglich zu qualifizieren ist.[1239] Die schuldvertragliche Qualifikation wird freilich durch Art. 23 Abs. 2 lit. g und i EuErbVO eingeschränkt: Ausgleichung und Anrechnung – einschließlich *clawback* – unentgeltlicher Zuwendungen bei der Bestimmung der Anteile der einzelnen Berechtigten unterstehen zwingend dem Erbstatut. Auch Rückforderungsrechte von Nachlassgläubigern unterstehen dem Erbstatut.

aa) Erläuterungen

Als ausschlaggebendes Argument wird zunächst die Bereichsausnahme in Art. 1 Abs. 2 lit. g EuErbVO angeführt.[1240] Der Wortlaut, nämlich die Erwähnung „unentgeltlicher Zuwendungen“ ganz allgemein, spreche gegen eine erbrechtliche Qualifikation.[1241] Damit liege der Schluss nahe, die Schenkung auf den Todesfall vertraglich zu qualifizieren.[1242] *Hertel* leitet aus Art. 23 Abs. 2 lit. i EuErbVO die

---

1239 *Hertel*, in: Rauscher, EuZPR/EuIPR V, Art. 1 EuErbVO Rn. 28; *Heiss*, in: Gruber et al., Erbrecht, § 40 Rn. 46; *Staudinger/Friesen*, EuErbVO, JA 2014, 641 (643), allerdings ohne Begründung; *Staudinger*, in: HK-BGB, Art. 25 EGBGB Rn. 3; scheinbar auch *Süß*, Europäisches Nachlasszeugnis, ZeuP 2013, 725 (744), wobei unklar bleibt, ob sämtliche Varianten der Schenkung auf den Todesfall von der EuErbVO ausgenommen sein sollen; anders, nämlich differenzierender dagegen *Süß*, Nachlassbezogene Verfügungen, in: Süß, Erbrecht in Europa, § 4 Rn. 80 f., und zwar dort Vollzug als maßgebendes Abgrenzungskriterium und damit kein genereller Ausschluss; letzteres dürfte daher Süß' wahre Ansicht sein.

1240 *Heiss*, in: Gruber et al., Erbrecht, § 40 Rn. 46.

1241 *Heiss*, in: Gruber et al., Erbrecht, § 40 Rn. 46.

1242 *Staudinger*, in: HK-BGB, Art. 25 EGBGB Rn. 3.

vertragliche Qualifikation der Schenkung auf den Todesfall ab: Der Verordnungsgeber habe ausdrücklich geregelt, inwieweit er Schenkungen dem Erbstatut unterstellen will – nämlich lediglich für mögliche Pflichtteilsergänzungsansprüche.[1243] Dabei habe er sich bewusst gegen eine erbrechtliche Qualifikation der Schenkung auf den Todesfall entschieden.[1244] Nach *Hertels* Auslegung zieht Art. 23 Abs. 2 lit. i EuErbVO die Grenze zwischen Vertragsstatut und Erbstatut. Als Vorzug wird zudem die uneingeschränkte Rechtswahl nach Art. 3 Rom I-VO angeführt.[1245]

bb) Bewertung

Für eine vertragliche Qualifikation spricht, dass sie die Parteiautonomie stärkt und für den Beschenkten vorteilhaft ist; denn der Beschenkte kann vorhersehen, welches Recht später maßgeblich sein wird. Die Angehörigen sind hinreichend geschützt, weil das Pflichtteilsrecht einschließlich Pflichtteilsergänzungsansprüchen ohnehin dem allgemeinen Erbstatut untersteht. Dieses Argument lässt sich hören, greift aber dennoch zu kurz: Die nationalen Regelungen zur Schenkung auf den Todesfall erschöpfen sich nicht im Angehörigenschutz, sondern wollen typischerweise zwingende erbrechtliche Vorschriften durchsetzen. Das zeigt sich daran, dass in einigen Rechtsordnungen bestimmte Varianten der Schenkung auf den Todesfall gänzlich dem Erbrecht unterstellt werden, obwohl das Pflichtteilsrecht bereits gewöhnliche Schenkungen einbezieht und Vorsorge gegen eine Aushöhlung des Nachlasses trifft. Man wird das Erbstatut in größerem Umfang zu berücksichtigen haben, als die Befürworter der vertraglichen Qualifikation meinen. Der Schutz der erbrechtlichen Interessen gebietet das.[1246]

Die EuErbVO enthält überdies keine klaren Hinweise für einen gänzlichen Ausschluss der Schenkung auf den Todesfall. Art. 1 Abs. 2 lit. g EuErbVO kann dafür nicht herhalten. Eine eindeutige Entscheidung zugunsten des Vertragsstatuts im Fall der Schenkung auf den Todesfall hat der Verordnungsgeber – wie gezeigt – gerade nicht getroffen. Schließlich wurde der Vorschlag, die vollzogene Schenkung auf den Todesfall explizit aus dem Anwendungsbereich zu nehmen, nicht aufgenommen. Auch Art. 23 Abs. 2 lit. i EuErbVO liefert kein Argument für eine vertragliche Qualifikation der Schenkung auf den Todesfall. Der Verordnungsgeber wollte lediglich für einen besonderen Regelungsbereich klarstellen, dass eine erbrechtliche Qualifikation geboten erscheint. Das lässt indes nicht den Umkehrschluss zu, dass sämtliche Konstellationen der Schenkung auf den Todesfall vertraglich zu qualifizieren sind. Zudem ist der Katalog in Art. 23 Abs. 2 EuErbVO nicht abschließend. Das dürfte einem Umkehrschluss von vornherein entgegenstehen; zumindest fußt die Argumentation auf wackligem Grund. Dass eine solche

1243 *Hertel*, in: Rauscher, EuZPR/EuIPR V, Art. 1 EuErbVO Rn. 28.

1244 *Hertel*, in: Rauscher, EuZPR/EuIPR V, Art. 1 EuErbVO Rn. 28.

1245 So *Staudinger*, in: HK-BGB, Art. 25 EGBGB Rn. 3.

1246 Vgl. *Köhler*, in: Gierl et al., Internationales Erbrecht, § 4 Rn. 52 f.

Schlussfolgerung nicht zwingend ist, verdeutlicht die Ansicht von *Dörner*, die im Gegensatz dazu mittels eines Erst-Recht-Schlusses aus Art. 23 Abs. 2 lit. i EuErbVO bzw. Erwägungsgrund 14 eine erbrechtliche Qualifikation der Schenkung auf den Todesfall ableiten will. Diese beiden gegensätzlichen Ansichten neutralisieren sich folglich. Art. 23 Abs. 2 lit. i EuErbVO liefert weder für die vertragliche noch für die erbrechtliche Qualifikation ein Argument – jedenfalls solange man nicht eine der beiden Argumentationen als von vornherein abwegig abtun will.[1247] Zudem ist die vertragliche Qualifikation in einigen Fällen schwerlich mit der Konzeption der EuErbVO zu vereinbaren. Wenn nämlich das Vertragsstatut die Schenkung auf den Todesfall in eine Verfügung von Todes wegen umdeutet, so will die EuErbVO angewendet werden. Die Umdeutung führt schließlich dazu, dass eine echte Verfügung von Todes wegen vorliegt.

c) Differenzierende Ansichten

Neben vertraglicher und erbrechtlicher Qualifikation existieren unterschiedliche vermittelnde Ansätze. Die eine Ansicht akzentuiert den vertraglichen Charakter, die andere den erbrechtlichen, wieder eine andere hält den Vollzug für das maßgebliche Kriterium der Zuordnung.

aa) Eingeschränkt erbrechtliche Qualifikation

Magnus räumt bzw. besser gesagt räumte nach vormals vertretener Auffassung dem (hypothetischen) Erbstatut den Vorrang ein, ließ dieses jedoch dann zurückstehen, wenn es selbst nicht angewandt sein will: Ob es sich bei der fraglichen Schenkung um eine Schenkung auf den Todesfall oder eine gewöhnliche Schenkung unter Lebenden handelt, bemesse sich grundsätzlich nach dem hypothetischen Erbstatut. Treffe das danach anzuwendende Recht keine Sonderregelungen für Schenkungen von Todes wegen oder halte es die entsprechenden Regelungen für die fragliche Schenkung nicht für anwendbar, so sei der Anwendungsbereich der Erbrechtsverordnung nicht eröffnet, vielmehr unterliege diese Schenkung dann der Rom I-VO.[1248]

1247 Vgl. auch *Schmidt*, in: Dutta/Weber, Internationales Erbrecht (1. Aufl.), Art. 1 EuErbVO Rn. 77.

1248 So noch *Magnus*, in: Dutta/Weber, Internationales Erbrecht (1. Aufl.), IntSchenkungsR Rn. 43; mittlerweile scheint er davon aber zugunsten einer autonomen Bestimmung abgewichen zu sein, die sich nach seiner neuen Bewertung wohl doch bereits nach der *lex lata* bewerkstelligen ließe: vgl. *Magnus*, in: Dutta/Weber, Internationales Erbrecht, IntSchenkungsR Rn. 46–49.

(1) Erläuterungen

Magnus überantwortet(e) die Abgrenzung zwischen Rechtsgeschäften unter Lebenden und solchen von Todes wegen folglich dem Sachrecht. Eine gänzlich autonome Bestimmung der Schenkung auf den Todesfall wäre nach *Magnus'* früherer Auffassung zwar zu begrüßen, sei aber nicht realistisch, weil ein „hinreichend konsentierte[s] Leitbild" fehle.[1249] Die erbrechtliche Qualifikation im Ausgangspunkt soll verhindern, dass „schützenswerte erbrechtliche Grundprinzipien" unterlaufen werden.[1250] Dogmatisch lasse sich das Ergebnis damit begründen, dass Schenkungen auf den Todesfall als einseitige Erbverträge im Sinne von Art. 3 Abs. 1 lit. b EuErbVO eingestuft werden könnten.[1251]

(2) Bewertung

Eingewandt wird gegen diese Auffassung, dass sie der gebotenen autonomen und einheitlichen Auslegung der EuErbVO widerspreche.[1252] Denn der Umfang, in dem die nationalen Regelungen die Schenkung auf den Todesfall dem Erbrecht unterstellten, variiere stark, so dass das Erbstatut je nach anwendbarem Recht einen „ganz unterschiedlichen Umfang hätte".[1253] Dieser Einwand verfängt jedoch nicht; die EuErbVO gibt auch nach dieser Ansicht den Takt vor, nach dem sich die Schenkung auf den Todesfall im jeweiligen nationalen Gewand zu richten hat. Die EuErbVO überantwortet die Abgrenzung bewusst dem Sachrecht, indem sie Rechtsgeschäfte ausklammert, sofern die Vermögenswerte auf andere Weise als durch Rechtsnachfolge von Todes wegen übergehen; sie fragt also: Vollzieht sich der Erwerb nach dem Erbrecht oder außerhalb des Erbrechts? Wie sich der Erwerb vollzieht, kann sich nur aus dem Sachrecht selbst ergeben. Diese Lösung ist mithin durchaus in der EuErbVO angelegt.

Abgesehen davon ist *Magnus* darin zuzustimmen, dass es an einem „hinreichend konsentierten Leitbild" fehlt. Ein autonomer Begriff der Schenkung auf den Todesfall existiert nicht und lässt sich aufgrund der Unterschiede in den einzelnen Mitgliedstaaten nicht konstruieren – so begehrenswert und verlockend das auch erscheinen mag; ein rein autonomer Begriff wäre nichts anderes als eine Fiktion und würde dem Ziel der autonomen Auslegung keineswegs gerecht. Die

---

1249 *Magnus*, in: Dutta/Weber, Internationales Erbrecht (1. Aufl.), IntSchenkungsR Rn. 43.

1250 *Magnus*, in: Dutta/Weber, Internationales Erbrecht (1. Aufl.), IntSchenkungsR Rn. 38.

1251 *Magnus*, in: Dutta/Weber, Internationales Erbrecht (1. Aufl.), IntSchenkungsR Rn. 38.

1252 *Hertel*, in: Rauscher, EuZPR/EuIPR V, Art. 1 EuErbVO Rn. 28; ähnlich *Nikolaidis*, in: Pamboukis, Succession Regulation, Art. 1 Rn. 42.

1253 *Hertel*, in: Rauscher, EuZPR/EuIPR V, Art. 1 EuErbVO Rn. 28.

Schenkung auf den Todesfall lässt sich nicht ohne weiteres der Rechtsnachfolge von Todes wegen zuordnen, ebenso wenig wie sie sich pauschal als vertraglich einordnen ließe. Zu bedenken ist vor allem, dass die erbrechtliche Einordnung gewisser Konstellationen der Schenkung auf den Todesfall in einigen Rechtsordnungen – etwa in Deutschland, Österreich und der Schweiz – nicht darauf zurückzuführen ist, dass ein solches Geschäft sämtliche Merkmale der Verfügung von Todes wegen aufweist, sondern vielmehr darauf, dass eine Gleichsetzung rechtspolitisch gewünscht ist – um eine Umgehung des Erbrechts zu verhindern. Dass die Vermögenswerte dann nur im Wege der Rechtsnachfolge von Todes wegen übergehen können, ist erst mittelbare Folge dieser rechtspolitischen Entscheidung. Erst dieser Zwischenschritt – die gesetzgeberische Entscheidung im nationalen Recht – ermöglicht die Zuordnung zum Begriff der Rechtsnachfolge von Todes wegen nach der Erbrechtsverordnung. Nun fällt die gesetzgeberische Entscheidung über die Einordnung der Schenkung auf den Todesfall aber von Land zu Land unterschiedlich aus. Gerade hinsichtlich dieses notwendigen Zwischenschritts fehlt es an einem (rechtsvergleichenden) Konsens.

bb) Eingeschränkt vertragliche Qualifikation

Köhler legt den Akzent – zumindest vordergründig – auf das Vertragsstatut, das aber nötigenfalls dem Erbstatut weichen muss; er differenziert wie folgt: Grundsätzlich sollen Schenkungen auf den Todesfall der Rom I-VO unterfallen, und zwar insbesondere im Hinblick auf die Wirksamkeit des Vertrages und seines Inhalts.[1254] Um die Gefahr einer Umgehung des Erbstatuts zu bannen, soll allerdings die Frage, ob und gegebenenfalls unter welchen Voraussetzungen solche Rechtsgeschäfte zulässig sind, dem Erbstatut unterstehen.[1255] Das Erbstatut entscheide auch darüber, ob die Schenkung auf den Todesfall als Rechtsgeschäft unter Lebenden oder Rechtsgeschäft von Todes wegen behandelt wird.[1256] Behandelt das Erbstatut sie als Verfügung von Todes wegen, unterfalle sie dem Erbstatut. Soweit für das Schenkungsversprechen schuldrechtliche Bestimmungen maßgebend seien, unterlägen diese als selbständig anzuknüpfende Vorfrage dem Vertragsstatut.[1257] Behandelt das Erbstatut die Schenkung auf den Todesfall dagegen wie eine gewöhnliche Schenkung, unterliege sie dem Vertragsstatut.[1258] Daher lässt sich diese Theorie als eingeschränkt vertragliche Qualifikation bezeichnen.

1254 *Köhler*, in: Gierl et al., Internationales Erbrecht, Teil 1 § 4 Rn. 50.

1255 *Köhler*, in: Gierl et al., Internationales Erbrecht, Teil 1 § 4 Rn. 50; zust. *Eichel*, in: jurisPK (Stand: 15.10.2021), Bd. 6, Art. 1 EuErbVO Rn. 38.

1256 *Köhler*, in: Gierl et al., Internationales Erbrecht, Teil 1 § 4 Rn. 53.

1257 *Köhler*, in: Gierl et al., Internationales Erbrecht, Teil 1 § 4 Rn. 52.

1258 *Köhler*, in: Gierl et al., Internationales Erbrecht, Teil 1 § 4 Rn. 53.

(1) Erläuterungen

Die Bereichsausnahme von Art. 1 Abs. 2 lit. g EuErbVO gelte nur für eine Vermögensübertragung auf andere Weise als durch Rechtsnachfolge von Todes wegen, weswegen nicht per se das Vertragsstatut maßgebend sein könne.[1259] Sofern das Erbstatut Rechtsgeschäfte unter Lebenden einer Verfügung von Todes wegen gleichstelle, würden sich diese nach dem Erbrecht vollziehen; mithin erscheine eine erbrechtliche Qualifikation auch gerechtfertigt.[1260] Dementsprechend sei etwa § 2301 BGB erbrechtlich zu qualifizieren.[1261] Dass das Erbstatut über die Abgrenzung zwischen Schenkungen von Todes wegen und solchen unter Lebenden entscheide, begründet *Köhler* mit den erbrechtlichen Auswirkungen und der Umgehungsgefahr.[1262]

(2) Bewertung

Der Ansatz erweist sich als flexibel, weil er den Besonderheiten einzelner Rechtsordnungen Rechnung zu tragen vermag und die Abgrenzung nicht nach starren, im IPR wurzelnden Kriterien vornimmt – zumal wegen der nationalen Unterschiede schwerlich ein gemeinsamer Nenner zu finden sein wird.[1263] Zudem wird ein gerechter Interessenausgleich gewährleistet: Die Parteiautonomie wird berücksichtigt, ohne dabei die erbrechtlichen Interessen preiszugeben. Die erbrechtlichen Bestimmungen greifen nur insoweit, als das Erbstatut es für nötig erachtet; zumindest auf den ersten Blick eine interessengerechte Lösung. Im Ergebnis dürfte sich der Vorschlag von *Köhler* nur gering von *Magnus'* vormaliger Lösung unterscheiden; der Unterschied ist vielmehr im Ausgangspunkt der Betrachtung zu sehen, nämlich darin, den vertraglichen Charakter und damit auch die Parteiautonomie stärker in den Vordergrund zu stellen. Faktisch dürfte aber auch nach *Köhlers* Ansatz das Pendel eher in Richtung Erbstatut schwingen. Denn sobald das Erbstatut erbrechtliche Einwände gegen die Variante der Schenkung auf den Todesfall erhebt, absorbiert es diese Schenkung gänzlich.

cc) Vollzug als maßgebliches Abgrenzungskriterium

Nach verbreiteter Ansicht im deutschen Schrifttum wird zwischen vollzogenen und nicht vollzogenen Schenkungen auf den Todesfall unterschieden,[1264] so wie es

---

1259 *Köhler*, in: Gierl et al., Internationales Erbrecht, Teil 1 § 4 Rn. 51.

1260 *Köhler*, in: Gierl et al., Internationales Erbrecht, Teil 1 § 4 Rn. 51.

1261 *Köhler*, in: Gierl et al., Internationales Erbrecht, Teil 1 § 4 Rn. 52.

1262 *Köhler*, in: Gierl et al., Internationales Erbrecht, Teil 1 § 4 Rn. 50 f.

1263 Vgl. *Köhler*, in: Gierl et al., Internationales Erbrecht, Teil 1 § 4 Rn. 53.

1264 So etwa *Nordmeier*, Erbverträge, ZEV 2013, 117(121 f.); *Mankowski*, in: Deixler-Hübner/Schauer, Art. 1 EuErbVO Rn. 44 ff.; *Looschelders*, in: Hüßtege/Mansel, Bd. 6, Art. 1 EuErbVO Rn. 46; *Soutier*, Geltung deutscher Rechtsgrundsätze in der EuErbVO, S. 180 f.; *Süß*, Nachlassbezogene Verfügungen, in: Süß, Erbrecht

auch bisher die wohl überwiegende Ansicht im autonomen deutschen IPR handhabte: Die vollzogene Schenkung auf den Todesfall soll dem Vertragsstatut unterfallen, die nicht vollzogene dem hypothetischen Erbstatut.[1265] Die Verweisung auf das hypothetische Erbstatut soll umfassend und nicht auf das Erbrecht im formalen Sinne beschränkt sein, d.h., es ist gleichgültig, ob das hypothetische Erbstatut die Schenkung auf den Todesfall wie eine gewöhnliche Schenkung oder wie eine Verfügung von Todes wegen behandelt.[1266] Anders als im deutschen materiellen Recht wird der Begriff der Schenkung auf den Todesfall zumeist weiter verstanden. So lehnt *Schmidt* eine Unterscheidung zwischen aufschiebend bedingten und aufschiebend befristeten Schenkungen ab, weil aus Sicht des Schenkers in beiden Fällen eine Regelung für den Fall seines Todes getroffen werde.[1267] Erfasst werden zunächst ganz allgemein solche Schenkungen, die funktional auf eine postmortale Vermögensverteilung gerichtet sind.[1268]

(1) Anforderungen an den Vollzug

Die entscheidende Frage ist, welche Anforderungen an den Vollzug zu stellen sind und woraus sich diese Anforderungen ergeben. Ist Vollzug nur zu bejahen, wenn der Beschenkte das dingliche Vollrecht erworben hat, oder reicht weniger aus – etwa ein aufschiebend bedingter Rechtserwerb oder ein solcher unter Widerrufsvorbehalt?[1269] Und vor allem: Woraus ergeben sich die Anforderungen? Zwei Wege lassen sich einschlagen: Zum einen ließe sich die Lösung unmittelbar im Kollisionsrecht suchen; zu ermitteln wären die Anforderungen an den Vollzug dann durch autonome Auslegung der EuErbVO und gegebenenfalls auch durch Auslegung der Rom I-VO. Zum anderen ließen sich die Anforderungen dem anzuwendenden Sachrecht entnehmen. Aber welchem Statut?

---

in Europa, § 4 Rn. 80 f.; *Müller-Lukoschek*, EuErbVO, § 2 Rn. 98 ff; so wohl auch *Dutta*, in: Münchener Kommentar BGB, Bd. 12, Art. 1 EuErbVO Rn. 37 sowie Art. 3 EuErbVO Rn. 10; *Bauer*, in: Dutta/Weber, Internationales Erbrecht (1. Aufl.), Art. 25 EuErbVO Rn. 2; *Sieghörtner*, in: Reimann/Bengel/Mayer, Testament und Erbvertrag, Syst. B Rn. 61; tendenziell wohl auch *Schmidt*, in: Dutta/Weber, Internationales Erbrecht, Art. 1 EuErbVO Rn. 86 ff., wobei er anders als noch unter Rdnr. 79 f. der 1. Aufl. die Bedenken gegen eine solche Lösung hervorhebt und sich nicht mehr eindeutig festlegt.

1265 *Nordmeier*, Erbverträge, ZEV 2013, 117 (122); so noch *Schmidt*, in: Dutta/Weber, Internationales Erbrecht (1. Aufl.), Art. 1 EuErbVO Rn. 79.

1266 So jedenfalls *Schmidt*, in: Dutta/Weber, Internationales Erbrecht (1. Aufl.), Art. 1 EuErbVO Rn. 81.

1267 *Schmidt*, in: Dutta/Weber, Internationales Erbrecht (1. Aufl.), Art. 1 EuErbVO Rn. 80.

1268 So etwa *Nordmeier*, Erbverträge, ZEV 2013, 117 (121).

1269 *Soutier, Martin*, Geltung deutscher Rechtsgrundsätze in der EuErbVO, S. 180.

Zumeist wird die Lösung in der EuErbVO selbst gesucht, so favorisiert beispielsweise *Schmidt* eine autonome Begriffsbestimmung: Ausreichend für die Annahme des Vollzugs soll sein, dass der Schenker bereits alles für einen lebzeitigen Übertragungsakt Erforderliche getan hat; ein Vermögensopfer zu Lebzeiten sei nicht erforderlich.[1270] Für eine autonome Bestimmung spricht sich auch *Soutier* aus; ebenso wie *Schmidt* legt er einen großzügigen Maßstab an: Vollzug sei gemäß EuErbVO schon dann zu bejahen, wenn der Beschenkte noch zu Lebzeiten des Schenkers ein Anwartschaftsrecht erlange, sogar der Vorbehalt des freien Widerrufs soll für die Bejahung des Vollzugs genügen.[1271] Zur Begründung führt *Soutier* den Wortlaut von Erwägungsgrund 14 Satz 2 EuErbVO an. Dieser stelle darauf ab, dass die Verfügung bereits zu Lebzeiten dingliche Wirkung entfalte; der endgültige Erwerb des Vollrechts werde hingegen nicht vorausgesetzt.[1272] Die bloße Möglichkeit des nachträglichen Rechtsverlusts ändere nichts daran, dass der Beschenkte bereits zu Lebzeiten eine dingliche Zuwendung erlange; andernfalls würde jedes vertragliche Widerrufs- oder Rückforderungsrecht eine lebzeitige Zuwendung in eine erbrechtliche Verfügung verwandeln.[1273]

Andere wiederum überantworten die Frage, wann Vollzug eintritt, dem Sachenrechtsstatut.[1274]

(2) Weitere Erläuterungen

Angeführt wird, dass die gebotene autonome Qualifikation nicht zwingend gegen die Maßgeblichkeit des Vollzugs spreche. Zwar könne nicht ohne weiteres auf die bisherige nationale Praxis zurückgegriffen werden, maßgeblich seien letztlich jedoch allein die Wertungen der EuErbVO und diese schlössen keineswegs aus, dass nach der Erbrechtsverordnung das ausschlaggebende Abgrenzungskriterium ebenfalls der Vollzug der Schenkung auf den Todesfall sei.[1275] Der Vermögensabfluss erst nach dem Tod deute auf eine postmortale Vermögensverteilung, schließlich treffe dieser erst die Erben; das rechtfertige eine erbrechtliche Qualifikation.[1276] Demgegenüber verliere die Schenkung auf den Todesfall ihren erbrechtlichen Charakter, wenn sie bereits zu Lebzeiten vollzogen werde.[1277]

1270 *Schmidt*, in: Dutta/Weber, Internationales Erbrecht (1. Aufl.), Art. 1 EuErbVO, Rn. 80; so wohl auch *Süß*, Nachlassbezogene Verfügungen, in: Süß, Erbrecht in Europa, § 4 Rn. 80.

1271 *Soutier*, Geltung deutscher Rechtsgrundsätze in der EuErbVO, S. 180 f.

1272 *Soutier*, Geltung deutscher Rechtsgrundsätze in der EuErbVO, S. 181.

1273 *Soutier*, Geltung deutscher Rechtsgrundsätze in der EuErbVO, S. 181.

1274 *Bauer*, in: Dutta/Weber, Internationales Erbrecht (1. Aufl.), Art. 25 EuErbVO Rn. 2; *Sieghörtner*, in: Reimann/Bengel/Mayer, Testament und Erbvertrag, Syst. B Rn. 61.

1275 *Schmidt*, in: Dutta/Weber, Internationales Erbrecht, Art. 1 EuErbVO Rn. 87.

1276 *Mankowski*, in: Deixler-Hübner/Schauer, Art. 1 EuErbVO Rn. 44.

1277 *Mankowski*, in: Deixler-Hübner/Schauer, Art. 1 EuErbVO Rn. 47.

Für die Maßgeblichkeit des Vollzuges wird zudem ein systematisches Argument angeführt: So würde die Schenkung auf den Todesfall strukturell und funktional große Ähnlichkeiten mit den explizit in Art. 1 Abs. 2 lit. g EuErbVO aufgeführten Instituten aufweisen.[1278] Die *joint tenancy* sei etwa dadurch gekennzeichnet, dass zwar alle Voraussetzungen für den Erwerb bereits zu Lebzeiten geschaffen würden, der Erblasser jedoch noch keine Vermögensminderung erfahre und der Begünstigte noch keine gesicherte Rechtsposition erlange.[1279] Die vollzogene Schenkung auf den Todesfall begründe Rechte nicht durch Rechtsnachfolge von Todes wegen – wie es die Erbrechtsverordnung voraussetzt –, sondern durch Rechtsgeschäft unter Lebenden; der Todeseintritt sei in diesen Fällen lediglich objektive Bedingung des Rechtserwerbs.[1280] Bereits das Haager Erbrechtsübereinkommen habe entsprechend zwischen Rechtsgeschäften unter Lebenden und solchen von Todes wegen differenziert: Rechtsgeschäfte unter Lebenden würden vor dem Tod einer Partei Rechte begründen, wohingegen Rechtsgeschäfte von Todes wegen Rechte erst im Zeitpunkt des Todes begründen würden.[1281]

(3) Bewertung

Diesem Ansatz wird entgegengehalten, der Vollzug könne „kein tauglicher Maßstab“ sein, weil er Charakteristikum speziell des deutschen Rechts sei; der Ansatz stünde daher einer autonomen Auslegung entgegen.[1282] Dieser Einwand überzeugt nicht; eine Abgrenzung nach dem Vollzug innerhalb der EuErbVO ist nicht deshalb ausgeschlossen, weil sie bereits im deutschen IPR favorisiert wurde.[1283] Andererseits ist es im Ausgangspunkt ebenso wenig zwingend, die vollzogene Schenkung auf den Todesfall pauschal vom Anwendungsbereich der EuErbVO auszunehmen. Denn selbst wenn der Vollzug zu Lebzeiten bejaht werden kann, so ist das Geschäft vor dem Tod des Schenkers noch nicht endgültig wirksam – sonst wäre es ja keine Schenkung auf den Todesfall; daher ließe sich auch die vollzogene Schenkung auf den Todesfall erbrechtlich qualifizieren.[1284]

Zu bedenken ist des Weiteren, dass auch nicht vollzogene Schenkungen auf den Todesfall nach dem Willen der Parteien häufig Vorwirkungen zeitigen sollen, vorausgesetzt der Gesetzgeber lässt dies zu. So ist etwa die betagte Schenkung auf den

---

1278 *Nordmeier*, Erbverträge, ZEV 2013, 117 (121); *Schmidt*, in: Dutta/Weber, Internationales Erbrecht (1. Aufl.), Art. 1 EuErbVO Rn. 78.

1279 *Schmidt*, in: Dutta/Weber, Internationales Erbrecht (1. Aufl.), Art. 1 EuErbVO Rn. 78.

1280 *Nordmeier*, Erbverträge, ZEV 2013, 117 (121).

1281 *Nordmeier*, Erbverträge, ZEV 2013, 117 (121).

1282 *Frank/Döbereiner*, Nachlassfälle mit Auslandsbezug, Rn. 436.

1283 *Schmidt*, in: Dutta/Weber, Internationales Erbrecht, Art. 1 EuErbVO Rn. 87.

1284 *Schmidt*, in: Dutta/Weber, Internationales Erbrecht (1. Aufl.), Art. 1 EuErbVO Rn. 77.

Todesfall nach deutschem Recht gewöhnliches Rechtsgeschäft unter Lebenden, während sie nach österreichischem Recht nur als Vermächtnis wirksam sein kann, sofern der Schenker sich den freien Widerruf vorbehalten hat. Nicht vollzogene Schenkungen auf den Todesfall können folglich nicht ohne weiteres erbrechtlich qualifiziert werden.

Ausschlaggebend sind letztlich allein die Wertungen der EuErbVO – und Art. 1 Abs. 2 lit. g EuErbVO scheint nahezulegen, dass zu Lebzeiten vollzogene Rechtsgeschäfte nicht zur Rechtsnachfolge von Todes wegen gehören; der Erwerb vollzieht sich nämlich buchstäblich außerhalb des Erbrechts. Ein vollzogenes Rechtsgeschäft passt nicht recht zu den Verfügungen von Todes wegen, zeitigen diese doch zu Lebzeiten keine Vorwirkungen, weder schuldrechtlich noch dinglich. Gleichwohl ist Vorsicht geboten, den Vollzug in der EuErbVO zum maßgeblichen Kriterium zu erheben. Es ist nämlich keineswegs gewiss, dass das Erbstatut den vermeintlichen Vollzug für wirksam erachtet; erbrechtliche Wertungen könnten entgegenstehen und diese sollten nicht übergangen werden.

Zudem ist die entscheidende Frage nicht geklärt: Unter welchen Voraussetzungen ist überhaupt Vollzug zu bejahen?[1285] Die EuErbVO beantwortet diese Frage nicht selbst; die Antwort ist ausschließlich im Sachrecht zu suchen. Eine autonome Bestimmung des Vollzugs ist ebenso wenig realistisch wie eine autonome Bestimmung der Schenkung auf den Todesfall insgesamt. Die Verordnung liefert keine handfesten Anhaltspunkte dafür, welche Kriterien erfüllt sein müssen, um den Vollzug bejahen zu können. Das gilt auch für die in Art. 1 Abs. 2 lit g EuErbVO aufgeführten Institute: Die Bezugnahme auf „unentgeltliche Zuwendungen“ ist zu allgemein; erfassen ließen sich danach sämtliche Varianten der Schenkung auf den Todesfall, was nicht sachgerecht wäre und kaum gewollt sein dürfte. Die gezogene Parallele zur *joint tenancy* ist ebenfalls nicht aufschlussreich.[1286] Die *joint tenancy* wird deswegen ausgenommen, weil sie im *common law* „auf andere Weise als durch Rechtsnachfolge von Todes wegen“ übertragen wird. Die Art und Weise des Vermögensübergangs ergibt sich indes erst aus dem materiellen Recht. Aber auch bei wertender Betrachtung wird man es ablehnen müssen, eine vollzogene Schenkung auf den Todesfall zu bejahen, ohne das Erbstatut zuvor um Erlaubnis gebeten zu haben. Die konkreten Anforderungen an den Vollzug sind nämlich von spezifisch erbrechtlichen Erwägungen geleitet. Auch eine rechtsvergleichende Analyse ist aufgrund der bestehenden Unterschiede in den einzelnen Rechtsordnungen kaum erhellend; eine gemeinsame Linie lässt sich schwerlich finden.[1287]

1285 Vgl. auch *Schmidt*, in: Dutta/Weber, Internationales Erbrecht, Art. 1 EuErbVO Rn. 87 f.

1286 Siehe dazu bereits § 3C.IV.2.a)bb)(2).

1287 Vgl. *Dutta*, in: Münchener Kommentar BGB, Bd. 11 (6. Aufl.), Art. 26 EGBGB Rn. 153.

d) Entscheidung des EuGH vom 9.9.2021

Am 9.9.2021 nun hat der EuGH entschieden, dass „ein Vertrag, in dem eine Person vorsieht, dass bei ihrem Tod das Eigentum an einer ihr gehörenden Liegenschaft übertragen wird, und damit anderen Parteien dieses Vertrags Rechte an ihrem künftigen Nachlass einräumt“, einen „Erbvertrag“ im Sinne von Art. 3 Abs. 1 lit. b EuErbVO darstelle.[1288] Demgemäß unterfalle ungeachtet des Ausschlusstatbestandes in Art. 1 Abs. 2 lit. g EuErbVO auch eine Schenkung, die erst mit dem Tod des Erblassers wirksam wird, dem Anwendungsbereich der Erbrechtsverordnung.[1289] Zugrunde lag der Entscheidung ein Schenkungsvertrag über eine in Österreich belegene Immobilie, wobei die Schenkung u.a. dadurch bedingt war, dass die Beschenkten, ein seinerzeit verheiratetes Paar, den Schenker überleben. Die Vertragsparteien hatten ihren gewöhnlichen Aufenthalt zum Zeitpunkt des Vertragsschlusses in Deutschland, jedoch die Anwendbarkeit österreichischen Rechts vereinbart. Der Schenker und Erblasser hatte seinen letzten gewöhnlichen Aufenthalt in Deutschland. Der OGH richtete an den EuGH im Rahmen des Vorabentscheidungsverfahrens die Frage, ob der betreffende Vertrag wegen der Verknüpfung seiner Wirksamkeit mit dem Tod als „Erbvertrag“ im Sinne der Erbrechtsverordnung zu qualifizieren ist, was der EuGH bejaht.

Gewährleistet werden solle – so der EuGH – entsprechend dem Regelungsziel der Erbrechtsverordnung die „Einheitlichkeit der Erbfolge“, um eine unerwünschte Nachlassspaltung zu verhindern und eine einheitliche „Regelung zu schaffen, die auf alle zivilrechtlichen Aspekte einer Rechtsnachfolge von Todes wegen mit grenzüberschreitendem Bezug anwendbar“ sei, und zwar auf „jede Form des Übergangs von Vermögenswerten ... von Todes wegen“.[1290] Art. 3 Abs. 1 lit. b EuErbVO beziehe sich allgemein auf eine Vereinbarung, die insbesondere Rechte am künftigen „Nachlass“ begründe, weswegen der Begriff des Erbvertrages vom EuGH weit verstanden wird.[1291] Die Bereichsausnahme in Art. 1 Abs. 2 lit. g EuErbVO sei demgemäß eng auszulegen, auch wenn dort explizit „unentgeltliche Zuwendungen“ aufgeführt würden, die „auf andere Weise als durch Rechtsnachfolge von Todes wegen übertragen werden“.[1292] Der EuGH will durch ein solch extensives Verständnis des „Erbvertrages“ im unionsrechtlichen Sinne ferner die „autonome und einheitliche Auslegung“ sicherstellen.[1293] Schließlich kennt nicht jede Rechtsordnung einen Erbvertrag im engeren Sinne und selbst diejenigen Rechtsordnungen, die einen Erbvertrag vorsehen, könnten ganz unterschiedliches darunter verstehen.

1288 EuGH, Urt. v. 9.9.2021, C-277/20, Celex-Nr. 62020CJ0277, Rn. 32.
1289 EuGH, Urt. v. 9.9.2021, C-277/20, Celex-Nr. 62020CJ0277, Rn. 35.
1290 EuGH, Urt. v. 9.9.2021, C-277/20, Celex-Nr. 62020CJ0277, Rn. 33.
1291 EuGH, Urt. v. 9.9.2021, C-277/20, Celex-Nr. 62020CJ0277, Rn. 30.
1292 EuGH, Urt. v. 9.9.2021, C-277/20, Celex-Nr. 62020CJ0277, Rn. 34.
1293 EuGH, Urt. v. 9.9.2021, C-277/20, Celex-Nr. 62020CJ0277, Rn. 29.

Der EuGH befürwortet also eine erbrechtliche Qualifikation der Schenkung auf den Todesfall. Für die Praxis dürfte damit bis auf Weiteres die kollisionsrechtliche Behandlung der Schenkung auf den Todesfall geklärt sein. Offen zu sein scheint allerdings noch die Frage, ob eine zu Lebzeiten vollzogene Schenkung dem Erbstatut untersteht.[1294] Die Entscheidung des EuGH gewährleistet einen umfassenden Schutz erbrechtlicher Interessen und fördert nicht zuletzt wegen der leichten Handhabung des Ansatzes das gebotene autonome Verständnis und damit die Rechtssicherheit. Der Komplexität der Schenkung auf den Todesfall wird die Entscheidung des EuGH indes kaum gerecht. Der Anwendungsbereich der Rom I-VO wird vorschnell stark eingeengt, ohne dass der EuGH näher beleuchtet, ob und inwieweit dies anhand der jeweils schutzwürdigen Interessen und Wertungen der Erbrechtsverordnung erforderlich und geboten erscheint.

e) *Abschließende Stellungnahme*

Abzulehnen sind die Ansichten zur Qualifikation der Schenkung auf den Todesfall am jeweiligen Ende des Meinungsspektrums, nämlich eine rein vertragliche oder eine rein erbrechtliche Qualifikation: Sie überzeugen weder konzeptionell noch wertungsmäßig. Eine rein vertragliche Qualifikation berücksichtigt die berechtigten Interessen der Nachlassbeteiligten, um deren Schutz es der EuErbVO geht, nicht ausreichend. Zudem gerät sie in Erklärungsnöte, wenn das Vertragsstatut die Schenkung auf den Todesfall als echte Verfügung von Todes wegen behandelt – etwa indem es kraft Gesetzes die Schenkung in einen Erbvertrag oder ein Testament umdeutet wie im deutschen Recht. Denn in einem solchen Fall will die EuErbVO grundsätzlich angewendet werden, vollzieht sich der Erwerb doch innerhalb des Erbrechts.

Auch die rein erbrechtliche Qualifikation ist nicht sachgerecht. Sie berücksichtigt die Interessen der Nachlassbeteiligten zu stark, und zwar selbst dann, wenn das Erbstatut besonders liberal ist und Rechtsgeschäfte unter Lebenden auf den Todesfall in großzügigem Maße duldet. In einem solchen Fall gibt es keinen Grund die weiterreichende Parteiautonomie, die die Rom I-VO gewähren würde, zu begrenzen. Überdies lässt sich eine rein erbrechtliche Qualifikation schwerlich begründen, wenn das Erbstatut die Schenkung auf den Todesfall insgesamt wie eine gewöhnliche Schenkung behandelt. Da in diesem Fall der Vermögenswert außerhalb des Erbrechts übergeht, greift prinzipiell der Ausschlusstatbestand des

---

1294 Vgl. *Eichel*, in: jurisPK (Stand: 15.10.2021), Bd. 6, Art. 1 EuErbVO Rn. 40 f., der die Entscheidung des EuGH dahinghend interpretiert, dass der EuGH letztlich auch zwischen vollzogenen und nicht vollzogenen Schenkungen auf den Todesfall differenziere, indem er darauf abstelle, ob das Geschäft erst mit dem Tod des Schenkers wirksam werde; zwingend ist das m.E. indes nicht, weil je nach Gestaltung auch eine vollzogene Schenkung endgültig wirksam erst mit dem Tod sein kann, weswegen die Frage offen erscheint.

Art. 1 Abs. 2 lit. g EuErbVO. Folgerichtig müsste die fragliche Schenkung auf den Todesfall dann vertraglich qualifiziert werden.

Stattdessen ist ein Mittelweg einzuschlagen, um die nötige Flexibilität zu gewährleisten: Dispositionsfreiheit bzw. Parteiautonomie des Erblassers einerseits und der Schutz der Nachlassberechtigten vor Umgehungen zwingender erbrechtlicher Vorschriften andererseits bilden die beiden Seiten ein und derselben Medaille, was die Schenkung auf den Todesfall anbelangt. Die gegensätzlichen Interessen sind in einen gerechten Ausgleich zu bringen. Das gelingt am besten, indem man vorrangig die Rom I-VO mit ihrer großzügigen Rechtswahlmöglichkeit heranzieht. Um eine Ausuferung des Internationalen Vertragsrechts zu Lasten erbrechtlicher Wertungen zu verhindern, sollte das nach der EuErbVO berufene Recht befragt werden, ob es die Schenkung auf den Todesfall zulässt und welche Voraussetzungen es gegebenenfalls an sie knüpft.[1295]

Zu differenzieren ist wie folgt: Behandelt das berufene Erbrecht das fragliche Geschäft wie eine gewöhnliche Schenkung unter Lebenden, so liegt nicht nur nach dem Sachrecht, sondern auch nach Maßgabe der EuErbVO grundsätzlich keine Verfügung von Todes wegen vor. Folglich ergibt sich das auf sie anwendbare Recht nicht aus der EuErbVO. Es ist in diesem Fall auch nicht gerechtfertigt, die großzügigere Parteiautonomie, die das Internationale Vertragsrecht gewährt, zu beschneiden. Vielmehr ist in derartigen Fällen die Rom I-VO maßgebend. Erst wenn das nach der EuErbVO berufene Recht die Schenkung auf den Todesfall dem Erbrecht unterstellt, erscheint es geboten, das allgemeine oder hypothetische Erbstatut als das sachnächste Recht heranzuziehen. In einem solchen Fall ist es gerade aus kollisionsrechtlicher Warte essentiell, dass der Erblasser die Interessen der Nachlassbeteiligten nicht durch eine geschickte Rechtswahl aushöhlen kann. Um diesem Ziel gerecht werden zu können, ist der Begriff der Schenkung auf den Todesfall weit zu fassen, damit alle problematischen Varianten unter die Lupe des Erbrechts genommen werden. Insofern kann man sich an den Vorgaben der Befürworter einer rein erbrechtlichen Qualifikation orientieren. Auch der DCFR liefert brauchbare Kriterien und schärft das Problembewusstsein – allerdings erscheint dessen Definition insoweit zu eng, als vollzogene Schenkungen als erbrechtlich irrelevant angesehen werden.

Dem Vollzug sollte kollisionsrechtlich keine eigenständige Rolle zugebilligt werden. Nicht alle Rechtsordnungen stellen auf den Vollzug als maßgebliches Abgrenzungskriterium ab, auch können die Anforderungen an den Vollzug ganz unterschiedlich ausfallen. Zwar ist eine vollzogene Schenkung kaum jemals eine Verfügung von Todes wegen im Sinne der EuErbVO, weil der Erwerb dann typischerweise außerhalb des Erbrechts erfolgt. Allerdings sollte das anzuwendende Erbrecht selbst entscheiden, unter welchen Voraussetzungen es eine vollzogene Schenkung annimmt, die nicht den erbrechtlichen Regeln untersteht. Diese Frage

1295 Im Kern ist also so zu verfahren, wie *Köhler* es vorschlägt.

wird mit dem Kriterium der Zulässigkeit abgedeckt. Das sind die Leitkriterien, mit denen die Qualifikation der Schenkung auf den Todesfall im europäischen Kollisionsrecht zu bewältigen sein sollte. Der vorgeschlagene Ansatz bedarf jedoch einer Präzisierung.

2. *Präzisierung der vorgeschlagenen Lösung*

Die Weichenstellung hat also über das Kriterium der Zulässigkeit zu erfolgen. Das wirft einige Fragen auf, die für die praktische Handhabung beantwortet werden müssen.

a) *Erster Schritt: Die beachtlichen Varianten der Schenkung auf den Todesfall*

Als erstes ist zu bestimmen, welche Schenkungen auf den Todesfall aus erbrechtlicher Sicht einer Prüfung bedürfen. Den Wertungen der EuErbVO entsprechend ist im Ausgangspunkt ein weitmaschiges Netz auszuwerfen, das alle Schenkungen auf den Todesfall einfängt. Die einfache Antwort lautet daher: Sämtliche Schenkungen bedürfen der erbrechtlichen Kontrolle, deren Wirkungen zumindest teilweise erst mit dem Tod des Schenkers eintreten sollen, und sei es auch nur, dass die Erfüllung bis zum Tod hinausgeschoben wird. Denn das Erbrecht mancher Rechtsordnungen steht auch solchen Schenkungen kritisch gegenüber – der Blick nach Österreich bestätigt das. Auch auflösend bedingte oder befristete Schenkungen auf den Todesfall sollten zunächst erfasst werden. Voraussetzung ist aber stets, dass die Parteien den Aufschub der Wirkungen bis zum Tod wollen, andernfalls fehlt der erforderliche enge Bezug zum Erbrecht, er ist nicht größer als bei sonstigen Schenkungen unter Lebenden auch. Von dieser Wertung geht auch der DCFR aus.[1296]

Erst das von der Erbrechtsverordnung berufene Statut hat dann in einem zweiten Schritt Varianten auszusortieren, die es aus erbrechtlicher Warte für irrelevant erachtet. Nach welchen Leitlinien hat die Auswahl zu erfolgen? Darum soll es im Folgenden gehen.

b) *Zweiter Schritt: Beurteilung der Zulässigkeit der Schenkung auf den Todesfall aus der Warte des berufenen Erbrechts*

Das Kriterium der Zulässigkeit einer Schenkung auf den Todesfall wirft einige kollisionsrechtliche Fragen auf, die zu klären sind; die Fragen stellen sich auf unterschiedlichen Ebenen der Rechtsanwendung. Drei Ebenen sind gedanklich zu unterscheiden: Die erste Ebene ist das IPR der *lex fori*, der Ausgangspunkt zur Bestimmung des maßgeblichen Rechts (Ebene der Erstanknüpfung); insofern geht

---

1296 DCFR, Bd. 3, Kommentierung zu IV.H. – 1:105, unter „Transfer due on donor's death", S. 2814 f.

es also um die Auslegung der EuErbVO. Die zweite Ebene bildet gegebenenfalls das IPR des Staates, das durch die einschlägige Kollisionsnorm erster Ebene – nämlich der EuErbVO – berufen wird; sie kommt zum Tragen, wenn die maßgebliche Kollisionsnorm erster Ebene eine Gesamtverweisung ausspricht. Die dritte Ebene betrifft das letztlich zur Anwendung berufene Sachrecht nach Maßgabe der Normen erster und zweiter Ebene.

Auf erster Ebene ist zu bestimmen, wie die Frage der Zulässigkeit eines Rechtsgeschäftes unter Lebenden auf den Todesfall nach Maßgabe des europäischen IPR zu qualifizieren ist. Die Frage der Zulässigkeit der Schenkung auf den Todesfall ist erbrechtlich zu qualifizieren, da es um den Schutz spezifisch erbrechtlicher Interessen geht.[1297] Damit ist aber noch nicht geklärt, welches Statut nach der EuErbVO konkret maßgebend sein soll bzw. welche Kollisionsnorm der EuErbVO einschlägig ist (dazu unter aa)). Die EuErbVO spricht teilweise eine Gesamtverweisung aus, so dass gegebenenfalls das IPR des Staates, auf dessen Recht verwiesen wird, auf zweiter Ebene zu befragen ist. Welche Konsequenzen ergeben sich konkret, wenn das IPR zweiter Ebene anders qualifiziert? (dazu unter bb)) Auf dritter Ebene, also der Ebene des berufenen Sachrechts, ergibt sich schließlich die Schwierigkeit zu bestimmen, ob nach Maßgabe des berufenen Erbrechts die Schenkung auf den Todesfall zulässig ist. Dazu muss man wissen, welche Kriterien für die Beurteilung der Zulässigkeit aus kollisionsrechtlicher Sicht maßgeblich sind. Diese sind dann mit den Wertungen des berufenen Erbrechts abzugleichen (dazu unter cc)). Folgt aus der etwaigen Zuweisung der Schenkung auf den Todesfall zum Erbrecht zwangsläufig, dass die Schenkung als Rechtsgeschäft unter Lebenden unzulässig sein soll?

aa) Maßgebliches Statut

Innerhalb der EuErbVO kommen – jedenfalls theoretisch – verschiedene Kollisionsnormen und damit letztlich unterschiedliche Statute für die Beurteilung der Zulässigkeit der Schenkung auf den Todesfall in Betracht, nämlich allgemeines oder hypothetisches Erbstatut sowie Formstatut.

(1) Vorüberlegungen

Dass das materielle Erbrecht die Schenkung auf den Todesfall als Rechtsgeschäft unter Lebenden verbietet, kann auf unterschiedlichen Erwägungen basieren. Je nach Zweck eines etwaigen Verbots ließe sich das Formstatut, das hypothetische Erbstatut (Erbvertrag) oder das allgemeine Erbstatut heranziehen. Das soll an folgenden hypothetischen Beispielen illustriert werden: So könnte Rechtsordnung A die Schenkung auf den Todesfall verbieten, um eine Umgehung der erbrechtlichen Formenstrenge zu unterbinden. Denkbar ist es, die Frage der Zulässigkeit

1297 *Köhler*, in: Gierl et al., Internationales Erbrecht, Teil 1 § 4 Rn. 50.

als Formfrage anzusehen und sie demgemäß dem Formstatut zuzuweisen. Nach Rechtsordnung B wiederum soll eine Umgehung des Verbots von Erbverträgen verhindert werden. Funktional betrachtet ginge es um die Frage der Zulässigkeit eines Erbvertrages, die die EuErbVO gemäß Art. 25 Abs. 1 dem hypothetischen Erbstatut zuweist. Rechtsordnung C schließlich will mit dem Verbot die Nachlassbeteiligten vor Umgehungsgeschäften schützen. In diesem Fall geht es insbesondere um den Schutz von Angehörigen und Nachlassgläubigern, was die EuErbVO dem allgemeinen Erbstatut zuordnet. Soweit es dagegen um den Schutz des Vertragserben vor Aushöhlung seiner Erwerbsaussicht durch eine Schenkung auf den Todesfall geht, ist die Frage der Bindungswirkung eines Erbvertrages berührt, die die EuErbVO gemäß Art. 25 Abs. 1 dem hypothetischen Erbstatut zuweist.[1298]

Welches Statut soll nun den Ausschlag geben, wenn jeweils unterschiedliche Rechtsordnungen berufen sind? Der Konflikt ließe sich durch eine Mehrfachqualifikation lösen: Von einer Mehrfachqualifikation wird gesprochen, wenn mehrere Rechte simultan berufen werden;[1299] das Rechtsinstitut bzw. die Rechtsfrage wird dann nicht bloß einer Kollisionsnorm zugeordnet, sondern mehreren.[1300] Die Mehrfachqualifikation führt entweder zu einer kumulativen oder zu einer alternativen Anknüpfung – je nach Wertung.[1301] Die kumulative Anknüpfung würde die Anforderungen an die Schenkung auf den Todesfall verschärfen, würde sich also zugunsten der Nachlassberechtigten und zu Lasten des Beschenkten auswirken; die alternative Anknüpfung würde demgegenüber den Beschenkten begünstigen, da sie die Chancen der Wirksamkeit beträchtlich erhöht. Eine alternative Anknüpfung ist mit den Wertungen der EuErbVO nicht vereinbar und daher abzulehnen; den Beschenkten will die EuErbVO ihrer Konzeption nach anders als die Nachlassbeteiligten nicht gesondert schützen. In der Hierarchie stehen die Nachlassberechtigten vor dem Beschenkten; und diese Hierarchie darf der Rechtsanwender nicht durchbrechen, indem er den Beschenkten bevorzugt. Zudem soll das Kriterium der Zulässigkeit sicherstellen, dass die erbrechtlichen Interessen im Sinne der EuErbVO nicht übergangen werden; eine alternative Anknüpfung liefe diesem Ziel zuwider. Aber auch eine kumulative Anknüpfung ist nicht erstrebenswert. Sie würde die Anforderungen überspannen und die Nachlassberechtigten stärker schützen als erforderlich. Warum sollten die Nachlassberechtigten potentiell durch mehrere Rechtsordnungen geschützt werden? Ein solches Schutzniveau ist in der EuErbVO nicht angelegt – geschützt werden sollen die Nachlassberechtigten zuvörderst durch das allgemeine Erbstatut, zudem bloß mittelbar.

Ungeachtet der vorgenannten Einwände sollte eine Doppel- bzw. Mehrfachqualifikation nach Möglichkeit ohnehin vermieden werden. Zu rechtfertigen ist sie

---

1298 Siehe dazu oben unter § 3C.III.2.b)bb).

1299 *v. Hein*, in: Münchener Kommentar BGB, Bd. 12, Einl. IPR Rn. 153.

1300 *v. Bar/Mankowski*, IPR I, § 7 Rn. 178.

1301 *v. Hein*, in: Münchener Kommentar BGB, Bd. 12, Einl. IPR Rn. 154 f.

allenfalls dann, wenn ein Schwerpunkt nicht gefunden werden kann und eine eindeutige Zuweisung daher aussichtslos erscheint.[1302] Das ist nur selten der Fall; in der Regel ist eine eindeutige Qualifikation möglich.[1303] Eine Schwerpunktbildung ist auch deswegen geboten, weil die nationalen Regelungen der Schenkung auf den Todesfall häufig ein Bündel an Regelungszwecken verfolgen, um die spezifisch erbrechtlichen Interessen zu schützen. Daher sollte im Ausgangspunkt ein Statut den Ausschlag geben; so wird verhindert, dass die kohärente Entscheidung des jeweiligen nationalen Gesetzgebers konterkariert wird.

(2) Bestimmung des vorrangigen Statuts

Zu analysieren ist, welches Statut nach Maßgabe der EuErbVO den Ausschlag geben soll. Wo liegt der Schwerpunkt der Beurteilung?

(a) Formstatut

Das Formstatut scheidet von vornherein aus; denn der formale Teilaspekt des Zulässigkeitsproblems ist weniger gewichtig als der materielle. Es wäre daher nicht sachgerecht, die Frage der Zulässigkeit der Schenkung auf den Todesfall insgesamt, also auch hinsichtlich der materiellen Aspekte, dem Formstatut zu überantworten. Konsequenz wäre die Anwendung des Günstigkeitsprinzips. Es wäre mit den Wertungen der EuErbVO nicht zu vereinbaren, dem Günstigkeitsprinzip auch dann Raum zu geben, wenn es um materielle und nicht bloß formelle Aspekte geht; denn die EuErbVO verlangt in solchen Fällen eine Begrenzung der anwendbaren Rechte und keine Ausdehnung. Eine andere Frage ist, ob das Formstatut subsidiär auf dritter Ebene zum Tragen kommen sollte, wenn das für die Frage der Zulässigkeit berufene Sachrecht die Schenkung auf den Todesfall ausschließlich aus formalen Gründen verbietet. Das wird noch zu erörtern sein.

(b) Hypothetisches Erbstatut vs. allgemeines Erbstatut

Die Befürworter einer erbrechtlichen Qualifikation unterstellen die Schenkung auf den Todesfall dem hypothetischen Erbstatut.[1304] Fraglich ist jedoch, inwieweit das hypothetische Erbstatut maßgebend sein soll. Soll das hypothetische Erbstatut umfassend über die Schenkung auf den Todesfall entscheiden, also auch über deren Zulässigkeit? Die Fürsprecher einer erbvertraglichen Qualifikation halten

---

1302 *v. Bar/Mankowski*, IPR I, § 7 Rn. 178; *v. Hein*, in: Münchener Kommentar BGB, Bd. 12, Einl. IPR Rn. 156.

1303 *v. Hein*, in: Münchener Kommentar BGB, Bd. 12, Einl. IPR Rn. 156.

1304 Etwa *Dörner*, EuErbVO, ZEV 2012, 505 (508); *Schmidt*, in: Dutta/Weber, Internationales Erbrecht (1. Aufl.), Art. 1 EuErbVO Rn. 79; *Magnus*, in: Dutta/Weber, Internationales Erbrecht (1. Aufl.), IntSchenkungsR Rn. 43.

zumeist das hypothetische Erbstatut insgesamt für maßgebend.[1305] Schenkungen, die funktional auf eine postmortale Vermögensverteilung gerichtet sind, sollen unmittelbar unter den weiten unionsrechtlichen Begriff des Erbvertrages zu subsumieren sein, d.h. ohne dass es darauf ankäme, wie das Sachrecht die Schenkung auf den Todesfall einstuft.[1306]

Dass das hypothetische Erbstatut für die Schenkung auf den Todesfall eine Rolle spielt, kann und soll nicht geleugnet werden. Man denke etwa an die deutsche Regelung in § 2301 Abs. 1 BGB, wonach die Schenkung von Todes wegen zuvörderst in einen Erbvertrag umgedeutet wird, der zweifelsohne Art. 25 EuErbVO unterfällt. Aber sollte das hypothetische Erbstatut auch darüber entscheiden, ob die Schenkung auf den Todesfall aus erbrechtlichen Gründen zulässig ist und wie sie gegebenenfalls zu behandeln ist? Diese Frage wird kaum erörtert; es scheint, als täten die Befürworter der erbrechtlichen Qualifikation den zweiten Schritt vor dem ersten.

Für das hypothetische Erbstatut scheint auf den ersten Blick tatsächlich zu sprechen, dass die Schenkung auf den Todesfall funktional und begrifflich als Erbvertrag im Sinne der EuErbVO eingestuft werden kann – unabhängig davon, ob das Sachrecht die Schenkung auf den Todesfall in einen Erbvertrag umdeutet oder sie materiell ohne Umwege gar als echten Erbvertrag einstuft, weil sämtliche Merkmale erfüllt sind.[1307] Welche Voraussetzungen erfüllt sein müssen, damit ein wirksamer Erbvertrag vorliegt, bemisst sich nach der Konzeption der EuErbVO nach dem hypothetischen Erbstatut. Argumentieren ließe sich daher, dass es dann auch darüber befinden muss, welche Geschäfte als Erbvertrag einzustufen sind, inwieweit es also Rechtsgeschäfte unter Lebenden absorbieren will. Das Erfordernis zur Abgrenzung zu lebzeitigen Rechtsgeschäften ist auch Art. 25 EuErbVO immanent. Das ist besonders augenfällig, wenn das betreffende Sachrecht die Schenkung auf den Todesfall als echten Erbvertrag einstuft. Da die EuErbVO zudem die Zulässigkeit eines Erbvertrages explizit dem hypothetischen Erbstatut zuweist, wäre es konsequent, auch die Frage der Zulässigkeit der Schenkung auf den Todesfall dem

---

1305 So etwa *Schmidt*, in: Dutta/Weber, Internationales Erbrecht (1. Aufl.), Art. 1 EuErbVO Rn. 81.

1306 So etwa *Nordmeier*, Erbverträge, ZEV 2013, 117 (121); *Dutta*, in: Münchener Kommentar BGB, Bd. 12, Art. 1 EuErbVO Rn. 37, Art. 3 EuErbVO Rn. 10; *Dörner*, EuErbVO, ZEV 2012, 505 (508); so wohl auch *Süß*, Nachlassbezogene Verfügungen, in: Süß, Erbrecht in Europa, § 4 Rn. 81, wobei die Formulierung, das „Erbstatut" entscheide selbständig über die Zulässigkeit der Schenkung auf den Todesfall, einen anderen Schluss nahelegen könnte; im Ausgangspunkt auch *Magnus*, in: Dutta/Weber, Internationales Erbrecht (1. Aufl.), IntSchenkungsR Rn. 38, 43, wobei die EuErbVO doch nicht greifen soll, wenn das hypothetische Erbstatut die Schenkung auf den Todesfall nicht erbrechtlich einstuft.

1307 Vgl. *Fischer-Czermak*, in: Deixler-Hübner/Schauer, Art. 25 EuErbVO Rn. 12.

hypothetischen Erbstatut zuzuweisen. Weitere Gemeinsamkeit von Schenkung auf den Todesfall und Erbvertrag ist der rechtsgeschäftliche Charakter: In beiden Fällen treten bestimmte Rechtsfolgen ein, weil der Erklärende dies so wollte. Darauf ist Art. 25 EuErbVO zugeschnitten, ebenso wie auch Art. 24 EuErbVO für die übrigen Verfügungen von Todes wegen. Für das hypothetische Erbstatut spricht weiter, dass die Frage, ob die Schenkung auf den Todesfall aus erbrechtlicher Warte zulässig ist, von einem späteren Statutenwechsel unbeeinflusst bliebe. Die Parteien können bereits bei Vertragsschluss die Zulässigkeit der Schenkung auf den Todesfall zuverlässig prüfen.

Demgegenüber müssten die Parteien um den Bestand der Schenkung auf den Todesfall fürchten, wenn das bei Vertragsschluss noch nicht feststehende allgemeine Erbstatut die Frage der Zulässigkeit beherrscht. Ließe nämlich das allgemeine Erbstatut die Schenkung auf den Todesfall im Gegensatz zum hypothetischen Erbstatut nicht zu oder legte es strengere Maßstäbe an, so würde das Vertrauen der Parteien auf die Gültigkeit der Schenkung enttäuscht; die Parteien haben ein Interesse an der Vorhersehbarkeit des anwendbaren Rechts. Das hypothetische Erbstatut nach Art. 25 EuErbVO würde diesem legitimen Interesse grundsätzlich besser gerecht werden. Denn Art. 25 EuErbVO soll verhindern, dass der Erbvertrag durch einen späteren Statutenwechsel unwirksam wird;[1308] die Bestimmung soll die Rechtssicherheit fördern.[1309] Gänzlich würde aber auch Art. 25 EuErbVO den Beschenkten nicht vor negativen Auswirkungen eines Statutenwechsels schützen – pflichtteilsfest ist das Geschäft nämlich keinesfalls.[1310] Der Beschenkte ist nicht davor gefeit, dass er das Geschenk trotz wirksamer Schenkung später herausgeben muss, weil das bei Vertragsschluss nicht vorhersehbare allgemeine Erbstatut dies zum Schutze der Angehörigen verlangt.

Wer jedoch das hypothetische Erbstatut für die Zulässigkeit der Schenkung auf den Todesfall als maßgebend erachtet, wird der Komplexität der Fragestellung und den Wertungen der EuErbVO nicht gerecht. Art. 25 EuErbVO betrifft nur einen kleinen Ausschnitt des Erbrechts, nämlich Zulässigkeit, materielle Wirksamkeit und Bindungswirkungen speziell des Erbvertrages. Diese Fragen knüpft der Verordnungsgeber aus guten Gründen gesondert an: Auf den Vorteil der Vorhersehbarkeit wurde bereits hingewiesen; zudem soll der Erblasser nicht die Bindungswirkung des Erbvertrages beseitigen können, indem er seinen gewöhnlichen Aufenthalt wechselt.[1311] Da viele Rechtsordnungen den Erbvertrag nicht anerkennen, würde ein späterer Statutenwechsel die Wirksamkeit des Erbvertrages gefährden – das soll vermieden werden.[1312]

1308 *Soutier*, Geltung deutscher Rechtsgrundsätze in der EuErbVO, S. 98.
1309 *Hertel*, in: Rauscher, EuZPR/EuIPR V, Art. 25 EuErbVO Rn. 1.
1310 Vgl. *Hertel*, in: Rauscher, EuZPR/EuIPR V, Art. 25 EuErbVO Rn. 26.
1311 *Soutier*, Geltung deutscher Rechtsgrundsätze in der EuErbVO, S. 98.
1312 *Soutier*, Geltung deutscher Rechtsgrundsätze in der EuErbVO, S. 97.

Bei der Frage der Zulässigkeit der Schenkung auf den Todesfall geht es dagegen um mehr als nur diesen erbrechtlichen Teilaspekt: Es geht um die Abgrenzung des Erbrechts gegenüber dem Vertragsrecht; es geht um die Durchsetzung elementarer erbrechtlicher Belange.[1313] Diese elementaren Belange sind nach der Konzeption der EuErbVO im Wesentlichen dem allgemeinen Erbstatut zugewiesen, da dieses grundsätzlich über die gesamte Rechtsnachfolge von Todes wegen befindet (Art. 23 Abs. 1 EuErbVO). Es ist nicht sachgerecht, die Abgrenzung von Rechtsgeschäften unter Lebenden und solchen von Todes wegen dem hypothetischen Erbstatut zu überlassen; das würde die Systematik der EuErbVO auf den Kopf stellen. Die Zulässigkeit im Sinne von Art. 25 EuErbVO betrifft die Frage, ob eine bestimmte Art der Verfügung von Todes wegen dem Grunde nach erlaubt ist.[1314] Dagegen geht es hier um die Frage, ob und unter welchen Voraussetzungen ein bestimmtes Rechtsgeschäft unter Lebenden aus erbrechtlichen Gründen erlaubt ist. Art. 25 EuErbVO geht es nicht darum, das Erbrecht gegen bestimmte Rechtsgeschäfte unter Lebenden abzuschirmen, die das Erbrecht zu beeinträchtigen vermögen und dessen spezifische Wertungen untergraben könnten. Regelungen über die Schenkung auf den Todesfall zielen typischerweise auf den Schutz naher Angehöriger, Nachlassgläubiger und sonstiger Nachlassbeteiligter; diese Aspekte sind größtenteils explizit dem allgemeinen Erbstatut zugewiesen. Wenn nun aber der Schutz der Nachlassbeteiligten im Kern dem allgemeinen Erbstatut zugewiesen wird, so ist es folgerichtig – ja zwingend –, auch die Frage der Zulässigkeit von Schenkungen auf den Todesfall dem allgemeinen Erbstatut zuzuweisen; das Kriterium der Zulässigkeit soll schließlich diese spezifischen Interessen schützen. Der schwerwiegende Nachteil fehlender Vorhersehbarkeit ist wohl oder übel hinzunehmen – er ist in der EuErbVO angelegt.

Überdies würde Art. 25 EuErbVO die Problematik um die Zulässigkeit einer Schenkung auf den Todesfall nicht erschöpfend behandeln können. Denn zum einen wird die Schenkung auf den Todesfall nicht stets als Vertrag eingestuft, wie etwa § 956 Satz 1 ABGB a.F. zeigt.[1315] Ein Erbvertrag liegt schon begrifflich nicht vor, wenn ein einseitiges Rechtsgeschäft in Rede steht. Zum anderen passt Art. 25 EuErbVO dann nicht, wenn das berufene Erbrecht die Schenkung auf den Todesfall gänzlich verbietet, ohne im Gegenzug eine Umdeutung in einen Erbvertrag zu ermöglichen.

Folglich muss die Frage nach der Zulässigkeit der Schenkung auf den Todesfall nach derzeitiger Konzeption der EuErbVO dem allgemeinen Erbstatut unterstellt werden.

1313 Siehe auch *Köhler*, in: Gierl et al., Internationales Erbrecht, Teil 1 § 4 Rn. 50 f.

1314 *Soutier*, Geltung deutscher Rechtsgrundsätze in der EuErbVO, S. 153.

1315 Siehe dazu *Rudolf/Zöchling-Jud/Kogler*, in: Rechberger/Zöchling-Jud, EuErbVO, Kap. 3 Rn. 123.

(3) Kritik an der Konzeption der EuErbVO

Kritik gegen die vorgeschlagene Lösung ist programmiert – und ja, sie ist nicht unberechtigt! Nur leider ist es die Erbrechtsverordnung selbst, die den hier eingeschlagenen Weg vorgibt. Rechtspolitisch ist die Konzeption der EuErbVO zu kritisieren: Die Nachlassberechtigten wären auch bei Maßgeblichkeit des hypothetischen Erbstatuts hinreichend geschützt, weil die Möglichkeit zur Rechtswahl gleichermaßen begrenzt wäre. Gerade die Begrenzung der Rechtswahl ist nach der Konzeption der EuErbVO der entscheidende Schutzmechanismus. Besonders misslich ist die Konzeption der EuErbVO wiederum für den Beschenkten, weil der Bestand der Schenkung zusätzlich gefährdet wird: Der Beschenkte muss nicht nur *clawback provisions* fürchten, sondern sogar um die Wirksamkeit der Schenkung insgesamt. Aber ist die Rechtsunsicherheit für den Beschenkten wirklich größer als ohnehin schon, wenn die Zulässigkeit der Schenkung auf den Todesfall dem allgemeinen Erbstatut untersteht? Das darf bezweifelt werden. Denn um den Bestand des avisierten Geschäfts muss der Beschenkte beide Male fürchten. Zumal: Wenn schon der durch eine gewöhnliche Schenkung Bedachte um den Bestand der Schenkung fürchten und eine Rückforderung hinnehmen muss, so muss das erst recht für den durch eine Schenkung auf den Todesfall Begünstigten gelten. Denn diese Schenkung wird erst mit dem Tod des Schenkers endgültig wirksam, so dass der Vertrauensschutz niedriger anzusetzen ist, wenngleich je nach Konstellation Abstufungen hinsichtlich der Schutzwürdigkeit auszumachen sind. Am schutzwürdigsten ist der Beschenkte, wenn die Schenkung auf den Todesfall zu Lebzeiten bereits vollzogen wurde und das Versprechen nach dem Willen der Parteien verbindlich sein sollte. Am wenigsten schutzwürdig erscheint der Beschenkte, wenn das Geschäft noch nicht vollzogen ist, dessen Wirksamkeit zudem von einer aufschiebenden Überlebensbedingung abhängt und der Schenker sich zusätzlich den jederzeitigen Widerruf vorbehalten hat.

Abfedern lässt sich die Unsicherheit durch eine Rechtswahl zugunsten des Heimatrechts des Schenkers. Allerdings nützt die Rechtswahlmöglichkeit zunächst einmal allein dem Schenker; dem Beschenkten bleibt grundsätzlich nichts anderes übrig, als darauf zu hoffen, dass der Schenker entweder den Ort des gewöhnlichen Aufenthalts nicht mehr ändert oder aber die Rechtswahl nicht mehr widerruft. Abhilfe könnte die Rechtswahl in einem Erbvertrag zwischen Schenker und Beschenktem schaffen. Allerdings ist damit noch nicht gesagt, dass die getroffene Rechtswahl auch bindend ist, was ja Voraussetzung dafür wäre, dass sich die Position des Beschenkten signifikant verbessert. Ob eine entsprechende Bindung erzielt werden kann, ist eine Frage des nach Art. 25 EuErbVO zur Anwendung berufenen materiellen Rechts. Eine verbindliche Rechtswahl zugunsten des deutschen Rechts im Rahmen eines Erbvertrages ist nach dem neu gefassten § 2278 Abs. 2 BGB nunmehr möglich,[1316] die Parteien können das Geschäft also in sicherere

1316 Dazu *Dutta*, in: Münchener Kommentar BGB, Bd. 12, Art. 22 EuErbVO Rn. 31.

Bahnen lenken, was sich gerade für den Beschenkten positiv auswirkt. Allerdings ist es dann unter Umständen sinnvoller, sogleich auch die Vermögenszuwendung im Rahmen des Erbvertrages vorzunehmen. Letztlich hängt aber vom Zufall ab, ob eine verbindliche Rechtswahl möglich ist – je nachdem, ob das Heimatrecht des Erblassers eine solche vorsieht.

Für den Erblasser ist die Regelung weniger einschneidend: Zum einen hängt es von ihm selbst ab, ob es zum Statutenwechsel kommt. Zum anderen kann er auf einen späteren Statutenwechsel nötigenfalls reagieren, indem er testamentarisch zugunsten des Beschenkten verfügt – vorausgesetzt, er weiß um die rechtlichen Probleme. Theoretisch könnte er den Statutenwechsel sogar bewusst herbeiführen, um sich eines verbindlichen Schenkungsversprechens, das ihn später reut, zu entledigen. Das mag manchem Schenker willkommen sein – interessengerecht ist es nicht! Gleichwohl: Auch der Schenker würde von mehr Vorhersehbarkeit profitieren. Denn wieviel ist die Parteiautonomie noch wert, wenn sie später potentiell durch ein im Zeitpunkt der Schenkung nicht vorhersehbares Recht wieder kassiert wird? Es lässt sich auch bezweifeln, ob der beratende Rechtsanwalt eine freie Rechtswahl bei Schenkungen auf den Todesfall empfehlen kann.[1317] Effektiver Gebrauch der Parteiautonomie setzt Vorhersehbarkeit und Rechtsbeständigkeit voraus. Die EuErbVO erschwert die Nachlassplanung stärker als notwendig. Ungeachtet dessen gibt es aber keinen Grund, im späteren Erbfall eine Rechtswahl nicht zu akzeptieren, obwohl das Erbstatut gegen die fragliche Schenkung auf den Todesfall keine Einwände erhebt. Daher ist es trotz konstruktiver Schwächen gerechtfertigt, an dem Ziel, die Parteiautonomie durch eine weitreichende vertragliche Qualifikation zu stärken, festzuhalten.

(4) Reformvorschlag

An den europäischen Gesetzgeber ist zu appellieren, die konstruktive Schwäche auszubügeln: Zum einen sollte er eine gesonderte Regelung schaffen, die die Frage der Zulässigkeit von Schenkungen auf den Todesfall explizit dem hypothetischen Erbstatut im Zeitpunkt der Schenkung zuweist, besser noch die Frage der Zulässigkeit von sämtlichen Rechtsgeschäften unter Lebenden auf den Todesfall, also auch sonstige unentgeltliche und zudem entgeltliche Geschäfte. Durch die Sonderregelung würde auch zum Ausdruck gebracht, dass es um mehr geht als bloß die in Art. 25 EuErbVO angesprochenen Fragen, auch wenn es letztlich zu einem Gleichlauf beider Bereiche kommen wird. Vorgeschlagen wird folgende Regelung:

> Ob ein Rechtsgeschäft unter Lebenden auf den Todesfall aus erbrechtlichen Gründen zulässig ist, bemisst sich nach dem Recht, das nach dieser Verordnung auf die Rechtsnachfolge von Todes wegen anzuwenden wäre, wenn der Erblasser zu dem Zeitpunkt

---

1317 Vgl. *Sieghörtner*, in: Reimann/Bengel/Mayer, Testament und Erbvertrag, Syst. B Rn. 61.

> verstorben wäre, in dem das Geschäft getätigt wurde. Getätigt ist das Geschäft bei einem einseitigen Geschäft mit Abgabe des Leistungsversprechens, bei einem mehrseitigen mit Vertragsschluss; auf den Vollzug kommt es nicht an.

Ergänzt werden sollte Art. 3 EuErbVO zwecks Klarstellung um eine Definition des Begriffs „Rechtsgeschäft unter Lebenden auf den Todesfall". Die Herausforderung besteht darin, eine Definition zu finden, die einerseits weit genug ist und sich andererseits von dem unionsrechtlichen Begriff der Rechtsnachfolge von Todes wegen deutlich abgrenzt. Letzteres ist schwierig, weil die Art und Weise des Vermögensübergangs kein taugliches Kriterium ist; denn erfasst werden sollen gerade auch solche Geschäfte, die das allgemeine Erbstatut in eine Verfügung von Todes wegen umdeutet, so dass letztlich ein Vermögensübergang von Todes wegen im Sinne von Art. 3 lit. a EuErbVO in Rede steht. Der Zeitpunkt, in dem die Wirkungen eintreten sollen, bietet ebenfalls keine sichere Abgrenzung. Zwar dürften Verfügungen von Todes wegen typischerweise keine Vorwirkungen haben; ohne umfassende rechtsvergleichende Prüfung bleibt diese Annahme indes spekulativ. Aber selbst wenn diese Annahme zutreffen sollte, so ließe sie sich nicht fruchtbar machen für die Definition, da der Umkehrschluss, dass ein Rechtsgeschäft unter Lebenden auf den Todesfall stets zu Lebzeiten Vorwirkungen zeitige, unzulässig ist; eine entsprechende Definition wäre mithin zu eng.

Aufschlussreich dürfte die äußere Erscheinung sein, durch die sich das Geschäft von der Verfügung von Todes wegen abhebt: Es fehlen die für die Verfügung von Todes wegen typische Form und die sie prägenden Begrifflichkeiten. Allerdings bietet dieses Merkmal bloß eine Annäherung, es bleibt vage, zumal es an ein materiellrechtliches Vorverständnis anknüpft. Eine befriedigende Definition ist nicht leicht zu finden. Die gewählte Form korrespondiert mit dem Willen, einen Vermögensübergang außerhalb des Erbrechts zu bewirken; dieses subjektive Moment ist ein wichtiger Fingerzeig. Zudem muss die Definition berücksichtigen, dass es nicht allein um Verträge geht, wenngleich sie den Regelfall bilden. Die Definition könnte wie folgt lauten:

> Rechtsgeschäfte unter Lebenden auf den Todesfall bezeichnen einseitige oder mehrseitige Geschäfte, deren endgültige Wirkungen zumindest teilweise erst mit dem Tod des Erblassers eintreten sollen, die zumindest ihrer äußeren Gestalt nach aber keine Verfügungen von Todes wegen sind. Der Erblasser erstrebt erkennbar einen Vermögenstransfer außerhalb des Erbrechts, wie insbesondere bei Schenkungen auf den Todesfall.

Zum anderen sollten *clawback provisions* wie überhaupt erbrechtlich motivierte Rückforderungsansprüche gegen den nachlassfremden Beschenkten dem hypothetischen Erbstatut im Zeitpunkt der Schenkung unterstellt werden und damit die Regelung zur Zulässigkeit von Rechtsgeschäften unter Lebenden auf den Todesfall flankieren; ausgenommen bleiben sollten lediglich Rückforderungsansprüche des Vertragserben, sofern es um Schenkungen geht, die erst nach Abschluss des Erbvertrages getätigt worden sind. Ohne eine solche flankierende Bestimmung wäre die Regelung zur Zulässigkeit lebzeitiger Geschäfte auf den Todesfall unvollständig, weil eine nachträgliche Vereitelung durch eine Rechtsordnung drohen würde, die im Zeitpunkt der Zuwendung noch nicht feststeht, was die Planungssicherheit beeinträchtigt. Die Vorschrift könnte wie folgt lauten:

> Die Rückforderung unentgeltlicher Zuwendungen gegenüber einem nachlassfremden Dritten aus erbrechtlichen Gründen (*clawback*) unterliegt dem Recht, das nach dieser Verordnung anzuwenden wäre, wenn der Erblasser in dem Zeitpunkt der Zuwendung verstorben wäre, wobei das Verpflichtungsgeschäft maßgebend ist. Hiervon ausgenommen ist die Rückforderung einer den Erbvertrag aushöhlenden Zuwendung des Vertragserben gegenüber dem nachlassfremden Zuwendungsempfänger, sofern der Erbvertrag vor der Zuwendung geschlossen worden war; diese Rückforderung untersteht dem Erbvertragsstatut nach Art. 25 dieser Verordnung.

Die Interessen der Nachlassbeteiligten blieben im Rahmen der vorgeschlagenen Reform ausreichend geschützt, da die Möglichkeit zur Rechtswahl ebenso stark beschränkt wäre wie bisher; der Verordnungsgeber hat bewusst davon abgesehen, Pflichtteilsansprüche zum besseren Schutz der Angehörigen gesondert anzuknüpfen. Mit der späteren Anwendung des hypothetischen Erbstatuts müssen die Angehörigen ohnehin rechnen. Derzeit bleibt die vorgeschlagene Lösung auf Grundlage des geltenden Rechts leider halbgar, weil die Parteien keine Planungssicherheit haben. Der Verordnungsgeber hat das Problem der Schenkung auf den Todesfall offenkundig nicht hinreichend gewürdigt, obwohl dessen Lösung essentiell ist – er sollte daher nachbessern, allen voran, um einen gerechteren Interessenausgleich herbeizuführen. Positiver Nebeneffekt einer entsprechenden Reform wäre zudem eine weitestgehend einheitliche Anknüpfung der Schenkung auf den Todesfall und damit eine Harmonisierung ihrer Zulässigkeit mit den übrigen Voraussetzungen.

Die derzeitige Konzeption führt potentiell zu Spannungen mit dem hypothetischen Erbstatut: Angenommen, das allgemeine Erbstatut versagt der Schenkung auf den Todesfall die Wirksamkeit als Rechtsgeschäft unter Lebenden, lässt aber eine Umdeutung in einen Erbvertrag zu. Die Möglichkeit der Umdeutung ist wertungsmäßig mit der Frage der Zulässigkeit verzahnt. Das zeigt sich im deutschen Recht daran, dass das Verbot nicht explizit ausgesprochen wird, sondern sich erst aus der angeordneten Umdeutung ergibt. Folglich sollten beide Aspekte im IPR nicht getrennt werden, will man das Ergebnis nicht verfälschen. Andererseits ist aber die Frage, ob ein Erbvertrag zulässig ist und welche Voraussetzungen gegebenenfalls erfüllt sein müssen, gemäß Art. 25 EuErbVO dem hypothetischen Erbstatut zugewiesen. Mithin darf das allgemeine Erbstatut nur darüber befinden, ob es eine Umdeutung überhaupt vorsehen oder das Geschäft gänzlich untersagen will. Lässt das allgemeine Erbstatut eine Umdeutung zu, so richten sich die weiteren Voraussetzungen nach dem hypothetischen Erbstatut. Damit befindet das hypothetische Erbstatut letztlich auch über die wesentlichen Voraussetzungen der Schenkung auf den Todesfall. Das ist problematisch, weil Zulässigkeit und Voraussetzungen der Schenkung auf den Todesfall in der Regel aufeinander abgestimmt sind. Im Kollisionsrecht wird dann somit getrennt, was eigentlich zusammengehört. Das lässt sich aber verschmerzen, im Vordergrund steht schließlich das Ziel, die erbrechtlichen Interessen zu schützen – und dieses Ziel wird erreicht, zumal die wesentlichen Wirkungen ohnehin dem allgemeinen Erbstatut unterstehen. Überdies ist der materiellrechtliche Ansatz, das Geschäft insgesamt dem Erbrecht zuzuschlagen, eher grob. Gleichwohl wäre es wünschenswert, die zusammenhängenden Fragen demselben Statut zu unterwerfen: Nicht nur, um die Rechtsanwendung und die Planungen der Parteien zu erleichtern, sondern auch um Wertungswidersprüche durch die kollisionsrechtliche Spaltung zu vermeiden, die im Wege der Anpassung gelöst werden müssten. Auch dieser Befund offenbart, dass der Verordnungsgeber der Abgrenzung zwischen Rechtsgeschäften unter Lebenden und solchen von Todes wegen nicht die nötige Beachtung geschenkt hat.

Die vorgeschlagene Reform führt jedoch zu einem Bruch in der Systematik, der sich indes kaum vermeiden lässt: Denn systematisch wäre die Frage der Zulässigkeit der Schenkung auf den Todesfall weiterhin besser beim allgemeinen Erbstatut aufgehoben, weil es um den Schutz des Erbrechts in all seinen Facetten geht. Das Pflichtteilsrecht etwa bliebe ja abgesehen von *clawback provisions* dem allgemeinen Erbstatut zugewiesen. Es wäre aber falsch, systematischen Erwägungen den Vorrang vor einer interessengerechten Lösung einzuräumen – das liefe auf einen nicht gerechtfertigten Dogmatismus hinaus. Die Heranziehung des hypothetischen Erbstatuts im Zeitpunkt der Schenkung wäre das kleinere Übel.

bb) Konsequenzen der eingeschränkten Gesamtverweisung für die Frage der Zulässigkeit

Die EuErbVO hält den *renvoi* – anders als etwa die Rom I-VO – teilweise für beachtlich. Wer die Zulässigkeit von Schenkungen auf den Todesfall erbrechtlich qualifiziert, müsste folgerichtig gegebenenfalls das IPR des Drittstaates einbeziehen und einen etwaigen *renvoi* beachten. Das erscheint bei wertender Betrachtung – zumindest auf den ersten Blick – zweifelhaft. Der Zweck des *renvoi*, den internationalen Entscheidungseinklang zu fördern, lässt sich im Graubereich von Internationalem Vertrags- und Erbrecht ohnehin nicht erzielen, zumal die Rom I-VO den *renvoi* nicht anerkennt. Zu erwägen wäre daher eine teleologische Reduktion von Art. 34 EuErbVO, da dessen Nutzen gering zu sein scheint, der Aufwand dagegen beträchtlich; denn es wird oft nicht leicht zu ermitteln sein, wie das berufene IPR des Drittstaates die Schenkung auf den Todesfall qualifiziert, insbesondere deshalb, weil mit der Frage der Zulässigkeit lediglich ein Ausschnitt der Problematik zur Prüfung steht. Es ginge jedoch zu weit, Art. 34 EuErbVO gänzlich zu übergehen, wenn es um die Frage der Zulässigkeit von Rechtsgeschäften unter Lebenden auf den Todesfall aus erbrechtlicher Warte geht. Art. 34 EuErbVO gibt keinen Anhaltspunkt dafür, eine erbrechtliche Teilfrage vom *renvoi* auszuklammern – ganz im Gegenteil: Art. 34 Abs. 2 EuErbVO listet spezifische Fälle auf, in denen eine Rück- und Weiterverweisung nicht zu beachten ist, sieht jedoch keine allgemein gehaltene Ausnahmeklausel vor wie etwa Art. 4 Abs. 1 Satz 1

EGBGB[1318]; für weitergehende Ausnahmen bleibt dann grundsätzlich kein Raum. Das gilt jedenfalls dann, wenn das verwiesene Recht eines Drittstaates die Schenkung auf den Todesfall erbrechtlich behandelt, es aber zu einer Rück- oder Weiterverweisung wegen einer abweichenden Anknüpfung kommt.

Wie ist nun aber zu verfahren, wenn das IPR des Staates, auf dessen Recht verwiesen wird, die Schenkung auf den Todesfall vertraglich qualifiziert und auf das Recht eines Mitglied- oder Drittstaats weiterverweist? Sollte die Verweisung beachtet werden, ist sie dann noch sinnvoll? Ein *renvoi* kraft abweichender Qualifikation ist grundsätzlich zu beachten.[1319] Das Ziel des internationalen Entscheidungseinklangs lässt sich nämlich nur erreichen, wenn das IPR des Drittstaats so angewandt wird, wie es dessen Richter anwenden würden.[1320] Auch wenn sich dieses Ziel – wie erwähnt – bei der Schenkung auf den Todesfall nicht verwirklichen lässt, ist an der Entscheidung des Verordnungsgebers grundsätzlich festzuhalten. Allerdings ließe sich argumentieren, die Verweisung an dieser Stelle deswegen abzubrechen, weil das IPR des nach der EuErbVO berufenen Rechts offenbar keine Friktionen mit dem Erbrecht befürchtet und die Durchsetzung erbrechtlicher Belange nicht für erforderlich hält; demgemäß scheint die Frage der Zulässigkeit positiv beantwortet zu sein. Folglich könnte die Verweisung bei wertender Betrachtung für unbeachtlich erklärt werden. Maßgebend wäre dann allein das Vertragsstatut, zu ermitteln nach der Rom I-VO.

Eine teleologische Reduktion ist aber auch in diesem Fall nicht zu befürworten, würde sie doch die Grenzen zwischen IPR und Sachrecht verwischen. Ob die Schenkung auf den Todesfall zulässig ist, ist eine materiellrechtliche Frage, die Antwort ist mithin nicht unmittelbar im IPR zu finden. Sonst würde der Sachentscheidung durch ein Recht vorgegriffen, das überhaupt nicht berufen ist. Zudem wäre eine solche Einschränkung des *renvoi* inkonsequent, weil bezüglich eines etwaigen *clawback* der lebzeitigen Schenkung der *renvoi* beachtlich wäre. Die abweichende Qualifikation im Drittstaat ändert überdies nichts an der Qualifikation des Forumstaates: Internationales Erbrecht wird nicht zu Internationalem Vertragsrecht! Entscheidend ist vielmehr allein das Ergebnis der abweichenden Qualifikation, nämlich dass das IPR des Drittstaats den Sachverhalt nicht aufgreifen möchte.[1321]

Die EuErbVO respektiert das Ergebnis der Entscheidung nicht nur, sondern macht es sich gewissermaßen insofern zu Eigen, als es die Weiter- oder Rückverweisung durch den Drittstaat akzeptiert. Eine Differenzierung nach dem Grund der

---

1318 Der *renvoi* ist nach Art. 4 EGBGB unbeachtlich, wenn es dem Sinn der Verweisung widersprechen würde; siehe dazu etwa *v. Hein*, in: Münchener Kommentar BGB, Bd. 12, Art. 4 EGBGB Rn. 28 ff.

1319 *Bauer/Fornasier*, in: Dutta/Weber, Internationales Erbrecht, Art. 34 EuErbVO Rn. 20.

1320 *Bauer/Fornasier*, in: Dutta/Weber, Internationales Erbrecht, Art. 34 EuErbVO Rn. 20.

1321 Vgl. *v. Bar/Mankowski*, IPR I, § 7 Rn. 152.

Verweisung sieht Art. 34 EuErbVO grundsätzlich nicht vor. Auch würde eine teleologische Reduktion zu praktischen Schwierigkeiten führen, denn es müsste der Sinn der vertraglichen Qualifikation näher beleuchtet werden. Letztlich dürfte der hier aufgeworfenen Frage aber ohnehin keine große praktische Bedeutung zukommen angesichts des erstrebten Gleichlaufs von Zuständigkeit und anwendbarem Recht. Bei einer Rechtswahl, dem praktisch wichtigsten Fall der Durchbrechung des Gleichlaufprinzips, ist der *renvoi* gemäß Art. 34 Abs. 2 EuErbVO ohnehin ausgeschlossen, würde er doch dem Sinn der Verweisung widersprechen.

Folglich ist der *renvoi* im Kontext der Schenkung auf den Todesfall im Rahmen von Art. 34 EuErbVO zu beachten.

cc) Beurteilung der Zulässigkeit auf der Ebene des Sachrechts

Mitunter wird es schwierig sein zu beurteilen, ob das berufene allgemeine Erbstatut die Schenkung auf den Todesfall als Rechtsgeschäft unter Lebenden zulässt. Denn häufig wird das Erbstatut die Schenkung auf den Todesfall entweder vollständig oder zumindest teilweise den erbrechtlichen Vorschriften unterwerfen, ohne explizit ein Verbot auszusprechen. Folglich ist ungewiss, ob die Zuweisung zum Erbrecht für sich genommen ausreicht, um die fragliche Schenkung auf den Todesfall kollisionsrechtlich insgesamt dem Erbstatut zu unterwerfen. Gerechtfertigt erscheint die Zuweisung zum Erbrecht nur, wenn es dem materiellen Recht um den Schutz erbrechtlicher Wertungen und Interessen geht. Das führt zur Frage: Wie ist die Zuweisung zum Erbrecht im materiellen Recht zu qualifizieren? Aber selbst wenn das Erbstatut die Schenkung auf den Todesfall explizit verbietet, so ist damit keineswegs gewiss, dass dieses Verbot aus der Warte der EuErbVO auch relevant ist. Das Verbot kann unterschiedliche Gründe haben; ein solcher Grund muss nicht zwingend erbrechtlicher Natur sein. Wie ist diesbezüglich zu verfahren? Eindeutig zu beantworten ist die Frage der Zulässigkeit nach alledem nur dann, wenn das als Erbstatut berufene Recht die fragliche Schenkung auf den Todesfall als Rechtsgeschäft unter Lebenden behandelt. Dann steht fest, dass das Erbstatut keine Einwände gegen die fragliche Schenkung auf den Todesfall erhebt und die Schenkung somit insgesamt dem Vertragsstatut zugewiesen werden kann.

(1) Zuweisung zum Erbrecht

Zunächst soll der Frage nachgegangen werden, wie die Zuweisung zum Erbrecht zu beurteilen bzw. zu qualifizieren ist. Zwei Konstellationen sind zu unterscheiden: Das materielle Recht könnte die Schenkung auf den Todesfall entweder insgesamt dem Erbrecht unterstellen oder bloß teilweise.

(a) Gesamtzuweisung

Die Zuweisung der Schenkung auf den Todesfall zum Erbrecht muss nicht zwingend den Schutz erbrechtlicher Interessen bezwecken, sondern kann darin begründet sein, den sachnächsten und damit sachgerechten Regelungsbereich zur

Anwendung zu bringen. So sieht *Reischl* im Gegensatz zur herrschenden Meinung beispielsweise den Zweck von § 2301 BGB darin, den „problematischen Grenzbereich zwischen lebzeitigen und letztwilligen Rechtsgeschäften zu vereinheitlichen, indem klargestellt wird, nach welchen Kriterien diese Abgrenzung zu erfolgen hat".[1322] Es gehe daher um die effektive Verwirklichung eines „legislativen Ordnungsplans", um Transparenz und Rechtssicherheit für diesen Grenzbereich zu schaffen.[1323] Gebieten die Wertungen in Art. 23 EuErbVO in einem solchen Fall, dass das Erbstatut über die Schenkung auf den Todesfall herrscht? Anders gefragt: Ist die Zuweisung dann überhaupt erbrechtlich zu qualifizieren?

Die Wertungen in Art. 23 EuErbVO sind mit der Funktion der materiellrechtlichen Zuweisungsnorm abzugleichen, will man eine Antwort erhalten.[1324] Gleicht man das materiellrechtliche Anliegen mit dem Kollisionsrecht ab, so werden Zweifel an der erbrechtlichen Qualifikation einer solchen Zuweisung genährt. Denn der Ordnungsplan des nationalen Gesetzgebers wird im internationalen Kontext verwässert, wenn Vertragsstatut und Erbstatut unterschiedliche Rechtsordnungen sind. Jede Rechtsordnung verfolgt einen eigenen Ordnungsplan, wobei die einzelnen Rechtsordnungen die Grenze zwischen Rechtsgeschäften unter Lebenden und solchen von Todes wegen zum Teil ganz unterschiedlich ziehen. Der Ordnungsplan einer der beiden Rechtsordnungen muss zwangsläufig weichen. Folglich kann das Anliegen, die einzelnen Regelungsbereiche im Interesse der Rechtssicherheit und Transparenz klar gegeneinander abzugrenzen, für sich genommen nicht ausreichen.

Gleichwohl sollte das Erbstatut ausnahmslos über die Schenkung auf den Todesfall herrschen, sobald dieses sie gänzlich dem Erbrecht unterstellt. Denn in den seltensten Fällen wird sich eindeutig ergeben, ob das Erbstatut bloß einen Ordnungsplan verfolgt, ohne dass es ihm zugleich um den Schutz zwingender erbrechtlicher Vorschriften ginge. Es ist kaum praktikabel, nach Sinn und Zweck der Zuweisung zum Erbrecht zu fragen. Die Rechtssicherheit würde leiden, was nicht erstrebenswert ist; der Vorteil größerer Parteiautonomie würde diesen Nachteil kaum aufwiegen. Zwar wäre es prinzipiell wünschenswert, der Parteiautonomie größeren Raum zu gewähren, indem der Anwendungsbereich der Rom I-VO weit gezogen wird. Allerdings ist die Zuweisung der Schenkung auf den Todesfall zum Erbrecht ein starkes Indiz, dass es um mehr geht als nur einen gesetzgeberischen Ordnungsplan. Zudem dürfte ein solcher alleiniger Regelungszweck der Schenkung auf den Todesfall nur selten zugrunde liegen, so dass die Bedeutung dieser Differenzierung ohnehin gering wäre. Im Regelfall wird es – zumindest mittelbar – auch um den Schutz erbrechtlicher Interessen und Wertungen gehen. Das muss reichen, um das Erbstatut für maßgebend zu erachten.

1322 *Reischl*, Schenkung von Todes wegen, S. 24.

1323 *Reischl*, Schenkung von Todes wegen, S. 24.

1324 Vgl. *Weber*, in: Dutta/Weber, Internationales Erbrecht, Einl. Rn. 94 f.

(b) Teilzuweisung

Schwieriger zu beurteilen ist es, wenn das Sachrecht teils die schenkungsrechtlichen, teils die erbrechtlichen Vorschriften anordnet. Das ist typisch für Mischinstitute wie etwa die *donatio mortis causa* des englischen Rechts. Hat der Schenker in Lebensgefahr eine Sache schenkweise übergeben in der Annahme, er werde die Gefahr nicht überleben, so liegt nach englischem Recht eine *donatio mortis causa* vor. Ist das englische Recht Erbstatut, nicht aber Vertragsstatut, etwa weil die Parteien deutsches Recht vereinbart haben, so ist zu fragen: Will das englische Recht zwingend angewendet werden, um spezifisch erbrechtliche Interessen zu schützen? Diese Frage lässt sich nicht leicht beantworten, weil das englische Recht eine eindeutige Zuordnung zum einen oder zum anderen Regelungsbereich nicht vornimmt – nicht vornehmen muss. Dementsprechend bleibt auch die Frage unbeantwortet, ob die fragliche Schenkung auf den Todesfall aus der Warte des Erbrechts zulässig ist.

Die Herausforderung besteht bei der kollisionsrechtlichen Behandlung nun darin, die Wertungen des Mischinstituts zu ergründen: Warum ordnet das Sachrecht teilweise die erbrechtlichen Bestimmungen an? Offenbar hält es die Vorschriften für Rechtsgeschäfte unter Lebenden nicht in jeglicher Hinsicht für passend; sonst hätte es eines Mischinstituts nicht bedurft. Bedeutet das nicht, dass es auch um die Durchsetzung erbrechtlicher Interessen geht? Das ist gut möglich, aber keineswegs zwingend. Die Anwendung erbrechtlicher Vorschriften auf bestimmte Rechtsfragen der *donatio mortis causa* oder eines vergleichbaren Instituts kann schlicht darauf zurückzuführen sein, dass der Gesetzgeber die erbrechtlichen Bestimmungen als die sachnächsten und deren Anwendbarkeit daher als wünschenswert und legitim ansah. Damit ist nicht zwangsläufig die weitergreifende Wertung verbunden, zwingende erbrechtliche Interessen schützen zu wollen. Das Erbstatut will die Schenkung auf den Todesfall dann nicht verhindern und ist somit nicht anzuwenden.

Charakteristisch für ein Mischinstitut dürfte sein, dass der Erwerb sich außerhalb des Erbrechts vollzieht. Das indiziert gemäß Art. 1 Abs. 2 lit. g EuErbVO die Nichtanwendbarkeit der EuErbVO. Werden die erbrechtlichen Vorschriften teilweise für anwendbar erklärt, um eine Umgehung zwingender erbrechtlicher Vorschriften zu verhindern, so ist der Ausschluss der EuErbVO indes zweifelhaft, es kommt zu einem Konflikt zwischen zwei Prinzipien der EuErbVO, nämlich einerseits dem Prinzip in Art. 1 Abs. 2 lit. g EuErbVO, wonach der Rechtserwerb außerhalb des Erbrechts nicht erfasst sein soll, andererseits dem in Art. 23 EuErbVO verankerten Prinzip, erbrechtliche Interessen durchzusetzen. Wie ist dieser Konflikt zu lösen? Ein Kompromiss könnte darin bestehen, das Erbstatut nur insoweit heranzuziehen, als es auch selbst angewandt sein will; im Übrigen würden die Voraussetzungen dem Vertragsstatut entnommen.[1325] Das wäre insofern konsequent,

1325 So *Köhler*, in: Gierl et al., Internationale Erbrecht, Teil 1 § 4 Rn. 52.

als das Erbstatut nicht stärker bemüht würde, als es aus dessen eigener Warte erforderlich wäre. Somit würde das Postulat erfüllt, dem Internationalen Vertragsrecht grundsätzlich den Vorrang einzuräumen wegen seiner weiterreichenden Parteiautonomie.

Zu berücksichtigen ist jedoch, dass die Sonderanknüpfung zu Anpassungsschwierigkeiten führen kann, was nach Möglichkeit zu vermeiden ist; eine weitestgehend einheitliche Anknüpfung ist vorzuziehen. Hiergegen ist allerdings einzuwenden, dass es auch innerhalb der EuErbVO wegen Art. 24, 25 zu einer Aufspaltung kommt und es somit zu Anpassungsschwierigkeiten zwischen allgemeinem und hypothetischem Erbstatut kommen kann. Das liegt wiederum in der Differenzierung zwischen Zulässigkeit der Schenkung auf den Todesfall und den übrigen Voraussetzungen begründet sowie der bereits kritisierten Konzeption der EuErbVO. Gleichwohl sollte eine weitere Aufspaltung vermieden werden: Es wäre inkonsequent, einerseits bei vollständiger Zuweisung zum Erbrecht nicht nach dem Grund der Zuweisung zu differenzieren, bei der Teilzuweisung hingegen schon. Denn hinsichtlich des verfolgten Zwecks ähneln sich beide Institute dann, nur hinsichtlich der rechtlichen Umsetzung unterscheiden sie sich; eine unterschiedliche Qualifikation sollte damit nicht einhergehen, weil bei der Qualifikation gerade der funktionale Aspekt im Vordergrund steht. Im Interesse der Praktikabilität sollte daher einheitlich verfahren werden.

Zudem haben sich viele kontinentaleuropäische Rechtsordnungen bewusst gegen die *donatio mortis causa* des römischen Rechts entschieden, das Institut sollte nicht über die Hintertür ins IPR eindringen. Geht es dem Erbstatut um die Durchsetzung erbrechtlicher Interessen, sollte das Mischinstitut insgesamt erbrechtlich qualifiziert werden und nicht lediglich hinsichtlich einzelner Aspekte. Gleiches sollte aus Praktikabilitätsgründen gelten, wenn Zweifel verbleiben, welchen Zweck das Erbstatut mit dem Mischinstitut verfolgt, wenn also nicht ausgeschlossen werden kann, dass das Institut auch das Erbrecht schützen will. Mit der Wertung in Art. 1 Abs. 2 lit. g EuErbVO ist die Lösung durchaus vereinbar; zwar genießt Art. 1 EuErbVO in Konfliktfällen grundsätzlich Vorrang, jedoch ist die Vorschrift zugleich im Lichte von Art. 23 EuErbVO auszulegen, damit dessen Regelungen nicht leerlaufen.[1326] Art. 23 EuErbVO bezweckt seiner Konzeption nach auch die Eindämmung von Umgehungschäften sowie die Wahrung erbrechtlicher Prinzipien, gerade Art. 23 Abs. 2 lit. i EuErbVO zeigt, dass lebzeitige Geschäfte mit Folgen für das Erbrecht zumindest teilweise dem Erbstatut zu unterstellen sind. Der eher technisch-formale Ansatz in Art. 1 Abs. 2 lit. g EuErbVO – nämlich der Vermögensübergang außerhalb des Erbrechts – sollte in einem solchen Fall nicht

1326 *Schmidt*, in: Dutta/Weber, Internationales Erbrecht, Art. 1 EuErbVO Rn. 3; *Mankowski*, in: Deixler-Hübner/Schauer, Art. 1 EuErbVO Rn. 3; vgl. auch *Dutta*, EuErbVO, FamRZ 2013, 4 (5); *Hertel*, in: Rauscher, EuZPR/EuIPR V, Art. 1 EuErbVO Rn. 1.

über die materiellen Belange in Art. 23 EuErbVO triumphieren. Das wäre sinnwidrig; Art. 1 Abs. 2 lit. g EuErbVO ist somit teleologisch zu reduzieren.

Für die *donatio mortis causa* des englischen Rechts gilt demgemäß Folgendes: Der Übergang des Vermögenswertes erfolgt im Fall der *donatio mortis causa* außerhalb des Erbrechts; erforderlich ist ja gerade, dass die *donatio mortis causa* zu Lebzeiten vollzogen wird. Es bedarf damit keiner Mitwirkung des *personal representative.* Allerdings reicht das unter Wertungsgesichtspunkten noch nicht aus, um die Anwendung der EuErbVO auszuschließen, auch wenn die EuErbVO zur Abgrenzung auf die Art und Weise des Rechtserwerbs abhebt. Für das englische Recht dürfte ein Verbot indes nicht anzunehmen sein, da das Institut der *donatio mortis causa* seinem Sinn und Zweck nach den Schenker privilegieren soll und das Erbrecht ohnehin als besonders liberal gilt, was die Testierfreiheit anbelangt. Das deckt sich mit der Wertung des DCFR; dieser stuft Institute wie die *donatio mortis causa* als Rechtsgeschäfte unter Lebenden ein, ein Konflikt mit dem Erbrecht sei nicht zu befürchten, jedenfalls nicht mehr als bei jeder gewöhnlichen Schenkung auch.[1327] Zudem gibt es im englischen Recht weitere Gestaltungsmöglichkeiten für eine postmortale Vermögenverteilung, die dem Erbrecht entzogen sind. Zweifel sind dennoch erlaubt, zumal englische Richter die Gefahr sehen, dass die erbrechtliche Formenstrenge unterlaufen wird, und daher immer wieder für eine restriktive Handhabung plädieren oder das Institut am liebsten ganz aus dem englischen Recht verbannen würden. Andererseits wurde der Anwendungsbereich der *donatio mortis causa* trotz Zweifeln im Laufe der Zeit ausgedehnt.

Schwierigkeiten wirft auch der umgekehrte Fall auf: Angenommen, Schenkungsstatut wäre englisches Recht und die Parteien hätten eine *donatio mortis causa* vereinbart, wohingegen Erbstatut deutsches Recht wäre. Hier stellt sich die Problematik um die kollisionsrechtliche Behandlung der Schenkung auf den Todesfall in zweifacher Weise: Erstens ist im Rahmen des Schenkungsstatuts zu fragen, ob die Regeln über die *donatio mortis causa* diesem überhaupt zugeordnet werden können; schließlich liefert die Zwitternatur des Instituts keine eindeutige Antwort. Ausschlaggebend muss dann im Grundsatz wiederum sein, ob das Institut zumindest teilweise dem Schutz zwingender erbrechtlicher Wertungen dient. Ist das zu verneinen, so ist im Ausgangspunkt das Schenkungsstatut zu bemühen. Im Falle der englischen *donatio mortis causa* sind die englischen Regeln anwendbar, wenn englisches Recht Schenkungsstatut ist. Zweitens ist zu fragen, ob das Erbstatut die in Rede stehende Schenkung auf den Todesfall zulässt. Das als Erbstatut berufene deutsche Recht dürfte mit der englischen *donatio mortis causa* keine Probleme haben, da sie nach deutschem Verständnis jedenfalls vollzogen sein dürfte und damit wie eine gewöhnliche Schenkung behandelt wird. Anders

1327 DCFR, Bd. 3, Kommentierung zu IV.H. – 1:105, unter „donation in contemplation of death", S. 2815.

dürfte es das österreichische Recht sehen, die Möglichkeit des freien Widerrufs ist ihm ein Dorn im Auge.

(2) Qualifikation eines etwaigen Verbots von Schenkungen auf den Todesfall

Verbietet das materielle Recht die Schenkung auf den Todesfall, so stellen sich für die kollisionsrechtliche Behandlung weitere Fragen, nämlich: Ist das Verbot der Schenkung auf den Todesfall erbrechtlich motiviert? Nur wenn diese Frage zu bejahen ist, sollte das Erbstatut maßgebend sein. Aber will die EuErbVO immer schon dann angewendet werden, wenn das Verbot im materiellen Recht erbrechtlich begründet ist? Es geht diesbezüglich wiederum um ein Qualifikationsproblem. Es zeigt sich eine Parallele zur Qualifikation von Verboten gemeinschaftlicher Testamente.[1328] Bei gemeinschaftlichen Testamenten geht es um die Frage, ob das Verbot bloß die Form oder den Inhalt schützen will. Um die Beweisfunktion und damit um die Form geht es, wenn gemeinschaftliche Testamente verboten werden, um den wahren Erblasserwillen zu schützen.[1329] Materieller Natur sind Verbote, die die Willensfreiheit der Testierenden schützen, die sich also beispielsweise gegen die Bindungswirkung eines gemeinschaftlichen Testaments richten.[1330] Entscheidend sind demnach Sinn und Zweck des sachrechtlichen Verbots.[1331]

Das gilt entsprechend auch für die Analyse des Verbots der Schenkung auf den Todesfall, jedoch ist diese komplexer als beim gemeinschaftlichen Testament: In Rede steht nicht bloß der Schutz der Testierenden, sondern maßgebend sind die Interessen aller Nachlassbeteiligten, die auszutarieren sind. Zudem geht es um mehr als nur die Unterscheidung von Form- und Inhaltsfragen, nämlich um die Abgrenzung zweier Systembereiche. Soll das sachrechtliche Verbot Prinzipien oder Interessen schützen, die auch die EuErbVO schützen will, so sollte die EuErbVO angewendet werden.

Nicht jedes Verbot der Schenkung auf den Todesfall ist erbrechtlich motiviert. Beispielsweise könnte das Verbot dem Schutz eines Sterbenden vor ungehöriger Beeinflussung durch Dritte dienen; es geht dann um den Schutz der Willensfreiheit und damit nicht um ein spezifisch erbrechtliches Interesse.[1332] Im islamischen Recht sind Schenkungen, deren Wirksamkeit vom Überleben des Beschenkten abhängen,

---

1328 Zur Qualifikation eines Verbotes gemeinschaftlicher Testamente in der EuErbVO siehe *Nordmeier*, Gemeinschaftliche Testamente, ZEV 2012, 513 (515 f.); zur Qualifikation im autonomen deutschen IPR siehe *Schack*, Gemeinschaftliche Testamente im IPR, GS Lüderitz, 659 (663 ff.).

1329 *Schack*, Gemeinschaftliche Testamente im IPR, GS Lüderitz, 659 (664).

1330 *Schack*, Gemeinschaftliche Testamente im IPR, GS Lüderitz, 659 (664); *Nordmeier*, Gemeinschaftliche Testamente, ZEV 2012, 513 (515 f.).

1331 *Nordmeier*, Gemeinschaftliche Testamente, ZEV 2012, 513 (515).

1332 Siehe *Winkler*, Die Schenkung auf den Todesfall im IPR, S. 204 f.

verboten, weil ihre Wirksamkeit von einem ungewissen Ereignis abhängt.[1333] Ein solches Verbot ist ebenfalls nicht erbrechtlich motiviert.[1334] In den vorgenannten Fällen ist es nicht sachgerecht, das Erbstatut um Erlaubnis zu fragen.

Ein erbrechtlich motiviertes Verbot wiederum kann formaler oder materieller Natur sein. Dient das Verbot der Schenkung auf den Todesfall gemäß allgemeinem Erbstatut allein der Durchsetzung der erbrechtlichen Formenstrenge, so ist fraglich, ob ein solches Verbot überhaupt vom allgemeinen Erbstatut erfasst werden soll. Es ließe sich sogar bezweifeln, ob ein solches Verbot überhaupt erbrechtlich qualifiziert werden sollte: Wäre es wertungsmäßig zulässig, die EuErbVO in diesem Fall gänzlich zu übergehen und die fragliche Schenkung auf den Todesfall der Rom I-VO zuzuordnen? Denn hinsichtlich Formfragen gilt das Günstigkeitsprinzip, und dieses beharrt nicht auf der Formenstrenge des allgemeinen Erbstatuts. Materiellrechtliche Wertung des Verbots und kollisionsrechtliche Wertung scheinen sich nicht zu decken: Während das materielle Recht die erbrechtliche Formenstrenge zwingend durchsetzen will, will das Kollisionsrecht die Wirksamkeit des Geschäftes nach Möglichkeit nicht an der Form scheitern lassen. Gleichwohl sollte dann nicht der Rom I-VO und damit der Parteiautonomie der Vorrang gebühren. Denn es darf nicht übersehen werden, dass das Verbot erbrechtlich motiviert ist; auch wenn es lediglich um den schwächeren formalen Aspekt geht. Es wäre inkonsequent, das erbrechtlich motivierte Verbot des Erbstatuts zu ignorieren, wenn man zuvor festgestellt hat, dass die Frage der Zulässigkeit einer Schenkung auf den Todesfall aus erbrechtlicher Warte dem allgemeinen Erbstatut untersteht. Zudem will die EuErbVO wie gezeigt die Formfrage nicht gänzlich zur Disposition der Parteien stellen; diese Wertung darf nicht unterlaufen werden. Abgesehen davon wird häufig nicht eindeutig festzustellen sein, ob das Verbot bloß formaler Natur ist.

Ist also die EuErbVO auch für formelle Verbote maßgeblich, so scheint es in diesen Fällen sachgerecht zu sein, das erbrechtliche Formstatut heranzuziehen.[1335] Das wurde aber für die Frage, nach welchem Statut sich die Frage der Zulässigkeit der Schenkung auf den Todesfall bemessen sollte, bereits verworfen. Aber gilt das auch für die Qualifikation des vom Erbstatut ausgesprochenen Verbots? Sollte das Verbot nicht dennoch als Formfrage qualifiziert werden, wenn das Erbstatut das Verbot formalistisch und damit weniger strikt betrachtet? Es wäre insofern kein Widerspruch zu obigem Ansatz, als das Erbstatut primär für die Frage der Zulässigkeit maßgeblich bliebe und somit die Entscheidungskompetenz behielte; man würde ja von dessen Wertungen ausgehen. Zu bedenken ist schließlich: Mit der Regelanknüpfung würde man die für Formfragen vorgesehenen alternativen Anknüpfungen abschneiden und damit das Günstigkeitsprinzip durchbrechen.

1333 *Winkler*, Die Schenkung auf den Todesfall im IPR, S. 209.

1334 *Winkler*, Die Schenkung auf den Todesfall im IPR, S. 209.

1335 Vgl. zur parallelen Problematik bei gemeinschaftlichen Testamenten *Nordmeier*, Gemeinschaftliche Testamente, ZEV 2012, 513 (516).

Mithin würde man einen strengeren Maßstab anlegen, als von der EuErbVO für formale Aspekte vorgesehen, was zweifelhaft erscheint. Dennoch ist eine Qualifikation des Verbots als Formfrage abzulehnen. Im Regelfall wird es schwierig sein zu ermitteln, ob das materielle Verbot ausschließlich die Durchsetzung der Form bezweckt oder ob darüber hinaus weitere, gewichtigere erbrechtliche Interessen geschützt werden sollen. Eine Differenzierung würde zu Rechtsunsicherheit führen, ohne auf der anderen Seite größeren Nutzen zu bringen.

Mit den Wertungen der EuErbVO lässt sich das vereinbaren, weil Formfragen nur mittelbar betroffen sind. Vielmehr ist offen, ob es überhaupt um einen formalen Aspekt im Sinne von Art. 27 EuErbVO geht, zumal die EuErbVO nicht näher regelt, wann eine sachrechtliche Bestimmung als zur Form gehörig zu qualifizieren ist.[1336] Beispielsweise ist unter Geltung der EuErbVO strittig, ob bei gemeinschaftlichen Testamenten weiterhin zwischen formellen und materiellen Verboten zu unterscheiden ist, wie das bisher überwiegend im deutschen IPR gehandhabt wurde.[1337] Nach einer Ansicht ist diese Differenzierung auch innerhalb der EuErbVO beizubehalten;[1338] nach der Gegenauffassung scheidet eine Zuordnung eines etwaigen Verbots gemeinschaftlicher Testamente zum Formstatut per se aus, also unabhängig von den das Verbot tragenden Wertungen.[1339] Verwiesen wird darauf, dass Art. 24 und 25 EuErbVO begrifflich zwischen der Zulässigkeit einer Verfügung von Todes wegen und deren materieller Wirksamkeit trennten; wenn man nun aber formelle Verbote dem Formstatut und konsequenterweise inhaltliche Verbote der materiellen Wirksamkeit unterstellen würde, so bliebe für den Begriff der Zulässigkeit kein Anwendungsbereich mehr.[1340] Diese Argumentation überzeugt. Denn hätte der Verordnungsgeber nur die inhaltlichen Verbote einer Verfügung von Todes wegen dem Errichtungsstatut zuweisen wollen, so hätte es nahegelegen, die Zulässigkeit der Verfügung von Todes wegen in den Katalog des Art. 26 EuErbVO aufzunehmen; Art. 26 EuErbVO konkretisiert nämlich, was alles zur materiellen Wirksamkeit einer Verfügung von Todes wegen gehört.

Dieser Befund wirkt sich mittelbar auch auf die Qualifikation des Verbots einer Schenkung auf den Todesfall aus: Es wäre kaum zu rechtfertigen, hinsichtlich der Zulässigkeit von Schenkungen auf den Todesfall zwischen formellen und materiellen Aspekten zu differenzieren, zumal das Problem komplexer ist als bei

---

1336 *Nordmeier*, Gemeinschaftliche Testamente, ZEV 2012, 513 (515).

1337 Siehe dazu *Soutier*, Geltung deutscher Rechtsgrundsätze in der EuErbVO, S. 150 f.

1338 *Nordmeier*, Gemeinschaftliche Testamente, ZEV 2012, 513 (516); *Simon/Buschbaum*, EuErbVO, NJW 2012, 2393 (2396).

1339 *Bonomi/Öztürk*, Das Statut der Verfügung von Todes wegen, in: Dutta/Herrler, EuErbVO, 47 (66), Rn. 94; *Dutta*, EuErbVO, FamRZ 2013, 4 (10); einschränkend, und zwar hinsichtlich wechselbezüglicher Verfügungen *Soutier*, Geltung deutscher Rechtsgrundsätze in der EuErbVO, S. 153 f.

1340 *Soutier*, Geltung deutscher Rechtsgrundsätze in der EuErbVO, S. 153 f.

gemeinschaftlichen Testamenten. Das Verbot des Erbstatuts, das die Umgehung erbrechtlicher Formvorschriften verhindern will, sollte sich daher ausnahmslos nach dem allgemeinen Erbstatut richten – wenngleich *de lege ferenda* die Heranziehung des hypothetischen Erbstatuts wünschenswert wäre.

(3) Zeitlicher Aspekt: Beurteilung der Schenkung auf den Todesfall zu Lebzeiten des Erblassers

Zu untersuchen ist noch, wie zu entscheiden ist, wenn der Schenker bereits zu Lebzeiten die Schenkung auf den Todesfall widerruft und den betreffenden Gegenstand vom Beschenkten herausverlangt. Welches Statut ist maßgebend für den Widerruf? Das Erbstatut lässt sich vor dem Tod des Erblassers nicht bestimmen und scheidet daher von vornherein aus; übrig bleiben Vertragsstatut und hypothetisches Erbstatut. Für das Vertragsstatut ließe sich anführen, dass die Frage der Widerrufsmöglichkeit nicht unmittelbar die Zulässigkeit der Schenkung auf den Todesfall betrifft. Vielmehr ist das Begehren des Schenkers für die potentiellen Nachlassbeteiligten günstig, weil im Erfolgsfall dem Nachlass ein Vermögenswert zugeführt wird. Lässt das Vertragsstatut den Widerruf hingegen nicht zu, so stehen die Nachlassberechtigten nicht schlechter als zuvor. Bei Eintritt des Erbfalls hat das Erbstatut dann ohnehin die Frage zu beantworten, ob das Geschäft zulässig und damit letztlich wirksam ist. Das hypothetische Erbstatut ist auch deswegen nicht zwingend anzuwenden, weil die Nachlassbeteiligten, die es zu schützen gilt, noch nicht feststehen – es gibt lediglich Anwärter einer ungewissen, künftigen Rechtsposition. Zudem bezweckt das hypothetische Erbstatut im Sinne von Art. 24, 25 EuErbVO nicht den Schutz von Angehörigen und Nachlassgläubigern – wie sollte es auch? – und erweist sich damit als ungeeignet. Folglich sollte das Vertragsstatut über die Möglichkeit des lebzeitigen Widerrufs entscheiden.[1341] Dadurch wird auch dem Vorrang des Vertragsstatuts Rechnung getragen. Sofern die Parteien keine Rechtswahl getroffen haben, werden hypothetisches Erbstatut und Vertragsstatut aber zumeist zusammenfallen, weswegen die Abgrenzung dann theoretischer Natur ist.

(4) Vollzug

Ist nach Maßgabe des allgemeinen Erbstatuts zwischen vollzogener und nicht vollzogener Schenkung zu unterscheiden, so sollte wie folgt verfahren werden: Das allgemeine Erbstatut hat darüber zu befinden, welche Anforderungen an den Vollzug zu stellen sind, ob etwa das Volleigentum zu Lebzeiten übergehen muss oder ob es genügt, dass der Erblasser bereits zu Lebzeiten alles seinerseits Erforderliche getan hat für den Vermögensübergang, etwa durch Übertragung eines Anwartschaftsrechts. Denn die konkreten Anforderungen hängen maßgeblich

1341 So auch *Frodl/Kieweler*, in: Rechberger/Zöchling-Jud, EuErbVO, Kap. 1 Rn. 55.

von erbrechtlichen Wertungen ab: Je geringer die Anforderungen an den Vollzug sind, desto weiter wird das Erbrecht zurückgedrängt. Ob die danach erforderlichen dinglichen Voraussetzungen erfüllt sind, bemisst sich demgegenüber nach dem Sachenrechtsstatut.

dd) Fazit

Faktisch führt der Lösungsansatz zu einer großzügigeren Anwendung des Erbstatuts, als es mit dem Kriterium der Zulässigkeit eigentlich intendiert ist; denn es soll dazu dienen, Rechtsgeschäfte unter Lebenden auf den Todesfall nach Möglichkeit dem Internationalen Vertragsrecht zu unterstellen – wegen der großzügigeren Rechtswahlmöglichkeit. In den vielen Zweifelsfällen muss sich jedoch das Erbstatut durchsetzen, da andernfalls die Begrenzung der Rechtwahl durch die EuErbVO ins Leere laufen würde. Auch im Interesse der Praktikabilität ist dem Erbstatut dann der Vorrang einzuräumen. Das Erbstatut ist maßgebend, wenn es die Schenkung auf den Todesfall in Gänze dem Erbrecht zuweist, unabhängig davon, welche Erwägungen dieser Zuweisung zugrunde liegen. Verbote der Schenkung auf den Todesfall richten sich nur dann nicht nach der EuErbVO, wenn diese in keiner Weise erbrechtlich motiviert sind; im Übrigen ist nicht zwischen formellen und materiellen Aspekten zu differenzieren. Mischinstitute richten sich dann nach der EuErbVO – und zwar in Gänze –, wenn es in einigen Teilaspekten um die zwingende Durchsetzung erbrechtlicher Interessen und Wertungen geht.

c) Anwendungsschwierigkeiten

Zu erörtern ist, wie Normwidersprüche zu lösen sind, die durch parallele Anwendung mehrerer Statute entstehen können.

aa) Normenmangel

Den bisherigen Ausführungen zur kollisionsrechtlichen Behandlung der Zulässigkeit von Schenkungen auf den Todesfall liegt die Annahme zugrunde, dass das Schenkungsstatut großzügig ist und die Schenkung auf den Todesfall als lebzeitiges Geschäft behandelt. In diesem Fall ist das Schenkungsstatut vorbehaltlich einer entgegenstehenden Bewertung des Erbstatuts auch berufen und bietet eine Lösung an, bei der man es bewenden lassen kann. Wie ist nun aber zu verfahren, wenn das Schenkungsstatut die fragliche Schenkung auf den Todesfall dem Erbrecht unterstellt und damit eine Lücke reißt? Es droht ein Normenmangel, nämlich dann, wenn das allgemeine Erbstatut den Fall nicht aufgreifen will, weil es die betreffende Schenkung als Rechtsgeschäft unter Lebenden einstuft.

Der Normenmangel ist ein Unterfall des Normwiderspruchs.[1342] Ein Normwiderspruch ist darauf zurückzuführen, dass das IPR den zu entscheidenden

---

1342 *Kropholler*, IPR, S. 236 f.

Fall „unter sachlichen und zeitlichen Gesichtspunkten zerlegt und die einzelnen Rechtsfragen verschiedenen Rechtsordnungen unterstellt“,[1343] wobei die Normen der jeweils berufenen Rechtsordnungen nicht aufeinander abgestimmt sind.[1344] Ein Normwiderspruch entsteht, wenn die kollisionsrechtlich bedingte Aufspaltung des Lebenssachverhalts zu materiell-rechtlichen Ergebnissen führt, die sich so nicht einstellen würden, wäre lediglich eine der nationalen Rechtsordnungen insgesamt maßgebend.[1345] Ein solches Ergebnis ist nicht hinnehmbar, da es mit keinem der berufenen Sachrechte in Einklang stünde.

Da primär das Schenkungsstatut für Schenkungen auf den Todesfall maßgebend ist, allerdings begrenzt durch das allgemeine Erbstatut, sind Normwidersprüche möglich. Ein Normwiderspruch droht zum einen dann, wenn Schenkungs- und Erbstatut auseinanderfallen und die jeweils berufenen Rechtsordnungen die Grenzen zwischen Rechtsgeschäften unter Lebenden und solchen von Todes wegen unterschiedlich ziehen, und zwar dann, wenn das Erbstatut die betreffende Schenkung auf den Todesfall als Rechtsgeschäft unter Lebenden auffasst, das Schenkungsstatut dagegen als Verfügung von Todes wegen. Zwei Fälle sind zu unterscheiden: Zum einen der Fall, dass das Schenkungsstatut die Schenkung in eine Verfügung von Todes wegen zum Schutze des Erbrechts umdeutet, zum anderen der Fall, in dem das Schenkungsstatut die „Schenkung“ von vornherein materiell als Verfügung von Todes wegen einstuft. Keine Spannungen entstehen demgegenüber, wenn beide Statute gleich strikt oder gleich liberal sind. Im ersten Fall ist letztlich ohnehin das allgemeine Erbstatut maßgebend, im letzteren allein das Schenkungsstatut. Ein Normwiderspruch droht zum anderen dann, wenn allgemeines und hypothetisches Erbstatut auseinanderfallen und das allgemeine Erbstatut die Schenkung auf den Todesfall dem Erbrecht zuweist, nicht dagegen das hypothetische Erbstatut. Denn über die Voraussetzungen einer Verfügung von Todes wegen herrscht das hypothetische Erbstatut nach Art. 24 oder 25 EuErbVO; nach diesem liegt indes keine Verfügung von Todes wegen vor.

bb) Umdeutung durch Schenkungsstatut

Wie ist zu verfahren, wenn das Schenkungsstatut das Geschäft in eine Verfügung von Todes wegen umdeutet, das Erbstatut dagegen von einem Rechtsgeschäft unter Lebenden ausgeht? Das soll an folgendem Beispielsfall illustriert werden:

> Die österreichische Staatsangehörige E möchte ihrer langjährigen Freundin F nach ihrem Tod ihr Golddepot schenken, damit F und ihre beiden Kinder abgesichert sind. Daher gehen E und F in Österreich, wo beide zum damaligen Zeitpunkt ihren gewöhnlichen Aufenthalt hatten, zum Notar, der einen „Schenkungsvertrag“ beurkundet. E

1343 *Kropholler*, IPR, S. 235.

1344 *Köhler*, in: Gierl et al., Internationales Erbrecht, Teil 1 § 4 Rn. 149.

1345 Vgl. *v. Hein*, in: Münchener Kommentar BGB, Bd. 12, Einl. IPR Rn. 266.

und F vereinbaren, dass die Erfüllung bis zum Tod der E aufgeschoben sein soll, zudem behält sich E zu Lebzeiten das Recht zum freien Widerruf vor. Ihren Lebensabend verbringt E in Deutschland, wo sie schließlich auch verstirbt. Es ist zu unterstellen, dass E ihren gewöhnlichen Aufenthalt im Zeitpunkt ihres Todes in Deutschland hatte und hinsichtlich der Rechtsnachfolge von Todes wegen nicht von der Möglichkeit der Wahl österreichischen Rechts Gebrauch gemacht hatte.

Nach hier vertretener Auffassung bemisst sich das auf die Schenkung auf den Todesfall anzuwendende Recht grundsätzlich nach der Rom I-VO. Nach Art. 4 Abs. 2 Rom I-VO ist österreichisches Recht anzuwenden. Allerdings unterliegt die Frage der Zulässigkeit einer solchen Schenkung dem allgemeinen Erbstatut, damit die Interessen der am Nachlass Beteiligten nicht umgangen werden können. Allgemeines Erbstatut ist deutsches Recht, das allerdings die in Rede stehende Schenkung auf den Todesfall mangels Überlebensbedingung als gewöhnliche Schenkung unter Lebenden behandelt und somit keine Unwirksamkeit aus erbrechtlichen Gründen anordnet. Das österreichische Recht versagt dieser Schenkung jedoch die Wirksamkeit als Rechtsgeschäft unter Lebenden, weil die E sich den Widerruf vorbehalten hat bei gleichzeitigem Aufschub der Erfüllung auf den Zeitpunkt nach dem Tod. Eine solche Schenkung kann in Österreich nur als Vermächtnis wirksam sein. Österreichisches Recht ist aber nicht allgemeines Erbstatut und befindet somit nicht über die Zuweisung des Geschäfts zum Erbrecht.

Fehlt es an einer wirksamen Schenkung unter Lebenden, weil das Schenkungsstatut im Gegensatz zum Erbstatut eine solche Schenkung nicht als Rechtsgeschäft unter Lebenden behandelt? Der erste, flüchtige Blick deutet auf einen Normenmangel hin: Das maßgebliche Schenkungsstatut scheint eine solche Schenkung nicht zu kennen, das allgemeine Erbstatut dagegen erkennt die Schenkung zwar an, ist aber überhaupt nicht zur Anwendung berufen. Bei genauerer Betrachtung dürfte indes ein Fall des Normenmangels nicht gegeben sein. Denn das österreichische Recht stuft das Geschäft nicht bereits materiell als Verfügung von Todes wegen ein, sondern gelangt erst im Wege der Umdeutung zu einer Verfügung von Todes wegen, weil die Schenkung aus erbrechtlichen Gründen zunächst verboten wird. Dieses Verbot ist erbrechtlich zu qualifizieren, jedoch nicht heranzuziehen, weil österreichisches Recht nicht allgemeines Erbstatut ist. Greift das Verbot also nicht, weil österreichisches Erbrecht nicht anzuwenden ist, so liegt auch nach österreichischem Recht eine gewöhnliche Schenkung unter Lebenden vor. Denn ohne Sonderbestimmung bleibt sie Rechtsgeschäft unter Lebenden.

cc) Schenkungsstatut behandelt Geschäft materiell als Verfügung von Todes wegen

Das als Schenkungsstatut berufene Recht zieht die Grenzen lebzeitiger Rechtsgeschäfte zugunsten des Erbrechts enger als das Recht des Erbstatuts mit der Folge, dass die in Rede stehende Schenkung auf den Todesfall nach dem Recht des Schenkungsstatuts materiell eine gewöhnliche Verfügung von Todes wegen ist und nicht erst im Wege der Umdeutung in eine Verfügung von Todes wegen verwandelt wird. In diesem Fall existiert infolge der unterschiedlichen Anknüpfung auf der Ebene des Kollisionsrechts keine Regelung, so dass ein Fall des Normenmangels vorliegt: Das Schenkungsstatut ordnet das fragliche Geschäft nicht als Rechtsgeschäft unter Lebenden ein, sondern als Verfügung von Todes wegen, jedoch ist das betreffende Recht nicht zugleich Erbstatut und herrscht mithin nicht über dieses Geschäft. Das Erbstatut behandelt das fragliche Geschäft indes als Rechtsgeschäft unter Lebenden, so dass dessen Regelungen ebenso wenig zur Anwendung berufen sind. Das scheint dazu zu führen, dass ein solches Geschäft in Ermangelung einer Regelung faktisch unwirksam ist. Dieses Ergebnis ist jedoch nicht hinnehmbar, weil keines der beiden Sachrechte – wäre es jeweils allein maßgebend – das fragliche Geschäft per se untersagen würde. Der Normenmangel wurzelt vielmehr allein im Kollisionsrecht wegen der Aufspaltung des einheitlichen Lebenssachverhaltes. Dass Schenkungsstatut und Erbstatut auseinanderfallen, stört die Harmonie im Sachrecht, die im Hinblick auf die Abgrenzung zwischen Rechtsgeschäften unter Lebenden und solcher von Todes wegen sonst bestehen würde.

(1) Grundlagen zur Anpassung

Ein Normenwiderspruch ist im Wege der Anpassung – auch Angleichung genannt – zu lösen.[1346] Im Groben lässt sich die Anpassung auf zwei Arten erreichen: entweder ist das Sachrecht oder aber das Kollisionsrecht zu modifizieren, um den Normwiderspruch aufzulösen.[1347] Für die kollisionsrechtliche Lösung wird angeführt, dass der Normwiderspruch überhaupt erst durch das Kollisionsrecht verursacht werde und folglich – zumindest im Grundsatz – auch auf dieser Ebene aufgelöst werden müsse.[1348] Gegen die kollisionsrechtliche Anpassung wird eingewandt, dass der Eingriff in das „kollisionsrechtliche Gesamtgefüge" zu gravierend und auch der Rechtssicherheit abträglich sei, da die Lösung der Beliebigkeit des Rechtsanwenders preisgegeben sei.[1349] Diese Schwäche spreche für die sachrechtliche Anpassung. Für die sachrechtliche Anpassung wird weiter angeführt, dass das materielle Recht differenziertere Korrekturen zulässt als das Kollisionsrecht.[1350] Zudem entstehe der Normwiderspruch erst auf der sachrechtlichen Ebene, so dass die Korrektur (vorrangig) auf dieser Ebene zu erfolgen habe, zumal die Interessenwertungen der Kollisionsnormen durch diese Anpassungsmethode nur mittelbar berührt würden.[1351] Zumeist wird jedoch nicht strikt die eine oder

---

1346 *v. Hein*, in: Münchener Kommentar BGB, Bd. 12, Einl. IPR Rn. 263.

1347 *Kropholler*, IPR, S. 237.

1348 *Kropholler*, IPR, S. 238; *Winkler*, Die Schenkung auf den Todesfall im IPR, S. 185.

1349 *v. Bar/Mankowski*, IPR I, § 7 Rn. 257.

1350 *Köhler*, in: Gierl et al., Internationales Erbrecht, Teil 1 § 4 Rn. 151; *Weber*, in: Dutta/Weber, Internationales Erbrecht, Einl. Rn. 109.

1351 *Looschelders*, Die Anpassung im IPR, S. 164.

die andere Lösung favorisiert, sondern vielmehr ein flexiblerer Ansatz verfolgt, der der jeweils in Rede stehenden Konstellation angemessen Rechnung trägt. Ausschlaggebend soll sein, dass der Normwiderspruch „gerecht und effizient" gelöst wird.[1352] Der Eingriff „in die rechtlichen Strukturen" des Kollisions- oder Sachrechts soll so gering wie möglich sein,[1353] so dass sich die Methode durchsetzt, die das „geringste Opfer"[1354] bzw. den geringsten Eingriff[1355] erfordert. Im Interesse der Rechtssicherheit sollte die Lösung nach Möglichkeit in einer der beiden widerstreitenden Rechtsordnungen gefunden werden und nicht in einer dritten Rechtsordnung oder womöglich erst dadurch, dass eine gänzlich neue Lösung kreiert wird.[1356]

Eine allgemeine gesetzliche Regelung zur Lösung der Anpassungsproblematik existiert im europäischen IPR nicht.[1357] Die EuErbVO enthält in Art. 31–33 sachrechtliche Anpassungsregeln, die auf besondere Fälle zugeschnitten sind: Art. 31 EuErbVO betrifft die „Anpassung dinglicher Rechte" – so die amtliche Überschrift –, die dem Forumstaat unbekannt sind. Genau genommen geht es jedoch nicht um das Problem der Anpassung, sondern um das Problem der Substitution, auch wenn die amtliche Überschrift anderes vermuten lässt.[1358] Art. 32 EuErbVO betrifft den Fall, dass mehrere Personen gleichzeitig bzw. in ungewisser Reihenfolge verstorben sind (Kommorienten), und Art. 33 EuErbVO den Fall des erbenlosen Nachlasses. Diese Regelungen sind allesamt auf das hier zu entscheidende Problem nicht anwendbar und bieten somit keine Lösung an. Aufgrund ihrer Spezialität enthalten sie auch keine verallgemeinerungsfähigen Wertungen.[1359] Zudem stellt Erwägungsgrund 17 klar, dass die in Art. 31 EuErbVO „vorgesehene Anpassung unbekannter dinglicher Rechte [...] andere Formen der Anpassung" nicht ausschließe.

(2) Lösungsvorschlag

Die Lösung des Normwiderspruchs sollte in dem geschilderten Fall auf der Ebene des Kollisionsrechts erfolgen, da das Anpassungsproblem auf diese Weise am effektivsten zu lösen sein und zugleich den weniger intensiven Eingriff bedeuten dürfte. Man muss dem Schenkungsstatut dann nämlich kein Rechtsgeschäft aufdrängen, das es in dieser Form eigentlich nicht anerkennt. Denn eine materiell-rechtliche Lösung würde wohl darin bestehen, die Vorschriften des Schenkungsrechts stur

1352 *v. Hein*, in: Münchener Kommentar BGB, Bd. 12, Einl. IPR Rn. 275.
1353 *Köhler*, in: Gierl et al., Internationales Erbrecht, Teil 1 § 4 Rn. 151.
1354 *Verschraegen*, IPR, Rn. 1360.
1355 *Kegel/Schurig*, IPR, S. 362.
1356 So zutreffend *Kropholler*, IPR, S. 238.
1357 *v. Hein*, in: Münchener Kommentar BGB, Bd. 12, Einl. IPR Rn. 271.
1358 *Jayme*, Kodifikation und IPR AT, in: Leible/Unberath, Rom 0-VO, 33 (44).
1359 *Köhler*, in: Gierl et al., Internationales Erbrecht, Teil 1 § 4 Rn. 150.

anzuwenden, indem man schlicht ignoriert, dass das Schenkungsstatut die fragliche Schenkung auf den Todesfall eigentlich materiell als Verfügung von Todes wegen behandelt. Man würde das Schenkungsrecht also analog anwenden. Außerdem erscheint die kollisionsrechtliche Lösung auch deswegen sachgerecht, weil der Normenmangel daraus resultiert, dass die betreffende Regelung in einem von der Kollisionsnorm nicht zur Anwendung berufenen Teil der Rechtsordnung angesiedelt ist.[1360]

Bei der favorisierten kollisionsrechtlichen Lösung sollte wie folgt differenziert werden: Haben Schenker und Beschenkter eine Rechtswahl getroffen, so sollte diese auch maßgebend sein, da die Parteien das Geschäft dem gewählten Recht unterstellen wollten. Es ist dann unerheblich, dass das eigentlich berufene Schenkungsstatut keine Regeln bereithält. Die für das Geschäft nach dem gewählten Recht maßgebenden erbrechtlichen Bestimmungen sollten dann ausnahmsweise dem Schenkungsstatut zugeschlagen werden. Das entspricht dem Parteiwillen und ist aus kollisionsrechtlicher Warte unbedenklich, da das Internationale Schuldvertragsrecht durch den Grundsatz der Parteiautonomie gekennzeichnet ist und einem solchermaßen extensiven Ansatz offen gegenüberstehen dürfte; zudem wird der Rechtssicherheit am besten gedient. Bei diesem Ergebnis sollte es auch bleiben, wenn das Rechtsgeschäft nach dem gewählten Recht unwirksam ist, weil die Voraussetzungen der Verfügung von Todes wegen nicht eingehalten sind. Die Parteien hätten sich in diesem Fall besser informieren müssen und sind daher nicht schutzwürdig; vielmehr müssen sie sich an ihrer Wahl festhalten lassen. Haben die Parteien dagegen keine Rechtswahl getroffen, sollte nach dem Grundsatz des *favor negotii* das Erbstatut zum Zuge kommen, da es im konkreten Fall mutmaßlich großzügiger ist. Das Erbstatut ist zur Korrektur des Normwiderspruchs extensiv heranzuziehen, indem ausnahmsweise auch dessen Regelungen zu Schenkungen heranzuziehen sind. Auf diese Weise wird dem Parteiwillen am besten Rechnung getragen, ohne dass erbrechtliche Wertungen unterlaufen werden. Vielmehr wird durch die kollisionsrechtliche Lösung die Harmonie des materiellen Rechts wiederhergestellt, da sich die Grenzziehung zwischen Rechtsgeschäften unter Lebenden und solchen von Todes wegen nach ein und demselben Recht bemisst. Durch eine sachrechtliche Lösung würde demgegenüber die Disharmonie noch vertieft, weil entgegen den Wertungen des zur Anwendung berufenen Rechts ein Rechtsgeschäft unter Lebenden fingiert würde.

dd) Normwiderspruch zwischen allgemeinem und hypothetischem Erbstatut

Wie bereits angedeutet, drohen Anpassungsschwierigkeiten zudem, wenn allgemeines und hypothetisches Erbstatut auseinanderfallen. Es droht ein Normwiderspruch, weil die Zulässigkeit der Schenkung auf den Todesfall sich nach dem

1360 Vgl. *Kropholler*, IPR, S. 238.

allgemeinen Erbstatut richtet, wohingegen die weiteren Voraussetzungen dem hypothetischen Erbstatut unterstehen, falls das allgemeine Erbstatut eine Umdeutung anordnet. Das soll folgender Beispielsfall illustrieren:

> Angenommen, der Erblasser E schenkt seinem Freund F ein wertvolles Gemälde. Vereinbart wird, dass F das Gemälde erst nach dem Tod des E erhalten soll, und zwar nur dann, wenn er den E überlebt; vereinbart wird dementsprechend eine aufschiebende Bedingung, dass E vor F stirbt. Vorsorglich lassen E und F das gesamte Geschäft in Österreich notariell beurkunden, wobei E zudem explizit auf den Widerruf zu Lebzeiten verzichtet. Bei Abschluss des Schenkungsvertrages haben E und F ihren gewöhnlichen Aufenthalt in Österreich; später zieht E dauerhaft nach Deutschland, wo er auch Jahre später verstirbt.

In Ermangelung einer Rechtswahl ist Vertragsstatut österreichisches Recht; das österreichische Recht lässt die vorliegende Schenkung auf den Todesfall zu und behandelt sie als Rechtsgeschäft unter Lebenden, weil E bereits zu Lebzeiten unwiderruflich gebunden sein sollte. Allgemeines Erbstatut, nach welchem sich die Zulässigkeit der Schenkung auf den Todesfall bemisst, ist deutsches Recht. Das deutsche Recht deutet diese Schenkung anders als das österreichische in eine Verfügung von Todes wegen um, erkennt das Rechtsgeschäft also nicht als ein solches unter Lebenden an. Über die rechtliche Einordnung und damit auch über die Möglichkeit der Umdeutung befindet das deutsche Recht als allgemeines Erbstatut, dieses stellt die Weiche, ob das Geschäft als lebzeitiges oder lediglich als ein solches von Todes wegen wirksam sein kann. Gemäß § 2301 Abs. 1 BGB wird die Schenkung vorrangig in einen echten Erbvertrag umgedeutet, nachrangig in ein echtes Testament. Zulässigkeit, materielle Wirksamkeit und Bindungswirkungen des Erbvertrages unterliegen dagegen dem hypothetischen Erbstatut, mithin österreichischem Recht; Gleiches gilt für Zulässigkeit und materielle Wirksamkeit des Testaments. Problematisch ist nun, dass das österreichische Recht den Abschluss eines Erbvertrages nur zwischen Ehegatten gestattet; folglich wäre das Geschäft danach als Erbvertrag nichtig und dessen Wirksamkeit hinge davon ab, ob das österreichische Recht zumindest eine Umdeutung in ein Testament erlaubt.

Dieses Ergebnis ist aber deswegen sinnwidrig, weil das österreichische Recht das Geschäft ja zulässt, nur eben als Rechtsgeschäft unter Lebenden. Auch das deutsche Recht verbietet das Geschäft nicht per se, sondern ordnet es zum Schutze der Nachlassbeteiligten dem Erbrecht zu. Es kann daher nicht sein, dass das Geschäft potentiell weder als gewöhnliche Schenkung noch als Erbvertrag wirksam ist, zumal sonst die gewollte Bindung negiert würde; und das, obwohl der E gebunden wäre, wäre ausschließlich entweder das eine oder das andere Recht maßgebend. Es liegt ein nicht hinzunehmender Normenmangel vor, der einer Anpassung bedarf. Auch in diesem Fall sollte die Lösung wiederum im Kollisionsrecht gefunden werden: Sachgerecht erscheint eine extensive Anwendung des österreichischen Rechts, indem § 603 ABGB herangezogen wird, obwohl diese Bestimmung ungeachtet ihres systematischen Standortes vertraglich zu qualifizieren sein dürfte und damit eigentlich auf die im Beispielsfall nach Maßgabe des deutschen Erbrechts gegebene Verfügung von Todes wegen nicht anwendbar wäre. Das lässt sich mit der EuErbVO deswegen ohne weiteres in Einklang bringen, da diese, wie gesehen, ein weites Verständnis des Erbvertrages zugrunde legt; das funktionale Verständnis der Abgrenzung setzt sich dann ausnahmsweise gegenüber dem technisch-formalen durch. Die Anwendung von § 603 ABGB hinsichtlich der materiellen Voraussetzungen ändert jedoch nichts an der Natur des Rechtsgeschäftes, es liegt weiterhin – entgegen dem österreichischen Recht – eine Verfügung von Todes wegen vor; denn maßgebend für die rechtliche Einordnung ist allein das deutsche Recht als allgemeines Erbstatut. Die Rechtswirkungen ergeben sich folglich aus dem deutschen Recht. Demgemäß zeitigt das Rechtsgeschäft entgegen dem österreichischen Recht keine Vorwirkungen. Darin mag man jedoch einen Widerspruch zu Art. 25 EuErbVO sehen, weil dieser auch die Bindungswirkungen erfasst. Das ist indes hinzunehmen, weil allein das allgemeine Erbstatut über die rechtliche Einordnung des Geschäfts entscheidet und die Frage der Vorwirkungen wesensprägend ist.

ee) Reichweite der Kognitionsbefugnis

Da die Schenkung auf den Todesfall auf der Grenze zwischen lebzeitigen Rechtsgeschäften und solchen von Todes wegen wandelt, und die Gerichtsstände bezüglich dieser beiden Gebiete auseinanderfallen können, droht die Spaltung des einheitlichen Lebenssachverhalts auch aus prozessualem Grund. Das kann letztlich auch die Sachentscheidung beeinträchtigen. Fraglich ist, ob die Kognitionsbefugnis des angerufenen Gerichts stets weit genug reicht, um über alle relevanten Fragen oder sämtliche Konstellationen der Schenkung auf den Todesfall zu entscheiden.

Die Internationale Zuständigkeit ist im europäischen Recht nicht einheitlich geregelt, sondern die Vorschriften variieren je nach Sachgebiet. So bemisst sich die internationale Zuständigkeit für das Schuldrecht nach der Brüssel Ia-VO[1361] und für Erbsachen nach der EuErbVO. Es ist mithin denkbar, dass die internationale Zuständigkeit zwar für vertragliche Ansprüche gegeben ist, nicht aber für das Gebiet des Erbrechts – oder umgekehrt. Tatsächlich verfolgen die jeweils einschlägigen Verordnungen unterschiedliche Ansätze: Die Brüssel Ia-VO bestimmt den Allgemeinen Gerichtsstand des Beklagten durch dessen Wohnsitz (Art. 4 Brüssel Ia-VO). Bei vertraglichen Ansprüchen spielt der Gerichtsstand des Erfüllungsortes noch eine bedeutende Rolle (Art. 7 Nr. 1 Brüssel Ia-VO). Demgegenüber bemisst sich die Zuständigkeit nach der EuErbVO grundsätzlich nach dem letzten gewöhnlichen Aufenthalt des Erblassers (Art. 4 EuErbVO). Zudem sind jeweils unterschiedliche Zeitpunkte maßgebend.

1361 Verordnung (EU) Nr. 1215/2012 des Europäischen Parlaments und des Rates vom 12.12.2012 über die gerichtliche Zuständigkeit und die Anerkennung und die Vollstreckung von Entscheidungen in Zivil- und Handelssachen, ABl. EU L 351, S. 1.

Problematisch wird es, wenn man bereits auf der Ebene der Zuständigkeit danach differenziert, ob die betreffenden Vermögenswerte von Todes wegen übergehen oder auf andere Weise. Beispielsweise befürwortet *Magnus* einen differenzierenden Ansatz und verlagert dementsprechend die schwierigen kollisionsrechtlichen Abgrenzungsfragen auf die Ebene der Internationalen Zuständigkeit: Treffe das Erbstatut keine Sonderregelungen für Schenkungen auf den Todesfall oder seien diese Regelungen auf die fragliche Schenkung auf den Todesfall nicht anwendbar, so sei die Brüssel Ia-VO einschlägig.[1362] Gibt es dagegen einschlägige erbrechtliche Sonderregeln, so ist nach dieser Ansicht die EuErbVO maßgebend, aus welcher sich dann auch der Gerichtsstand ergibt.

Die Problematik an einem solchen Ansatz soll nachfolgend veranschaulicht werden: Einmal angenommen, die Internationale Zuständigkeit ist für vertragliche Ansprüche eröffnet, nicht dagegen für die Rechtsnachfolge von Todes wegen. Darf das Gericht über die Frage der Zulässigkeit einer Schenkung auf den Todesfall aus erbrechtlicher Warte entscheiden? Darf das Gericht das Rechtsgeschäft gegebenenfalls in einen Erbvertrag umdeuten, um diesem doch noch zur Wirksamkeit zu verhelfen, falls das anwendbare Recht eine solche Schenkung verbietet? Die erste Frage wird man noch bejahen dürfen. Sie betrifft nämlich die Wirksamkeit der lebzeitigen Schenkung aus erbrechtlichen Gründen und ist damit bloße Teilfrage.[1363] Die zweite Frage wird man demgegenüber verneinen müssen. Schließlich sind die Fragen nach einer möglichen Umdeutung und die Umdeutung in eine Verfügung von Todes wegen erbrechtlicher Natur; die Vermögenswerte gehen dann im Wege der Rechtsnachfolge von Todes wegen über. Dem Gericht würde im Beispielsfall bezüglich der Umdeutung die Kognitionsbefugnis fehlen. Anders mag man das noch beurteilen, wenn lediglich bestimmte erbrechtliche Vorschriften entsprechend herangezogen werden und diese damit das Schenkungsrecht bloß modifizieren.

Eine solche Spaltung der Gerichtsstände ist misslich, weil sie materiellrechtlich Zusammenhängendes auseinandertreibt und Wertungswidersprüche nach sich ziehen kann. Was ist etwa, wenn für die Entscheidung über Erbsachen die Gerichte eines Drittstaates zuständig wären und sich diese für unzuständig erklärten, weil sie die Schenkung auf den Todesfall vertraglich einstufen? Es droht ein negativer Kompetenzkonflikt. Um eine kohärente Entscheidung zu ermöglichen,

---

1362 *Magnus*, in: Dutta/Weber, Internationales Erbrecht (1. Aufl.), IntSchenkungsR Rn. 43; vgl. auch *Gottwald*, in: Münchener Kommentar ZPO, Bd. 3, Art. 1 Brüssel Ia-VO Rn. 20, nach dessen Ansicht Schenkungen auf den Todesfall nur dann nicht von der Brüssel Ia-VO erfasst werden, wenn sie nach Erbrecht abzuwickeln sind.

1363 Vgl. *Schack*, IZVR, Rn. 426, zur Frage, ob im Gerichtsstand der unerlaubten Handlung die für die Rechtswidrigkeit maßgebliche Vorfrage nach einer vertraglichen Gestattung behandelt werden darf – was zu bejahen ist. Wenn schon Vorfragen geklärt werden dürfen, dann muss das erst recht für Teilfragen gelten.

wäre es am besten, die Schenkung auf den Todesfall zuständigkeitsrechtlich einheitlich und umfassend entweder der Brüssel Ia-VO oder der EuErbVO zu unterstellen. Das hätte auch den Vorteil, dass die Internationale Zuständigkeit nicht mit diffizilen Abgrenzungsfragen überfrachtet und damit die Vorhersehbarkeit des Gerichtsstandes gefördert würde. Denn die Tatbestandsmerkmale der Internationalen Zuständigkeit sollten sich „klar und schnell" feststellen lassen und nicht von schwierigen kollisionsrechtlichen Erwägungen abhängen.[1364] Ein differenzierender Ansatz auf prozessualer Ebene würde diesem Ziel zuwiderlaufen.

Allerdings wird man einen einheitlichen Gerichtsstand für sämtliche Konstellationen der Schenkung auf den Todesfall schwerlich anhand der Brüssel Ia-VO begründen können. Gemäß Art. 1 Abs. 2 lit. f Brüssel Ia-VO ist das Gebiet des Testaments- und Erbrechts explizit vom sachlichen Anwendungsbereich der Verordnung ausgenommen. Was konkret unter das Testaments- und Erbrecht in diesem Sinne fällt, ergibt sich nunmehr aus den Regelugen und Definitionen der EuErbVO. Entscheidend ist nach der EuErbVO – wie gesehen –, ob die betreffenden Vermögenswerte im Wege der Rechtsnachfolge von Todes wegen oder auf andere Weise übergehen. Soweit die Schenkung auf den Todesfall nach dem anwendbaren Recht materiell als Verfügung von Todes wegen behandelt wird – wie etwa im deutschen Recht aufgrund einer gesetzlichen Umdeutung –, führt kaum ein Weg an der erbrechtlichen Einordnung vorbei. Einen Ausweg würde allenfalls eine gänzlich autonome Bestimmung der Schenkung auf den Todesfall bieten, die aber angesichts der Divergenzen in den einzelnen Mitgliedstaaten und einem fehlenden Leitbild nicht zur Hand ist.[1365]

Offener für den erstrebenswerten einheitlichen Ansatz scheinen demgegenüber die Regelungen über die Internationale Zuständigkeit in der EuErbVO zu sein. Denn Art. 4 ff. EuErbVO beziehen sich nach der deutschen Sprachfassung auf „Erbsachen". Die deutsche Sprachfassung verwendet mithin im Rahmen der Zuständigkeit – anders als bei der Bestimmung des Anwendungsbereichs – nicht den Begriff der Rechtsnachfolge von Todes wegen und unterscheidet sich damit beispielsweise von der englischen Fassung, in welcher einheitlich von *succession* gesprochen wird. Der Begriff der „Erbsache" scheint weiter gefasst zu sein als derjenige der Rechtsnachfolge von Todes wegen, so dass die Kognitionsbefugnis der nach der EuErbVO zuständigen Gerichte nicht auf den Regelungsgegenstand der EuErbVO beschränkt ist.[1366] Das nach Art. 4 ff. zuständige Gericht darf über alle

---

1364 *Schack*, IZVR, Rn. 254.

1365 Vgl. auch *Magnus*, in: Dutta/Weber, Internationales Erbrecht (1. Aufl.), IntSchenkungsR Rn. 43.

1366 *Köhler*, in: Gierl et al., Internationales Erbrecht, Teil 1 § 3 Rn. 3; im Ergebnis ebenso *Schmidt*, in: Dutta/Weber, Internationales Erbrecht, Art. 1 EuErbVO: Anh. II Rn. 15, wobei er davon ausgeht, dass begrifflich kein Unterschied besteht zwischen „Erbsache" und „Rechtsnachfolge von Todes wegen"; restriktiver dagegen offenbar *Lein*, in: Dutta/Weber, Internationales Erbrecht, Vorb. Art. 4 ff. Rn. 29 f.

mit dem Nachlass in Zusammenhang stehenden Fragen entscheiden.[1367] Ein solcher Zusammenhang ist bei sämtlichen Varianten der Schenkung auf den Todesfall gegeben. Es geht schließlich primär um die Frage, ob und inwieweit das Erbrecht Rechtsgeschäfte, die funktional einer Verfügung von Todes wegen entsprechen, zulässt. Eine extensive Auslegung im Fall der Schenkung auf den Todesfall ist sachgerecht, weil die rechtliche Problematik der Schenkung auf den Todesfall sich ja gerade aus der Perspektive des Erbrechts stellt. Dann sollte eine umfassende Klärung im Gerichtsstand der Erbsachen erfolgen können.

D. Ergebnis

Im Wesentlichen sollte die Schenkung auf den Todesfall vertraglich qualifiziert und somit der Rom I-VO unterstellt werden – mit einer wichtigen Ausnahme: Ob die Schenkung auf den Todesfall aus erbrechtlicher Warte zulässig ist, muss gesondert beurteilt werden; diese Frage ist erbrechtlich anzuknüpfen. Der Begriff der Schenkung auf den Todesfall ist weit zu verstehen, um den nationalen Unterschieden gerecht werden zu können. Sämtliche Schenkungen bedürfen der erbrechtlichen Kontrolle, deren Wirkungen zumindest teilweise erst mit dem Tod des Schenkers eintreten sollen, und sei es auch nur, dass die Erfüllung bis zum Tod hinausgeschoben wird. Dieser Ansatz gewährleistet am besten den erstrebten Interessenausgleich zwischen Erblasser, Beschenktem und den Nachlassbeteiligten und berücksichtigt zugleich die materiell-rechtlichen Wertungen angemessen und ausreichend.

Die Heranziehung der Rom I-VO ist geboten, weil sie den Parteien grundsätzlich Parteiautonomie gewährt, und zwar in deutlich höherem Maße als die EuErbVO, und damit die materiell-rechtliche Privatautonomie ergänzt. Das ist deswegen gerechtfertigt, weil zumindest die in dieser Arbeit betrachteten Rechtsordnungen Rechtsgeschäfte unter Lebenden auf den Todesfall in großzügigem Maße zulassen, und zwar auch Schenkungen auf den Todesfall. Deren Zulassung ist die Regel, sie werden nur ausnahmsweise dem Erbrecht unterstellt, um eine Umgehung erbrechtlicher Bestimmungen zu verhindern. Das bedeutet aber zugleich: Eine rein vertragliche Qualifikation ist ebenfalls nicht sachgerecht, insbesondere weil sie eine zu weitreichende Rechtswahl ermöglichen würde, der Erblasser also gezielt die Interessen der Nachlassbeteiligten durch ein liberaleres Recht als das berufene Erbrecht aushöhlen könnte. Das berufene Erbrecht muss demgemäß selbst entscheiden, inwieweit es Rechtsgeschäfte unter Lebenden auf den Todesfall zulassen will, und darf nicht übergangen werden. Aber es soll nur dann zum Zuge kommen, wenn es danach verlangt, um im Übrigen der Parteiautonomie Raum zu geben und diese nur insoweit zu beschneiden, als es zwingend erforderlich ist.

1367 *Köhler*, in: Gierl et al., Internationales Erbrecht, Teil 1 § 3 Rn. 3; *Schmidt*, in: Dutta/Weber, Internationales Erbrecht, Art. 1 EuErbVO: Anh. II Rn. 1.

Die Sonderanknüpfung der Frage nach der Zulässigkeit einer Schenkung auf den Todesfall gewährleistet das.

Maßgebend für die Frage der Zulässigkeit der Schenkung auf den Todesfall ist nach derzeitiger Konzeption der EuErbVO und deren maßgeblichen Wertungen das allgemeine Erbstatut, auch wenn das rechtspolitisch zu kritisieren ist. Plädiert wird für eine Reform zugunsten des hypothetischen Erbstatuts im Zeitpunkt der Schenkung, um den Parteien die erforderliche Planungssicherheit zu bieten. Insbesondere der Beschenkte würde davon profitieren.

§ 4 Zusammenfassung

Der Begriff „Schenkung auf den Todesfall" sollte weit verstanden werden, zudem funktional.[1368] Schenkungen auf den Todesfall sind demnach unentgeltliche Rechtsgeschäfte unter Lebenden, die auf eine postmortale Vermögensverteilung zielen, wobei ihre Wirkungen ganz oder teilweise erst mit dem Tod des Schenkers eintreten sollen. Zu denken ist an den bewussten Aufschub der Erfüllung auf den Zeitpunkt des Todes, eine entsprechende Befristung des Geschäfts oder beispielsweise die Vereinbarung einer Überlebensbedingung. Einbezogen werden müssen zudem solche Geschäfte, bei denen es aufgrund der besonderen Situation zumindest als möglich erscheint, dass die Wirkungen erst mit dem Tod eintreten sollen, etwa die Vergabung auf dem Totenbett. Damit ist indes noch nichts darüber gesagt, welcher Rechtsnatur solche Geschäfte sind und wie sie rechtlich behandelt werden. Die Schenkung auf den Todesfall ist auf der Grenze zwischen Rechtsgeschäften unter Lebenden und solchen von Todes wegen angesiedelt.

Im Allgemeinen werden Rechtsgeschäfte unter Lebenden und Verfügungen von Todes wegen danach abgegrenzt, in welchem Zeitpunkt das Geschäft nach dem Willen des Erklärenden oder der Parteien seine Wirkungen entfalten soll: Verfügungen von Todes wegen zeitigen zu Lebzeiten des Erblassers keine Wirkungen, auch keine Vorwirkungen.[1369] Der Bedachte hat zu Lebzeiten des Erblassers keine gesicherte Rechtsposition, sondern bloß eine vage Aussicht darauf, das Versprochene zu erlangen. Das wird besonders deutlich beim frei widerruflichen Testament, gilt aber selbst für den bindenden Erbvertrag.[1370] Denn zu Lebzeiten darf der Erblasser im Grundsatz stets weiter frei über sein Vermögen durch Rechtsgeschäfte unter Lebenden verfügen, er darf es sogar verprassen. Der Bedachte muss sich mit dem bescheiden, was im Zeitpunkt des Todes an Vermögen noch übrig ist. Etwas anderes kann für lebzeitige Schenkungen gelten, soweit der Erblasser erbvertraglich bereits gebunden ist. Schließlich droht eine Schenkung die Position des Vertragserben auszuhöhlen. Dementsprechend sehen das deutsche und das schweizerische Recht Vorkehrungen vor, nicht dagegen das österreichische Recht, das dem Erbvertrag ohnehin kritisch gegenüber steht und diesen personenbezogen begrenzt. Die betrachteten Rechtsordnungen stimmen darin überein, dass Verfügungen von Todes wegen keine Vorwirkungen zeitigen.

Schwieriger ist demgegenüber die trennscharfe Abgrenzung der Rechtsgeschäfte unter Lebenden von denjenigen von Todes wegen. Ein Rechtsgeschäft unter Lebenden liegt zumindest immer dann vor, wenn der Erklärende Wirkungen

---

1368 § 1B.II.

1369 § 2B.II.3.

1370 Insbesondere § 2B.II.1.a)cc).

bereits zu Lebzeiten erstrebt, und seien es bloß Vorwirkungen, etwa die Begründung eines Anspruchs, dessen Vereitelung den Vertragspartner zu Schadensersatz berechtigen würde.[1371] Umgekehrt kann indes nicht zwingend gefolgert werden, dass ein Rechtsgeschäft unter Lebenden nicht mehr vorliegen könne, sobald das betreffende Geschäft zu Lebzeiten keinerlei Vorwirkungen zeitigen soll. Das Schuldrecht mit der ihm eigenen Privatautonomie ist wesentlich flexibler und ermöglicht prinzipiell solche Gestaltungen. Das mag erklären, warum neben dem intendierten Zeitpunkt der Wirkungen weitere Abgrenzungskriterien diskutiert werden, etwa die gewählte Form, die Nachlassbezogenheit eines Geschäfts, der Zeitpunkt des Vollzugs und die Vereinbarung einer Überlebensbedingung.

Folglich fordern Rechtsgeschäfte unter Lebenden auf den Todesfall das Erbrecht nicht nur in funktionaler Hinsicht potentiell heraus, sondern auch in materieller. Das Erbrecht muss entscheiden, inwieweit es solche Rechtsgeschäfte, die dessen Wertungen zu beeinträchtigen vermögen, dulden oder aber einschränken will, um sich nicht gänzlich selbst aufzugeben.[1372] Das ist die Spannungslage, die auch Schenkungen auf den Todesfall kennzeichnet. Die rechtsvergleichende Analyse hat ergeben, dass die betrachteten Rechtsordnungen großzügig sind, was die Anerkennung von Rechtsgeschäften unter Lebenden auf den Todesfall betrifft, das gilt prinzipiell sogar für Schenkungen auf den Todesfall. Schenkungen sind besonders gefährlich, weil sie den Nachlass auszuhöhlen drohen und damit die Interessen von Nachlassbeteiligten gefährden.

Das deutsche, österreichische und schweizerische Recht greifen nur einige wenige Varianten der Schenkung auf den Todesfall heraus und unterstellen diese in Gänze dem Erbrecht. In Deutschland ist das die durch das Überleben des Begünstigten bedingte und zu Lebzeiten nicht vollzogene Schenkung, in Österreich die frei widerrufliche, erst mit dem Tod zu erfüllende Schenkung, in der Schweiz die mit dem Tod vollziehbare Schenkung, wobei nach verbreiteter Meinung darauf abgestellt wird, ob sie noch zu Lebzeiten Wirkungen entfalten soll oder erst mit dem Tod des Schenkers.[1373] Ist letzteres zu bejahen, so soll eine dem Erbrecht unterstehende Schenkung auf den Todesfall gegeben sein. Im Übrigen werden Schenkungen auf den Todesfall als Rechtsgeschäfte unter Lebenden zugelassen. Als großzügig erweisen sich die Rechtsordnungen auch, was die Einschaltung eines Mittlers angeht, der das Geschäft nach dem Tod des Schenkers ausführen oder vollenden soll.[1374] Gerade das deutsche Recht gestattet solche Geschäfte in großzügiger Weise, insbesondere den Vertrag zugunsten Dritter auf den Todesfall, obwohl solche Gestaltungen eine Umgehung des Erbrechts begünstigen.

1371 § 2B.II.2.
1372 § 2B.III.
1373 § 2A.II.1.
1374 § 2A.II.2.

Soweit das jeweilige Erbrecht die Schenkung auf den Todesfall nicht als Rechtsgeschäft unter Lebenden zulässt, deutet es diese in den betrachteten kontinentaleuropäischen Rechtsordnungen in eine Verfügung von Todes um, das Geschäft kann also gleichwohl wirksam sein, vorausgesetzt die Anforderungen der Verfügung von Todes wegen werden eingehalten.[1375] Die Umdeutung erfolgt zum Schutze des Erbrechts, und zwar im Hinblick auf die erbrechtliche Formenstrenge, das Pflichtteilsrecht, den Gläubigerschutz und den Schutz von Vertragserben – so jedenfalls die überwiegende Erklärung.[1376]

Je geringer die Vorwirkungen des Geschäfts ausfallen, desto größer ist das Bedürfnis einer Angleichung an das Erbrecht, zumal der Schenker das Vermögensopfer selbst dann kaum noch spüren wird, was die Hemmschwelle beträchtlich senken dürfte.[1377] Mag der Schenker vor einer gewöhnlichen Schenkung noch zurückschrecken, weil sie das eigene Vermögen belastet, so belasten zumindest bestimmte Varianten der Schenkung auf den Todesfall erst den Nachlass spürbar. Das gilt insbesondere, wenn die Schenkung zu Lebzeiten frei widerruflich bleibt. Die österreichische Regelung erweist sich vor diesem Hintergrund als konsequent, ebenso die schweizerische, sofern auf die Wirkungen abgestellt wird. Auch die deutsche Regelung ist insofern im Wesentlichen konsequent, als sie auf den Vollzug als maßgebendes Kriterium abstellt, zumal der lebzeitige Vollzug für Verfügungen von Todes wegen untypisch, wenn nicht gar ausgeschlossen ist. Allerdings ist die Bestimmung des Vollzugs mit Schwierigkeiten verbunden, zudem ist nicht gesichert, dass der vermeintliche Vollzug für wirksam erachtet wird. Und was ist der Vollzug noch wert, wenn das Grundgeschäft frei widerruflich ist?

Nicht ganz eindeutig zu klären ist die Frage, ob eine Umdeutung aus erbrechtlichen Gründen zwingend erforderlich wäre. Denn geschützt werden die Nachlassbeteiligten auch vor gewöhnlichen Schenkungen, die den Nachlass schmälern. So werden Pflichtteilsberechtigte durch die Pflichtteilsergänzung geschützt, Gläubiger durch die Gläubigeranfechtung und Vertragserben können in Deutschland und der Schweiz den Erbvertrag aushöhlende Schenkungen unter bestimmten Voraussetzungen zurückfordern. Ob die erbrechtliche Behandlung der Schenkung auf den Todesfall einen effektiveren Schutz ermöglicht, ist schwer zu sagen; erforderlich wäre eine sehr detaillierte Betrachtung. Für den rechtsvergleichenden Befund ist das aber von untergeordneter Bedeutung. Entscheidend ist vielmehr, dass die betrachteten kontinentaleuropäischen Rechtsordnungen davon ausgehen, dass ein effektiverer Schutz erst durch die erbrechtliche Behandlung gewährleistet wird.

Die englische Regelung der *donatio mortis causa* unterscheidet sich wesentlich von den Bestimmungen in Deutschland, Österreich und der Schweiz.[1378] Die

1375 § 2B.II.4.
1376 § 2B.III.1.
1377 § 2B.III.2.
1378 Zu den Voraussetzungen § 2A.II.1.d).

donatio mortis causa geht auf das römische Recht zurück,[1379] sie ist ein eigenständiges Rechtsinstitut, das eine Zwitternatur aufweist, sie wird teilweise wie ein Rechtsgeschäft unter Lebenden behandelt und teilweise wie eine Verfügung von Todes wegen, teilweise unterliegt sie aber auch ganz eigenen Voraussetzungen. Der Erwerb vollzieht sich außerhalb des Erbrechts, weswegen der Bezug zu lebzeitigen Geschäften wesentlich stärker ist. Das deutsche, österreichische und wohl ebenso das schweizerische Recht wollten die römisch-rechtliche *donatio mortis causa* im Interesse einer klaren Abgrenzung und zur Vermeidung von Streitfragen dagegen abschaffen.[1380]

Wesensprägend für die englische *donatio mortis causa* ist, dass sie in einer akuten Lebensgefahr vorgenommen wird, sie bereits zu Lebzeiten vollzogen wird und sie durch das Vorversterben des Schenkers bedingt ist. Ihr Hauptzweck liegt in der Privilegierung des Erblassers gegenüber dem vergleichsweise formstrengen Testament. Um den Schutz erbrechtlicher Interessen geht es bei diesem Institut nicht, auch wenn das englische Recht die Testierfreiheit durch die *family provision* einschränkt und es grundsätzlich Bedarf gäbe, das Erbrecht gegenüber lebzeitigen Geschäften abzuschirmen. Der für die *family provision* maßgebende Inheritance Act trifft diesbezüglich aber ohnehin Vorkehrungen. Die *donatio mortis causa* ist ein Institut neben weiteren, das eine postmortale Zuwendung außerhalb des formalen Erbrechts ermöglicht; insbesondere der *inter vivos trust* kommt als weitere Gestaltungsvariante für die Nachlassplanung in Betracht.

Als Fazit der rechtsvergleichenden Analyse kann festgehalten werden: Das Erbrecht beansprucht keine Exklusivität für postmortale Zuwendungen.[1381] Grundsätzlich lassen die betrachteten Rechtsordnungen Rechtsgeschäfte unter Lebenden zu, das gilt im Wesentlichen auch für die Schenkung auf den Todesfall. Die Zulässigkeit von Schenkungen auf den Todesfall wird man als den Regelfall ansehen können, die Rechtsordnungen wollen die Privatautonomie der Parteien bewusst erweitern und stärken. Die Umdeutung in eine Verfügung von Todes wegen zum besseren Schutz erbrechtlicher Bestimmungen ist die Ausnahme. Dispositionsfreiheit des Erblassers einerseits und der Schutz der Nachlassberechtigten vor Umgehungen zwingender erbrechtlicher Vorschriften andererseits bilden die beiden Seiten ein und derselben Medaille. Das gilt es ebenso für die Behandlung der Schenkung auf den Todesfall im IPR zu berücksichtigen.

Die Behandlung der Schenkung auf den Todesfall im IPR wird für gewöhnlich als Qualifikationsproblem angesehen. Ausschlaggebend für die Lösung ist eine funktionelle Qualifikation, bei welcher Funktion und Zweck der Kollisionsnorm mit Funktion und Zweck des fraglichen materiellen Rechtsinstituts zu vergleichen sind, um eine Zuordnung zu einem Systembegriff zu ermöglichen.[1382] Gemünzt

---

1379 Zur *donatio mortis causa* des römischen Rechts § 2B.I.1.

1380 § 2B.I.2.b).

1381 Siehe insbesondere § 2B.III.2.a).

1382 Zur Qualifikation im Allgemeinen siehe § 3A.

auf die Schenkung auf den Todesfall heißt das konkret: Die Zuordnung zu einer bestimmten Kollisionsnorm muss einerseits gewährleisten, dass der Privatautonomie im größtmöglichen Umfang Rechnung getragen wird, ohne andererseits die erbrechtlichen Interessen gänzlich zu übergehen und das zwingende Erbrecht des Erbstatuts zu umgehen. Zu berücksichtigen sind die spezifischen kollisionsrechtlichen Interessen.

Die Entscheidung im europäischen Kollisionsrecht fällt zwischen der für vertragliche Schuldverhältnisse maßgebenden Rom I-VO und der Erbrechtsverordnung; ein dritter Ansatz ist zwar theoretisch denkbar, aber abzulehnen.[1383] Entscheidend ist letztlich, wie die Grenze zwischen Rechtsgeschäften unter Lebenden, die im Hinblick auf den Tod vorgenommen werden, und Rechtsgeschäften von Todes wegen im europäischen Kollisionsrecht zu ziehen ist, es geht mithin um die Abgrenzung von Rom I-VO und EuErbVO. Dieser Frage kann und will der europäische Gesetzgeber nicht ausweichen.

Die Abgrenzung von Rechtsgeschäften unter Lebenden und solchen von Todes wegen im europäischen Kollisionsrecht bereitet Schwierigkeiten, nicht zuletzt, weil es an einem vereinheitlichten materiellen Erbrecht als Leitbild fehlt. Erschwerend kommt hinzu, dass die kollisionsrechtlichen Verordnungen sich bedeckt halten, was die maßgeblichen Kriterien anbelangt.[1384] Ein materielles Kriterium liefert keine der beiden Verordnungen, was indes kaum verwundern kann, da es nicht leicht sein dürfte, einen gemeinsamen Nenner zu finden. Immerhin bietet die EuErbVO für die Rechtsnachfolge von Todes wegen eine Definition an, allerdings keine griffige. Unter „Rechtsnachfolge von Todes wegen“ versteht sie gemäß Art. 3 Abs. 1 lit. a EuErbVO „jede Form des Übergangs von Vermögenswerten, Rechten und Pflichten von Todes wegen [...]“. Die Definition des Erbvertrages in Art. 3 Abs. 1 lit. b EuErbVO als „Vereinbarung, [...], die Rechte am künftigen Nachlass begründet, ändert oder entzieht“, legt bei unbefangener Betrachtung ein funktionales Verständnis nahe, das richtungweisend für die Abgrenzung der beiden Bereiche sein könnte. Die Auslegung der EuErbVO ergibt indes: Eine rein funktionale Betrachtung führt im europäischen IPR ebenso wenig zum Ziel wie im materiellen Recht. Die EuErbVO nimmt einige Institute von ihrem Anwendungsbereich aus, die für eine postmortale Zuwendung genutzt werden können, namentlich etwa die *joint tenancy* und den *trust*, wie überhaupt sämtliche Geschäfte, bei denen Vermögen außerhalb des Erbrechts übertragen wird. Die EuErbVO stellt damit auf ein technisch-formales Verständnis ab, was die Abgrenzung von Rechtsgeschäften unter Lebenden und solchen von Todes wegen angeht. Die Antwort auf die Frage, welcher Rechtsnatur das betreffende Geschäft ist, lässt sich damit nur im Sachrecht finden; die EuErbVO überantwortet die Abgrenzung folglich dem materiellen Recht.

1383 § 3C.I.

1384 Zur Abgrenzung der beiden Verordnungen im Kontext der Schenkung auf den Todesfall siehe § 3C.IV.

Daraus folgt: Deutet das Erbstatut die Schenkung auf den Todesfall in eine Verfügung von Todes wegen um, so spricht das *prima facie* für eine Anwendung der EuErbVO; behandelt das Erbstatut das Geschäft dagegen als lebzeitige Schenkung, so spricht das gegen die EuErbVO und für die Rom I-VO. Das kann zunächst als Leitlinie dienen. Im Übrigen ist anhand der Wertungen in den beiden Verordnungen die Zuweisung zu entscheiden, und zwar im Abgleich mit den materiellrechtlichen Wertungen.[1385]

Auch im IPR ist ein gerechter Ausgleich zwischen Privatautonomie und zwingendem Erbrecht zu finden. Die materiell-rechtliche Privatautonomie wird im IPR durch die Parteiautonomie flankiert. Was die Reichweite der Parteiautonomie angeht, unterscheiden sich beide Verordnungen erheblich: Während die Rom I-VO den Parteien grundsätzlich die Freiheit einräumt, eine beliebige Rechtsordnung zu wählen, beschränkt die EuErbVO die Rechtswahl auf das Heimatrecht des Erblassers zum Schutz der Nachlassbeteiligten.[1386] Potentiell führt die objektive Anknüpfung an den gewöhnlichen Aufenthalt mit der ihr eigenen Wandelbarkeit zwar zu einer faktischen Erweiterung der Parteiautonomie im Rahmen der EuErbVO, die Hindernisse für einen beliebigen Wechsel des gewöhnlichen Aufenthalts sind indes beträchtlich. Daher lässt sich nicht sagen, die EuErbVO gäbe die Entscheidung für eine Beschränkung der Parteiautonomie letztlich über Umwege preis. Eine rein vertragliche Qualifikation der Schenkung auf den Todesfall würde wegen der erheblich umfangreicheren Parteiautonomie im Rahmen der Rom I-VO die Wertentscheidung des Gesetzgebers nivellieren und eine Gefahr für das Erbstatut und dessen zwingende Regeln bedeuten. Im Kontext der Schenkung auf den Todesfall decken sich EuErbVO und materielles Recht in ihrem legislativen Anliegen insoweit, als es um den Schutz des zwingenden Erbrechts geht. Folglich muss die EuErbVO über die Schenkung auf den Todesfall mitentscheiden. Sie sollte im Interesse der Parteiautonomie indes nur insoweit maßgebend sein, als es zwingend erforderlich ist.

Die erbrechtlichen Kernfragen weist die EuErbVO dem allgemeinen Erbstatut zu und damit im Wesentlichen auch den Schutz der Nachlassbeteiligten. Das gilt für das Pflichtteilsrecht einschließlich Pflichtteilsergänzung und *clawback*,[1387] dem Rückforderungsrecht gegenüber dem Beschenkten selbst, ebenso für den Gläubigerschutz einschließlich der Haftung des Beschenkten,[1388] sofern der Rückforderungsgrund im materiellen Recht spezifisch erbrechtlich motiviert ist. Die Aushöhlung des Erbvertrages durch Schenkungen und ein etwaiger Rückforderungsanspruch gegenüber dem Beschenkten betreffen dagegen die

1385 Zu den maßgeblichen Wertungen sowie Interessen im IPR siehe vor allem § 3C.III.

1386 § 3C.II.2.b) sowie § 3C.III.2.a).

1387 § 3C.III.2.b)aa).

1388 § 3C.III.2.b)cc).

Bindungswirkungen des Erbvertrages und unterstehen damit Art. 25 EuErbVO.[1389] Die Interessen der Nachlassbeteiligten werden dabei bloß mittelbar geschützt, indem die Rechtswahl des Erblassers beschränkt wird. Der Beschenkte wird dagegen nicht angemessen geschützt, was besonders deutlich an der konkreten Ausgestaltung der Pflichtteilsergänzung wird. Diese bemisst sich nach einem Recht, das der Beschenkte im Zeitpunkt der Schenkung nicht vorhersehen kann; folglich muss der Beschenkte um den Bestand der Schenkung fürchten. Der gewöhnliche Aufenthalt als das maßgebliche Kriterium der objektiven Anknüpfung begünstigt einen Statutenwechsel und führt somit zu Rechtsunsicherheit.

Aus diesen Wertungen folgt: Eine rein vertragliche Qualifikation scheidet aus, da sie zu einer allzu weitreichenden Anerkennung der Parteiautonomie führen und das potentiell strengere Erbstatut übergehen würde. Aber auch eine rein erbrechtliche Qualifikation wäre nicht sachgerecht; denn sie würde die Parteiautonomie über Gebühr einschränken, obwohl viele Rechtsordnungen Rechtsgeschäfte unter Lebenden auf den Todesfall in großzügiger Weise zulassen. Im Wesentlichen sollte die Schenkung auf den Todesfall vielmehr vertraglich qualifiziert und somit der Rom I-VO unterstellt werden – mit einer wichtigen Ausnahme: Ob die Schenkung auf den Todesfall aus erbrechtlicher Warte zulässig ist, muss gesondert beurteilt werden; diese Frage ist erbrechtlich anzuknüpfen. Der Begriff der Schenkung auf den Todesfall ist weit im Sinne eines funktionalen Verständnisses auszulegen, um den nationalen Unterschieden gerecht werden zu können.[1390]

Maßgeblich für die Frage der Zulässigkeit der Schenkung auf den Todesfall ist das allgemeine Erbstatut.[1391] Da der Schutz der Nachlassbeteiligten im Kern dem allgemeinen Erbstatut zugewiesen wird, ist es folgerichtig – ja zwingend –, auch die Frage der Zulässigkeit von Schenkungen auf den Todesfall dem allgemeinen Erbstatut zuzuweisen. Das bringt indes den Nachteil fehlender Planungssicherheit für die Vertragsparteien mit sich, was vor allem den Beschenkten hart trifft. Die Nachlassbeteiligten wären ausreichend geschützt, wenn die Frage nach der Zulässigkeit des Geschäfts dem hypothetischen Erbstatut im Zeitpunkt der Schenkung unterstellt würde. Vorgeschlagen wird daher, die EuErbVO entsprechend zu reformieren und die Frage der Zulässigkeit der Schenkung auf den Todesfall – besser noch: sämtlicher Rechtsgeschäfte unter Lebenden auf den Todesfall – ausdrücklich dem hypothetischen Erbstatut im Zeitpunkt der Schenkung zuzuweisen; *de lege lata* ist dieser Weg aufgrund der Konzeption der EuErbVO und deren maßgeblichen Wertungen indes versperrt.

Schwierigkeiten ergeben sich bei der Bestimmung, ob das Erbstatut die Schenkung auf den Todesfall zulässt, weil die Wertungen häufig nicht offen zu Tage

1389 § 3C.III.2.b)bb).

1390 Zu den einzelnen Ansichten zur Qualifikation der Schenkung auf den Todesfall im europäischen IPR nebst Erläuterungen und Bewertung siehe § 3C.V.1.

1391 § 3C.V.2.b)aa).

treten werden.[1392] Weist das allgemeine Erbstatut die Schenkung auf den Todesfall insgesamt dem Erbrecht zu, so darf unterstellt werden, dass es das betreffende Geschäft an sich ziehen will, unabhängig von den konkreten Wertungen. Irrelevant ist, ob die Zuordnung zum Erbrecht allein einem legislativen Ordnungsplan folgen soll, mithin eine klare Abgrenzung zwischen Rechtsgeschäften unter Lebenden und solchen von Todes wegen gewährleisten soll. Zwar lässt sich ein solches Ziel im internationalen Kontext schwerlich realisieren, weil bei abweichenden Statuten stets eines der beiden zurückstehen müsste. Zumeist wird aber nicht erkennbar sein, ob sich die Vorschrift in diesem Ziel erschöpft. Im Interesse der Rechtssicherheit sollte das Erbstatut maßgeblich sein. Zudem ist die Zuweisung zum Erbrecht ein starkes Indiz, dass es um die Durchsetzung des Erbrechts geht. Ein Rekurs auf die Rom I-VO scheidet dann aus.

Bei einer Teilzuweisung zum Erbrecht, wie sie für Mischinstitute in Gestalt etwa der *donatio mortis causa* typisch ist, ist der Zweck des Instituts zu ergründen. Dient das Institut zumindest auch der Durchsetzung erbrechtlicher Interessen, so sollte das Erbstatut insgesamt maßgebend sein. Für die englische *donatio mortis causa* kann das nicht angenommen werden, weil im Vordergrund die Privilegierung des Erblassers steht und der Erwerb sich zudem außerhalb des Erbrechts vollzieht.

Verbietet das allgemeine Erbstatut die Schenkung auf den Todesfall aus erbrechtlichen Gründen, so bleibt stets das allgemeine Erbstatut maßgebend, ohne dass nach dem konkreten Zweck des Verbots zu differenzieren wäre. Es ist somit nicht weiter zu ergründen, ob das Verbot bloß aus formalen Erwägungen erfolgt oder speziell dem Schutz von Vertragserben dient oder das Verbot des Erbvertrages absichern soll. Theoretisch käme in diesen Fällen eine Sonderanknüpfung in Betracht, nämlich Formstatut und Errichtungsstatut. Das ist aber nicht zu erstreben, weil es zum einen die Anwendung weiter kompliziert und weil die materiellen Regelungen häufig mehrere Schutzzwecke zugleich erfüllen wollen. Die Frage der Zulässigkeit sollte daher bei einem Statut gebündelt werden.

Eine Schwierigkeit in der Anwendung ergibt sich, wenn das primär maßgebliche Vertragsstatut die betreffende Schenkung auf den Todesfall nicht als Rechtsgeschäft unter Lebenden anerkennt. Es droht ein Normenmangel, der im Wege der Anpassung gelöst werden muss, sofern das Erbstatut das Geschäft nicht ohnehin an sich zieht. Deutet das Vertragsstatut die Schenkung in eine Verfügung von Todes wegen um oder verbietet es sie schlicht aus erbrechtlichen Gründen, so sind dessen Regelungen zur Schenkung gleichwohl anzuwenden, weil dessen Verbotsvorschriften erbrechtlich zu qualifizieren sind und damit nicht zur Anwendung gelangen – vorausgesetzt das Erbstatut ist im konkreten Fall großzügiger und lässt die Schenkung als lebzeitiges Geschäft zu. Behandelt das Vertragsstatut die „Schenkung" ohne Umwege materiell als Verfügung von Todes wegen, so gibt es das Geschäft von vornherein nicht als Rechtsgeschäft unter Lebenden, so dass eine

1392 § 3C.V.2.b)cc).

Lücke entsteht. Es ist wie folgt zu differenzieren: Haben die Parteien das Vertragsstatut gewählt, so müssen sie sich daran festhalten lassen; das Vertragsstatut ist extensiv heranzuziehen, also auch im Hinblick auf seine erbrechtlichen Bestimmungen das Geschäft betreffend. In Ermangelung einer Rechtswahl sollte das Erbstatut den Ausschlag geben, weil es im konkreten Fall großzügiger ist.[1393]

Prozessual kann sich das Problem ergeben, dass die Kognitionsbefugnis nicht weit genug reicht. Die Internationale Zuständigkeit für vertragliche Schuldverhältnisse und damit für Schenkungen folgt aus der Brüssel Ia-VO, wohingegen für Erbsachen die EuErbVO die Zuständigkeit begründet. Es ist daher möglich, dass das angerufene Gericht nur für eines der beiden Rechtsgebiete international zuständig ist. Da der vorgeschlagene Lösungsweg beide Rechtsgebiete einbezieht, besteht die Gefahr, dass der Richter den Fall nicht umfassend entscheiden darf – ein nicht hinnehmbarer Zustand. Es muss gewährleistet werden, dass der Fall in einem einheitlichen Gerichtsstand entschieden werden kann. Da sich das Problem der Schenkung auf den Todesfall aus erbrechtlicher Warte stellt und das Erbstatut gegebenenfalls die Schenkung auf den Todesfall an sich zieht und über sie befindet, sollte der sachliche Anwendungsbereich der EuErbVO hinsichtlich der Zuständigkeit weit gezogen werden, auch wenn damit eine einheitliche Auslegung innerhalb der EuErbVO preisgegeben wird. Ein solch extensives Verständnis ist zumindest in der deutschsprachigen Fassung der EuErbVO angelegt, da zuständigkeitsrechtlich deren sachlicher Anwendungsbereich durch den weitergefassten Begriff der „Erbsache“ bestimmt wird.

1393 Zu den Anwendungsschwierigkeiten der vorgeschlagenen Lösung siehe § 3C.V.2.c).

Literaturverzeichnis

Abel, Stefan: Die Qualifikation der Schenkung – Zur Methode der Qualifikation im Internationalen Schuldvertragsrecht, Frankfurt am Main 1997 (zitiert: Abel, Die Qualifikation der Schenkung).

Amonn, Kurt/Walther, Fridolin: Grundriss des Schuldbetreibungs- und Konkursrechts, 7. Auflage, Bern 2003 (zitiert: *Amonn/Walther*, SchKR).

Apathy, Peter: Der Auftrag auf den Todesfall, JBl. 1976, S. 393–413 (zitiert: *Apathy*, Der Auftrag auf den Todesfall).

Baetge, Dietmar: Der gewöhnliche Aufenthalt im internationalen Privatrecht, Tübingen 1994 (zitiert: *Baetge*, Der gewöhnliche Aufenthalt).

Baker, P. V.: Land as a Donatio Mortis Causa, (1993) 109 LQR 19 (zitiert: *Baker*, Land as a Donatio Mortis Causa).

Bar, Christian von: Die Funktionen des Gemeinsamen Referenzrahmens aus der Sicht der Verfasser des wissenschaftlichen Entwurfs, in: Schmidt-Kessel (Hrsg.), Der Gemeinsame Referenzrahmen – Entstehung, Inhalte, Anwendung, München 2009, S. 23–33 (zitiert: *v. Bar*, Funktionen des CFR, in: Schmidt-Kessel, CFR).

Bar, Christian von/Clive, Eric (Hrsg.): Principles, Definitions and Model Rules of European Private Law – Draft Common Frame of Reference (DCFR), Band 1: Introduction, Principles, Definitions, I. – 1:101 bis III. – 4:207, München 2009 (zitiert: DCFR, Bd. 1).

dies.: Principles, Definitions and Model Rules of European Private Law – Draft Common Frame of Reference (DCFR), Band 3: IV.D. – 1:101 bis V. – 3:106, München 2009 (zitiert: DCFR, Bd. 3; Anm.: sofern eine bestimmte Vorschrift selbst in Bezug genommen wird, wird nur diese zitiert).

Bar, Christian von/Mankowski, Peter: Internationales Privatrecht, Band I: Allgemeine Lehren, 2. Auflage, München 2003 (zitiert: *v. Bar/Mankowski*, IPR I).

Barth, Peter/Dokalik, Dietmar/Potyka, Matthias: Taschenkommentar zum ABGB, 25. Auflage, Wien 2017 (zitiert: *Barth/Dokalik/Potyka*, Taschenkommentar ABGB).

Basedow, Jürgen/Hopt, Klaus J./ Zimmermann, Reinhard (Hrsg.): Handwörterbuch des Europäischen Privatrechts, Bände I und II, Tübingen 2009 (zitiert: *Bearbeiter*, Stichwort, in: Basedow/Hopt/Zimmermann, Handwörterbuch I bzw. II).

Basler Kommentar zu ZGB, OR und IPR: siehe *Honsell et al.*

Basler Kommentar zum SchKG: siehe *Staehelin et al.*

Battes, Robert: Der erbrechtliche Verpflichtungsvertrag im System des deutschen Zivilrechts – Ziele, Dogmatik und praktische Auswirkungen des § 2302 BGB, AcP 178 (1978), S. 337–380 (zitiert: *Battes*, Der erbrechtliche Verpflichtungsvertrag).

Beck, Alexander: Grundriss des schweizerischen Erbrechts, Bern 1970 (zitiert: *Beck*, Erbrecht).

Benecke, Martina: Gesetzesumgehung im Zivilrecht – Lehre und praktischer Fall im allgemeinen und Internationalen Privatrecht, Tübingen 2004 (zitiert: Benecke, Gesetzesumgehung).

Bergquist, Ulf/Damascelli, Domenico/Frimston, Richard/Lagarde, Paul/Odersky, Felix/Reinhartz, Barbara: Kommentar zur EU-Erbrechtsverordnung, Köln 2015 (zitiert: *Bearbeiter*, in: Bergquist et al.).

Bernasconi, Christophe: Der Qualifikationsprozess im Internationalen Privatrecht, Zürich 1997 (zitiert: *Bernasconi*, Qualifikation).

Berner Kommentar zum ZGB: siehe *Hausheer/Walter*

Bernstorff, Christoph Graf von: Einführung in das englische Recht, 5. Auflage, München 2018 (zitiert: *Graf v. Bernstorff*, Englisches Recht).

Binder, Martin: Zum Erfordernis des Widerrufsverzichts bei der Schenkung auf den Todesfall, in: Fischer-Czermak/Kletečka/Schauer/Zankl (Hrsg.), Festschrift für Rudolf Welser zum 65. Geburtstag, Wien 2004, S. 77–92 (zitiert: *Binder*, Widerrufsverzicht, FS Welser).

Bonomi, Andrea: Testamentary freedom or forced heirship? Balancing party autonomy and the protection of family members, NIPR 2010, S. 605–610 (zitiert: *Bonomi*, Testamentary freedom).

ders.: Choice-of-law Aspects of the Future EC Regulation in Matters of Succession – A First Glance at the Commission's Proposal, in: Boele-Woelki/Einhorn/Girsberger/Symeonides, Liber Amicorum Kurt Siehr, Zürich/Basel/Genf 2010, S. 157–171 (zitiert: *Bonomi*, Choice-of-Law Aspects, Liber Amicorum Siehr).

Bonomi, Andrea/Öztürk, Azadi: Das Statut der Verfügung von Todes wegen (Art. 24 ff. EuErbVO), in: Dutta/Herrler (Hrsg.), Die Europäische Erbrechtsverordnung, München 2014, S. 47–69 (zitiert: *Bonomi/Öztürk*, Das Statut der Verfügung von Todes wegen, in: Dutta/Herrler, EuErbVO).

Borkowski, Andrew: Deathbed Gifts – The Law of Donatio Mortis Causa, Oxford/New York 1999 (zitiert: *Borkowski*, Deathbed Gifts).

Borkowski, Andrew/du Plessis, Paul: Roman Law, 3. Auflage, New York 2005 (zitiert: *Borkowski/du Plessis*, Roman Law).

Braun, Alexandra: Towards a Greater Autonomy for Testators and Heirs: Some Reflections on Recent Reforms in France, Belgium and Italy, ZEuP 2012, S. 461–483 (zitiert: *Braun*, Autonomy for Testators and Heirs).

Bridge, Michael: Personal Property Law, 4. Auflage, Oxford 2015 (zitiert: *Bridge*, Property Law).

Brox, Hans/Walker, Wolf-Dietrich: Erbrecht, 29. Auflage, München 2021 (zitiert: *Brox/Walker*, Erbrecht).

Bucher, Eugen: England und der Kontinent, Zur Andersartigkeit des Vertragsrechts – die Gründe, und zu consideration, ZVglRWiss 105 (2006), S. 164–207 (zitiert: *Bucher*, England und der Kontinent).

Burandt/Rojahn (Hrsg.): Erbrecht, 3. Auflage, München 2019 (zitiert: *Bearbeiter*, in: Burandt/Rojahn, Erbrecht).

Burgstaller, Alfred/Neumayr, Matthias/Geroldinger, Andreas/Schmaranzer, Gerhard: Die EU-Erbrechtsverordnung, Kommentar, Wien 2016 (zitiert: *Bearbeiter*, in: Burgstaller et al.).

Calliess, Gralf-Peter: Rome Regulations, Commentary, 2. Auflage, Alphen aan den Rijn 2015 (zitiert: *Bearbeiter*, in: Calliess, Rome Regulations).

Calvo Caravaca, Alfonso-Luis/Davi, Angelo/Mansel, Heinz-Peter: The EU Succession Regulation, Cambridge 2016 (zitiert: *Bearbeiter*, in: Calvo Caravaca et al.).

Clarke, Alison/Kohler, Paul: Property Law – Commentary and Materials, Cambridge 2005 (zitiert: *Clarke/Kohler*, Property Law).

Collins, Lawrence Lord of Mapesbury (Hrsg.): Dicey, Morris & Collins on The Conflict of Laws, Band 2, 15. Auflage, London 2012 (zitiert: *Bearbeiter*, in: Collins, The Conflict of Laws II).

Cooke, Elizabeth: Testamentary Freedom in England and Wales, in: Zimmermann (Hrsg.), Freedom of Testation/Testierfreiheit, Tübingen 2012, S. 125–142 (zitiert: *Cooke*, Testamentary Freedom, in: Zimmermann, Testierfreiheit).

Cumber, Hugh: Donationes mortis causa; a doctrine on its deathbed?, Anm. zu *King v Dubrey* [2015] EWCA Civ 581, [2016] Conv 56, zit. n. Westlaw UK (zitiert: *Cumber*, Donationes mortis causa).

Czermak, Peter: Die Joint Tenancy im Internationalen Privatrecht, ZVglRWiss 87 (1988), S. 58–91 (zitiert: Czermak, Joint Tenancy).

DCFR: siehe *Bar/Clive*

De Waal, Marius J.: Comparative Succession Law, in: Reimann/Zimmermann, The Oxford Handbook of Comparative Law, New York 2006, S. 1071–1098 (zitiert: *De Waal*, Comparative Succession Law, in: Reimann/Zimmermann, Handbook).

Deixler-Hübner, Astrid/Schauer, Martin (Hrsg.): Kommentar zur EU-Erbrechtsverordnung (EuErbVO), Wien 2015 (zitiert: *Bearbeiter*, in: Deixler-Hübner/Schauer).

dies.: Erbrecht NEU, Wien 2015 (zitiert: *Bearbeiter*, in: Deixler-Hübner/Schauer, Erbrecht NEU).

Deutsches Notarinstitut: Internationales Erbrecht in der EU, Perspektive einer Harmonisierung, Würzburg 2004 (zitiert: *Deutsches Notarinstitut*, Internationales Erbrecht).

Döbereiner, Christoph: Das internationale Erbrecht nach der EU-Erbrechtsverordnung, MittBayNot 2013, S. 358–366 (Teil I) und S. 437–446 (Teil II) (zitiert: *Döbereiner*, EuErbVO).

Dörner, Heinrich: EuErbVO: Die Verordnung zum Internationalen Erb- und Erbverfahrensrecht ist in Kraft!, ZEV 2012, S. 505–513 (zitiert: *Dörner*, EuErbVO).

ders.: Qualifikation im IPR – Ein Buch mit sieben Siegeln?, StAZ 1988, S. 345–352 (zitiert: *Dörner*, Qualifikation im IPR).

Druey, Jean Nicolas: Grundriss des Erbrechts, 5. Auflage, Bern 2002 (zitiert: *Druey*, Erbrecht).

Dutta, Anatol: Das neue internationale Erbrecht der Europäischen Union – Eine erste Lektüre der Erbrechtsverordnung, FamRZ 2013, S. 4–15 (zitiert: *Dutta*, EuErbVO).

ders.: Succession and Wills in the Conflict of Laws on the Eve of Europeanisation, RabelsZ 73 (2009), S. 547–606 (zitiert: *Dutta*, Succession).

ders.: Warum Erbrecht? – Das Vermögensrecht des Generationenwechsels in funktionaler Betrachtung, Tübingen 2014 (zitiert: *Dutta*, Warum Erbrecht?).

Dutta, Anatol/Weber, Johannes (Hrsg.): Internationales Erbrecht, 1. Auflage, München 2016 (zitiert: *Bearbeiter*, in: Dutta/Weber, Internationales Erbrecht (1. Aufl.)).

dies.: Internationales Erbrecht, 2. Auflage, München 2021 (zitiert: *Bearbeiter*, in: Dutta/Weber, Internationales Erbrecht).

Eccher, Bernhard: Antizipierte Erbfolge, Berlin 1980 (zitiert: *Eccher*, Antizipierte Erbfolge).

ders.: Bürgerliches Recht IV, Erbrecht, Wien 2000 (zitiert: *Eccher*, Erbrecht).

Europäisches Parlament (Rechtsausschuss): Entwurf eines Berichts über den Vorschlag für eine Verordnung des Europäischen Parlaments und des Rates über die Zuständigkeit, das anzuwendende Recht, die Anerkennung und die Vollstreckung von Entscheidungen und öffentlichen Urkunden in Erbsachen sowie zur Einführung eines Europäischen Nachlasszeugnisses vom 23.2.2011, PE441.200, Berichterstatter: Kurt Lechner, abrufbar unter: <http://www.europarl.europa.eu/sides/getDoc.do?pubRef=-//EP//NONSGML+COMPARL+PE-441.200+02+DOC+PDF+V0//DE&language=DE>, zuletzt aufgerufen am: 24.1.2022 (zitiert: *Europäisches Parlament*, Lechner-Berichtsentwurf).

Faistenberger, Christoph: Gschnitzer: Österreichisches Erbrecht, 2. Auflage, Wien/New York 1983 (zitiert: *Faistenberger*, Erbrecht).

Ferid, Murad/Sonnenberger, Hans Jürgen: Das Französische Zivilrecht, Band 2, 2. Aufl., Heidelberg 1986 (zitiert: *Ferid/Sonnenberger*, Das Französische Zivilrecht).

Ferrari, Susanne: Familienerbrecht und Testierfreiheit in Österreich, in: Henrich/Schwab (Hrsg.), Familienerbrecht und Testierfreiheit im europäischen Vergleich, Bielefeld 2001, S. 173–189 (zitiert: *Ferrari*, Familienerbrecht, in: Henrich/Schwab, Familienerbrecht und Testierfreiheit).

Ferrari, Susanne/Likar-Peer, Gundula Maria (Hrsg.): Erbrecht – Ein Handbuch für die Praxis, Wien 2007 (zitiert: *Bearbeiter*, in: Ferrari/Likar-Peer, Erbrecht).

Fischer, Michael: Die Unentgeltlichkeit im Zivilrecht, Köln 2002 (zitiert: *Fischer*, Die Unentgeltlichkeit im Zivilrecht).

Flessner, Axel: Interessenjurisprudenz im internationalen Privatrecht, Tübingen 1990 (zitiert: *Flessner*, Interessenjurisprudenz im IPR).

Frank, Susanne/Döbereiner, Christoph: Nachlassfälle mit Auslandbezug, Bielefeld 2015 (zitiert: *Frank/Döbereiner*, Nachlassfälle mit Auslandbezug).

Frantzen, Torstein: Europäisches internationales Erbrecht, in: Mansel/Pfeiffer/Kronke/Kohler/Hausmann (Hrsg.), Festschrift für Erik Jayme, Band I, München 2004, S. 187–196 (zitiert: *Frantzen*, Europäisches internationales Erbrecht, FS Jayme).

Frodl, Susanne: Einheit durch Aufgabe nationaler Rechtstraditionen? – EU-Erbrechtsverordnung kundgemacht, ÖJZ 2012, S. 950–959 (zitiert: *Frodl*, EuErbVO).

Furrer, Andreas/Schnyder, Anton K.: Handkommentar zum Schweizer Privatrecht, Obligationenrecht, Allgemeine Bestimmungen, 2. Auflage, Zürich/Basel/Genf 2012 (zitiert: *Bearbeiter*, in: Furrer/Schnyder, Handkommentar).

Gärtner, Franz: Die Behandlung ausländischer Vindikationslegate im deutschen Recht, München 2014 (zitiert: *Gärtner*, Vindikationslegat).

Gauch, Peter/Schluep, Walter R.: Schweizerisches Obligationenrecht Allgemeiner Teil, Band II, 9. Auflage, Zürich/Basel/Genf 2008 (zitiert: *Bearbeiter*, in: Gauch/Schluep, OR II).

Gierl, Walter/Köhler, Andreas/Kroiß, Ludwig/Wilsch, Harald: Internationales Erbrecht, 3. Auflage, Baden-Baden 2020 (zitiert: *Bearbeiter*, in: Gierl et al., Internationales Erbrecht).

Greeske, Marion: Die Kollisionsnormen der neuen EU-Erbrechtsverordnung, Frankfurt am Main 2014 (zitiert: *Greeske*, EuErbVO).

Gruber, Michael/Kalss, Susanne/Müller, Katharina/Schauer, Martin (Hrsg.): Erbrecht und Vermögensnachfolge, Wien 2010 (zitiert: *Bearbeiter*, in: Gruber et al., Erbrecht).

dies.: Erbrecht und Vermögensnachfolge, 2. Auflage, Wien 2018 (zitiert: *Bearbeiter*, in: Gruber et al., Erbrecht (2. Aufl.)).

Grüneberg, Christian: Kommentar zum Bürgerlichen Gesetzbuch mit Nebengesetzen, 81. Auflage, München 2022 (zitiert: *Bearbeiter*, in: Grüneberg).

Guhl, Theo: Das Schweizerische Obligationenrecht mit Einschluss des Handels- und Wertpapierrechts, 9. Auflage, Zürich 2000 (zitiert: *Bearbeiter*, in: Guhl, OR).

Harder, Manfred: Zuwendungen unter Lebenden auf den Todesfall, Berlin 1968 (zitiert: *Harder*, Zuwendungen).

Harder, Manfred/Kroppenberg, Inge: Grundzüge des Erbrechts, 5. Auflage, Neuwied/Kriftel 2002 (zitiert: *Harder/Kroppenberg*, Erbrecht).

Harke, Jan Dirk: Römisches Recht, 2. Auflage, München 2016 (zitiert: *Harke*, Römisches Recht).

Harris, Jonathan: Understanding the English Response to the Europeanisation of Private International Law, Journal of Private International Law 2008, S. 347–395 (zitiert: *Harris*, Understanding the English Response).

Hartenstein, Olaf: Die Privatautonomie im Internationalen Privatrecht als Störung des europäischen Entscheidungseinklangs – Neueste Entwicklungen in Frankreich, Deutschland und Italien –, Tübingen 2000 (zitiert: *Hartenstein*, Privatautonomie).

Hausheer, Heinz: Die Abgrenzung der Verfügungen von Todes wegen von den Verfügungen unter Lebenden, in: Breitschmid (Hrsg.), Testament und Erbvertrag – Praktische Probleme im Lichte der aktuellen Rechtsentwicklung, Bern/Stuttgart 1991, S. 79–99 (zitiert: *Hausheer*, Abgrenzung, in: Breitschmid, Testament und Erbvertrag).

Hausheer, Heinz/Walter, Hans Peter (Hrsg.): Berner Kommentar zum schweizerischen Privatrecht, Schweizerisches Zivilgesetzbuch, Band III, 1. Abteilung, 1. Teilband, 1. Teil: Art. 457–516 ZGB, Bern 2009 (zitiert: *Bearbeiter*, in: Berner Kommentar ZGB III/1/1/1).

Hein, Jan von: Der Renvoi im europäischen Kollisionsrecht, in: Leible/Unberath (Hrsg.), Brauchen wir eine Rom 0-Verordnung? – Überlegungen zu einem Allgemeinen Teil des europäischen IPR, Jena 2013, S. 341–396 (zitiert: *v. Hein*, Renvoi, in: Leible/Unberath, Rom 0-VO).

Heiss, Helmut/Kaufmann-Mohi, Emese: „Qualifikation" – Ein Regelungsgegenstand für eine Rom 0-Verordnung?, in: Leible/Unberath, (Hrsg.), Brauchen wir eine Rom 0-Verordnung?, Jena 2013, S. 181–199 (zitiert: *Heiss/Kaufmann-Mohi*, Qualifikation, in: Leible/Unberath, Rom 0-VO).

Hellner, Michael: Probleme des allgemeinen Teils des Internationalen Privatrechts, in: Dutta/Herrler (Hrsg.), Die Europäische Erbrechtsverordnung, München 2014, S. 107–111 (zitiert: *Hellner*, IPR AT, in: Dutta/Herrler, EuErbVO).

Helms, Tobias: Testierfreiheit und ihre Grenzen im deutschen, österreichischen und schweizerischen Recht, in: Zimmermann (Hrsg.), Freedom of Testation/Testierfreiheit, Tübingen 2012, S. 1–24 (zitiert: *Helms*, Testierfreiheit, in: Zimmermann, Testierfreiheit).

Henrich, Dieter: Die Behandlung von joint tenancies bei der Abwicklung von Nachlässen in Deutschland, in: Jayme/Kegel/Lutter (Hrsg.), Festschrift für Stefan Riesenfeld aus Anlass seines 75. Geburtstages, Heidelberg 1983, S. 103–116 (zitiert: *Henrich*, Joint tenancies, FS Riesenfeld).

ders.: Die Schenkung von Todes wegen in Fällen mit Auslandsberührung, in: Festschrift für Karl Firsching, München 1985, S. 111–123 (zitiert: *Henrich*, Schenkung von Todes wegen, FS Firsching).

Henrich, Dieter/Huber, Peter: Einführung in das englische Privatrecht, 3. Auflage, Heidelberg 2003 (zitiert: *Henrich/Huber*, Englisches Privatrecht).

Herberger, Maximilian/Martinek, Michael/Rüßmann, Helmut/Weth, Stephan/Würdinger, Markus (Hrsg.), Juris-Praxiskommentar (Onlinekommentar), Band 6, 9. Auflage 2020 (zitiert: *Bearbeiter*, in: jurisPK-BGB (Stand der Bearbeitung), Bd. 6).

Hk-BGB: siehe *Schulze*

HKK-BGB: siehe *Schmoeckel et al.*

Hoffmann, Bernd von/Thorn, Karsten: Internationales Privatrecht, 9. Auflage, München 2007 (zitiert: *v. Hoffmann/Thorn*, IPR).

Honsell, Heinrich/Vogt, Nedim Peter/Schnyder, Anton K./Berti, Stephen V.: Basler Kommentar Internationales Privatrecht, 2. Auflage, Basel 2007 (zitiert: *Bearbeiter*, in: Basler Kommentar IPR).

Honsell, Heinrich/Vogt, Nedim Peter/Wiegand, Wolfgang (Hrsg.): Basler Kommentar, Obligationenrecht I, Art. 1–529 OR, 4. Auflage, Basel 2007 (zitiert: *Bearbeiter*, in: Basler Kommentar OR I).

Honsell, Heinrich/Vogt, Peter Nedim/Geiser, Thomas (Hrsg.): Basler Kommentar, Zivilgesetzbuch I: Art. 1–456 ZGB, 3. Auflage, Basel 2006 (zitiert: *Bearbeiter*, in: Basler Kommentar ZGB I).

Honsell, Heinrich/Vogt, Peter Nedim/Geiser, Thomas (Hrsg.): Basler Kommentar, Zivilgesetzbuch II: Art. 457–977 ZGB, Art. 1–61 SchlT ZGB, 3. Auflage, Basel 2007 (zitiert: *Bearbeiter*, in: Basler Kommentar ZGB II).

House of Lords – European Union Committee (England und Wales): The EU's Regulation on Succession, Report with Evidence, 6th Report of Session 2009–2010, London 2010, abrufbar unter: <www.publications.parliament.uk/pa/ld200910/ldselect/ldeucom/75/75.pdf>, zuletzt aufgerufen am 24.1.2022 (zitiert: House of Lords, Report ESR).

Huber, Michael: Anfechtungsgesetz, 12. Auflage, München 2021 (zitiert: *Huber*, AnfG).

Huguenin, Claire: Obligationenrecht – Allgemeiner und Besonderer Teil, Zürich/Basel/Genf 2012 (zitiert: *Huguenin*, OR).

Hüßtege, Rainer/Mansel, Heinz-Peter (Hrsg.): Nomos-Kommentar BGB, Band 6: Rom-Verordnungen, 3. Auflage, Baden-Baden 2019 (zitiert: *Bearbeiter*, in: Hüßtege/Mansel).

Hyland, Richard: Gifts: A Study in Comparative Law, Oxford/New York 2009 (zitiert: *Hyland*, Gifts).

Jansen, Nils/Zimmermann, Reinhard: Was ist und wozu der DCFR?, NJW 2009, S. 3401–3406 (zitiert: *Jansen/Zimmermann*, DCFR).

Jayme, Erik: Kodifikation und Allgemeiner Teil im IPR, in: Leible/Unberath, (Hrsg.), Brauchen wir eine Rom 0-Verordnung?, Jena 2013, S. 33–49 (zitiert: *Jayme*, Kodifikation und IPR AT, in: Leible/Unberath, Rom 0-VO).

Jud, Brigitta: Die bedingte Schenkung auf den Todesfall, NZ 2004, S. 321–327 (zitiert: *Jud*, Schenkung auf den Todesfall).

Jung, Peter: Das Rückforderungsrecht des Schenkers mortis causa – Zugleich eine Abhandlung zu D 39,6,39 und D 39,6,35,2–3, in: Pichonnaz (Hrsg.), Festschrift für Bruno Huwiler zum 65. Geburtstag, Bern 2007, S. 325–357 (zitiert: *Jung*, Rückforderungsrecht, FS Huwiler).

jurisPK-BGB: siehe *Herberger et al.*

Kaser, Max: Das Römische Privatrecht, Erster Abschnitt: Das altrömische, das vorklassische und klassische Recht, in: Handbuch der Altertumswissenschaft, 10. Abteilung, 3. Teil, 3. Band, 1. Abschnitt, 2. Auflage, München 1971 (zitiert: *Kaser*, Das Römische Privatrecht I).

ders.: Das Römische Privatrecht: Zweiter Abschnitt: Die nach-klassischen Entwicklungen, in: Handbuch der Altertumswissenschaft, 10. Abteilung, 3. Teil, 3. Band, 2. Abschnitt, 2. Auflage, München 1975 (zitiert: *Kaser*, Das Römische Privatrecht II).

Kaser, Max/Knütel, Rolf/Lohsse, Sebastian: Römisches Privatrecht, 22. Auflage, München 2021 (zitiert: *Kaser/Knütel/Lohsse*, Römisches Privatrecht).

Kegel, Gerhard: Gesetzesumgehung im internationalen Privatrecht (Vortrag vor der Wiener-Juristischen-Gesellschaft in der Sitzung am 13.11.1957), ÖJZ 1958, S. 15–16 (zitiert: *Kegel*, Gesetzesumgehung).

ders.: Die Schenkung von Todes wegen im deutschen Internationalen Privatrecht, in: v. Caemmerer/Müller-Freienfels (Hrsg.), Xenion, Band 2, Festschrift für Panagiotes J. Zepos anlässlich seines 65. Geburtstages am 1. Dezember 1973, Athen/Freiburg/Köln 1973, S. 313–358 (zitiert: *Kegel*, Schenkung von Todes wegen, FS Zepos).

Kegel, Gerhard/Schurig, Klaus: Internationales Privatrecht, 9. Auflage, München 2004 (zitiert: *Kegel/Schurig*, IPR).

Keinert, Elisabeth Maria: Schenkung auf den Todesfall, Wien 2015 (zitiert: *Keinert*, Schenkung auf den Todesfall).

Kerridge, Roger: Parry and Kerridge: The Law of Succession, 12. Auflage, London 2009 (zitiert: *Kerridge*, The Law of Succession).

Kirchhof, Hans-Peter: Münchener Kommentar zum Anfechtungsgesetz, München 2012 (zitiert: *Kirchhof*, Münchener Kommentar AnfG).

Klang, Heinrich/Gschnitzer, Franz (Hrsg.): Kommentar zum ABGB, 4. Band, 1. Halbband, Wien 1968 (zitiert: *Bearbeiter*, in: Klang/Gschnitzer ABGB 4/1).

Kötz, Hein: Europäisches Vertragsrecht, 2. Auflage, Tübingen 2015 (zitiert: *Kötz*, Europäisches Vertragsrecht).

Koziol, Helmut/Welser, Rudolf: Grundriss des bürgerlichen Rechts, Band I: Allgemeiner Teil, Sachenrecht, Familienrecht, 13. Auflage, Wien 2006 (zitiert: *Koziol/Welser*, Bürgerliches Recht I).

dies.: Grundriss des bürgerlichen Rechts, Band II: Schuldrecht Allgemeiner Teil, Schuldrecht Besonderer Teil, Erbrecht, 13. Auflage, Wien 2007 (zitiert: *Koziol/Welser*, Bürgerliches Recht II).

Kralik, Winfried: Das Erbrecht, Wien 1983 (zitiert: *Kralik*, Erbrecht).

Kroiß, Ludwig/Horn, Claus-Henrik/Solomon, Dennis (Hrsg.): Nachfolgerecht, Erbrechtliche Spezialgesetze: Zivilrecht, Strafrecht, Verwaltungsrecht, Steuerrecht, Verfahrensrecht, IPR, Baden-Baden 2015 (zitiert: *Bearbeiter*, in: Kroiß/Horn/Solomon, Nachfolgerecht).

Kropholler, Jan: Internationales Privatrecht, 6. Auflage, Tübingen 2006 (zitiert: *Kropholler*, IPR).

Krüger, Wolfgang/Rauscher, Thomas: Münchener Kommentar zur Zivilprozessordnung, Band 3: §§ 946–1117, EGZPO, GVG, EGGVG, UklaG, Internationales und Europäisches Zivilprozessrecht, 6. Auflage, München 2020 (zitiert: *Bearbeiter*, in: Münchener Kommentar ZPO, Bd. 3).

Kurschel, Irene: Folgen des Zuwiderhandelns gegen einen Schenkungsvertrag auf den Todesfall, NZ 1986, S. 97–100 (zitiert: *Kurschel*, Schenkung auf den Todesfall).

Langbein, John H.: The Nonprobate Revolution and the Future of the Law of Succession, Harvard Law Review 97 (1984), S. 1108–1141 (zitiert: *Langbein*, The Nonprobate Revolution).

Lange, Heinrich/Kuchinke, Kurt: Erbrecht, 5. Auflage, München 2001 (zitiert: *Lange/Kuchinke*, Erbrecht).

Lange, Knut Werner: Die geplante Harmonisierung des Internationalen Erbrechts in Europa, ZVglRWiss 110 (2011), S. 426–442 (zitiert: *Lange*, Harmonisierung des Internationalen Erbrechts).

ders.: Erbrecht, 2. Auflage, München 2017 (zitiert: *Lange*, Erbrecht).

Langen, Werner: Anwendungsbereich und Rechtsfolgen des § 2301 I 1 BGB, Diss. Köln 1984 (zitiert: *Langen*, § 2301 I 1 BGB).

ders.: Das (Wohnungs-)Leihversprechen von Todes wegen, ZMR 1986, S. 150–156 (zitiert: *Langen*, Leihversprechen von Todes wegen).

Law Commission (England and Wales): Report on Intestacy and Family Provision Claims on Death, 17.11.2011, LAW COM No 331, verfügbar unter: <http://www.lawcom.gov.uk/app/uploads/2015/03/lc331_intestacy_report.pdf>, zuletzt aufgerufen am: 24.1.2022 (zitiert: *Law Commission*, Intestacy and Family Provision).

Law Commission (England and Wales): Making a will, Consultation Paper 231, London 2017, verfügbar unter: <www.lawcom.gov.uk/project/wills/>, zuletzt aufgerufen am: 24.1.2022 (zitiert: *Law Commission*, Making a will).

Lechner, Kurt: Die Entwicklung der Erbrechtsverordnung – Eine Einführung zum Gesetzgebungsverfahren, in: Dutta/Herrler (Hrsg.), Die Europäische Erbrechtsverordnung, München 2014, S. 4–18 (zitiert: *Lechner*, Die Entwicklung der EuErbVO, in: Dutta/Herrler, EuErbVO).

Lehmann, Daniel: Internationale Reaktionen auf das Grünbuch zum Erb- und Testamentsrecht, IPRax 2006, S. 204–207 (zitiert: *Lehmann*, Grünbuch EuErbVO).

ders.: Die EU-Erbrechtsverordnung zur Abwicklung grenzüberschreitender Nachlässe, DStR 2012, S. 2085–2089 (zitiert: *Lehmann*, EuErbVO).

Leible, Stefan: Parteiautonomie im IPR – Allgemeines Anknüpfungsprinzip oder Verlegenheitslösung?, in: Mansel/Pfeiffer/Kronke/Kohler/Hausmann (Hrsg.), Festschrift für Erik Jayme, Band I, München 2004, S. 485–503 (zitiert: *Leible*, Parteiautonomie, FS Jayme).

Leithold, Steffen: Die kollisionsrechtliche Qualifikation des zur Nachlassplanung verwendeten inter vivos trust, FamRZ 2015, S. 709–715 (zitiert: *Leithold*, Inter vivos trust).

Looschelders, Dirk: Die Anpassung im Internationalen Privatrecht – Zur Methodik der Rechtsanwendung in Fällen mit wesentlicher Verbindung zu mehreren nicht miteinander harmonierenden Rechtsordnungen, Heidelberg 1995 (zitiert: *Looschelders*, Die Anpassung im IPR).

Lorenz, Stephan: Internationaler Pflichtteilsschutz und Reaktionen des Erbstatuts auf lebzeitige Zuwendungen, in: Dutta/Herrler (Hrsg.), Die Europäische Erbrechtsverordnung, München 2014, S. 113–126 (zitiert: *Lorenz*, Internationaler Pflichtteilsschutz, in: Dutta/Herrler, EuErbVO).

Maissen, Sandra: Der Schenkungsvertrag im schweizerischen Recht, Freiburg/Schweiz 1996 (zitiert: *Maissen*, Schenkungsvertrag).

Mankowski, Peter: Der gewöhnliche Aufenthalt des Erblassers unter Art. 21 Abs. 1 EuErbVO, IPRax 2015, S. 39–46 (zitiert: *Mankowski*, Gewöhnlicher Aufenthalt).

Mansel, Heinz-Peter: Parteiautonomie, Rechtsgeschäftslehre der Rechtswahl und Allgmeiner Teil des europäischen Kollisionsrechts, in: Leible/Unberath (Hrsg.), Brauchen wir eine Rom 0-Verordnung? – Überlegungen zu einem Allgemeinen Teil des europäischen IPR, Jena 2013, S. 241–292 (zitiert: *Mansel*, Parteiautonomie, in: Leible/Unberath, Rom 0-VO).

Margrave-Jones, Clive V.: Mellows, Anthony Roger: The Law of Succession, 5. Auflage, London/Dublin/Edinburgh 1993 (zitiert: *Margrave-Jones*, Law of Succession).

Martin, Jill E.: Modern Equity, 18. Auflage, London 2008 (zitiert: *Martin*, Modern Equity).

Mattern, Friedrich: Die Aushöhlung von Testamenten und Erbverträgen, MDR 1960, S. 1–5 (zitiert: *Mattern*, Die Aushöhlung von Testamenten und Erbverträgen).

Max Planck Institute for Comparative and International Private Law: Comments on the European Commission's Proposal for a Regulation of the European Parliament and of the Council on jurisdiction, applicable law, recognition and enforcement of decisions and authentic instruments in matters of succession and the creation of a European Certificate of Succession, RabelsZ 74 (2010), S. 522–720 (zitiert: *Max Planck Institute*, Comments on the Succession Proposal).

Medicus, Dieter/Petersen, Jens: Bürgerliches Recht, 28. Auflage, München 2021 (zitiert: *Medicus/Petersen*, Bürgerliches Recht).

Meyer, Manuela: Die Gerichtsstände der Erbrechtsverordnung unter besonderer Berücksichtigung des Forum Shopping, Frankfurt am Main 2013 (zitiert: *Meyer*, Gerichtsstände der EuErbVO).

Meyer-Pritzl, Rudolf: Aufgabe und Notwendigkeit der Präzisierung der Testierfreiheit angesichts der Herausforderungen durch das Sozialrecht und den Antidiskriminierungsschutz, in: Martinek/Rawert/Weitemeyer (Hrsg.), Festschrift für Dieter Reuter zum 70. Geburtstag am 16. Oktober 2010, Berlin/New York 2010, S. 205–223 (zitiert: *Meyer-Pritzl*, Testierfreiheit, FS Reuter).

ders.: Formalismus und Finalismus im Europäischen Privatrecht, in: Avenarius/Meyer-Pritzl/Möller, Ars iuris: Festschrift für Okko Behrends zum 70. Geburtstag, Göttingen 2009, S. 391–419 (zitiert: *Meyer-Pritzl*, Formalismus und Finalismus, FS Behrends).

Miller, Gareth: International Aspects of Succession, Aldershot 2000 (zitiert: *Miller*, Succession).

Moffat, Graham: Trusts Law, 4. Auflage, Cambridge 2005 (zitiert: *Moffat*, Trusts Law).

Mohr, Franz: Die Konkurs-, Ausgleichs- und Anfechtungsordnung samt Nebengesetzen, verweisenden und erläuternden Anmerkungen und ausführlichen Hinweisen auf die Rechtsprechung, 10. Auflage, Wien 2006 (zitiert: Mohr, KO).

Müller-Chen, Markus/Huguenin, Claire/Girsberger, Daniel (Hrsg.): Handkommentar zum Schweizer Privatrecht, Vertragsverhältnisse Teil 1: Innominatkontrakte, Kauf, Tausch, Schenkung, Miete, Leihe, 2. Auflage, Zürich/Basel/Genf 2012 (zitiert: *Bearbeiter*, in: Müller-Chen et al., Handkommentar).

Müller-Chen, Markus/Widmer Lüchinger, Corinne (Hrsg.): Zürcher Kommentar zum IPRG, Band II, 3. Auflage, Zürich 2018 (zitiert: *Bearbeiter*, in: Zürcher Kommentar IPRG).

Müller-Lukoschek, Jutta: Die neue EU-Erbrechtsverordnung – Leitfaden mit Erläuterungen für die notarielle Praxis, 2. Auflage, Bonn 2015 (zitiert: *Müller-Lukoschek*, EuErbVO).

Münchener Kommentar BGB (4. Aufl.): siehe *Rebmann et al.*

Münchener Kommentar BGB (5. Aufl.): siehe *Rixecker et al.*

Münchener Kommentar BGB (6. Aufl.): siehe *Säcker et al.*

Münchener Kommentar BGB (sofern nicht in Fußnoten gesondert gekennzeichnet, handelt es sich um die 7. Aufl.): siehe *Säcker et al.*

Münchener Kommentar ZPO: siehe *Krüger et al.*

Muscheler, Karlheinz: Erbrecht, Bände I und II, Tübingen 2010 (zitiert: *Muscheler*, Erbrecht I bzw. II).

ders.: Universalsukzession und Vonselbsterwerb, Tübingen 2002 (zitiert: *Muscheler*, Universalsukzession und Vonselbsterwerb).

Nehne, Timo: Methodik und allgemeine Lehren des europäischen Internationalen Privatrechts, Tübingen 2012 (zitiert: *Nehne*, Methodik und allgemeine Lehren).

Neuner, Jörg: Allgemeiner Teil des Bürgerlichen Rechts, 12. Auflage, München 2020 (zitiert: *Neuner*, BGB AT).

Nordmeier, Carl Friedrich: EuErbVO: Neues Kollisionsrecht für gemeinschaftliche Testamente, ZEV 2012, S. 513–519 (zitiert: *Nordmeier*, Gemeinschaftliche Testamente).

ders.: Erbverträge und nachlassbezogene Rechtsgeschäfte in der EuErbVO – eine Begriffserklärung, ZEV 2013, S. 117–124 (zitiert: *Nordmeier*, Erbverträge).

Oberhumer, Gerold M.: Die Schenkung auf den Todesfall – kein Zwitter, NZ 2008, S. 129–144 (zitiert: *Oberhumer*, Schenkung auf den Todesfall).

Olzen, Dirk: Die vorweggenommene Erbfolge, Paderborn/München/Wien/Zürich 1984 (zitiert: *Olzen*, Die vorweggenommene Erbfolge).

ders.: Lebzeitige und letztwillige Rechtsgeschäfte, Jura 1987, S. 16–25 und S. 116–123 (zitiert: *Olzen*, Lebzeitige und letztwillige Rechtsgeschäfte).

Otte, Gerhard: Der Bonifatiusfall – RGZ 83, 223 ff –, Jura 1993, S. 643–649 (zitiert: *Otte*, Der Bonifatiusfall).

Palandt, Otto: Kommentar zum Bürgerlichen Gesetzbuch mit Nebengesetzen, 74. Auflage, München 2015 (zitiert: *Bearbeiter*, in: Palandt (74. Aufl.)).

Pamboukis, Haris P. (Hrsg.): EU Succession Regulation – A Commentary, Athen/München/Oxford/Baden-Baden 2017 (zitiert: *Bearbeiter*, in: Pamboukis, Succession Regulation).

Parapatits, Felicitas: Der Vertrag zugunsten Dritter, Wien 2011 (zitiert: *Parapatits*, Der Vertrag zugunsten Dritter).

Peel, Edwin: Treitel, Günter Heinz: The Law of Contract, 15. Auflage, London 2020 (zitiert: *Peel*, The Law of Contract).

Pfundstein, Tobias: Pflichtteil und ordre public, Angehörigenschutz im internationalen Erbrecht, München 2010 (zitiert: *Pfundstein*, Angehörigenschutz).

Piotet, Paul: Schweizerisches Privatrecht, Vierter Band: Erbrecht, Erster Halbband, Basel/Stuttgart 1978 (zitiert: *Piotet*, Erbrecht, IV/1).

Probert, Rebecca/Harding, Maebh: Family and Succession Law in England and Wales, 5. Auflage, Alphen aan den Rijn 2016 (zitiert: *Probert/Harding*, Family and Succession Law).

Probert, Rebecca: Disquieting Thoughts: Who Will Benefit When We Are Gone?, in: Häcker/Mitchell (Hrsg.), Current Issues in Succession Law, Oxford/Portland 2016, S. 31–49 (zitiert: *Probert*, Disquieting Thoughts, in: Häcker/Mitchell, Succession Law).

Prölss, Erich R./Martin, Anton: Kommentar zum Versicherungsvertragsgesetz mit Nebengesetzen, Vermittlerrecht und Allgemeinen Versicherungsbedingungen, 31. Auflage, München 2021 (zitiert: *Bearbeiter*, in: Prölss/Martin VVG).

Rabel, Ernst: Das Problem der Qualifikation, RabelsZ 5 (1931), S. 241–288 (zitiert: *Rabel*, Das Problem der Qualifikation).

Rabl, Christian: Die Schenkung auf den Todesfall im Pflichtteilsrecht, NZ 2005, S. 129–138 (zitiert: *Rabl*, Schenkung auf den Todesfall).

Rabl, Christian/Zöchling-Jud, Brigitta (Hrsg.): Das neue Erbrecht – Erbrechts-Änderungsgesetz 2015, Wien 2015 (zitiert: *Bearbeiter*, in: Rabl/Zöchling-Jud, Das neue Erbrecht).

Rauscher, Thomas: Internationales Privatrecht, 5. Auflage, Heidelberg 2017 (zitiert: *Rauscher*, IPR).

ders.: Reformfragen des gesetzlichen Erb- und Pflichtteilsrechts, Band II, 1. und 2. Teilband, Regensburg 1993 (zitiert: *Rauscher*, Reformfragen II/1 bzw. II/2).

ders. (Hrsg.): Europäisches Zivilprozess- und Kollisionsrecht, Band III: Rom I-VO, Rom II-VO, 4. Auflage, Köln 2016 (zitiert: *Bearbeiter*, in: Rauscher, EuZPR/EuIPR III).

ders. (Hrsg.): Europäisches Zivilprozess- und Kollisionsrecht, Band V: KSÜ, EuErbVO, HunstStProt 2007, Rom III-VO, 4. Auflage, Köln 2016 (zitiert: *Bearbeiter*, in: Rauscher, EuZPR/EuIPR V).

Rebmann, Kurt/Säcker, Franz Jürgen/Rixecker, Roland (Hrsg.): Münchener Kommentar zum Bürgerlichen Gesetzbuch, Band 10: Einführungsgesetz zum Bürgerlichen Gesetzbuche (Art. 1–46), Internationales Privatrecht, 4. Auflage, München 2006 (zitiert: *Bearbeiter*, in: Münchener Kommentar BGB, Bd. 10 (4. Aufl.)).

Rechberger, Walter H./Zöchling-Jud (Hrsg.): Die EU-Erbrechtsverordnung in Österreich, Wien 2015 (zitiert: *Bearbeiter*, in: Rechberger/Zöchling-Jud, EuErbVO).

Reimann, Wolfgang/Bengel, Manfred/Mayer, Jörg (Hrsg.): Testament und Erbvertrag, 6. Auflage, Köln 2015 (zitiert: *Bearbeiter*, in: Reimann/Bengel/Mayer, Testament und Erbvertrag).

Reinicke, Michael: Die unmittelbaren Schenkungen von Todes wegen, Diss. Münster 1979 (zitiert: *Reinicke*, Schenkungen von Todes wegen).

Reischl, Klaus: Zur Schenkung von Todes wegen – unter besonderer Berücksichtigung der legislativen Zielsetzung, Berlin 1996 (zitiert: *Reischl*, Schenkung von Todes wegen).

Richter, Andreas/Wachter, Thomas (Hrsg.): Handbuch des internationalen Stiftungsrechts, Angelbachtal 2007 (zitiert: *Bearbeiter*, in: Richter/Wachter, Internationales Stiftungsrecht).

Rixecker, Roland/Säcker, Franz Jürgen (Hrsg.): Münchener Kommentar zum Bürgerlichen Gesetzbuch, Band 11: Internationales Privatrecht, Internationales Wirtschaftsrecht, Einführungsgesetz zum Bürgerlichen Gesetzbuche (Art. 25–248), 5. Auflage, München 2010 (zitiert: *Bearbeiter*, in: Münchener Kommentar BGB, Bd. 11 (5. Aufl.)).

Ross Martyn, John G./Evans-Gordon, Jane/Learmonth, Alexander/Ford, Charlotte/Fletcher, Thomas: Theobald on Wills, 18. Auflage, London 2016 (zitiert: *Ross Martyn et al.*, Theobald on Wills).

Rothenfluh, Alex: Zur Abgrenzung der Verfügungen von Todes wegen von den Rechtsgeschäften unter Lebenden – Eine Darstellung von Doktrin und Rechtsprechung mit einem Beitrag zur Problemlösung anhand eines neuen Abgrenzungsmerkmals, Diss. Zürich 1984 (zitiert: *Rothenfluh*, Abgrenzung).

Rudolf, Claudia: Die Erbrechtsverordnung der Europäischen Union, VO zum Internationalen Erb- und Erbverfahrensrecht in Kraft – ein Überblick, NZ 2013, S. 225–242 (zitiert: *Rudolf*, EuErbVO).

Säcker, Franz Jürgen/Rixecker, Roland/Oetker, Hartmut (Hrsg.): Münchener Kommentar zum Bürgerlichen Gesetzbuch, Band 11: Internationales Privatrecht II, Internationales Wirtschaftsrecht, Einführungsgesetz zum Bürgerlichen Gesetzbuch (Art. 25–248), 6. Auflage, München 2015 (zitiert: *Bearbeiter*, in: Münchener Kommentar BGB, Bd. 11 (6. Aufl.)).

Säcker, Franz Jürgen/Rixecker, Roland/Oetker, Hartmut/Limperg, Bettina (Hrsg.): Münchener Kommentar zum Bürgerlichen Gesetzbuch, Band 4: Schuldrecht – Besonderer Teil I, §§ 433–534, Finanzierungsleasing, CISG, 8. Auflage, München 2019 (zitiert: *Bearbeiter*, in: Münchener Kommentar BGB, Bd. 4).

dies.: Münchener Kommentar zum Bürgerlichen Gesetzbuch, Band 11: Erbrecht, §§ 1922–2385, §§ 27–35 BeurkG, 8. Auflage, München 2020 (zitiert: *Bearbeiter*, in: Münchener Kommentar BGB, Bd. 11).

dies.: Münchener Kommentar zum Bürgerlichen Gesetzbuch, Band 12: Internationales Privatrecht I, Europäisches Kollisionsrecht, Einführungsgesetz zum Bürgerlichen Gesetzbuch, 8. Auflage, München 2020 (zitiert: *Bearbeiter*, in: Münchener Kommentar BGB, Bd. 12).

dies.: Münchener Kommentar zum Bürgerlichen Gesetzbuch, Band 13: Internationales Privatrecht II, Internationales Wirtschaftsrecht, Einführungsgesetz zum Bürgerlichen Gesetzbuch (Art. 50–253), 8. Auflage, München 2021 (zitiert: *Bearbeiter*, in: Münchener Kommentar BGB, Bd. 13).

Sauer, Marcus: Die Schenkung auf den Todesfall im deutsch-österreichischen Rechtsverkehr, Diss. Regensburg 2000 (zitiert: *Sauer*, Schenkung auf den Todesfall).

Schack, Haimo: Gemeinschaftliche Testamente im Internationalen Privatrecht, in: Schack (Hrsg.), Gedächtnisschrift für Alexander Lüderitz, München 2000, S. 659–674 (zitiert: *Schack*, Gemeinschaftliche Testamente im IPR, GS Lüderitz).

ders.: Das IPR – ein Buch mit sieben Siegeln, reif für das moderne Antiquariat?, in: Krüger/Mansel (Hrsg.), Liber Amicorum Gerhard Kegel, München 2002, S. 179–198 (zitiert: *Schack*, Das IPR, Liber Amicorum Kegel).

ders.: Internationales Zivilverfahrensrecht, 8. Auflage, München 2021 (zitiert: *Schack*, IZVR).

Schaub, Renate: Die EU-Erbrechtsverordnung, Hereditare 3 (2013), S. 91–131 (zitiert: *Schaub*, EuErbVO).

Schauer, Martin: Das neue Erbrecht – Grundlegende Wertungen und ausgewählte Einzelfragen, ÖJZ 2017, S. 53–62 (zitiert: *Schauer*, Das neue Erbrecht).

Scheuermann, Thomas: Statutenwechsel im Internationalen Erbrecht, München 1969 (zitiert: *Scheuermann*, Statutenwechsel).

Schlitt, Gerhard/Müller, Gabriele (Hrsg.): Handbuch Pflichtteilsrecht, 2. Auflage, München 2017 (zitiert: *Bearbeiter*, in: Schlitt/Müller, Pflichtteilsrecht).

Schmidt-Kessel, Alfred: Wohin entwickelt sich die unbedingte, auf den Tod des Erblassers befristete Schenkung?, in: Bundesnotarkammer (Hrsg.), Festschrift für Helmut Schippel zum 65. Geburtstag, München 1996, S. 317–326 (zitiert: *Schmidt-Kessel*, Befristete Schenkung auf den Todesfall, FS Schippel).

Schmoeckel, Mathias/Rückert, Joachim/Zimmermann, Reinhard (Hrsg.): Historisch-kritischer Kommentar zum BGB, Band I, Allgemeiner Teil, §§ 1–240, Tübingen 2003 (zitiert: *Bearbeiter*, in: HKK-BGB I).

dies.: Historisch-kritischer Kommentar zum BGB, Band III, Schuldrecht: Besonderer Teil, 1. Teilband, §§ 433–656, Tübingen 2013 (zitiert: *Bearbeiter*, in: HKK-BGB III/1).

Schnitzer, Adolf F.: Handbuch des internationalen Privatrechts, Band II, 4. Auflage, Basel 1958 (zitiert: *Schnitzer*, IPR II).

Schulze, Reiner (Schriftleitung): Bürgerliches Gesetzbuch, Handkommentar, 11. Auflage, Baden-Baden 2022 (zitiert: *Bearbeiter*, in: Hk-BGB).

Schurig, Klaus: Kollisionsnorm und Sachrecht – Zu Struktur, Standort und Methode des internationalen Privatrechts, Berlin 1981 (zitiert: *Schurig*, Kollisionsnorm und Sachrecht).

ders.: Interessenjurisprudenz contra Interessenjurisprudenz im IPR – Anmerkungen zu Flessners Thesen, RabelsZ 59 (1995), S. 229–244 (zitiert: *Schurig*, Interessenjurisprudenz im IPR).

Schwimann, Michael: Internationales Privatrecht, 2. Auflage, Wien 1999 (zitiert: *Schwimann*, IPR).

Schwimann, Michael/Kodek, Georg E. (Hrsg.): ABGB Praxiskommentar, Band 4: §§ 859–1089 ABGB, 4. Auflage, Wien 2014 (zitiert: *Bearbeiter*, in: Schwimann/Kodek, ABGB, Bd. 4).

Schwind, Fritz: Internationales Privatrecht, Wien 1990 (zitiert: *Schwind*, IPR).

Seif, Ulrike: Die postmortale Vollmacht, AcP 200 (2000), S. 192–239 (zitiert: *Seif*, Die postmortale Vollmacht).

Sherrin, Christopher Henry/Barlow, Richard Francis Dudley/Wallington, R. A./Meadway, Susannah L.: Williams on Wills, Band 1, 7. Aufl., London/Dublin/Edinburgh 1995 (zitiert: *Sherrin et al.*, Williams on Wills I).

Siehr, Kurt: Das Internationale Privatrecht der Schweiz, Zürich/Basel/Genf 2002 (zitiert: *Siehr*, IPR).

Siems, Mathias: Comparative Law, Cambridge 2014 (zitiert: *Siems*, Comparative Law).

Simon, Ulrich/Buschbaum, Markus: Die neue EU-Erbrechtsverordnung, NJW 2012, S. 2393–2398 (zitiert: *Simon/Buschbaum*, EuErbVO).

Simonius, Pascal: Die Donatio Mortis Causa im klassischen römischen Recht, Basel 1958 (zitiert: *Simonius*, Donatio Mortis Causa).

Smith, Roger J.: Property Law: Cases and Materials, 5. Auflage, Harlow 2012 (zitiert: *Smith*, Property Law).

Solomon, Dennis: Die allgemeine Kollisionsnorm (Art. 21, 22 EuErbVO), in: Dutta/Herrler (Hrsg.), Die Europäische Erbrechtsverordnung, München 2014, S. 19–45 (zitiert: *Solomon*, Die allgemeine Kollisionsnorm, in: Dutta/Herrler, EuErbVO).

Soutier, Martin: Die Geltung deutscher Rechtsgrundsätze im Anwendungsbereich der Europäischen Erbrechtsverordnung, Köln 2015 (zitiert: *Soutier*, Geltung deutscher Rechtsgrundsätze in der EuErbVO).

Staehelin, Adrian/Bauer, Thomas/Staehelin, Daniel (Hrsg.): Basler Kommentar, Bundesgesetz über Schuldbetreibung und Konkurs II: Art. 159–352 SchKG, Art. 1–47 GSchG, Art. 51–58 AVIG, 2. Auflage, Basel 2010 (zitiert: *Bearbeiter*, in: Basler Kommentar SchKG II).

Staudinger, Ansgar/Friesen, Siegfried: Leben und sterben lassen in der EU – Europäisches Internationales Privatrecht in Erbsachen nach der Verordnung (EU) Nr. 650/2012, JA 2014, S. 641–647 (zitiert: *Staudinger/Friesen*, EuErbVO).

Staudinger, Julius von: Kommentar zum Bürgerlichen Gesetzbuch mit Einführungsgesetz und Nebengesetzen, Buch 1: Allgemeiner Teil, §§ 139–163, Neubearbeitung 2020, Berlin 2020 (zitiert: *Bearbeiter*, in: Staudinger (Bearbeitungsstand)).

ders.: Kommentar zum Bürgerlichen Gesetzbuch mit Einführungsgesetz und Nebengesetzen, Buch 5: Erbrecht, §§ 2265–2302 BGB, Neubearbeitung 2019, Berlin 2019 (zitiert: *Bearbeiter*, in: Staudinger (Bearbeitungsstand)).

ders.: Kommentar zum Bürgerlichen Gesetzbuch mit Einführungsgesetz und Nebengesetzen, Einführungsgesetz zum Bürgerlichen Gesetzbuche/IPR: Einleitung zum IPR, Neubearbeitung 2012, Berlin 2012 (zitiert: *Bearbeiter*, in: Staudinger (Bearbeitungsstand)).

ders.: Kommentar zum Bürgerlichen Gesetzbuch mit Einführungsgesetz und Nebengesetzen, Einführungsgesetz zum Bürgerlichen Gesetzbuche/IPR: Einleitung zur Rom I-VO; Art. 1–10 Rom I-VO (Internationales Vertragsrecht 1), Neubearbeitung 2021, Berlin 2021 (zitiert: *Bearbeiter*, in: Staudinger (Bearbeitungsstand)).

ders.: Kommentar zum Bürgerlichen Gesetzbuch mit Einführungsgesetz und Nebengesetzen, Einführungsgesetz zum Bürgerlichen Gesetzbuche/IPR: Art. 11–29 Rom I-VO, Art. 46b, c EGBGB, Verfahrensrecht für internationale Verträge (Internationales Vertragsrecht 2), Neubearbeitung 2021, Berlin 2021 (zitiert: *Bearbeiter*, in: Staudinger (Bearbeitungsstand)).

ders.: Kommentar zum Bürgerlichen Gesetzbuch mit Einführungsgesetz und Nebengesetzen, Einführungsgesetz zum Bürgerlichen Gesetzbuche/IPR: Art. 25, 26 EGBGB, Neubearbeitung 2007, Berlin 2007 (zitiert: *Bearbeiter*, in: Staudinger (Bearbeitungsstand)).

ders.: Kommentar zum Bürgerlichen Gesetzbuch mit Einführungsgesetz und Nebengesetzen, Eckpfeiler des Zivilrechts 2020, Neubearbeitung 2020, Berlin 2020 (zitiert: *Bearbeiter*, in: Staudinger/Eckpfeiler (2020)).

Steiner, Johannes Wolfgang: Grundverkehrsbehördliche Genehmigung und Bedingungslehre, JBl. 1974, S. 506–512 (zitiert: *Steiner*, Grundverkehrsbehördliche Genehmigung und Bedingungslehre).

Süß, Rembert: Das Europäische Nachlasszeugnis, ZEuP 2013, S. 725–750 (zitiert: *Süß*, Europäisches Nachlasszeugnis).

ders. (Hrsg.): Erbrecht in Europa, 3. Auflage, Bonn 2015 (zitiert: *Bearbeiter*, Beitrag, in: Süß, Erbrecht in Europa).

Torremans, Paul (Hrsg.): Cheshire, North & Fawcett: Private International Law, 15. Auflage, Oxford 2017 (zitiert: *Torremans*, Private International Law).

Tuhr, Andreas von: Bemerkungen zur Schenkungslehre des Schweizerischen Obligationenrechts, SJZ 18 (1921/22), S. 201–207 (zitiert: *v. Tuhr*, Schenkungslehre).

Unger, Joseph: Das österreichische Erbrecht, Leipzig 1864 (zitiert: *Unger*, Erbrecht).

Van Venrooy, Gerd J.: Internationalprivatrechtliche Bemerkungen zu § 2302 BGB, JZ 1985, S. 609–614 (zitiert: *Van Venrooy*, § 2302 BGB).

Verschraegen, Bea: Internationales Privatrecht – Ein systematischer Überblick, Wien 2012 (zitiert: *Verschraegen*, IPR).

Vischer, Frank/Huber, Lucius/Oser, David: Internationales Vertragsrecht, 2. Auflage, Bern 2000 (zitiert: *Vischer/Huber/Oser*, Internationales Vertragsrecht).

Vogt, Annette: Verträge zu Rechten Dritter, insbesondere auf den Todesfall, mit einem englischen Versprechensempfänger, Berlin 1999 (zitiert: *Vogt*, Verträge zu Rechten Dritter).

Waller, Fabian: Das Valutaverhältnis des Vertrags zugunsten Dritter auf den Todesfall – ein Forderungsvermächtnis, Tübingen 2010 (zitiert: *Wall*, Valutaverhältnis).

Weber, Helmut: Die Theorie der Qualifikation. Franz Kahn, Etienne Bartin und die Entwicklung ihrer Lehre bis zur universalen Anerkennung der Qualifikation als allgemeines Problem des Internationalen Privatrechts (1980–1945), Tübingen 1986 (zitiert: *Weber*, Die Theorie der Qualifikation).

Weller, Matthias (Hrsg.): Europäisches Kollisionsrecht, Baden-Baden 2016 (zitiert: *Bearbeiter*, in: Weller, Europäisches Kollisionsrecht).

Welser, Rudolf: Schenkung auf den Todesfall – Widerrufsverzicht und Bedingung, NZ 2005, S. 161–168 (zitiert: *Welser*, Schenkung auf den Todesfall).

Werkmüller, Maximilian A.: Verträge zugunsten Dritter auf den Todesfall im Lichte der EuErbVO: Probleme bei der lebzeitigen Übertragung von Vermögen „am Nachlass vorbei"?, ZEV 2016, S. 123–126 (zitiert: *Werkmüller*, Verträge zugunsten Dritter).

Werkmüller, Sandra: Rechtspolitische und rechtsvergleichende Aspekte des geltenden Pflichtteilsrechts, Frankfurt am Main 2002 (zitiert: *Werkmüller*, Pflichtteilsrecht).

Wieacker, Franz: Zur lebzeitigen Zuwendung auf den Todesfall, in: Nipperdey (Hrsg.), Das deutsche Privatrecht in der Mitte des 20. Jahrhunderts: Festschrift für Heinrich Lehmann zum 80. Geburtstag, Band I, Berlin 1956, S. 271–284 (zitiert: *Wieacker*, Zuwendung auf den Todesfall, FS Lehmann).

Windel, Peter A.: Über die Modi der Nachfolge in das Vermögen einer natürlichen Person beim Todesfall, Heidelberg 1998 (zitiert: *Windel*, Modi der Vermögensnachfolge).

Winistörfer, Michèle: Die unentgeltliche Zuwendung im Privatrecht, insbesondere im Erbrecht, Zürich 2000 (zitiert: *Winistörfer*, Die unentgeltliche Zuwendung).

Winkler v. Mohrenfels, Peter: Forderungserlass im Wege der Schenkung von Todes wegen (Anm. zu OLG Karlsruhe, Urt. v. 15.12.1987 – 18 U 8/87 –, IPRax 1991, 259), IPRax 1991, S. 237–241 (zitiert: *Winkler v. Mohrenfels*, Forderungserlass).

Winkler, Wolfgang: Die Schenkung auf den Todesfall im Internationalen Privatrecht, Diss. München 1967 (zitiert: *Winkler*, Die Schenkung auf den Todesfall im IPR).

Wolf, Stephan/Genna, Gian Sandro: Schweizerisches Privatrecht, Vierter Band, Erster Teilband, Erbrecht, Basel 2012 (zitiert: *Wolf/Genna*, Erbrecht, IV/1).

Wolf, Stephan/Hrubesch-Millauer, Stephanie: Grundriss des schweizerischen Erbrechts, Bern 2017 (zitiert: *Wolf/Hrubesch*, Erbrecht).

Wolff, Lorenz: Pflichtteilsrecht – Forced Heirship – Family Provision, Österreich–Louisiana–Schweiz–England und Wales, Frankfurt am Main 2011 (zitiert: *Wolff*, Pflichtteilsrecht).

Wolff, Martin: Das Internationale Privatrecht Deutschlands, 3. Auflage, Berlin/Göttingen/Heidelberg 1954 (zitiert: *Wolff*, IPR).

Zankl, Wolfgang: Vertrag und Treuhand zugunsten Dritter auf den Todesfall, NZ 1998, S. 225–229 (zitiert: *Zankl*, Vertrag und Treuhand zugunsten Dritter auf den Todesfall).

Zobl, Dieter: Probleme im Spannungsfeld von Bank-, Erb- und Schuldrecht, AJP 2001, S. 1007–1020 (zitiert: *Zobl*, Probleme im Spannungsfeld).

Zoll, Fryderyk: The Draft Common Frame of Reference as an Instrument of the Autonomous Qualification in the Context of the Rome I Regulation, in: Ferrari/Leible (Hrsg.), Rome I Regulation, The Law Applicable to Contractual Obligations in Europe, München 2009, S. 17–25 (zitiert: *Zoll*, Autonomous Qualification and DCFR, in: Ferrari/Leible, Rome I).

Zürcher Kommentar IPRG: siehe *Müller-Chen/Widmer Lüchinger*

Zweigert, Konrad/Kötz, Hein: Einführung in die Rechtsvergleichung, 3. Auflage, Tübingen 1996 (zitiert: *Zweigert/Kötz*, Rechtsvergleichung).

Schriftenreihe zum deutschen und internationalen Erbrecht

Herausgegeben von Christina Eberl-Borges und Rudolf Meyer-Pritzl

Band 1 Tina Meyer-Dulheuer: Gestaltungsformen des Behindertentestamentes. Unter besonderer Betrachtung der Vermächtnislösung und des Berliner Testamentes. 2009.

Band 2 Anna-Kathrin Schwedler: Die ärztliche Therapiebegrenzung lebenserhaltender Maßnahmen auf Wunsch des Patienten. Ein Rechtsvergleich zwischen Deutschland und Frankreich unter besonderer Berücksichtigung des Patientenverfügungsgesetzes in der Bundesrepublik Deutschland. 2010.

Band 3 Miriam Hollstein: Die Nichtigkeit letztwilliger Verfügungen wegen Verstoßes gegen das gesetzliche Verbot aus § 14 Abs. 1, 5 HeimG vor und nach der Föderalisierung des Heimrechts. 2011.

Band 4 Ansgar Kregel-Olff: Der Einfluss der Europäischen Menschenrechtskonvention und der Rechtsprechung des Europäischen Gerichtshofs für Menschenrechte auf das deutsche Erbrecht. 2011.

Band 5 Karl Ehler: Vom nachlassgerichtlichen Vermittlungsverfahren zum Konsiliarverfahren bei der Auseinandersetzung von Erbengemeinschaften. 2013.

Band 6 Ove Reinbender: Sozialhilferegress nach Grundbesitzübertragung in vorweggenommener Erbfolge unter Vorbehalt eines dinglichen Wohnrechts. 2014.

Band 7 Christina Eberl-Borges/ Wang Qiang (Hrsg.): Erbrecht in der VR China. Die aktuelle Entwicklung im Rahmen des Aufbaus der Privatrechtsordnung. 2015.

Forschungen zum deutschen und internationalen Erb- und Familienrecht

Band 8 Simon-Martin Banck: Die Unterbeteiligung als Gestaltungsinstrument der Unternehmensnachfolge. Eine Arbeit über die Regelung der Unternehmensnachfolge in mittelständischen Familienunternehmen in der Bundesrepublik Deutschland. 2016.

Band 9 Sarah Jasmin Rüegg: Familiengerichtliche Maßnahmen bei Gefährdung des Kindeswohls aufgrund religiös motivierten Verhaltens der Eltern. Ein Vergleich von deutschem und australischem Recht unter besonderer Berücksichtigung aktueller Fallgruppen aus der Rechtsprechung. 2017.

Band 10 Saskia Ballon: Die Annahme, Ausschlagung und Erfüllungswirkung von Vermächtnissen bei beschränkt Geschäftsfähigen. 2018.

Band 11 Areso Asmatyar: Die Ersatzmutterschaft im Rechtsvergleich zwischen den Rechtsordnungen in Deutschland, Indien, Kalifornien und England. 2019.

Band 12 Mark Gramlich: Das rückwirkend fingierte Verschulden im Rahmen der Erbenhaftung. 2019.

Band 13 Frank Feuerpeil: Die gesetzliche Verfahrensstandschaft im Kindesunterhaltsverfahren gemäß § 1629 Abs. 3 S. 1 BGB. 2019.

Band 14 Lisa Lorenzen: Unterbringung und ärztliche Behandlung gegen den Willen des Betroffenen – ein Rechtsvergleich der Normen des Zivilrechts in Deutschland und der Schweiz. 2020.

Band 15 Helen Blasweiler: Das Verbot von Kinderehen und dessen Auswirkungen auf das Familien- und Erbrecht. 2020.

Band 16 Levin von Borries: Rechtsnachfolge in Familienunternehmen durch Bestimmungsvermächtnis. 2020.

Band 17 Malte Weismüller: Die Schenkung auf den Todesfall in der Rechtsvergleichung und im europäischen IPR. 2022.

www.peterlang.com

www.ingramcontent.com/pod-product-compliance
Ingram Content Group UK Ltd.
Pitfield, Milton Keynes, MK11 3LW, UK
UKHW022103051026
15623UKWH00003B/655

9 783631 814680